번역, 생정치, 식민지적 차이

흔적

1. 『서구의 유령과 번역의 정치』
나오키 사카이 · 유키코 하나와 편
(2001)

2. 『인종 공포와 이주의 기억』
미건 모리스 · 브렛 드 베리 편
(2001)

3. 『근대성의 충격들』
토마스 라마르 · 강내희 편
(2008)

흔적
TRACES 다언어문화이론 및 번역 총서 **4**

번역, 생정치, 식민지적 차이

Translation, Biopolitics, Colonial Difference

나오키 사카이 · 존 솔로몬 편

문화과학사

TRACES

발행인 겸 편집인: 강내희
한국어판 편집위원: 강내희, 김소영, 김은실, 심광현, 이진경, 최정운
transics@chol.com
http://www.jinbo.net/~moonkwa

흔적 4호

번역, 생정치, 식민지적 차이

엮은이 | 나오키 사카이 · 존 솔로몬

초판인쇄 | 2012년 7월 6일
초판발행 | 2012년 7월 16일
발행처 | 문화과학사
출판등록 | 제1-1902 (1995. 6. 12)
주소 | 120-831 서대문구 연희동 421-43호
전화 | 02-335-0461
팩스 | 02-335-0461
이메일 | transics@chol.com
홈페이지 | http://www.jinbo.net/~moonkwa

값 23,000원

ISBN 978-89-97305-01-8 93300

흔적 총서를 펴내며

『흔적』은 다언어로 발간되는 문화이론 및 번역 총서로서 특정 지역에서 생산된 이론적 지식에 깃들은 광범위한 흔적들에 세심한 주의를 기울이고 이론들 자체가 어떻게 다양한 현장의 실천적 사회적 관계들 속에서 구성되며 그것들에 의해 변형되는지 살피는 비교론적 문화이론을 추구하려 한다. 우리는 지난 수세기의 식민주의 및 유사식민주의의 여파로 북미 혹은 서유럽 '이론'에 대한 혼종 관계 속에서 나타나곤 했던 비판적 작업을 포함한, 다양한 곳들에서 생산된 이론을 발굴하고자 한다. 우리는 문화연구, 페미니즘 및 퀴어 연구, 비판적 인종 이론 또는 탈식민지 연구와 같은 횡단학문적 영역들 이외에도 기존의 사회과학 및 인문학 분야들에 관심을 가진 다언어 독자들을 대상으로 하는 연구조사, 의견교환, 논평 등을 출판할 것이다. 또한 『흔적』은 세계의 지적 대화 및 토론의 새로운 유통, 이론과 경험 자료의 새로운 지정학적 질서, 이론 자체에 대한 새로운 생각을 시도하고자 한다.

　『흔적』에 실리는 모든 글은 이 총서를 발간하는 모든 언어로 읽을 수 있다. 각 필자는 이에 따라 이질적이며 다언어적인 독자층을 위해 글을 쓴다는 점을 숙지할 필요가 있다. 식민지체제 하의 현지 지식인처럼 '일구이언'을 해야 하는 것이다. 『흔적』은 국제적인 총서이다. 하지만 이 총서가 생성하여 유지하며, 필자들과 독자들이 초대받는 국제적 공간은 하나의 다수자 언어에 의한 다른 소수자 언어들의 종속을 기초로 한 국제주의의 그것과는 근본적으로 다르다. 우리가 참여하여 논쟁하고 대화하는 사회적 공간은 민족 및 민족언어 공간에 도전하게 될 것이다. 번역 과정에서, 다수 언어들 및 표기들 속에서 구성되는 이 사회적 공간은 우리의 교류와 논쟁 속에서, 그리고 저자, 논평자, 번역자, 독자 간의 논쟁 속에서 실현된다.

차 례

창간사_ 5

편집진 명단_ 6

서문_ 외국인 다중에게 말 걸기, 푸코 되새기기_ 9
　　　나오키 사카이 · 존 솔로몬 | 영어번역: 강내희

Part 1 번역과 철학

　　산종으로서의 번역—다언어성과 탈-투여_ 49
　　　　모리나카 타카아키 | 일어번역: 윤여일

　　철학적인 것으로부터 번역된: 철학적 번역가능성과 보편언어 문제_ 65
　　　　프랑수아 라뤼엘 | 불어를 영어로 번역: 레이 브레시에(Ray Brassier) | 영어번역: 오세권 · 소하영

　　후기식민주의에서 비식민주의 번역이론으로_ 87
　　　　사티야 라오 | 영어번역: 소하영 · 김효심

Part 2 주권경찰

　　주권 게임: 킨지 후카사쿠의 <배틀 로얄>(2001)에 대하여_ 115
　　　　프레데릭 네이라 | 불어를 영어로 번역: 토마스 라마르(Thomas Lamarre) | 영어번역: 변성찬

　　안보 속의-세계화/세계화된 비-안보:장과 밴-옵티콘_ 131
　　　　디디에 비고 | 불어를 영어로 번역: 앤 맥나이트(Anne McKnight) | 영어번역: 강내희

　　시장과 공안: 영구적 지구 전쟁에서의 금융자본_ 184
　　　　브렛 닐슨 | 영어번역: 고병권

Part 3 새로운 제국의 노모스

제국주의의 지배와 생성중인 세계-국가_ 205

자크 비데 | 불어를 영어로 번역: 존 솔로몬(Jon Solomon) | 영어번역: 박소영 · 강내희

칼 슈미트와 전쟁: 『대지의 노모스』에서_ 246

야마다 히로아키 | 일어번역: 후지이 다케시

세계의 폐쇄에 대항하여: 새롭게 다가온 '거대한 전환'의 시대에
중요한 점은 무엇인가?_ 272

이치다 요시히코 · 얀 물리에르 부탕 | 불어를 영어로 번역: 크리스틴 라마르(Christine Lamarre)
| 영어번역: 유정아

Part 4 다중과 외국인들

소위/자기-발언적인 민중_ 291

장-뤽 낭시 | 불어를 영어로 번역: 리차드 캘리츠먼(Richard Calichman) | 영어/불어번역: 최진석

서양의 두 가지 <인간> 개념—안트로포스와 후마니타스_ 303

니시타니 오사무 | 일어번역: 이진경

생태중심적 영화: 새천년으로의 전환기 영화 속에 나타난
양성애적 · 이탈리아적 문화횡단_ 322

세레나 안데르리니-도노프리오 | 영어번역: 이재원

신체들과 혀들
—프랑스어권 아프리카 문학에 나타난 번역의 대안적 형태_ 351

토비아스 워너 | 영어번역: 강내희

제국 안에 균열? 전쟁에 직면한 다중_ 387

브라이언 홈스 | 영어번역: 만세

부록_ 『흔적』 4호를 기획하며
주권경찰, 전지구적 공모: 이방인 다중에게 말걸기_ 396

나오키 사카이 · 존 솔로몬 | 영어번역: 오선민

집필자 및 번역자_ 400

각 언어판 연락처_ 408

서문: 외국인 다중에게 말 걸기, 푸코 되새기기

나오키 사카이 · 존 솔로몬

영어번역: 강내희

『흔적』은 시작하면서부터 명시적으로 이론과 자료의 신식민지적 배치에 전략적으로 개입하기 위한 자원들을 독자들에게 제공하고자 했다.[1] 물론 그런 방대한 기획은 다양한 개입을 필요로 하지만 우리가 볼 때『흔적』의 고유함은 다언어 리뷰에 내재하는 시간 요인이 작용한다는 점이다. 단순하지만 제시의 차원에서 동일한 내용을 동시에 몇몇 상이한 언어 시장의 독자들에게 제공하기로 함으로써『흔적』이 만들어내는 수행의 공시성은 식민지 근대성을 다루는 강력한 역사적 서사들이 일관되게 선호하는 "선형적 진보"와 "발전 단계"라는 관점에 바로 개입하는 효과를 갖게 된다.

현재『흔적』을 출간하고 있는 네 언어시장을 놓고 보면 동아시아와 북미가 이 공시성이 펼쳐지는 중심축들을 이룬다고 생각해도 될 것이다. 그러나 처음부터『흔적』은 이들 축을 제3의 지역—유럽, 남아시아 및 동남아시아, 동유럽, 라틴아메리카 등 다양하게 나타날 수 있는—에도 개방하는 것을 과제로 삼아왔다. 좀 더 간명하게 말하면『흔적』은 지정학적 지역주의로 그 사명을 정당화하는 데에는 관심이 없었다.

1_ 나오키 사카이,『흔적』창간사,『흔적』창간호, 문화과학사, 2001 참조

따라서 일부 독자들이 이런 점만을 가지고 『흔적』이 애초에 개입하려 한 이론 및 시간적 지체의 신식민지적 배치 자체를 은연중에 다시 수용한 증거로 삼는다면 완전한 오해가 아닐 수 없다! 이런 이유 때문에 독자들이 "이론"에 대한 동아시아의 역사적 경험에서 볼 수 있는 이전의 지적 공시성의 순간들을 상기해보는 것이 중요하다. 그 순간들은 (그것들이 구상된 정치적 환경 때문에) 바로 팰림프세스트 식으로 전개되었으니까 말이다. "범아시아주의" 대 "사회주의" 간의 양자택일로 정치적 선택이 정해지던 2차 세계대전 전과 후 몇 세대를 포함하는 지나간 시대의 불꽃을 여기서 다시 피워 올리려는 것은 아니다. 그보다 우리는 아주 제한된 방식으로 "서구와 기타 세계" 체제에 깃들은 시간적 간극을 가로지르는 초국적인 지적 작업을 설명하는 일이 엄청나게 어렵다는 사실을 환기하고 싶다. 마르틴 하이데거와 같은 아방가르드 유럽 사상가에 대한 타나베 하지메의 혁신적이고 비판적이지만 제국주의적이기도 한 독해에서 드러난 것과 같은 정확한 공시성의 순간들(1930년대 초 많은 소위 "지식인들"이 독일 철학자의 이름조차 들어보지 않았던 때)은 기껏해야 선별적이고 그저 일방적인 경우가 적지 않은, 넓게 봐서 일정한 형태의 번역 및 교차 독서라는 맥락에서 이해되어야 한다. "사회적 존재론"에 대한 타나베의 역작이 아직도 번역되지 않고 있고,[2] 그리고 더 중대한 일이지만 아직도 비-일본 철학자들 가운데서는 일본어에 대한 전문적 지식을 실제로 기대할 수 없는 오늘날에도 이 공시성의 순간이라는 유산은 일본어의 관점—여기서는 그 유산이 **초국적** 문화주의 체제에 의해 너무나 안일하게 해석되고 있지만—에서만 효과적으로 이해될 수 있다. 일방적 번역 체제의 역사

2_ 이 말은 오해 받을 수도 있다. 예컨대 타나베 하지메(田邊 元)의 『참회도로서의 철학』(懺悔道としての哲學)은 영어로 번역(*Philosophy as Metanoia*, tr. Takeuchi Yoshnori and James W. Heisig, foreword by James W. Heisig [Berkeley & London: University of California Press, 1990])되었지만 이 번역 작업의 틀 만들기와 수행은 전후 동아시아에서의 미국 주권(과 그에 대한 전후 일본의 원한)을 특징짓는 문명적 차이를 추구하면서 이루어졌다. 그것은 『참회도로서의 철학』이 긴밀하게 연결되어 있는 일본의 제국적 민족주의 대의에 복무한 타나베의 이전 철학 작업을 무시할 뿐만 아니라 번역이 그의 철학적 기획에 이미 핵심적 요소였다는 사실도 무시한다.

적 무게 아래 묻혀있는 또 다른 역사적 공시성의 사례들로서는 1950년대 이미지-사유와 미학 이론에 대한 차이이(蔡儀)의 저술[3]과 루쉰에 대한 타케우치 요시미의 저술[4] 역시 상징적이다. 이들 사례에다 우리는 휴머니즘의 매트릭스와 비-서구적 "타자"에 대한 판타지를 통해 이루어진 불교 경전 및 용어 번역의 역사도 덧붙일 수 있을 것이다.

혹시 이 책에서 프랑스의 영향을 받은 유럽풍 이론이 우리 관심을 끈다면 우리는 그것은 지식의 위치성과 지식을 관통하는 신체들과 관련된 지식의 조건들 자체를 뒤집으려는 비판적 기획의 일환이라고 주장하고 싶다. 요컨대 우리는 이론을 그 "외부"—특히 이 경우는 일방적 번역 체제로 억압된 국제적 사회 변혁의 약속과 2차 세계대전 말 신자유주의의 승리로 인해 억압당한 역사적 차이—에 노출시키는 작업이 지닌 가치는 논쟁의 여지가 없다고 생각한다.

후기구조주의 "차이의 철학들"이 기본적으로 20세기의 정치적 격변이라는 관점에서 독일철학에 대해 역사적 뉘앙스를 지닌 독해들을 제안함으로써 그 특징을 만들어냈다는 점은 널리 알려진 일이다. 이들 "차이의 철학들"에 대한 미국의 수용이 프랑스 외부로의 이들 이론의 지구적 전파만이 아니라 프랑스 내부에서 이들 이론가와 그들의 이론에 대해 마지못해 이루어진 수용에서도 중추적 역할을 한 점도 널리 인정되고 있다. 그러나 동시에 이들 이론을 영어권으로 전파시키는 데 중요한 역할을 한 미국 내 유럽학 분과들 자신은 해체되고 있던 철학의 기본 태도를 은연중에 반복하기도 했다. 이따금 그 철학을 자신들의 문화적 유산으로 주장하고 더 심각하게는 끊임없이 자신들의 (지적) 소유로 관리함으로써 말이다. 동아시아인들은 수 세기 동안 이른바 "서구" 이론의 독자였지만 그들의 독해는 정치적으로나 인식론적으로 계속 "외부"라

3_ Peter Button, *Aesthetic Formation and the Image of Modern China: The Philosophical Aesthetics of Cai Yi*, 코넬대학교 박사학위 논문, 2000 참조.

4_ Takeuchi Yoshimi, *What is Modernity? Writings of Takeuchi Yoshimi*, tr. and ed. Richard Calichman (New York: Columbia University Press, 2004) 참조.

고 치부되고 있다. 어떻게 우리는 계속 이런 종류의 위치 규정을 수용할 수 있는가?

미국이 지역의 진정한 유일 주권을 향유했을 뿐만 아니라 지역 내부와 주변에서 통용되는 합법적 지식의 윤곽을 결정하는 실질적인 인식론적 헤게모니를 행사해온 전후 동아시아라는 맥락에서 보면, 이런 역사적 상황은 오늘 동아시아 맥락의 "이론" 은 이중적으로 억압당하고 이중적으로 침략적이라는 의미를 띤다. 이론을 간단히 "서구"와 동일시하는 것이 미리 정해진 **위치**의 논리에 따라서 "서구"의 가상적 고유 성과 "그것의" 이론에 대한 반-유럽 중심적 저항 몸짓이 아니면 반대로 유럽 중심적 주장으로 보일 수 있는 것도 놀랄 일은 아니다. 당연히 그런 상반된 몸짓들은 그 자 체로 도처에서 서구를 참조 대상으로 삼는 헤게모니적 건망증과 물화된 집단 기억의 질서와 서로 공모하는 셈이다.

말할 것도 없이, 독일 사상의 실천적, 이론적 문제의식은 혁명적 측면에서든 반동 적 측면에서든 이전 시기의 범아시아주의와 사회주의에 매우 중요했다. 물론 이들 조류와 맥락은 전후 동아시아에서 신자유주의와 미국의 제국적 주권의 공고화로 이 어진 일련의 정치적 군사적 전투가 벌어지는 동안에 정당성을 철저히 잃고 심지어 범죄시된 것이 사실이다. (a) 경제를 정치적 정당성의 유일한 근거로 강조할 뿐만 아 니라 "서구"라는 개념 자체를 물화함으로써(서구 내의 유라시아 공산주의에 대한 방 어기지로서 양도할 수 없는 독일의 문화적 위상이란 것을 가정함으로써) 미국 주도의 점령이 역사적 차이에 대한 교묘한 상호 억압을 자행하고 이에 따라 그전까지 현대 독일사상에 너무나 큰 강박이었던 하나의 질문을 제거한 방식과 관련하여, 미국의 약자 위치에 놓인 전후 독일에 대한 비판의 부재, (b) 현대철학과 그 정치적 파생물에 대한 전후 프랑스-유럽의 해체 작업, (c) 민족적 상상들(전후 유럽과 동아시아의 그 것들을 포함한)을 형상화해주는 글로벌 영어 회로를 통해서 일어난 역사적인 근거를 지닌 이들 "해체들"의 미국 수용과 동아시아로의 전파, 그리고 (d) (매우 복잡하고 때 로는 고도로 굴곡진 방식으로) "서구"와 "서구 이론"을 보급함과 동시에 분쇄하고자 했던 전전 동아시아의 저항 및 이론 프로젝트 등에 깃들어 있는 저류들은 오늘날에도 극도로 거칠고 여전히 고도로 불투명하다. 바로 여기가 이들 과거의 차이들을 계속 다시 제출하는 것은 물론이고 더 나아가서 오늘날의 이론 자체—기존의 학문 분할들, 전통에 대한 역사적 서사들, 그리고 수많은 제도적 관행을 통해 그것이 프랑스나 미합중국과 같은 특정한 지정학적 지역과 연결되어 있는 한—가 얼마나 거시공간성의 세계적 위치 짓기 체계로 짜여 있는 지배관계 속에 각인되어 있는지 알아내야만 하는 지점이다.

식민지 근대성에 의해 우리에게 전해진 거시공간성의 유산(즉 민족들, 지역들, 대륙들, 세계들 등)은 (민족적 주권 또는 서구의 고유함과 같은) 뭔가 초월적이라는 원칙의 충실한 해석이 아니라 오히려 공통적인 것의 역사적으로 특정한 전유 형태라는 점을 다시 말할 필요가 있다. 그것은 생산수단의 구조적 수용과 장소의 체계적 수용을 결합하여 사적 소유의 논리를 (전형적으로 민족국가와 연관되어 있지만 우리의 관점에서는 또한 동시에 국민화된 언어와 같은 생정치적인 통제 형태로까지 확장되는) 코뮌적 거시공간성의 체제에 이중적으로 각인한다. 『흔적』은 동시적 번역과 이론적 설명의 이질적 시간성들을 연결하려는 기획인 만큼 지구적 지식의 흐름들 속에 깃들어 있는 지정학적인 거시-공간적 사적 사유 체제에 개입함에 있어서 색다른 가능성을 제공한다. 다른 말로 하자면 『흔적』은 지식과 공통적인 것 간의 관계를 유물론적으로, 후자를 본질로나 목적론으로 전제하지 않는 방식으로 다시 짜는 드물고 수행적인 기회를 제공하는 것이다.

이리하여 우리는 이번 호의 서문을 공통적인 것의 문제로 연결되는 지구적 번역 체제와의 관련 속에서 지식의 정치와 사회적 생산관계를 설명하는 방식으로 시작하고자 한다. 이 서문은 각 개별 기고의 의의를 설명하는 관습적인 의미에서의 서문은 아니지만 여기 모은 글들을 『흔적』의 맥락 안으로 함께 끌어들이는 공통적인 것—단일한 '공통 전망'과는 반대되는—의 통합적 전망에 대한 서문을 제공한다.

푸코의 옥시덴탈리즘 안에서 작용하는 인류학적 인식론적 층위들 간의 의문스러운 관계를 조명해주는 미셸 푸코와 일본의 선승들 간의 대화로부터 출발해보자.5) 우리는 이 책 전반에 걸쳐 영감이 되고 있는 한 중요한 사상가의 옥시덴탈리즘에 대한 비판적 평가를 시작한다고 그의 작업을 "서구 이론"과 "비-서구 문화들"을 놓고 일어나는 진부한 논쟁 구도 속에 가두고 싶지는 않다. 그와는 정반대로 옥시덴탈리즘 자체에 대한 비판은 이론적 기획으로서 그 효과는 언제나 사회관계의 실천, 지식의 정치와의 관련 속에서 살펴봐야 한다. 이 글은 "서구"와 "서구 사상", 그리고 양자의 국면적 형성을 "위기"로 파악하는 푸코의 대화적 접근을 구축하고 있는, 지역성과 사상의 연계(특히 상응하는 "사유 방식들"을 지닌 "서양"과 "동양" 지역 각각의 구성)에 대한 비판적 개입이 될 것이다.

1978년 일본으로의 두 번째 여행에서 미셸 푸코는 세이온지(西園寺)를 방문했는데 이때 푸코와 몇몇 일본 승려들6)이 나눈 짧은 대화가 기록되어 일본어와 불어 두 판본으로 출간되었다. 대화의 요지는 철학자이자 중국학 연구자인 프랑수아 쥘리앙의 예리한—그리고 궁극적으로는 실망스런—분석으로 훌륭하게 요약된 바 있다. 그 대화에서 푸코의 태도는 믿기 어려울 정도로 투박했으며, 그의 입장들—그의 담론 방향을 결정하는 관습화된 동서 대립들—가운데 상당 부분은 오늘날 쉽사리 탈식민주

5_ Michel Foucault, "Michel Foucault et le zen: un séjour dans un temple zen," in Michel Foucault, *Dits et árits II, 1976-1988*, tr. Christian Polac (Paris: Gallimard, 2001), 618-24; 영역: "Michel Foucault and Zen: A Stay in a Zen Temple (1978)," in Jeremy R. Carrette, ed., *Religion and Culture/by Michel Foucault*, tr. Richard Townsend (New York: Routledge, 1999), 110-14. 이 좌담에 대한 각주 인용은 지금부터 ZD("Zen dialogue")로 표시하고, 불어본과 영어본의 쪽수를 나타내는 각각의 숫자를 뒤에 적는다. 우리는 이 글을 쓸 당시 일본어 번역을 볼 수 없었다. 이 글에 대한 논의 일부는 Su Zhean (Jon Solomon), "Weilai de Zhexue: Lun Fuke de Xifangzhuyi yu Fanyi Wenti[미래의 철학: 푸코의 옥시덴탈리즘과 번역의 문제]," in Huang Jui-chyi, ed., *Zaijian Fuke*[푸코 다시 보기] (Taipei: Sunghui, 2005)로 출간된 바 있다.
6_ 오모리 소겐 포함. 이상하게도 다른 사람들의 이름은 언급되어 있지 않다.

의 비판을 받을 부분도 분명히 있다. 푸코가 서양 사상을 위기로 보고, 이 위기를 특히 제국주의의 역사 및 그 보편주의 기획과 연관이 있다고 보는 만큼 그 대화 자체는 그래도 이 한계에 대한 의식을 애써 드러내고 있기는 하지만 말이다.

유감스럽지만 우리가 아는 한 이 대화는 온전한 형태로 남아있지 않다. 출간된 판본은 어느 것도 단순한 채록이 아니다. 우리는 푸코가 일본어를 하지 못한 것을 알고 있고, 그의 대화 상대인 승려들도 불어를 못했다고 생각한다. 아마도 대화 자체는 불어와 일본어로 번갈아가며 현장의 순차통역의 도움을 받아 이루어졌을 것이다. 그리고 출판을 위한 채록 과정에서 현장 번역에 대해 더 많은 교정이 이루어졌을 가능성도 높다. 어쨌든 두 판본은 그 둘이 지워버리는 것, 즉 번역의 실천 자체를 공유한다고 하겠다.

프랑수아 쥘리앙은 최근에 푸코의 선문답에 대해 길게 말하며(의미심장하게 그 또한 대화의 형태로), 그 속에서 **"모든 것**…잠깐 이루어지는 것이나마 외부로부터의 사유와의 대면뿐만 아니라 또한 동시에 이해와 오해의 영역들…"[7]을 찾아낸다. 외부, 실패, **그리고** 모든 것: 그 대화에 대한 쥘리앙의 예리한 독해는 푸코를 넘어서는 그것의 전반적 의미를 파악하고 프랑스 외부라면 푸코의 옥시덴탈리즘이 지닌 탈식민지적 측면들이라 불릴 수도 있는 것을 설명하고 있지만,[8] 그가 말하는 "모든 것"은 은연중에 푸코처럼 번역의 핵심적 요소를 포함하면서도 사회적 관계의 실천에 대한 번역의 의의는 놓치고 있다. 여기서 우리의 과제는 쥘리앙의 독해를 반박하는 것이 아니라 그의 본을 받아 같은 자세를 취하여 푸코 식의 대화로부터 이 정의하기 어려운 "모든 것"—이 경우에는 궁극적으로 푸코의 옥시덴탈리즘과 이에 상응하는 쥘리앙의 "외부"의 근본적 재정식화를 요하게 될 출발점인 번역의 사회적 실천—을 **더 많**

7_ François Jullien, Thierry Marchaisse, *Penser d'un dehors (la Chine)* (Paris: Seuil, 2000), 17. 이하 JM으로 축약.

8_ "또한 흥미로운 점은 푸코가 여기서—그리고 인터뷰 내내—세계-사상, 동양-서양 등과 같은 거창한 대립들과 거창한 관습적 관념을 놓고 끝까지 유희하고 있다는 것이다"(JM, 18).

이 골라내는 것이다.

대화에는 번역이 언급되는 경우가 모두 세 번 있다. 이 세 번의 사례는 번역 관련 실천과 재현의 다양한 모습이라 볼 수 있는 것을 포괄한다. 그것들은 은유적인 것, 공간-소통적인 것, 그리고 실천-말걸기에 관한 것이다. 푸코는 대화 끝부분에서 철학이 참담한 정치 프로그램으로 "번역되는" 방식에 대해 이야기하며 사회영역을 가로지르는 관계들에서 일반화된 전환 양식으로서의 "번역"을 생각할 수 있다고 암시한다. "철학"은 "정치"로 번역된다. 이때 번역은 두 개의 판이하게 구분되는 경험 영역들을 연결하는 과정의 이름이 된다. "번역"은 이런 의미에서 그 자신의 작동 원칙인 은유의 은유가 된다. 우리의 과제는 철학 자체의 특정한 규정이 얼마나 메타-은유로서의 번역의 특정한 형이상학에 근거해 왔는지 아는 것이다. 은유는 그 자체로 번역에 대한 "은유"가 아닌가? 이들 질문에 답하기 전에 그 질문들은 지식과 사회 구성의 상이한 영역들을 불가피하게 넘어설 것이라는 점만큼은 확인하고 가자. 사실 우리는 한편으로 근대의 민족-제국 대학의 제도적 구성에서 민족언어의 역할과 학문의 분과화, 그리고 다른 한편으로 주권과 문명적 차이 간의 보조적 관계에 기반을 둔 세계의 지정학적 단위들로의 분할 간에 일어난 교차관계들을 잘 살펴봐야 할 것이다.

다소 익숙한 데리다적인 이들 고려는 뒤로 하고[9] 이제 대화의 시작 부분으로 돌아가 보자. 여기서 우리는 승려들이 푸코에게 제기한 두 번째 질문에서 번역의 문제를 다시 만나게 된다. 한 승려가 묻는다. "당신의 저작 대부분이 일본어로 번역되었다고 들었는데 자기의 사상이 충분히 이해되고 있다고 생각하십니까?"[10] 푸코는 저자의 의도에 대한 자기의 널리 알려진 비판을 반복하면서 이 질문의 어법을 회피한다. 푸코의 답변에서 우리는 프랑스어 "원본"의 한 독자와 일본어 "복사본"의 다른 독자가

9_ Jacques Derrida, *Du droit à la philosophie* (Paris: Galilée, 1990); 영역: *Eyes of the University*, tr. Jan Plug et. al. (Stanford: Stanford University, 2004)의 후반부 참조
10_ ZD, 619/111.

사회적으로 생산된 텍스트의 의미를 놓고 은연중에 동일한 지위를 차지하는 순간이 생겨남을 볼 수도 있다. 저자를 포함하여 모든 독자들은 동일한 (탈)합법화의 사정권 안에서 작용하며 텍스트의 의미는 이들 다양한 위치 속에서 끝없는 독해와 재독해의 산물일 뿐이다. 그러나 푸코와 그의 일본인 대화 상대가 놓치고 있는 것은 일본어 번역들이 사실상 "원본" 프랑스어 텍스트에 대해, 이 텍스트가 우리로 하여금 프랑스 독자들에 대해서도 똑같은 질문을 던질 것을 요구하는 방식으로, "이해"의 문제들을 제기할 수도 있다는 점이다. 사실 우리는 은연중에 프랑스 독자와 프랑스어 텍스트를 연결하는, 승려의 질문에 깃들어 있는 내재성의 가정에 이의를 제기해야 한다. 프랑스어와 프랑스 독자들을 서로 봉합할 수 있다고 하여 소통이 성공하는 것은 아니다. 의미 생산에 대한 사회적 관계의 이 근본적 외재성이 **말걸기**와 **소통**의 구분과 함께 다음에 이어지는 우리의 번역 논의에서 관심을 환기하고자 하는 요점이다. "말걸기" 가 그 본질에 있어서 일차적으로 실천적이며 수행적이고 따라서 미결정되고 다가올 (말 거는 사람과 듣는 사람의) **사회적 관계**를 가리킨다면, "소통"은 대명사적 동일성들, 정보 내용, 수용 방향의 측면에서, 즉 우리가 누구라는 것, 우리가 의미하는 바가 무엇이라는 것이 전제된 속에서 그 관계의 상상적 표상을 가리킨다. 소통 이론들은 늘 소통에서 말걸기의 사실을 은폐하고 그로 인해 그 이론들은 "우리"가 하나의 언어 공동체라면 "우리"는 우리들 사이에서 "소통할" 수 있어야 한다는 전제에서 출발한다. 말걸기를 소통과 혼동하는 것은 이리하여 우리가 "동일언어적 말걸기 체제"라고 부르는 것의 고전적 특징이다.[11]

동일언어적 말걸기 제도는 구성원들 간의 함께함 또는 합동, 즉 장-뤽 낭시가 "내재주의"[12]라고 부른 것으로부터 추상된 공동체 모델에 기반을 둔 동일사회성[13]의 형

11_ Naoki Sakai, *Translation and Subjectivity: On "Japan" and Cultural Nationalism* (Minneapolis: University of Minnesota Press, 1997), 6. 이하 TS로 축약.

12_ Jean-Luc Nancy, *The Inoperative Community*, tr. Peter Conner, et al. (Minneapolis: University of Minnesota Press, 1991), 3; Su Zhean (Jon Solomon), "Finyi de gongtongti, gongtongti de fanyi[공동체의 번역,

태다. 그런 동일사회성으로부터 정확하게 배제되는 것이 소통에서의 "실패"라는 사실, 언어 공동체들 사이에 있다고 하는 간격들 때문에만이 아니라 소통을 시도하는 것이 자신을 외부성에, 어떤 의미작용에 대한 지시대상의 외부성으로 축소될 수 없는 어떤 외부성에 노출시키는 것이기도 하기 때문에 발생하는 "실패"라는 사실이다.[14]

푸코를 독해하는 쥘리앙의 전략—이는 "외부 사상"이란 관념을 통해 중국을 독해하는 자신의 전략에 대한 서론을 형성하기도 한다—은 본질적으로 해석학적이고 그 관념론적인 공간성으로 인해 푸코가 처음 그 어구의 의미라고 생각한 것과는 아주 다르다고 할 수 있는 "외부"에 대한 개념화에 근거하고 있다.[15] "중국" 텍스트는 그 생경함으로 인해 "우리의" 일상 구성에 이질적 요소가 삽입되는 것을 허용하고, "우리"에게 "우리의" 시간성과 정체성에 대한 비판적 거리를 허용한다. 물론 우리는 그와 같은 움직임에 내재한 비판의 잠재력을 과소평가하고 싶지는 않다. 하지만 해석학은 우리가 지닌 입장의 역사성을 드러내는 것과 함께 주로 분리된 언어 영역들에 대한 공간화된 표상들을 통해 낯선 것의 배분을 통제하는 특정한 질서를 만들어내는데 이용될 수도 있다. 자연히, 하나의 "외부"를 그려내고 또 편견과 전통의 지평을 배경으로 삼아 예상되는 의미의 해석학적 질서 속에 낯선 것을 위치시키기 위하여,[16]

번역의 공동체])," preface to Shang-Luke, Nongxi (Jean-Luc Nancy), tr. Su Zhean (Jon Solomon), *Jiegou Gongtongti*[무위의 공동체] (Taipei: Laureate Books, 2003), I-XV.

13_ 동일사회성은 여기서 구분의 경계에 의해 나오는 코뮌적 유대의 양태를 가리킨다. 내부의 가정된 동질성은 외부를 상정하고 배제하는 구분의 수립 또는 표식 효과와 다르지 않다. 외국인 혐오 농담 사례를 보자. 이런 종류의 농담은 일부 외국인들을 비웃음의 대상으로 분리해내고 "우리"는 "그들"을 비웃을 수 있다는 사실로 "그들"과 구분되는 "우리"가 이 대상에 대해 하나의 공동체로 결성된다. 웃음은 이때 구분의 표식 행위가 되어 "우리"를 함께 묶는다. 이런 동일사회성의 활용은 세지윅(Eve K. Sedgwick)의 유명한 용례와 혼동해선 안 될 것이다. (세지윅은 'homosociality'를 동성사회성의 의미로 사용한다-역자.)

14_ TS, 7.

15_ Cf. Michel Foucault, "La pensée du dehors," *Critique* 229 (June 1966): 523-46. tr. Brian Massumi, "The Thought of the Outside," in Paul Rabinow and Nikolas Rose, eds., *The Essential Foucault* (New York: New Press, 2003), 423-41.

16_ Jean-Luc Nancy 참조, "해석학의 철학적 요구는 그래서 예비적 신념, 즉 이해되어야 할 질문 또는

내부와 외부의 경계를 모호하게 하거나 그 경계를 유지하지 않는 형태나 사례들을 실격시키는 것이 꼭 필요하다. 지평들의 합병이 일어나게 하려면 각 지평은 먼저 낯선 오염이 제거되어 동질화되어서 낯선 것은 오직 외부로부터만 올 수 있어야 한다. 언어활동의 견지에서 보면 번역은 형식 및 실제의 측면—특히 번역자의 예외적 지위, 수신자들 사이에서의 언어형태의 복수성, 그리고 언어의 통일성을 경험 대상으로 만드는 것의 불가능성을 대체하는 형상 또는 규제적 이념을 포함한—에서 그런 제거되어야 할 형태의 하나다. 불가능한 내부성을 형성할 때 그런 외부성을 고려하는 말걸기 형태들이 우리가 "이질언어적 말걸기 형태"라고 부르는 것이다. 그와 같은 형태로 표시되는 사회적 관계들은 그 어떤 것으로도 "합해지지" 않는다—그런 관계는 비-집합적 공동체라 불릴 수 있는 것을 형성한다. "이런 점에서 당신은 당신의 태도가 이질언어적 말걸기의 태도가 되는 발화 속에서 언제나 말하자면 외국인을 만나게 된다. 당신이 그녀, 그, 그들과 소통하고 싶어한다는 바로 그 이유 때문에 당신이 말을 거는 대상을 최초에 그리고 어쩌면 가장 근본적으로 규정하는 것은 그가 당신의 언어를 파악하지 못한다는 것, 즉 그가 외국인이 되어야 한다는 것이다."[17] 분명히 동일언어적 말걸기와 이질언어적 말걸기의 차이는 이처럼 저자의 의도 수준에서 푸코가 제기한 소통의 문제를 훨씬 넘어선다. 사실 번역에 대한 우리의 작업 의도는 번역이 단순히 이차적 또는 예외적 상황을 구성하기보다는 언어활동 전반을 관통하는 사회적 관계를 일차적으로 가리키는 것임을 보여주려는 데 있다.

줄리앙의 경우에는 "외부"의 구성이 "중국"이라는 단어에 내재한 모호성들로 가능해진 혼란과 유동성에 기반을 두고 있음을 보여주는 것이 아주 쉬울 것이다. 이때 "중국"은 하나의 내재성의 지점이지만 그럼에도 불구하고 무수히 많은 상이한 발화

이해력이 최종적으로 통솔해야 하는 질문 그 자체에 대한 이해 이전의 예견과 관련된 요구다." *Le partage de voix* (Paris: Galilée, 1982), 17; tr, Gayle Ormiston, in Gayle Ormiston and Alan Schrift, eds., *Transforming the Hermeneutic Context* (Albany: SUNY UP, 1990), 213. 번역은 약간 수정.
17_ TS, 9.

위치들, 역사적 시기들, 사회적 정체성들을 선험적으로 봉합한다. 이 선험적 봉합은 결국 개별 독자들은 그들의 상상적인 언어적-종족적 정체성 때문에 특정한 텍스트 전체의 생각들을 내재적으로 "구현한다"는 생각을 가능케 한다. 다시 말해 서구인은 서구의 텍스트들을 근본적이고 진정한 방식으로, 요컨대 비-서구인들보다 더 잘 이해한다는 전제인 것이다. 지금까지 이런 해석학적 관념의 가장 강력한 역사적 형태는 "서양 사상"과 연속적인 위치와 동일시하는 누군가로 규정되는 이상화된 서구인 독자 상이 구축된 데서 나온다는 점을 다시 한 번 지적할 필요가 있다. 서구 독자는 헤라클리투스에서 에리게나로, 라이프니츠에서 제임스로, 화이트헤드와 사르트르에 이르는 서양 사상 전체를 "서구적 **편견**의 지평 내부로부터" 포착할 수 있다고 가정된다. 푸코의 번역된 저술에 대한 일본 선승의 질문에 암묵적으로 들어있는 것은 바로 이 서구적 독자의 형상이다. 이 형상이 언제나 또 다른 형상과 공모하는, 즉 대형상화(對形相化)되는(co-figured) 방식을 보여주는 한 조처로서 쥘리앙의 대화상대자인 티에리 마르셰스(Thierry Marchaisse)는 내재적으로 구현된 선험적 이해라는 바로 그 질문을 용어만 뒤바꾼 채 제기한다. 그는 주장한다. "만약 푸코가 실제로 할 수 없는 일이 하나 있다면 그것은 선을 그의 주변에 있던 승려들이 이해한 **그대로** 이해하는 일이다." 이 진술은 형식상으로 "푸코의 일본 독자들이 할 수 없는 일이 있다면 그것을 푸코를 프랑스인들(혹은 서구인들)**처럼** 이해하는 일이다"와 전혀 다르지 않다. 의미심장하게도 마르셰스와 일본인 선승은 선승들 또는 서구인들 자신이 "사물들"을 그들 사이에선 같은 식으로 이해하는지 묻지 않는다. "선"이나 "푸코적 텍스트"와 각자 내부의 이질적 실천들이 그런 차이들을 어떻게 다루는지에 대해서는 말할 것도 없다. 쥘리앙은 이 차이를 설명하기 위하여, 더 정확하게 이 차이를 **우리의** 사상 표현에 외재하는 통합 불가능한 보충으로 써먹고자 "거기가 모든 게 중국말이 되는 곳입니다" 하고 소리친다.[18]

이리하여 이해 불가능한 것은 "우리" 전통 외부의 낯선 것일 뿐이다. 사실 쥘리앙은 푸코에 대해 말하기 전에 중국 철학이 너무나 생경하여 오인과 무지를 통해서만 그것을 이해할 수 있는 사람들에게 중국철학을 제시한 자신의 개인적 경험을 이론화하면서 마르셰스와의 대화를 시작한다. 그는 그것이 너무나 민감한 불가해의 경험이라서 "나 자신을 이해시키기 **시작하는** 것이 극도로 어렵다"고 말한다.[19] 물론 "자신을 이해시키기 **시작한다는** 것"이 모든 소통 단계에 내재하거나 선행하는[20]—더 정확하게 말하자면 "밖에-내놓는"이라고 해야 한다—말걸기의 상황 자체다. 그러나 쥘리앙의 전체 관심은 그 상황의 소통적 측면, 말걸기가 자신의 청취자들(변별적이긴 하지만 자신까지도 포함하는)에게 만들어내는 오인의 효과에만 놓여 있다. 말걸기에서 "우리"의 예시가 소통에서 전제된 내부 동일성의 지점이 되는 것이 바로 여기다. "자, 바로 이것이 제 작업으로서 제가 노출되는 주요 난관의 하나입니다. 제가 그것을 제시하려고 하면 저는 **처음에는** 누구도 '만나지' 못합니다, 저는 어떤 지정된 파트너도 없습니다."[21] 사실 쥘리앙의 난관은 그 자체로 믿을 수 없을 만큼 풍부한 단서를 제공한다. 동일성은 소통에 선행하는 것이 아니라 발화가 이루어진 뒤 소통으로부터 추상된다. 어떤 "지정된 파트너"도 없다는 사실은 실인즉 각각의 모든 경우에 말걸기의 본질적 상황이다. 말걸기는 (명칭을 통해 분류되는) 관계의 전제가 유효해야 한다고 요구하지 않기 때문이다. 그러나 쥘리앙이 의존하는 조우의 소통 모델에 따르면 이 구성적 미결정은 지정된 위치에 대한 상호 인정에 바탕을 둔 표상들을 통해 은폐되어 버린다. 그런 관점에서 보면 "지정된 파트너의 '부재'"는 장애가 된다. 무엇이

18_ JM, 26. 이 표현은 분명 말장난의 의도가 있다. "그건 중국말이야"라는 말은 영어 표현 "내겐 모든게 그리스말이야"와 같은 의미를 갖고 있고 여기서 "중국"은 이해 불가능함을 가리키는 일반적–특정한 것이 아니라–방식이라고 이해되어야 한다. 물론 우리가 직역을 사용한 것은 여기서 의미가 중국어의 특수성과 분리될 수가 없기 때문이다(그렇지 않다면 말장난 자체는 말장난으로 작용하지 못할 것이다).

19_ JM, 9. 강조는 원문.

20_ 말걸기는 우리가 그것의 "먼저 옴"(*pre*-)이 이미 "자신"을 포기했음(*cedere*)에 의해서만 일어난다고 볼 때에만 소통에 "선행한다." 소통은 이리하여 말걸기에 의해 "밖에-놓인다"(ex-posed). 그것은 드러남과 동시에 치환된다.

21_ JM, 14. 강조는 원문.

방해를 받는가? 말걸기의 형태 자체는 분명 아니다. 방해가 조금이라도 있다고 한다면 말걸기 작업이 하나의 사물로 물화될 때에만 일어날 것이다. 따라서 말걸기의 관계는 중국인으로 지명된 "주어진 위치"의 내부성과 동일하게 된다. 관계들의 공간화와 "주어진 명칭"을 통한 이 관계들의 분류는 소통적 표상의 주요 특징이다. 이런저런 특정한 명칭이 가능한 유일한 것이 아님은 말할 필요가 없다. "중국"의 경우 해당 텍스트 일부를 지칭하기 위해 과거에 사용되었던 유일한 명칭인 것도 아니고 앞으로 올 미래의 사회 구성체에 의해서 만들어질 유일한 것도 아마 아닐 것이다. 그러나 위치들의 "주어진 명칭"이 소통에서의 말걸기 행위 이전에 있는 것으로 가정되거나 표상되고 나면 위치들 자체는 그것들을 만들어내는 사회적 관계들 자체—푸코가 선문답 끝(지식인들에게 주어진 새로운 역할에 대해 언급하는 순간)에 "지금 일어나고 있는 것"이라고 부르는 것—보다는 그 관계들의 "외부"에 있다고 가정되는 어떤 사물과 사실상 동일하게 된다.[22] 만약 우리가 이 관계를 배제하고 지식에 대해 말할 수밖에 없다면, 우리는 분명 쥘리앙과 더불어 "중국"과 그 외부의 지울 수 없는 분리에 의해 우리에게 부과된 엄청난 좌절감을 느끼게 될 것이다. 그러나 말걸기 상황에서 자신이 직면한 실제 상황에 대한 쥘리앙의 부정적 판단이 그가 한 경험을 겪을 때 우리를 기다리는 엄청난 기회를 인식하지 못하게 해서는 곤란하다. 말걸기-로부터-추상된-소통보다는 말걸기-에서-밖에-내놓인-소통의 관점에서 보면 내 말을 귀담아 들을 것 같은 지정되지 않은 파트너는 우리 두 사람(과 다른 사람들)에게 사회적 관계들이 발생할 수 있는 순간을 제공한다. 이는 그 관계들이 개방되어 있기 때문이다.

유감스럽게도 지정된 파트너에 대한 쥘리앙의 좌절된 희망 이면에 있는 엄청난 기회는 언어, 민족, 문명, 전통, 그리고 인종들 간의 수없이 많은 분명한 차이 아래 묻혀 있다. 예상하는 바이지만, 쥘리앙과 마르셰스는 둘 다 말걸기에서의 관계이기도 하지

22_ ZD, 624/114.

만 침전된 역사적 경험의 해석학적 지점이자 특정한 언어의 상상적 총체성이기도 한 어떤 "우리"에게 계속 호소한다. "우리"는 이리하여 "그들"을 조우하는 오랜 역사적 경험을 갖고, 이로부터 "우리"의 경험은 "우리" 사이에서 무매개적으로 소통 가능하다. 반대로 "그들"의 경험은 번역을 요한다. 쥘리앙과 마르셰스 가운데 누구도 자신들의 대화를 대화—모든 언어적 교환에 내재하는 소통의 잠재적 실패—라는 견지에서 문제시하지 않는다. 이리하여 "모두가 (이해 불가능한) 중국어로 바뀌는" 지울 수 없는 순간 직전에 쥘리앙이 지적하듯이, 대화는 하나의 "불가능성"이 된다. 그러나 이 불가능성은 편리하게도 "중국"에 의해 봉쇄되며, 중국을 "프랑스"로부터 배제시킨다. 이 일련의 등가들과 놀랍도록 독백적인 대화들에서 쥘리앙과 마르셰스는 이리하여 대명사적 초사(招辭) "우리"와 동일한 정보를 서로 소통할 수 있는 타고난 능력을 가진 사람들을 혼동한다. 그와 같은 소통은 정확한 반복의 차원에서만 생각할 수 있다.

그런데 물론 쥘리앙의 대화 상대자인 마르셰스는 중국어를 말하거나 읽지 못하므로 쥘리앙은 번역자의 역할도 맡으며 그에게 말을 한다. 그는 이 코멘트를 한 직후 "소통되지 않으며" 선(禪)의 "사토리(悟り)"—이에 대해 쥘리앙은 "보통 '깨달음'으로 번역됩니다" 하고 자신의 청취자에게 환기시킨다—로 이어지는 "어떤 대화"의 문제를 조명하며 번역자의 역할에 대해 환기시킨다. 푸코 즉 자신의 작업 상당 부분을 계몽의 의미를 재정의하는 데 바친 이론가에 관한 것이고 그에 의해 영감을 받은 논의를 진행하는 우리로서는 이 (오)번역에 내재한 가능성들에 대해 천착하지 않을 수가 없다. 쥘리앙은 기회를 놓치고 곧바로 수행, 반복이 기량 구현의 테크닉이 되는 방식을 다룬다. 쥘리앙의 주장의 핵심은 **중국인의** 사유는 "고난의 성숙"과 "즉각적 깨달음"의 불연속적 과정에 대해 늘 관심이 있었다는 것이다. 선이 중국에 나타나기 수세기 전에 맹자의 텍스트가 나중에 선이 떠맡은 핵심 문제를 이미 제기했었다. 이런 역사적 서사는 쥘리앙이 창안한 것도 아니고 푸코와 대화를 나눈 일본 승려도 언급한 바이지만("대부분의 중국 전문가들은 선불교가 인도보다는 중국에서 유래했다

고 믿는 것 같습니다"), 문화주의적 해석학의 전형적 대상**이면서** 산물이다. 우리는 모두 이 이야기를 안다. 거기서 "선"은 인도 디야나의 최초의 **중국화**로 제시되고, 서구 보편주의에 대한 모방적 참조를 통해 특수성을 조장하는 문화해석학에 봉사하게 될 최초의 그리고 시원적인 **중국적** 모방—불가능하게 모순적인 공식—에 대한 모델을 제공하는 것으로 이해된다. 이런 식으로 문화적 내부성은 낯선 것의 도입 이전에 존재하는 것으로 상정된다. 이 제한된 공간에서 우리는 이 서사 구조가 배제하고 있는 것 즉 중국화의 주체를 알아낼 가능성의 조건들은 그 자체 어떤 본질적 혼종성 뒤에 올지도 모른다는 사실에 대해 관심을 환기시키고 싶다.

쥘리앙의 입장을 따질 다른 논점들도 마찬가지로 우리가 여기서 행할 수 있는 것보다 더 많은 설명을 요할 것이지만 분명 언급할 가치는 있다. 쥘리앙이 언급하는 텍스트와 학파에 대한 대안적 해석도 가능하다. 우리는 쥘리앙의 맹자에 대한 독해가 정주(程朱)의 신유학의 핵심 관심사와 놀랍도록 유사한 점에 유의하는데,[23] 신유학에는 그 자체로 역사적으로 이루어진 선에 대한 한 반응이 새겨져 있다. 말할 것도 없이, 선 자체의 실천은 "고난의 성숙"과 "즉각적 깨달음"의 순수 형태 간의 대립을 취소시키는 중요한 자원들을 포함하고 있기도 하다. 어쨌든 선 전통의 6대 조사인 혜능의 출현, 돈오점수론적인 "북종선"에 대한 그의 거부는 바로 이 대립을 겨냥하고 있었다.

반복으로서의 노고에 대한 생각들은 불가피하게 암묵적인 언어이론을 담고 있다. 쥘리앙과 우리의 입장 간의 대비는 우리가 (반복, 노고, 기량, 순수 형태, 신유학, 선, 문화적 차이, 외부성, 물질성, 그리고 민족어의 구성 등) 쥘리앙이 펼쳐 보이는 것과 동일한 요소들이 모두 현전하지만 그 현전이 어떻게 근본적으로 다른 편재를 띨 수 있는지 생각하는 순간 바로 완전한 결별로 이어진다. 반대로 우리가 민족어와 민족

23_ 정호(程顥, 1032-1085), 정이(程頤, 1033-1107) 형제와 주희(朱熹, 1130-1200)가 시작한 유학 경전 해석 학파를 가리킨다.

공동체의 통일체들이 내재적으로 얼마나 많은 중요성을 부과하는지—사전의 체계성을 효율적으로 공간화하는 표상들을 자연화함으로써 그것을 은폐하기 위하여—일단 인정하고 나면, 우리는 번역자의 역할이 어떻게 전형적인 푸코적 관심사 즉 지식인 일반의 역할에 중대한 함의를 갖는지 이해하기 시작할 것이다. 쥘리앙의 경우 "중국"의 비밀스런 불가해성에 대한 그의 코멘트는 '사토리'를 프랑스어로 "illumination"—'사토리'를 "Enlightenment"로 옮기는 표준적인 영어 번역만큼이나 "계몽주의"의 함의를 담고 있는 단어인—으로 옮기는 관습적 번역의 부적절함에 대해 그가 따져보는 방식과 분명 평행관계를 이룬다. 여기서 우리는 번역 불가능한 것과 약분 불가능한 것의 상정은 오직 회고적으로, 번역의 발화가 소통과 통약 가능성의 공간을 열어젖힌 후에야 가능하다는 점을 되새길 필요가 있다. 번역의 실천 자체는 번역의 표상과는 근본적으로 이질적이다. 그런 이질성 자체는 언어의 통일성이 칸트적 의미에서 경험 대상이 될 수 없다는 사실에서 유래한다. 그러나 쥘리앙의 마르셰스와의 대화는 중국과 서구의 언어 세계들 저마다의 기초를 이루고 있고 그것들을 분리시키는 어떤 체계적 통일성이 있다는 생각으로 회귀한다. 이리하여 쥘리앙의 마르셰스와의 대화에서 보이는 것처럼 중국학자-번역자의 역할은 이질적인 것/낯선 것의 통제와 배분에 참여하는 적극적 행위자의 그것이 된다. 다른 말로 여기서 우리는 자신을 다른 이의 위치에서 보려는 전이적 욕망이 실제로 번역 **과정 이후에** 만들어지고 있는 방식을 보게 된다. "위치들" 자체는 번역의 교환에 선행하지 않고 오히려 그로부터 사후적인 방식으로 실천의 시간성에 표상의 공간성을 대체함으로써 구성된다. 이리하여 '사토리'의 진정한 의미를 찾으려는 욕망은 이제 "illumination"에 의해 뒤얽힌 부적절한 번역으로 오염되어 자아와 타자의 구분에 선행하는 혼종성과 이질성을 통제하는 수단으로서의 자기-지시성에의 욕망으로부터 분리될 수 없다.

부정할 수 없는 번역의 부적합성에 대한 대안적이며 계보학적인 접근의 하나는 "illumination"의 잉여를 그것의 근대적인 "계몽"의 함의와 더불어 사토리로, 그리고 그 반대로 되돌리는 것일 게다. "우리 전통"이라 부르는 어떤 집적된 역사성의 창조인 고난의 성숙 과정을 거쳐 우리가 어떤 존재가 되었는지 알아내는 해석학적 수단으로서보다는 자본에 의해 방출되고 단속받는 이주체제 하에서 아주 오랫동안 우리가 실제로 어떤 존재가 되었는가에 대한 최초의 그리고 어쩌면 즉각적인 밖에-내놓음으로써 말이다. 역사의 이 시점에 계몽의 정치적 기획과 아나트만 또는 무아의 정신적 기획은 지식의 추상적 신체 속에서가 아니라 지식을 가진 신체들의 구체적 행위 속에서 서로에게 말을 걸거나 침묵을 지킨다.

동양 사상과 서양 사상의 "대면", 제국주의의 종말로 나타나는 위기 극복의 수단에 대한, 다른 측면에서 보면 진부한 푸코의 요청은 철학자의 형상에 초점이 맞춰져 있다. "이 위기는 그것을 탁월하게 기호화하는 어떤 최상의 철학자도 만들어내지 못했다…이 시기를 특징짓는 철학자는 없다." 만약 위기가 기호화될 수 없다면 그 이유는 분명 그 "위기"가 기호작용의 가능성 자체, 장-뤽 낭시가 "의미", "세계", 그리고 "존재"가 더 이상 분별되지 않는 역사적 시대의 "세계의 의미"라고 말하는 것과 관련되어 있기 때문이다.[24] 푸코의 관심은 여기서 곧바로 미래로 향한다. "미래의 철학이 존재한다면, 유럽의 외부에서 태어나야 하거나 유럽과 비-유럽 간의 만남들과 충격들의 결과로 태어나야 할 것이다." 푸코는 우리 모두와 마찬가지로 미래가 무엇을 쥐고 있는지 알지 못하지만, 그래도 그는 그 지형학적 윤곽을 감지한다. 그러나 "유럽"이 그가 주장하듯 보편적인 것이라는 의미를 갖는 시대에 "유럽의 외부"는 어디겠는가? 이 질문에 대한 단서들은 자신이 "위대한 선 철학자"라고 여긴 9세기 고승 린자이(臨濟)

24_ Jean-Luc Nancy, *Le Sens du monde* (Paris: Galilée, 1993), 15; 영역: *The Sense of the World*, tr. Jeffrey Librett (Minneapolis: University of Minnesota Press, 1997), 5 참조. "따라서 내가 세계의 종말은 문두스(mundus)의 종말이라고 말할 때 이는 우리가 단순히 세계에 대한 어떤 '개념'의 종말에 직면했다는 것, 그리고 우리는 다른 개념을 찾아서 또는 다른 개념(혹은 같은 개념)을 회복시키기 위해 떠나버려야 한다는 것을 의미할 수 없다. 그것은 오히려 더 이상 지정할 수 있는 '세계'의 의미가 없다, 혹은 '세계'가 우리에게 주어질 수 있는 의미의 전체 체제로부터 조금씩 자신을 공제하고 있다는 것을 의미한다."

에 대한 푸코의 관심을 그의 선 경험과 나란히 놓음으로써 서로 이어질 수 있다. 푸코가 린자이는 "번역자도 창시자도 아니다"고 말한 것이 관심을 끈다. 이에 따라 우리는 선문답에서 언급되는 세 번째 심급, 즉 우리가 시간적-말걸기격(temporal-addressive)이라고 부른 것에 도달하게 된다. 푸코는 거의 숨도 바꾸지 않은 채 선 자체는 전적으로 일본 것도 아니며 그리고 그에 따라 전적으로 중국 것도 아님을 보여주기 위해 린자이의 예를 들기도 한다. 다시 말해 푸코의 어휘에서 린자이는 학파-설립과 번역이 모두 국가 건설 기획과 관계가 있는 한 그 두 과제를 거부하는 철학자 형상으로 서있는 것이다. 여기서 우리는 간단히 말해 19세기에 헤겔과 홈볼트와 함께 국립-제국 대학 제도에 들어온 인류학적 차이 전체와 만나는 것이 아닐까? 근대 시기의 철학 학파들은 변함없이 민족 학파들로 분류되어 왔고, 그런 구축은 본질적으로 특정한 사상 학파 또는 스타일과 지리적으로 규정된 특정한 공동체 간의 유기적 동맹을 설정하는 형이상학적 원리를 제공하는 특정한 번역 체제에 기반하고 있다—이것이 "민족언어"가 민족언어로 인식되는 방식이다.25) 의미심장하게도 린자이가 근본적 철학자라고 찬양한 뒤 푸코는 자신의 대화자에 대한 경의의 표시로 곧바로 번역의 민족적 제도라고 하는 원래 입장으로 물러선다. "저는 프랑스의 탁월한 불교 전문가인 드미에빌(Demiéville) 교수의 불어 번역판을 읽었습니다." **프랑스어** 번역, **프랑스** 전문가가 있다는 것인데, 여기에다 우리는 그들의 보편주의(와 그에 대한 비판들)가 동일 언어적 번역 체제에 의해 철저하게 감독받는 노동 분할에 의거하고 있는 **프랑스** 철

25_ 특히 독일 철학과 관련하여 우리가 "번역의 민족적 수립"이라고 부르는 이런 매트릭스를 탐구하고 있는 작업이 늘어나는 데 주된 무대를 제공한 것이 해체주의다. 번역이 주제로 떠오르지는 않더라도 중추적 역할을 하고 있는 Philippe Lacoue-Labarthe, *La fiction du politique* (Paris: Christian Bourgois, 1987); 영역: *Heidegger, Art, and Politics-the Fiction of the Political*, tr. Chris Turner (Cambridge: Basil Blackwell, 1990) 참고. Antoine Berman, *L'épreuve de l'étranger* (Paris: Gallimard, 1984); 영역: *The Experience of the Foreign-Culture and Translation in Romantic Germany*, tr. S. Heyvaert (Albany: SUNY, 1992); *La traduction et la lettre ou l'auberge du lointain* (Paris: L'ordre philosophique, 1999); Sathya Rao, *Philosophies et non-philosophie de la traduction* (파리 10대학 철학과 학위논문, March 2003) 등 참고

학자들도 보태야 한다. 푸코와 대면하고 있던 일본 승려 가운데 하나가 선은 철저하게 **중국적**이라는 "중국 전문가들"이 주장하는 테제를 꺼낸 것은 이 말에 대한 응답이었다. 이런 교환과 함께 발화 위치들과 소통 총체성들의 봉합은 완전해지며 말걸기의 계기는 사라진다. 이 계기는 식민지 및 제국적 근대성들 간의 차이를 가로지르는 근대의 번역 체제 전체를 그대로 보여준다. 여기서 상실되는 것은 말걸기 자체의 일반성, 말걸기라는 것의 가능성 자체가 발화 위치들의 배정에 선행한다는 사실이다. 어쩌면 이것이 어리둥절해하는 제자를 내리치는 습성으로 린자이가 선 학파 안에서 특히 유명한 이유일 것이다. 후려침과 겨누기의 관계는 소통과 말걸기의 관계와 같다. 왜냐하면 "말을 거는 것은 목적지로의 메시지 도달을 보증하지 않는다. 그래서 말걸기에서 '우리'라는 대명사의 환기는 어떤 관계를 지칭하며, 이것은 '우리'가 실제로 동일한 정보를 소통하느냐 않느냐의 문제와는 무관하게 본질상 수행적이다."26)

프랑스의 **동양** 사상 전문가 드미에빌의 형상에서 우리는 근대 인간과학 분야들이 선호하는 전형적인 종류의 몸체를 갖게 된다. 이것은 **지식의 몸체**, 조직된 분산 체계이고, 푸코가 겨냥한 바로 그런 종류의 권력-지식 배치이다. 이들 형상과 그 역사성에 대한 연구가 바로 들뢰즈와 가타리가 "사유학"(noology)—즉 사유에서의 국가-형태 사례로서 지식 몸체의 "이미지" 또는 형상이 철학자로부터 사회학자로의 역사적 변천에 의해 표시되는 방식—이라 부르는 것이다.27) 여기서 우리는 이들 형상이 실제로 다른 형상들과 대형상화되는 방식에 대해, 이상화된 서구 독자가 지역연구 전문

26_ TS, 4-5.

27_ Gilles Deleuze and Félix Guattari, *Mille plateaux* (Paris: Editions de Minuit, 1980), 466; 영역: *A Thousand Plateaus*, tr. Brian Massumi (Minneapolis: University of Minnesota Press, 1987), 376. 문화연구의 이면에 작용하는 "유동적 성격"에 대한 브라이언 홈스의 멋진 비판은 (이전에 프랑크푸르트학파의 "권위주의적 성격" 개념을 통해 비판을 받은) 사회학자의 인물상이 역사적 변신을 거치고 있는 방식을 제시한다. Brian Holmes, "The Flexible Personality: For a New Cultural Critique," in Brian Holmes, *Hieroglyphs of the Future: Art and Politics in a Networked Era* (Paris/Zagreb: What, How, and For Whom and arkzin. communications, 2003), 106-37 참조.

가와 대형상화되고 공간적으로 분포되는 방식에 대해 관심이 있다. 인간과학에서 지식이 근대 시기의 민족 주권 및 언어와 깊이 연루되어 왔다는 점은 잘 알려진 일이다. 불균등 세계 발전에 의해 만들어진 사회적 분할들이 아주 특정하고 심원한 방식으로 각 학문분야를 구성하는 합법적 대상, 방법, 그리고 테제의 측면과 분야 간 분할의 측면에서 지식의 구조 속으로 분류되어온 것처럼, 이들 분할들의 의미는 단일 세계의 시대에 지식의 생산, 전파, 수용—정말이지 진리의 기준 그 자체—을 지배한 민족화된 언어의 결정화에 의해 굴절되기도 했다. 요컨대 인간과학은 발전 과정에서 그 속에—구조적으로, 이데올로기적으로, 언어학적으로, 그리고 철학적으로—주권과 식민주의 양자를 통해 구성되는 "세계 역사"의 전제들을 담고 있는 것이다.[28]

****

이제 왜 우리가 푸코의 옥시덴탈리즘 분석으로부터 우리의 출발점을 삼아야 했는지 분명해졌을 것이다. 푸코 자신만이 아니라 선승들과 지역 전문 주석가 프랑수아 쥘리앙은 모두 사회적 관계의 계기들을 불가피하게 지워버리고 대화를 동일언어적 말걸기에 의해 조정되고 공간적 재현에 의해 배정되는 고정된 주체 위치들 간의 소통 속에서만 해석하는 대형상화의 체제 속에서 움직인다. 물화된 자아상의 문제에 가장 민감한 것 같지만 이 대화의 참여자들은 그럼에도 불구하고 자신들을 민족과 문명에 속한 주체들로 제시하는 데 만족한다. 그들은 소급적으로 구성된 자신들의 정체성에 부응하여 서양과 기타 세계, 프랑스와 일본, 그리고 백인과 비-백인이 학문의 분야별 분류와 세계의 지도를 그에 따라서 계속 그려내는 것 같은 깔끔한 권력-

---

28_ Jon Solomon, "La traduction métaphysicoloniale et les Sciences Humaines: La région amphibologique comme lieu biopolitique," tr. Frédéric Neyrat and Jerôme Maucourant, *Rue Descartes*, No. 48 (Paris: PUF, 2004).

지식의 배치를 만들어낸다.29)

푸코의 "선문답"에서 지역연구 전문가의 형상으로 나타나는 번역의 형이상학은 지구상의 지정학적 지역들을 지식 구축의 학문적 분할에 연결시킨다. 이 합동 기반, 세계와 사상의 반복되는 혼합에 대한 우리의 이름은 프랑수아 라뤼엘의 비-철학에 의해 영감을 받은 명칭인 **모호 지역**(amphibological region)이다.30) 독일의 낭만주의, 중국의 유학, 미국의 실용주의와 같은 전형적인 근대주의적 표현들이 모두 모호 지역의 사례가 될 것이다. 동양 작품들에 대한 프랑스 전문가들(혹은 아주 간단하게 작업의 지정학적 분할을 중심으로 조직된 세계 체계 속의 프랑스 작품에 대한 프랑스 전문가들)과 같이 그 지역에 거주하는 인물들이 그런 것처럼 말이다. 푸코의 선문답에서 모호 지역은 언제나 현전하는데 그것은 푸코가 유럽을 명확한 지리적 지역임과 동시에 범주들 자체가 그것을 통해 나타나는 보편적 사유의 범주로서 묘사하는 인터뷰의

29_ Jon Solomon, "L'empire et le régime de la traduction unilatérale," tr. Brian Holmes, Bérénice Angremy, François Matheron, and Charles Wolfe, *Multitudes* (Paris: Exils), No. 13 (2003): 79-88; 이태리어판: "Impero e il regime della traduzione unilaterale: un dibattito a Taiwan," tr. Federica Matteoni, *DeriveApprodi*, No. 23 (2003): 155-59.

30_ 철학적 견지에서 '모호성'(amphiboly)의 고전적 사례는 물론 유물론과 관념론을 몰래 결합시키는 흔한 이론적 전제에서 발견할 수 있다. 푸코는 이 모호성의 문제가 선험적 입장과 경험적 입장 사이에서 동요하는 "근대 인간" 형상에서 그 절정에 달할 것이라는 점을 인식했다. 해체주의 철학은 두 용어의 비결정성을 보여주는 데에는 탁월했지만 왜 전형적인 공식 "실재=X"는 언제나 두 항들 사이에 일종의 순환성을 가지고 있는지, 또 그로 인해 왜 과학은 개념을 필요로 하지 않는지 여전히 설명하지 못한다. (푸코가 요청한 미래-의-철학의 일종이 될 수 있는 전망을 우리에게 제공하는) 라뤼엘의 "비-철학"에서 "인간의 개념"이나 "X에 대한 이론"과 같은 모호한 표현은 늘 ("이론"과 "물질"과 같은 한 쌍의 항들에 그 쌍의 항들 중 하나 또는 양자의 반영인 "사회학자-인간"과 같은 합성 항을 더한) 2와 2분의 1이나 3항에 의존하는 결단의 경제에 의해 조직된다. 라뤼엘의 설명에서 "철학적 결단"의 문제는 철학과 실재 사이에 있는 순환적 관계 전체를 포괄하는 바, 이 관계에서는 경험적 형태가 은연중에 선험적 가설의 기반이 되거나 선험적 형태가 경험적 판단의 기반이 된다. 라뤼엘의 비-철학은 형이상학적 전제를 불안정하게 만들기 위해 결정불가능성을 가지고 유희하는 해체의 형태가 아니라 최종심급-에서의-결정이라는 특정한 구조를 가진 실재의 비-관계적 동일성이라는 관점에서 진행되는, 관념론적 유물론에 대한 엄밀한 비판이다. François Laruelle, *Principe de minorité* (Paris: Aubier Montainge, 1981) 참조 이 책의 일부가 다음 책에 영어로 번역되어 있다. François Laruelle, "The Decline of Materialism in the Name of Matter," tr. Ray Brassier, *Pli*, Vol. 12 (2001): 33-40.

끝나는 부분에서 가장 분명하게 드러난다. 모호 지역 자체는 푸코가 『사물의 질서』에서 근대 시기에 (자기) 지식의 주체이자 객체로서의 인간의 출현을 특징짓는 "경험론적-선험적 쌍"이라고 부르는 것과 정확하게 조응한다.[31] 모호 지역은 이리하여 정확하게 푸코의 근대 인간에 조응하는 전형적인 생정치학적 장소다.[32]

학파 설립자도 번역자도 아닌 철학자는 따라서 동일언어적 번역 체제를 통해 세계와 텍스트의 이질성을 조정하는 데 더 이상 관심을 두지 않는 "철학자"—이 용어가 아직도 적합하다면—이다. 선문답에서 푸코는 이에 대한 암시를 선의 "경험" 속에서 찾고 있는데, 이 경우 그에게 경험은 주로 신체와 관계된 새로운 관계들의 집합

31_ Michel Foucault, *Mot et les choses: une archéologie des sciences humaines* (Paris: Gallimard, 1966), 329; 영역: *The Order of Things: An Archeology of the Human Sciences* (New York: Vintage, 1971), 312.

32_ 포스트모던 지리학을 펼치는 에드워드 소자의 박식한 논의의 경우 공간성의 모호한 성격에 대한 푸코의 생각을 훌륭하게 말하고 있지만, 그런 풍부한 유물론적 공간성 이해도 해석학적 원환을 벗어나진 못한다("사회적 생산물로서 공간성은 사회적 행위와 관계의 매체임과 동시에 소산이고 전제임과 동시에 구현이다." Edward Soja, *Postmodern Geographies: The Reassertion of Space in Critical Theory* [London: Verso, 1989], 129). 소자가 공간에 대한 푸코의 관점을 "양가적"이라고 규정하는 것도 놀랄 일은 아니다. 분명 푸코가 발견한 모호성들은 유물론적 변종을 포함한 철학의 주저함의 견지에서 볼 때에만 "양가적"이다. 여기서 우리는 "거기"+"에"+"있음"의 선험적이면서도 내재적인 전통적인 모호론적 한정에 기반을 두고 있지 않은 대안적인 지역 개념을 만들어낼 수가 없다. 우리는 지리학 분야 전문가들과 가진 1976년의 인터뷰에서 나타난 것처럼 푸코가 서구의 위치와 관련하여 모호론적 공간의 문제를 제기하지 못한다는 점에만 관심이 있을 뿐이다. "Questions à Michel Foucault sur la géographie," in C. Gordon, ed., *Power/Knowledge: Selected Interviews and Other Writings, 1972-1977* (New York: Pantheon, 1980), 63-77 참조. 이 인터뷰에서 푸코는 그가 지리학 자체의 용어는 애써 피하면서도 막연하게 공간적 비유와 은유들을 사용하고 있다는 점에 관심을 가진 지리학자들과 만난다. 그의 대담 상대자들은 다음과 같은 도발적 질문을 제기한다. "당신이 언급하는 지역들은 기독교세계, 서양세계, 북유럽과 프랑스 등으로 바뀌지만 이들 공간을 자세하게 설명하거나 언급하는 이유가 제대로 정당화되는 법은 없습니다"(31/67). 푸코는 소자가 지적하는 대로 "지식/권력의 공간성을 재확인"함으로써 자신의 접근법을 대충 옹호한다(Soja, op. cit., 20). 우리는 여기서 공간성으로서의 지식/권력에 대한 푸코의 생각은 지리학자들이 생각하듯이 서구의 위치에 대한 새롭고 더 정확한 규정이나 소자가 옹호하는 놀랍고도 한없는 지역성의 분산 쪽으로 향하기보다는 푸코가 담론 개념을 위해 의도했던 것과 같은 새로운 "총체성" 개념의 방향으로 나아가야 함을 보여주고 싶을 뿐이다. 말할 것도 없이 이 "총체성"은 라뤼엘의 최종-심급-에서의-결정 개념이 보여준 것과 같은 극도의 조심성을 지닌 채 엄밀하게 민주적이고 비-위계적인 방식으로 규정될 필요가 있을 것이다. François Laruelle, *Introduction au non-marxisme* (Paris: Actuel Marx, 2000), 39-56 참조

또는 관계의 밖에-내놓인 지점으로서의 신체와 관련되어 있다. 쥘리앙은 강력한 집중력을 지녔으면서도 그런 능력에 깃들은 변형 기회를 놓쳐버리고 있는 독자로서 이 경험의 불가항력적 의미를 포착하는데, 그 경험에 대한 푸코의 설명이 선승 오모리로부터 오직 침묵의 반응을 유발할 때 특히 그러하다. 그러나 쥘리앙이 제공하는 관찰의 깊이는 신체를 민족적 번역 학파로 이해되는 "철학"에 대한 대안으로서 새겨넣고 있는 푸코의 작업이 지닌 잠재적 의의에 대해 우리가 관심을 기울이게 하지는 못한다.33)

다음 두 문제를 동시에 다루는 포괄적인 번역이론을 발전시키고자 하는 프로젝트의 밑그림을 그려봄으로써 "서구의 탈구"라고 부를 수도 있을 듯싶은 미래의 철학에 대한 푸코의 관심을 되새겨보자. 그 두 문제는 (a) "지식 신체들"(전형적으로 세계의 상이한 지역들/민족들과 그에 상응하는 지역 연구로 분류되는)의 주권을 "아는 것 많은 신체들"의 사회성으로 대체하는 민주적 번역이라는 관념과 (b) 이에 상응하여 외국적인-것-없는-외국인들의 선험적 다중으로서의 인류에 대한 민주적 관념에 바탕을 둔 인간과학을 재조직하는 것이다.34) 우리가 여기서 서구의 부흥이나 쇠퇴도, 그

33_ 여기서 푸코의 미래 철학이 암시적으로 제시하고 있는 근본적 이행을 조명해줄 하나의 공식을 제안하고 싶다. 그 가장 일반적 형태에서 실재를 안다는 주장으로 나타나는 철학(물질과 실재의 유물론적 동일시의 견지에서건 아니면 실재와 현상의 현상학적 동일시의 견지에서건)이 세계의 모호 지역들(물론 철학적 양식에 따르는 것이지만 소여로서 이해되는)을 자본화하는 지식의 몸체들을 만들어낸다면, 미래의 비-철학은 증여나 본질 없이 외국인으로서의 다중의 동일성에서 시작한다. 이 비-철학에 따르면 "나와 외국인은 동일하다." 하지만 이 동일성은 "최종-심급-에서" 결정될 수밖에 없고, 이 시점 이전에는 양자는 근본적으로(즉 일방적으로) 구분된다. François Laruelle, *Théorie des étrangers* (Paris: Kimé, 1996), 159-69 참조.

34_ '외국적인-것-없는-외국인'이라는 용어는 "근본적으로 선험적이고 따라서 엄밀하게 상상할 수 없는 외부성의 형태"(Ray Brassier, *Alien Theory: The Decline of Materialism in the Name of Matter*, 워릭대학교 철학과 학위 논문, 2001, 144)인 주어-짐-없는-증여라는 정체성을 가리키고자 사용된다. 당연히 그것은 국민국가의 중개나 허구적 일치의 환상과는 관계가 없다. 다른 대안적 명칭으로는 낯설음-없는-낯선-자, 외부-없는-외부자, 그리고/또는 소외-없는-이방인이 있을 것이다. "Vers une science des étrangers? (entretien avec Michael Hardt, propos recuilli par Brian Holmes et Jon Solomon)," *Multitudes* (Paris: Exils), No. 14 (2003): 73-80; Jon Solomon, "No-soberanía para las multitudes: Recursos para una Democracia de Extranjeros, a partir de François Laruelle," tr. Erik del Bufalo, *Revista Latinoamericana de Estudios Avanzados* (Caracas: Cipost), No. 17 (2001).

것의 보편화나 지방화도 주장하고 있지 않다는 것을 강조하는 것이 중요하다. 우리의 기획은 과거 유산과의 의절도 아니다. 민족적 번역 체제의 사망을 맞은 지금 그리고 이질언어적 말걸기 아래서는 서구라는 것이 자라나거나 시든다는 식의 유기적 개체의 비유를 통해서는 언급조차 될 수 없다는 점이 너무 분명하지 않은가. 우리의 기획은 서구를 동질사회성의 인종주의적 논리로부터 분리시켜 정체성을 소수자 정치와 혼합적 지식의 한없는 다양성을 가능하게 할 비-관계적 형태(나와 외국인은 최-종-심-급에서 동일하다) 속에 다시 위치시키려는 것이다. 그러나 서구의 탈구라는 우리의 과제가 전혀 쉬운 것은 아니다.

****

우리는 이번 호 『흔적』에 "주권경찰, 세계적 공모: 번역과 식민지 차이의 생정치"라는 제목을 붙였을 수도 있었다. 우리가 공모라는 주제를 무엇보다도 지난 4세기에 걸쳐 발전해온 세계체제 속의 국민-국가들이 맡았던 역할과 연관시킨다고 해서 놀랄 사람은 없을 것이다.[35] 분명 동시대 "안보정체성" 테크놀로지 부상의 뿌리를 메트로폴리탄 제국 국가들이 제출한 통치기술들—푸코가 "통치성"이라 부른 것—에서 찾을 수도 있겠지만 이 역사를 자유주의 역사 자체처럼 식민지 인구의 경험을 통해 다시 읽을 필요가 있다. 이런 점에서 우리는 옥시덴탈리즘에 계속 탐닉할 여유가 없다. 영령 인도에서 이루어진 식민지 척도로서의 영문학의 정전화(正典化)가 계급 이데올로기를 은폐하기 위해 영국으로 거꾸로 "수입되었던" 것처럼,[36] 우리의 예상으로는 장차 통치성의 근원도 식민지 경영의 예외적 관행(제국주의 틀 내부의 "시민사회"에

35_ 존 몰로몬, 「통합된 대만: 주권정책의 태평양 작전지역에서 생체정치에 관한 개관」, 토마스 라마르·강내희 편, 『흔적 3호—근대성의 충격』, 문화과학사, 2008, 276-303.

36_ Gauri Viswanathan, *Masks of Conquest* (New York: Columbia University Press, 1989); Bernard S. Cohn, *Colonialism and Its Forms of Knowledge* (Princeton: Princeton University Press, 1996) 등 참조

부여되는 정상적 위치와 비교하여) 속에 있던 것으로 판명될 수도 있다. 미합중국은 분명 이 역사를 더 악화시킬 뿐인 경로로 들어선 것으로 보인다. 미 제국 민족주의의 일방적 폭력은 분명 (미국의 인민도 물론 포함하여) 지구 전역의 인민들에게 중대한 위협이지만, 미국 일방주의의 폭주로 인해 민족국가들이 지금 함께 사회적 영역을 가로지르며 어떤 근본적 형태의 일방적 권력(이제는 "안보정체성" 장치로 나타나는)을 코드화하고 있다는 것을 알아채지 못한다면 우리는 외국인 다중의 진짜 정체성을 발견할 기회를 놓치게 될 것이다. 통치성 자체에 깃들은 일방주의는 미국에 의해 현재 행사되는 것보다 겉으로는 덜 위급한 것 같으나, 간단하게 강요 모델을 통해 설명될 수는 없다. 우리가 세계체제라는 형태 자체로 이루어지는 경쟁을 포함시키기 위해 "강요"를 재정의하지 않는 한 말이다. 사실 푸코에게 "통치성"의 문제 전체는 국가 개입에 대한 자유주의적 비판에서 시작된다.[37] 우리는 민족독립, 자결, 문화적 동질화에 대한 저항, 권리와 법 등이 지닌 인간주의적 면모 이면에 민족국가 자체가 어떻게 본질적으로 모든 민족국가들이 공모자로 참여하는 선험적 형태의 반영구적 일방주의로 설계되어 있는지 봐야만 한다. 이 관점에서 보면 우리 앞에 놓인 도전은 왜 애당초 그런 지배의 제도들과 상태들이 외국인에게 그토록 매력적인 지점이 되는지 설명하고자 하는 더 광범위한 분석학으로 강요 문제를 다시 끌어들이는 것이다.

우리가 제안하는 공모에 대한 포괄적 분석은 눈에 띄게 불평등한 민족국가들과 그들 국가를 돌아다니는 다양한 인구들 간의 실질적이고 고도로 유동적인 권력 차이들에 대해 우리가 눈을 감는다는 것을 의미하진 않는다.[38] 이것은 지배 상태들과 그런 상태들을 제도화하고 유지하는 통치기술들을 푸코가 전략적 관계라고 부르는 일상

37_ Sakai Takesh, *Jiyūron–'genzaisei no keifugaku'*[자유론—'현재성의 계보학'] (Tokyo: Seitosha, 2001).
38_ Sakai Naoki, "Hensha atogaki"[편자 후기], *Soryokusen kara gurobarizensho e: Gurobarizeshon Sutadizu*[총력전에서 세계화까지—세계화 연구], Vol. 1, Yasushi Yamanouchi and Naoki Sakai, eds. (Tokyo: Heibonsha, 2003), 319-24. 사카이는 처음 자신의 전후 미-일 관계 분석에서 공모의 문제를 보편주의와 특수주의 간의 공모라는 측면에서 다룬 적이 있다. "Modernity and Its Critique: The Problem of Universalism and Particularism," *The South Atlantic Quarterly*, Vol. 87, No. 3 (Summer 1988).

생활에서의 권력-과-유희의 들고-남과 구분하는 푸코적인 생정치의 관점이다. 단일한 "인민의 목소리"와 권위 있는 "지식 신체"의 소통적 기술들로 유지되는 지배 상태에서의 민족 주체 형성의 필요성, 다수자 프로젝트의 형성과 소수자 위치 전유의 필요성…**이런** 종류의 일방주의가 어떤 단일 민족의 민족적 사회적 프로젝트보다 훨씬 더 큰 영속성이 있음이 증명되었다.

민주적 국가들이 왜 상대적으로 짧은 시간에 거듭해서 유사파시즘적인 정치구성체 속으로 들락거리는지 이해하려면 이 문제의 아주 상이한 세 계열 또는 하위 집합들 **사이로** 돌아다니는 순환회로를 이해해야 한다. 이들 세 구분은 널리 알려져 있으니, 간단하게 요약해보자. 첫째, 물론 구조적 혹은 민족적 계열(젠더 차이, 노동 차이, 언어적-종족적 차이)이 있다. 그 다음으로 체계의 계열(주권, 서구-와-기타, 그리고 제국)이 있고, 마지막으로 정치경제의 계열(노동, 가치, 그리고 시간)이 있다. 현재 국면에서 미국이 하고 있는 역할을 놓고 사회학과 국제관계학 영역들 내에서 지금 한창 일어나고 있는 흥미진진한 논쟁들은 대체로 자신들의 논지─도덕적 몸짓의 일종인─를 한 계열 요소들의 우발성을 다른 계열 요소들을 구체화하기 위해서만 풀어놓는 방식으로 전개된다. 그들 논쟁은 젠더, 계급, 종족, 인종, 지리적 지역, 문명과 같은 기본 범주들이 지닌 유동성과 이들 범주 간의 유동성을 제대로─말하자면 관계적 형태로─다루지 못한다. 이런 종류의 학문적 단락(短絡)은 다중 차원들을 겨냥하는 전적으로 새로운 분석 범주들이 필요하다는 명확한 징조일 뿐 아니라, 식민지적이든 제국적이든 파시즘적 구성체들이 어째서 계속 나타나는지 이해하는 데 중요한 단서로 작용한다. 파시즘의 조건을 만들어내는 정치적 문제의 세 주요 하위 집합들 사이에는 은폐된 순환회로가 있다.

오늘날의 이주, 교환, 협동적 네트워킹 회로들 속에 이미 존재하는 수없이 많은 형태의 혼종성과 차이들에 대한 관심에도 불구하고 우리는 "문화"를 일종의 화석화된 인공물로 보는 다수자의 고집을 여전히 보게 된다. 국민[민족]화가 영토, 시장, 종족의 서로 다른 요소들에 대해 행해진 (19세기 필리핀의 스페인 식민 행정부가 말한) "정복" 과정이기만 한 것은 아니라는 것은 말할 필요가 없다. 그 과정은 또한 지식, 신체들, 그리고 생활을 소급적으로 만들어낸다. 아카이브, 언어, 문화, 역사―요컨대 "소통 가능한 경험"의 근대적 물신화―는 자본을 위한 생산과 노동의 양식들인 만큼 이나 다수자적인 지배 주체들의 구성을 위한 원시적 축적의 현장들이다. "축적"과 "교환"과 같은 용어들의 용법은 그래서 이들 용어의 의미가 은유적인 또는 어쩌면 심지어 문학적인 의미로 확장되어야 함을 가리키는가? 분명 아니다. 그와 같은 축적 (제이슨 리드가 "자본에 의한 주체성의 실질적 포섭"이라고 부르는 것[39])의 이득은 현행의 권위적 지식 신체들에게만 생긴다. 이들 신체는 단일 언어를 "말하는" 신체들 이다. 그런 권위 있는 신체들은 사람들이나 제도들일 수 있다. 어떤 경우든 그것들은 일견 자연스러운 "개별자"와 그 당연한 귀결인 집단의 경계들에 의해서 조직되는 관 계의 형태들이다. "개별자"의 전제를 유지하기 위해 필요한 극단적 추상 과정에 대해 서는 이미 많은 논의가 있었기 때문에 그것을 여기서 반복하는 것은 불필요하다고 생각할 것이다. 은유적 과잉의 실제 장소는 권위 있는 신체와 관련될 경우에는 말하 는 개별 주체와 그녀가 사용하는 언어의 국민[민족]화와 같은 추상 작용 속에서 실제 로 찾을 수 있다.

규범적-가치로서의-서구와 미완의-프로젝트로서의-근대성이라는 연계 개념들만 큼이나 이들 권위자, 이들 다수자적 지식 신체에 의해 관리되는 선험적 표상들을 유 지하고 전형화하는 것은 없다. 함께 보면 이들 두 축은 다수자/소수자 관계들의 미시 변화 좌표를 그에 따라 계속 형성시키는 지구적 규모의 격자를 만든다. 분명 이 안에 소수자 분석학과 지구적 규모의 새로운 학제적 융합에 대한 열쇠가 있다. 그러나 우 리는 정말 거기서 그와 같은 위치 좌표가 결정되는 지도의 일관성과 지표상의 정확

39_ Jason Read, *The Micro-Politics of Capital: Marx and the Prehistory of the Present* (Albany: SUNY Press, 2003).

성을 가정할 수 있을까?

　우리는 모두 반-유럽중심주의 이야기를 알고 있으며, 이에 따르면 (탈)식민지 국가의 맥락에서 진행되는 서구 헤게모니에 대한 소수자적 비판이 "서구"의 다수자 구성체에 비판적 타격을 가한다. 유럽중심주의에 대한 이런 비판은 그런 비판을 국지적 차원으로 전환함으로써 엘리트를 위한 훌륭한 수사학이 된다. 엘리트의 정체성은 부분적으로 그들의 사회적 하층민이 행하는 노동에 의한 구조적인 (계급적) 가치축적을 통해 "서구"와 체계적 경쟁을 할 수 있게 됨으로써 형성되기 때문이다. 비슷하게, 소수자적 차이에 대해 다수자 입장에서 존중을 표하는 것은 전적으로 다른 지형 위에서 관계들을 재코드화할 수 있는 가능성을 없애버린다. 이런 관계의 변증법적 형태는 잘 알려져 있다. 일견 자유로운 주인으로 코드화된 자리는 실제로 노예의 노동에 예속되어 있다. 반면에 노예로 코드화된 자리는 마침내 자신을 위해 주인의 지배적 지위를 차지할 기회 말고는 아무 것도 꿈꾸지 않는다―주인 자리가 언제나 이미 처음부터 단순히 자신을 위해 존재할 수 있는 가능성을 갖고 있지 않다는 점을 인식하지 못한 채 말이다. 이 아포리아로부터 벗어나는 첫 번째 발걸음은 분명 근대성의 두 변별적 형태들―제국적 근대성과 식민지적 근대성―간의 간극 자체가 자본의 위계적, 비민주적 세계 구축 과정에서 근대성 일반과 같은 것을 규정하는 것임을 인정하는 것일 게다. 서로 대립하는 가운데서도 식민지적 근대성과 제국적 근대성은 공통의 지표인 서구의 규범적 가치에 얽매여 있고, 이 규범적 가치가 지니고 있다는 자연스러움이 지배의 상태를 보지 못하게 한다. 이 술수는 언제나 그렇듯 어떤 예외 형태를 통해 이루어진다. 사실 해체주의가 지치지 않고 보여주는 것처럼 역사**의** 변증법적 주체는 (역사**에게** 예외를 말하지 않고) 역사**로부터** 자신을 제외시키고 제3항의 "외재성들"(보충물들, 배제물들, 그리고 치환물들)의 지속적 현전 또는 "흔적"을 무시한다.

　우리가 의미 사슬들과 정치경제학의 양자택일적 형식주의에 빠지지 않을 수 있는 것은 불가피하게 전문 용어를 사용하자면 "흔적들" 또는 "외재성들"을 보고 있다는 바로 그 이유 때문이다. 우리는 위에서 말한 의미의 외재성과 경제학자들이 사용하는 외부성 개념 사이에 연계를 그려내고 싶다. "외부성"은 어떤 교환(언어적, 경제적, 군사적 등등)에 대한 두 당사자(이들이 친구들이건 적들이건)의 행위가 긍정적이든 부정적이든 다른 두 당사자의 교환에 직접 참여하지 않는 제3자에게 영향을 미치는 상황을 말한다. 분명 이 외부성 개념은 근대의 동질사회적 번역 체제 속에서 출현해온 번역자의 처지에도 적용될 수 있을 것이다. 국민국가들 간의 교류 속에서 우리는 그것들의 공모에 의해 영향을 받는 제3자들이 누구인지 알고 싶을 것이다. 이들 제3자는 민족을 구성한다고 여겨지는 "말하는 주체들"과 "합법적 개인들"과 같은 방식으로 쉽게 인식될 것인가? 그 대답은 분명 부정적이다. 물리적으로 인접한 두 나라 간의 국경이 그 자체로 명확한 공간을 형성하지 않고 국경선 양쪽의 민족적 내부성들의 창조를 위한 부정적 조건이 되는 것처럼 우리는 이들 "제3자"도 전형적으로 민족국가들의 지원을 받는 말하는 주체들과 권위있는 신체들 사이에 있는 무언의 더듬거리고/거나 끊겨진 간극들 속에서 찾을 수 있을 것 같다.

이들 간극 공간들의 위상을 "정규화하는" 시도는 선의에 의해 촉발될 때에도 사회 영역—물론 잠정적으로 민족국가에 의해 유지되는 말하는 주체들을 포함하여—에 걸쳐 불가피하게 중대한 함의를 만들어낸다. 우리가 외재성과 외부성의 과거 형태들은 위기에 처해 있거나 완전히 붕괴했고, 새로운 형태들이 늘어나는 시대에 살고 있다고 말하는 것은 진부한 일이다. 이제 "세계화"로 절정에 이른 체계 통합의 전개가 이 거대한 외재성 재조직이 보여주는 가장 가시적 효과의 하나다. "탐사하지 않은" 공간의 내파, 지구 표면을 가로지르는 국제 의례의 확장과 함께 "문명의 차이"로 알려진 외재성의 보충(법에 의한 경쟁적 지배를 무법적이고 무한한 폭력에 내맡겨진 비-서구와 구분함으로써 서구를 규정한 공간화된 무법성의 질서)은 위기 지점에 이르렀다. "서구 근대성"과 연관된 요소들은 이제 관습적으로 "서구"로부터 배제되어온 장소들—종종 서구 자체에서 발견되는 것보다 더 진짜 같은 형태로—에서도 발견될 수 있다. 자본주의의 두 보편적 형태들—상품과 민족국가—의 지구적 확산이 마침내 완성된 순간에 그와 같은 문명적 구분은 역사상 처음으로 자신의 본질적 모습 그대로, 어떤 특정한 내용도 없고 그래서 절대적으로 이데올로기적인 것으로 나타난다. 서구와 기타 세계의 구분을 입증할 근거는 더 이상 어떤 것도 없다. 혹은 달리 말하면, 서구가 (지배의 물결과 함께) 흘러다니고 확산되고 있다는 것을 계속 부인하는 것은 더 이상 불가능하다. 하지만 서구가 쇠퇴하는 것이 **아님**을 주목하는 것도 중요하다. 우리의 서구 탈구 기획은 그래서 나온 것이다. 주권이 쇠퇴했다고 하는 시대에 세계 안보 관리의 중심부에서 문명적 차이라는 축을 재구축하자는 우파 사상가들의 소리가 들리는 것도 이상한 일이 아니다. 주권적 민족국가 체계는 애초에 웨스트팔리아 조약(1648)과 함께 세계가 두 영역들 즉 국제법에 의해 통치되는 하나(서구), 식민지 권력의 재량에 맡겨지는 하나(기타)로 나뉜 제국적–식민지적 시대가 열리는 시점에 이루어졌기 때문에,[40] 주권 장치의 와해가 문명 차이의 구분선에 충격파를 만들어내며 그 역도 성립하리라는 것은 놀라운 일이 아니다. 문명적 차이는 처음부터 주권의 불가능한 내부 일관성 지수에 의해 요청되는 필요한 보충물의 역할을 수행해 왔다.

주권의 장치는 처음에는 계급과 같은 사회적 차별 표지에 의해 주로 구조화되는 국민적 공간에 관여하지 않고 무엇보다 세계체계의 국제적 공간에 관여한다는 것을 이해하는 것이 중요하다. 따라서 세계적 도시들의 초국적 흐름들 속에서 보이는 상대적인 주권 침식은 주권 체계가 위축되었다는 것을 가리키지 않는다. 그것은 단지 변화했을 뿐이다. 이런 이유로 국민국가의 주권은 자신의 정당성을 영토에 들어오는 이주자들에 대해 배타적 규정을 별도로 부과하는 데서 그리고 외국인혐오에서 찾는다.

40_ 칼 슈미트(Karl Schmitt)는 *The Nomos of the Earth*, tr. G. L. Ulmen (New York: Telos, 2003)에서 이런 주장을 펼친다. 같은 책, 제3부(The Jus Publicum Europaeum)를 볼 것. 생정치에 대해 슈미트가 펼친 주장의 함의에 대해서는 Tazaki Hideaki, "Konjitsu no sei-seiji no naka no niche[현대 생정치에서의 니체]" in *Shisô*, No. 919 (Tokyo: Iwanami, 2000)에서 간명하게 논해진 바 있다.

우리는 주권 내파로 만들어진 폐기물이 주권을 구성시켰다고 하는 기반 자체—민족은 유기적 생명 형태라고 하는 생각—로 스며들고 있는 시대의 증인이다. 자본의 초국적 흐름들이 민족국가의 법적-제도적 형태를 침식하는 순간에도 자본은 생정치적 차원에서 계속 공고해지고 있다.[41] 민족국가는 복잡한 형태의 "생명 보조 체계"가 되었다. 민족국가는 관련된 인구의 "생명"을 적극 관리하지만 동시에 그것을 통과하는 신체들에 대한 근본적 제한을 가하기도 하여 일부 이론가들로 하여금 근대 국민국가(와 주권)는 정치적인 "수용소" 경험과 연관되어 이해되어야 하지 않는가 하고 묻도록 만든다.[42] 말할 것도 없이 이들 "생명 보조 체계들"은 노동—지금까지 자본이 만들어낼 수 없었던 한 상품인—을 관리하는 것을 돕지만 그렇게 하면서 그 체계들은 또한 특정한 종류의 주체성 구성체를 생성하기도 한다.

이 변화를 이해하려면 우리는 여기서 가정되고 있으며 그것에 대해 "생명"이 자연적 소여로 간주되는 "외재성"의 새로운 여정들과 새로운 형태들을 그려내야 할 것이다. **생명-의-형태**와 **법-의-형태**의 연결이 완전히 일치하기 시작하면, "생정치"는 주요 정치 무대로서의 지위를 갖는다. 생정치의 형성을 놓고 1970년대 말에 행한 일련의 공개강연에서 푸코는 18세기에 등장하는 생정치적 문제설정을 이전 세기의 통치 문제들과 구분하고 생정치를 "사목권력"의 한 수정으로 이해한다. "주권경찰"이란 용어는 영민한 생정치 철학자인 조르조 아감벤이 처음 쓴 것인데 이는 물론 생정치 기획에 선행한 국가 이성의 두 형태들을 연결시키는 조합이다. 주권은 정당성에 대한 법적 담론의 한 형태로서 원래 군주의 권력에 대한 외부 제한의 한 형태로 이론화된 것이었다. 국가는 이 외부 권력에 대한 표면적 보충물로서 자연스레 자신의 대상인

41_ 중국어로 된 두 연관된 저작이 머리에 떠오른다. Luo Gang, ed., *Zhishifenzi luncong*[지식인 논총], Vol. 4, "*Diguo, dushi yu xiandaixing*"[제국, 도시, 그리고 현대성] (Jiangsu: Jiangsu Renmin, 2005); Antonia (Yen-ning) Chao, *Daizhe caomao daochulixing*[On the Road with a Straw Hat] (Taipei: Juliu, 2001).

42_ Giorgio Agamben, *Homo Sacer: Sovereign Power and Bare Life*, tr. Daniel Heller-Roazen (Stanford: Stanford, 1995); Zygmunt Bauman, *Modernity and the Holocaust* (Ithaca: Cornell, 2001) 참조

인민의 외부에 있던 정치권력을 배치했다. 두 경우 모두에서 국가 권력의 구성은 설계에 의해 부대적인 제한들의 적용을 통해 고안되고 가능해졌다. 그러나 정치경제학의 근대적 이론들이 자유주의 맥락에서 도래함에 따라 통치의 원리를 철저히 내재적이고 자족적인 것으로 만드는 것을 목적으로 하는 새로운 계열의 대상들과 기술들이 가능해졌다. 이 내재적 원리는 사회적이고 사적인 신체의 모든 측면들을 포함하기 위하여 결국 노동과 자본의 고전적 관심사 훨씬 더 너머로 확장되는 효율성(또는 강도)의 최대-최소 지표의 원리였다. 그것은 주권적 법과 경찰국가의 이전 형태들을 치환했지만 제거하지는 않았다.

자유주의의 일견 냉혹한 확장이 주권 권력에의 종속으로부터 점점 더 많은 공간들을 해방시킴에 따라서 생명 자체의 생산적 힘은 점점 더 통치행위의 표적이 되어 주권과 경찰의 형태들은 이제 "생명"의 미시정치들 속에서 발견되고 있다. 푸코는 권력의 얼굴을 보완하는 "불가결한 피하층"에 대해 이야기할 때 낙관주의(예컨대 주권의 변형에 의해 유발되는)에 대해 은근히 경고한다. 푸코는 분명 여기서 심층의, 아래에 있는 본질의 형이상학을 요청하고 있지는 않다. 처음에는 고고학적이고 그 다음에는 계보학적인, 그가 개발한 스타일 전체는 그가 지속적으로 강조한 것처럼 "사물들의 사태"에 대한 관심이 아니라 "우리의 직접적 구체적 현실성"에 대한 관심에 그 동기가 있었다.[43] 다른 말로 푸코는 앎의 실천이 어떻게 지식의 대상이 아니라 새로운 주체성들(단순히 지식의 주체들인 것은 아닌)을 만들어내는지 관심이 있었던 것이다.

"생명"은 주권권력의 작용으로부터 절대적 거리를 두는 양도할 수 없는 권리로 주어진다고 여겨지지만 역설적으로 주권적 형태들을 부여받게 되었다. 오늘 국민[민족]화된 생명 형태들(특히 "문화"와 "언어")은 여전히 푸코가 말한 바 있는 "피하층"으로, 자본의 세계화로 드러나고 있는 실제 생명 형태들 속의 거대한 변이들의 기초가 되

43_ Michel Foucault, *Naissance de la biopolitique: cours au Collège de France, 1978-79* (Paris: Gallimard/Seuil, 2004), 25.

거나 그 변이들을 에워싸고 있다고 간주되는 축적의 토대로 제시된다. "피하층"이 내부에 있는 민족문화의 샘물이 아니라 자본의 증가하는 침투의 효과라면 어떻게 되는가? 성차-인종-계급이라는 오늘날 사회분석의 주요 세 요인과는 대조적으로 문화와 언어는 피하층의 위상 안에 철저히 엄폐되어 있다. 오늘날 백색이라는 지구적 지표만큼 이 상황을 잘 드러내는 것은 없다. 이전에는 세계에서 최고로 유동적이고 이산적 인구의 하나로서 오늘날 세계 전역의 백인 인구는 한편으로는 놀라운 고정성, 다른 한편으로는 유동성의 시대에 들어섰다. 오늘은 "백색" 신체들이 가장 정지되어 있고 자신을 변형시키는 능력이 가장 적은 것으로 여겨지는 고정성의 시대이지만 또한 백색이 사회구성체의 조건에 따라서 끊임없이 움직이고 변형하는 유동성의 시대이기도 하다. 그러나 바로 이 외관적 유동성 때문에 백색에 대한 집착적 고집과 그것을 자연화하려는 노력은 오늘 그 어느 때보다도 만연했고, 백색은 과거보다 훨씬 더 빈번하게 백인 자신들에 의해서 과거에 백인 식민주의자들에 의해 토착민들에게 속한다고 여겨진 것과 똑같은 부동의 고정성으로 상상된다. 이것이 오늘날의 "국토보안" 관념이 노리는 바가 아닌가? 그러나 우리가 어떻게 그런 "원주민 금렵지역"을 불안정노동이 일말의 생존 희망을 품고 몰려드는 일종의 생정치적 수용소로 보지 않을 수 있겠는가?

오늘날 남은 가장 강력하고 편재하는 국민[민족]화 형태들—"생명"에 관련된 것들—을 내전을 통한 "권력 장악"이나 주권적 공모를 통한 "권력 균형"보다는 전적으로 다른 사회조직을 지향하는 창조적인 소수자적 저항 영역으로 끌어들이기 위해서, 우리는 공동체를 국민[민족]적 주체들과 결합시키는 용광로 속에서 국민[민족]화된 "생명"의 전형인 "문화"와 "언어"와 같은 형태들이 형성되어온 방식들을 살펴볼 필요가 있다. 소통은 분명 자본의 이데올로기이지만 이 동맹은 하나의 생정치에 기반을 둔다. "존재" 이외에는 어떤 자격도 없는 "생명"이 인도주의적인 폭력 거부의 최고 보편적 형태가 되면 역설적으로 그것은 저 폭력적 권력의 무제한적 확장 과정에서 계속 전략적이고 필수적인 도구로 기능하게 된다. "생명"의 범주를 통해 주권 권력은 결국 지구 전역에 걸쳐 다수자적 권위의 고도로 유동적인 변화율(gradient)을 형성하게 되는 일련의 전략적 외부성들을 이제는 아주 폭력적으로 관리하려 든다. 이 다수자적 권위는 의심의 여지없이 "서구"라고 불려야 한다. 그러나 그 동어반복적 운동(예컨대 백인=남성=기독교인=유럽언어=백인 등)을 보여주는 등가 기호들의 통상적 계열에서 "서구"의 의미는 모든 역사적 특이성을 고려할 때 서구란 늘 너무나도 고도로 자의적이어서 사실 어떤 특정한 내용도 없는 것임을 드러내는 실제적인 어떤 구성적 과정을 배경으로 평가되어야 한다. 이것이 서구와 기타의 차이를 입증할 하등의 근거도 찾을 수가 없는 이유이다. 결국 그것의 유일한 이름은 헤겔을 요약하자면 나쁜 무한성(잘못 생각한 어떤 관계의)일 것이다.

세계적 공모는 이리하여 분명 우선적으로 나쁜 협력의 형태, 자본이 그것의 광적인 합리적 변이들을 규정하는 연대들과 네트워크들을 전유하는 형식이다. 바로 이런 이유로 처음부터 우리는 "정치적 올바름"의 조사 스타일로 친구들은 사면하고 적들은 저주하기 위해 쓰일 수 있는 공모의 분석학에는 전혀 관심이 없다. 그와 정반대로 우리가 여기서 문제시하려는 것은 주체적 실천들의 최대로 가능한 다양성에 깃들은 외재성과 외부성의 특정한 형태들이다. 결국 소수자적 분석학은 지식의 질서 속에서 체계화, 분류화하는 것에는 전혀 관심이 없다. 이런 일들이 필요하고 양보할 수 없다고는 해도 그 유일한 목적은 새로운 인간 주체들을 구성하는 데 있다.

오늘날 지구 전역의 인구들에게 집단적 꿈과 욕망의 대상들로—단순히 그런 꿈들에 필수조건이 된 인식 형태로서—제공되는 너무 많은 형상들이 과거 제국적 정체성들을 다시 써먹은 판본에 지나지 않고 이들 중 많은 것은 근대성의 유령적 타자들(즉 전근대)로서만 존재한다. 이것은 전략적 관계들의 유도와 발전에의 적극적 참여라기보다는 실제로 지배의 상태일 뿐인 주체성의 형태다. 만약 오늘날 사회학이 위험 분석학만을 생각한다면 이것은 분명 모리지오 라자라토가 지적하듯이,[44] 주체의 차원에서 개입을 생각할 수 없는 어떤 대규모 무능의 지표다. 행위의 문제가 손실 계산법으로 환원되는 것은 어떤 새로운 것을 **생성** 형태로 창조할 가능성이 거부당할 때(나 그 자체 예정된 목표 또는 목적지로 흡수될 때)뿐이다. 말할 것도 없이 이렇게 만들어진 "위험사회"라는 개념은 불가피하게 통치성 장치에 의한 전면적 침투를 피하는 것이 불가능하다.

이번 호『흔적』으로 우리는 원래 예상 필자들(부록에 있는 원고 청탁 참고)에게 헤겔과 맑스 이후 노동이 이론가들에게 핵심 위치를 차지했던 것처럼 **번역**을 사회적 관계 생산에 대한 제대로 된 정치적 논의 속으로 끌어들이자고 제안했었다. 근대적 번역 체제는 "체계적 공모"의 구체적 형태다. 다시 말해 그것은 사회적 관계들을 (민족 주권과 같은) 체계 수준에서 회로를 따라 움직이게 함으로써 그 관계들을 관리하는 것을 목적으로 하는 지구적으로 적용 가능한 지배의 기술이다. 일본학과 일본 천황제 체계가 지닌 초국적 담론 구조에 대한 우리의 연구에서,[45] 또는 제국적 민족주의와 종족적 소수자들 관리의 관계 속에서[46] 우리는 민족적 주권과 문명적 차이의 지리학은 최근까지는 인류학적인 문화담론에 의해 철저하게 자연화된 중요한 종류의 주체 테크놀로지 또는 통치 테크놀로지를 보여준다고 믿게 되었다. 우리가 번역의 질서를 형성하는 다양한 분과학문적 편제(식민지 시대 이후에 배치되었으나 식민주의의 종언보다 더 오래 살아남은)가 실제로 어떻게, 그 구성이 상호의존적이고 또 특정한 때에는 단일하면서도 극도로 위계적인 어떤 지배 상태[국가]에 연루되어 있는

44_ Maurizio Lazzarato, *Les révolutions du capitalisme* (Paris: Les empêcheurs de penser en rond, 2004), 256: "사회과학은 통제사회를 위험사회로 규정함으로써 새로운 상황을 이해하고자 한다. 이는 새로운 것의 사건적(eventat) 창조가 더 이상 예외가 아니라는 것, 다양성을 창조하는 힘이 실재 구성의 원천이라는 것을 말하는 부정적이고 거창한 방식이다."

45_ Naoki Sakai, "You Asians," *The South Atlantic Quarterly*, ed. Harry D. Harootunian and Tomiko Yoda, Vol. 99, No. 4 (Fall 2000): 789-818.

46_ Naoki Sakai, "Nihonjin de aru koto"[일본인이라는 것], *Shisô*, No. 882 (Dec. 1997): 5-48; Naoki Sakai, "Subject and Substratum," *Cultural Studies*, Vol. 14, Nos. 3 and 4 (2000): 462-530.

상이한 방식으로 코드화된 주체들, 전형적으로 국민[민족]적인 주체들을 만들어내는지 이해하기 시작한 것은 겨우 오늘에 이르러서다. 우리의 목적은 그리하여 "번역"이 그 속에서 더 이상 단순히 전이, 중계, 등가의 작용으로 간주되지 않고 그보다는 사회적인 것의 구성에서 노동에 의해 이루어지는 것과 유사한 중대한 역사적 역할을 맡고 있는 일련의 계보학들을 추적하는 것이었다.

노동과 같이 언어는 단순히 특정한 활동이 아닌, 세계와 자아를 생산하거나 적어도 구속하는 사회적 실천형태와 관련되어 있는 잠재적으로 총체적인 범주다. 노동처럼 언어는 개인의 배타적 획득물이 아니라 인류 일반의 본질적 부분(이것이 없으면 "인류 일반"이라는 생각은 어떤 것이든 "최후인"으로 통하는 지구적 "최종 해결책" 같은 것을 전제하게 될 것이다)으로 쉽게 이해될 수 있을 것이다. 끝으로 노동처럼 언어는 반복과 특이성의 의미를 문제 삼는 것으로 보인다.

대형상화되어 있고 국민화된 언어라는 근대적 체제 내 번역자의 지위에 대한 우리의 연구는 주권 논리 자체에 대한 정확한 평행선을 보여준다. 조르조 아감벤이 주권의 논리가 어떻게 (주권자의 형상에 의해 구현되는) 예외의 형태에 기반을 두고 있는지 보여준 것처럼 번역자의 지위도 비슷하게 예외적인 방식으로 표상되어 왔다. 우리의 작업은 번역자의 (혼종적) 지위가 그 안에서는 별 볼 일 없다고 간주되어온 구성체로서의 "민족언어"의 규칙성은 사실상 번역에서의 사회적 차이의 주관적 조우 이후에야(혹은 소통이 실패하는 사회적 상황에서) 만들어진다는 점을 보여주며, 이 관계를 근본적으로 뒤집었다. 번역자의 예외적 지위를 통해 민족언어의 형성을 바라볼 것을 제안함으로써 우리는 민족언어는 정말 체계적인, 또는 초국적인 지배 기술이라는 것을 보여줄 수 있었다. 이 발견은 자본주의적 확장에서 정규화된 임금노동 형태들보다는 다양한 형태의 노예노동에 의해 이루어지는 중대한 역할에 대한, 주로 얀 물리에르 부탕이 제시하는 증대하는 인식과 맥을 함께 한다.[47] 이번 호를 위한 논문 청탁서의 끝에는 그래서 임금노동과 국민[민족]화된 말하는 주체들의 이중적 정상화

테크놀로지들에 의해 관리되는 지배의 상태를 임금노동과 민족언어의 엑서더스 속에 보이는 창의적 주체성들로 대체하자는 제안이 있다.

임금노동이 몰래 의존하는 노예노동과 민족언어가 몰래 기반을 두고 있는 번역 체제 사이의 유사성들은 심원하다. 두 경우에 주체의 행위(번역 또는 노동)는 인간 활동 자체의 유적 형태를 규정한다고 간주되는 대상(작업) 속에서 표현된다. 그런 점에서 양자는 잠재적으로 정치적인 함의들을 갖고 있으나 대부분 순수한 교환경제와 연관된다. 우리가 이 교환을 어떻게 바라보자고 제안하느냐가 당연히 개인적 자율성과 기능에 우리가 부여하는 공간을 결정할 것이다. 그러나 너무나도 익숙한 한 물상화 과정을 보면, 인간 활동의 창조적 잠재력이 사회구성에 대한 구성주의적 설명을 통해 인정되고는 있지만, 그 잠재력은 대상화된 사물로, 즉 반복적으로 주체들이 실제로 작업하는 방식을 제한하고 창안의 힘을 특정한 분과적 규칙들로 국한시키는 일련의 제도들 또는 객관적 현실들로 전환되고 만다. 상품이란 물신에 대한 맑스의 비판이 우리로 하여금 노동의 성과들은 이제 물상화되어 실제로 그 속에 사회적 관계의 흔적(과 그리하여 창조적 변혁의 가능성)을 담고 있다는 점을 환기시키려 했던 것처럼, 우리는 번역도 비슷한 비판을 요구하는 사회적 관계의 형태로 이해될 수 있다는 테제를 제출한다. 요컨대 우리에게 번역은 자본의 이데올로기로서의 소통에 대한 비판이 거기서 보면 가장 직접적으로 생명의 정치 혹은 다시 말해 생명이 자본에 의해 투자되는 정치가 될 수 있는 사회적 관계로 보이는 것이다.

Naoki Sakai and Jon Solomon, "Introduction: Addressing the Multitude of Foreigners, Echoing Foucault"

47_ Yann Moulier Boutang, *De l'esclavage au salariat–Économie historique du salariat bridé* (Paris: Presses Universitaires de France, 1998) 참조

흔 적
TRACES

Part 1

번역과 철학

산종으로서의 번역
—다언어성과 탈-투여[*]

모리나카 타카아키

일어번역: 윤여일

_1. 상황과 문제

오늘날 그 많은 언어는 누굴 위해 존재하는가. 오늘날 자기 생각을 표현하고자 할 때 우리는 어떤 언어능력을 획득하고 어떻게 언어들의 체계에 자신을 맞춰가야 하는가. 달리 표현해보자. 지금 우리가 '나'라고 명명하며 주체–주어의 위치를 점할 수 있는 조건은 무엇인가. 거기에는 어떠한 정치적·경제적·문화적 구조가 놓여있으며, '나'는 단독성을 드러내고자 그 안에서 어떤 통로를 열어젖히고 어떤 언어의 장면을 펼쳐내야 하는가. 이것이 오늘날 분명한 형태로 가시화되어야 할 물음이다. 더욱이 9.11 이후 몇 번이고 되물으며 가다듬어가야 할 긴박한 물음이다.

9.11—그 날을 오늘의 세계 상황에서 상징적인 날, 특권적인 단락(césure)의 날짜로 여기더라도 진부하다고 할 수만은 없다. 이라크전쟁의 '종결선언'이 나온 지금,[1] 우리는 20세기 이후의 세계사에서 전혀 새로운 사태와 직면했음을 직시해야 한다. 새

---

*_ 일본어 備給을 투여라고 옮겼다. 일본어 備給은 커섹시스(cathexis)를 뜻한다. 커섹시스란 심적 에너지가 특정 대상에 집중됨을 일컫는 정신분석용어이다.–역주
1_ 이 글은 2003년 5월 2일에서 5월 5일 사이에 작성되었다.

로운 사태, 그것은 무엇보다 '주권자'가 회귀한 새로운 정치를 가리킨다. 칼 슈미트의 정의를 빌리자면 '주권자'란 "예외상태에 대해 결단을 내리는 사람"이다. 그러나 슈미트가 강조했듯이 『정치신학』(1922년 초판/1933년 재판)에서 '주권'이란 '한계개념'이며, '예외 상태' 역시 통상적 의미의 '긴급명령'이나 '계엄상태'[2]를 뜻하지 않는다. 즉 여기에는 평시의 법규가 내놓은 일반적 규범으로는 파악할 수 없는 '절대적 예외'가 상정되어 있다. 따라서 그 '결단'은 일반적 규범 안에서 근거를 찾지 않는다. "이 주권자는"이라고 슈미트는 말한다.

> 이 주권자는 실로 극도의 긴급 상태인지 아닌지를 결정=결단하는 동시에, 이것을 제거하기 위해 무엇을 해야 할지도 결정=결단한다.[3]

법체계에서 이 '주권자'는 이중적이며 역설적인 지위를 갖는다. 주권자는 '현행법의 질서 바깥'에 서있는 동시에 헌법마저도 "정지시킬지를 결정=결단하는 권한"을 갖고 있는 까닭에 "현행법 질서 안"[4]에도 속해 있다. 완전히 양의적이며, 양의적이기 때문에 척도를 잃은, 문자 그대로 법 바깥의 힘을 갖는 존재인 것이다. 따라서 그 의도야 어찌되었든 슈미트의 발언은 정당하다. "현대의 법치국가는 이런 의미의 주권자를 배제하는 방향으로 발전을 꾀하고 있다."[5] 근대법 체계에서 "현행법을 파기할 권한"을 '본래의 식별징표'[6]로 갖는 존재는 포섭할 수 없는 타자이기 때문이다.

그렇다면 미국에서 일어나는 현상은 대체 무엇을 뜻하는가. 현재 미국은 슈미트적 의미에서 '주권자', 그것도 세계에서 유일한 '주권자'로서 모습을 드러내 힘을 행사하

2_ 칼 슈미트, 『政治神学』, 田中浩・原田武雄 譯 (未來社, 1971), 11.
3_ 같은 책, 11.
4_ 같은 책, 13.
5_ 같은 책, 13.
6_ 같은 책, 15-16.

고 있다. 미국은 그 사건 이후, 즉 '글로벌화'라고 불리는 정치적·경제적·문화적 조류에 맞선 가장 강력한 반발이자 부정적인 '평가'였던 그 사건 이후, 즉시 모든 국제법 질서를 정지시키고 '예외상태'를 선포하였다. 이후 그 상황 속에서 '주권자'로서 '결단'을 거듭하면서 '테러리스트'라고 명명한 비대칭적 타자를 상대로 삼아 전쟁을 지속해왔다. 마치 미리 계획된 듯 진행된 일련의 과정("이라크전쟁은 2001년 9월 11일 발발하여 지금도 기승을 부리는 테러와의 싸움에서 하나의 승리이다"[7])은 우리의 시대에 슈미트적 패러다임이 완전히 부활했음을 보여주고 있다.

거기서 귀결하는 거센 위기—유럽의 '낡은' 국가주권에 대립하겠다고 공언하며 거칠 것 없이 세계자본주의의 주체로 등장한 새로운 제국에게 두 차례의 세계대전이라는 재화를 거치며 구축된 국제법 질서는 이미 낡은 것이다. 이 제국이 새롭게 강제수용소를 가동하여(슈미트 시대의 독일 제3제국이 아우슈비츠를 낳았듯이) 관타나모 해군 기지에 '테러리스트'를 수용하는 시설을 만들었음은 누구나 알고 있는 바이다.

그리고 미국이 주도하는 세계의 군사적·정치적 재편성은 여러 나라를 근본적으로 뒤흔들고 있다. 가령 일본에서는 사건이 발생한 지 불과 1개월 반이 지나자 '테러대책 특별 조치법안'이 별다른 실질적 심의도 거치지 않은 채 성립되었다. 일본의 '자위대'는 '외국의 영역'에서 미군의 무력행사에 보조를 맞추는 '협력 지원 활동'에 나설 수 있게 되었고, 현재 '유사법제' 관련 법안이 국회에서 불과 수일의 일정으로 심의되고 있다. 1999년의 '신가이드 라인(=일미 방위협력의 지침)'이 마련된 이후 가장 뚜렷한 변화이다. 더욱이 '협력 지원 활동'은 몹시 가까운 장래에 기도될 수도 있다. 그리고 이 나라의 '헌법' 자체("국권의 발동인 전쟁"을 "영구히" "포기한다"고 명기하고 있다)가 '개정'될 것이라고 우리는 예감하고 있다.

그런데 새로운 시대(두 차례의 세계대전이 남겨준 교훈을 소거하는 '새로움'이다)

7_ 부시 대통령 연설, 『朝日新聞』, 2003년 5월 2일 조간, 3면.

에 언어는 대체 어떻게 될 것인가. 고도로 계산된 현실의 정치를 앞두고, 결과적으로 수천, 수만의 죽음을 목도하면서도 언어를 분석대상으로 삼는다면 현실로부터 뒷걸음질쳐 사변으로 도망치는 것처럼 보일지도 모르겠다. 그러나 언어의 물음 역시 이 시대에는 정치적으로 중립적이거나 순수할 수 없는 노릇이다. 그것은 단순한 미디어 비판으로 환원되지 않는다. 즉 가령 글로벌화 시대에 국제 보도라는 미디어=매개가 영어를 표준으로 삼고 있으며, 따라서 명시적 혹은 암묵적 틀짜기가 초래될 수 있다는 추측만을 의미하지 않는다.

오늘날 이론적 담론 역시 영어에 기초하는 발신과 수신의 회로를 형성하여 점차 확대되고 있다. 그리고 이론을 구성할 때 누구를 향해 어떤 언어를 선택할지를 정하는 일은 불가피하게 늘 정치적인 의미를 띤다. 이론은 어디라도 상관없는 장소로 발신되고 뭐라도 괜찮은 언어로 유통되지 않는다. 우리는 이론이라고 불리는 것이 어떤 언어를 선택하고 혹은 억압하고 혹은 망각하는가라는 '언어의 정치'에 관해 보다 민감해져야 한다. 그러한 인식을 빠뜨린다면, 바로 그 이유로 말미암아 이론은 커다란 결함을 초래할지 모른다. 그렇다면 우리는 어떤 방법으로 이론적 담론에서 '언어의 정치'를 인식하고, 어떠한 담론의 양태를 선택해야 할 것인가. 9.11 이후의 오늘날, 우리는 대체 어떠한 언어적 장치를 준비해야 한단 말인가.

_2. 영어 제국주의와 언어의 경제

오늘날 여러 영역의 이론적 담론들은 영어제국주의를 벗어나지 못한다. 단적으로 우리 시대의 사고는 무엇이든 영어 번역을 전제로 삼고 있다. 어떤 지역에서 어떤 언어로 출현하였든 전달가능성을 갖추려면 영어에 의한 매개를 피할 수 없다. 그것은 이미 전지구적 조건인지도 모른다. 영어의 매개를 받아들일 것인지 말 것인지가 이론적 담론의 생사를 결정한다고도 말할 수 있다.

물론 이것은 몹시 도착된 사태이다. 영어라는 단일 언어에 기대야 이론이 전달된 다는 사고는 가령 일찍이 하이데거가 자신의 모어(母語)만이 철학적 사고에 적합하다고 주장한 것과 정확히 대칭적이다. 하이데거는 고전 그리스어, 라틴화되어 본질을 잃기 전의 그리스어라는 환상을 역사적 범례로 삼아 "독일어가 그리스인의 말 그리고 사고와 특히 내재적 친연성을 갖고 있"어 "프랑스인들"도 "사고를 시작하려면 독일어로 말한다"[8]고 주장했다. 이 장면에서는 일찍이 존재한 적 없는 그리스의 이미지를 가공해 그것을 모방하고 미래를 향해 반복하여 피폐해진 국민적 동일성을 대리 보충적으로 형성하려는 철학자의 집념이 엿보인다. 그리고 여기서 어떤 정치가 유래한다.[9]

당연한 말이지만 자연언어는 모두 고유의 개념 형성 작용을 통해 '사고'를 낳는다. '사고'를 만들 때 특권적 지위를 차지하는 언어는 없다. 영어가 널리 사용된다고 거기서 '전달가능성'의 개념을 끌어온다면 오류이며, 하물며 영어가 사고 작용과 질적으로 연결되어 있다고 여긴다면 그저 환상일 뿐이다. 따라서 이론적 담론은 오늘날의 이와 같은 사태를 마치 피할 수 없는 자연 과정처럼 상정하는 '언어의 정치' 자체를 항상 고려해야만 한다. 그러나 영어 제국주의는 오늘의 이론적 담론에서 분명히 지배와 통제의 힘을 발휘하고 있다. 그렇다면 어떤 이데올로기가 그 힘을 떠받치고 가속화하고 확대시키는가.

첫째, 언어의 다수성을 인정하지만 영어가 그 다수성을 공약하는 일반성의 차원에 위치한다는 사고방식이 있다. 정확히 '달러'가 다른 통화에 대해 그러하듯 영어를 '기축언어'로 보고, 영어를 활성화하여 언어들 사이에 관계를 만들어내려는 발상이다.

8_ 마르틴 하이데거, 「シュピーゲル対談」[슈피겔 대담], 『形而上学入門』, 三原榮峰 譯 (平凡社ライブラリー), 402-3. 하이데거에 따르면 "그리스어는 (사유 가능성의 면에서 보건대) 독일어와 함께 가장 강력하며 동시에 정신적인 언어"이다(같은 책, 99).

9_ Philippe Lacoue-Labarthe, "La transcendance finie/t dans la politique," in L'imitation des Modernes (Paris: Galilée, 1986).

이것은 다양한 언어의 가치를 영어라는 유일 언어로 표현하려는 경제학적 시점과 다름없다.

경제학적 시점은 필연적으로 일정한 번역 개념을 전제로 한다. 그리고 번역을 담론의 의미 내지 시니피에를 전달하는 것으로 이해한다. 이 발상에 따르면 다양한 언어에서 각 개념은 언어체계의 차이를 넘어 말하자면 손실 없이 교환될 수 있다. 즉 개별 언어의 상위에 '초월론적 시니피에'(데리다)의 차원이 존재하며, 거기서 개념들은 본질적인 변형을 겪지 않고도 전달될 수 있다. 만일 그렇다면 이론적 담론은 '특수성'의 차원에 있는 언어들로부터 '일반성'의 차원에 있는 영어로 옮겨지는 일을 거부할 수 없다. 차라리 관건은 전달의 효율성이며 번역의 경제, 아니 경제로서의 번역이다. '번역'에서의 '초월론적 시니피에'에 관해 데리다는 이렇게 말한다.

> 그리고 실상 초월론적 시니피에라는 테마는 절대적으로 순수한, 투명하고 일의적인 번역가능성의 지평에서 만들어졌다. 그것이 가능한 한도 내에서, 적어도 가능하다고 여겨지는 한도 내에서 번역은 시니피앙과 시니피에 사이에 차이를 마련한다. 그러나 이 차이가 순수하지 않다면, 번역은 더욱 순수하지 않을 것이며, 번역이라는 개념으로 치환하려면 변형이라는 개념을 가져와야만 한다. …어떤 언어에서 다른 언어를 향해, 혹은 동일 언어의 내부에서도 시니피앙이라는 도구(내지 '탈 것')가 범할 수 없고(vierge), 혹은 상처 입히지 않은 채로 (inentamé) 내버려두는, 그런 순수한 시니피에의 수많은 어떤 운반에도 우리는 관련하지 않을 것이며, 사실 한 번도 관련된 적이 없다.10)

시니피앙과 시니피에 사이에 차이를 마련해 양자를 분리가능한 실체로 간주하여 '순수한 시니피에'를 들여온다. 그리하여 어떤 언어로부터 다른 언어로의 "투명하고

10_ Jacques Derrida, *Positions* (Paris: Editions de Minuit), 31.

일의적인 번역가능성의 지평"을 상정한다…. 그러나 이런 발상은 '언어의 본질'을 완전히 오인한 것이며, 언어의 가능성을 극단적으로 감축시키고 더구나 특정 역사적 맥락에서는 명백한 정치적 효과를 동반한다. '초월론적 시니피에'라는 허구의 이데올로기는 언어가 맞닥뜨려야 할 '변형'을 외면한다. 동시에 그 허구는 실제로 발생하는 방대한 마찰과 저항을 마치 존재하지 않는 것처럼 느끼게 만들며, 다양한 언어로부터 늘 영어라는 단일 언어로의 과도한 투여를 유도한다.

언어와 번역에 관한 이데올로기는 너무나 일반화되어 있어 그 정치적 효과를 알아차리기가 힘들다. 그러나 이것은 분명히 '글로벌화'의 부정적인 면모를 은폐하고 있다. 영어라는 가정된 '일반성'이 수행하는 경제적 조작, 즉 영어가 아닌 모든 언어의 '특수성'을 억압하며 '초월론적 시니피에'라는 허구를 가동시켜 항상 자신으로의 투여를 재촉하는 경제적 조작은 상대적 가치를 지닌 개개 언어가 교환되는 것 같은 외관을 그려낸다. 즉 하나의 특유 언어가 다른 특유 언어와의 관계에서 그 가치를 표현하는 것처럼 보인다. 그러나 사실상 글로벌화 시대에 영어는 여러 특유 언어 가운데 하나가 아니다. 영어는 언어들의 가치가 모두 거기서 출발하고 결정되는 '일반적 가치형태'이다. 그 '매개적 운동'은 정확히 맑스가 '화폐'라는 '일반적 상품' 속에서 찾아낸 운동과 동일하다.

모든 다른 상품은 화폐의 특별한 가치에 불과하며, 화폐는 그것들의 일반적 등가물이기 때문에 그 상품들은 일반적 상품인 화폐에 대해 특별한 상품으로서 마주하고 있는 것이다. 화폐 형태는 그저 다른 모든 상품의 관계가 한 상품으로 고착되고 반사된 것에 불과함을 알았던 것이다. …다른 상품들이 전면적으로 한 상품을 통해 자신의 가치를 표시하기 때문에 그 한 상품이 화폐가 되는 것이 아니라, 다른 상품들은 반대로 한 상품이 화폐이기 때문에 일반적으로 자신의 가치를 그 상품으로 표시하는 것처럼 보인다. 매개적 운동은 그 자신의 결과를 보자면 소멸하고 있으며 아무런 흔적도 남기지 않는다. 상품들은 스스로 아무 것도 하지 않으며, 자기 가치의 모습이 그것들 바깥에 그것들과 함께 존재하는 상품체로서 완성되고 있음을 발견한다.[11]

영어라는 '화폐'의 사용가치는 이중적이다. 그것은 하나의 특유 언어로서 이용되는 한편, "특수한 사회적 기능에서 발생하는 하나의 형식적인 사용가치"[12]를 지니고 있다. 그리고 매개에 의한 '교환과정'에 들어설 언어들은 "자기 가치의 모습"이 영어라는 "일반적 가치형태"에서 '완성'됨을 발견한다.

조금 다른 각도에서 말하자면, 이러한 정식화에서는 글로벌화 시대에 '내셔널한 것'이 지니는 기묘한 위치가 밝혀진다. 글로벌화 과정, 즉 '영어=달러'라는 '화폐'에 의한 매개운동에서 문제가 되는 것은 '내셔널한 것'이라는 가치를 '글로벌한 것'과의 관계에서 다시 분절하여 '투명하고 일의적인 번역가능성' 안에 두려는 조작이다. 즉 오늘날에는 어떤 언어도 그 자체로서 즉자적으로 '내셔널'한 것일 수 없다. 어떤 언어가 '내셔널'할 수 있는 것은 오로지 그 언어가 '글로벌'한 언어인 영어와 관련을 맺고, 영어라는 '화폐'를 통해 그 가치를 표현하는 한에서이다.

_3. 산종으로서의 번역

그렇다면 이런 종류의 언어적 이데올로기를 앞에 두고 인간은 어떤 비판적 실천에 나설 수 있는가. 즉 하나의 특수한 '종'에 불과한 언어를 마치 보편적인 '류'인 양 여기는 언어의 균질적-헤게모니에 맞서 어떻게 저항할 수 있는가. 이러한 '잘못한 외관'이 "고정되어 가는"[13] 것에 우리는 어떠한 전략으로 맞설 수 있는가.

11_ 칼 맑스, 『資本論 1』, 向坂逸郎 譯 (東京: 岩波文庫, 1969), 161-67.
12_ 같은 책, 161.
13_ 같은 책, 166.

일종의 소외론을 통해 사태의 극복을 꾀할 수 있을지도 모른다. 즉 영어라는 매개로 인해 '일반적 가치형태' 안에서 소외된 자기 언어의 고유성=본래성을 회복하고자 자신의 문화적·신체적·정동적인 원초적 장소인 모어의 자연성에 호소하는 일이다. 모어로 형성된 무의식을 지니는 신체의 고유성과 직접성을 다시금 긍정하는 것이다. 이것은 분명 한 가지 선택일 수 있다. 일반적으로 모어에 투여된 리비도야말로 주체에게 가장 기원적이기에 대체불가능하다고 여겨진다. 따라서 모어가 영어중심적인 언어의 일반적 '교환'의 경제에 맞서는 저항의 근거가 될 수 있다는 발상에는 분명 일정한 설득력이 있다.

그러나 주지하다시피 오늘날의 언어 상황은 그러한 선택을 무력화시킨다. 하나의 언어가 다수성을 공약하는 일반성의 차원을 구성할 때 어떠한 방식으로든지 특수성을 대항적으로 특권화한다면 헤게모니 구조를 뒤엎기는커녕 오히려 강화하고 만다. 오늘날의 영어제국주의는 본질적으로 모든 무매개성-직접성의 환상을 무너뜨리고 있다.

그렇다면 우리는 '기축언어'인 영어의 힘, 그 일반경제의 힘에 저항하지만 모어나 특유 언어의 자연성에 호소하는 언어적 애국주의 내지 내셔널리즘에 투신하지도 않는 방법을 모색해야만 한다. 그러한 방법은 과연 가능할 것인가.

산종으로서의 번역. 우리는 그 방법을 가령 이렇게 부를 수 있지 않을까. 일찍이 말라르메나 솔레르스의 텍스트를 독해하며 데리다가 '산종'이라고 명명한 언어의 운동을 여기서 환기하는 까닭은 어떤 문학적·미학적 메타포가 필요해서가 아니다. 반대로 이 운동은 몹시 현실적인 언어와 경제의 차원을 가리키고 있다.

'산종'이란 무엇인가. 매우 거칠게 말하자면 그것은 시니피에/시니피앙이 결합하여 이루어진 '말'(mot) 내지 '말항'(terme)이라는 단위마저 해체하면서, 문자(gramme)와 거기에 연결된 여러 관념이 담론의 실재적인 조직을 일탈하면서 전이해가는 운동이다. 가령 데리다는 말라르메의 『重大雜報』(중대잡보)의 모두에 놓인 '돈'(OR)이란 제목의 몹시 난해한 산문을 주목한다.

돈(OR)

…

한 은행이 넘어가면 막막하고 범용하며 회색으로 변하는 것.

정화(正貨), 이 가공할 정밀한 기계장치, 사람들의 의식에 명확한 기계장치는 모든 의미마저 상실한다.

마술환등 같은(fantasmagORiques) 일몰의 때, 인간이 구름에 내맡긴 꿈처럼 기댈 곳 없이 흩어질 때, 보물(trèsOR)의 용해가 지평(hORizon)을 뻗어가 진홍으로 빛난다. 나는 (백만의) 수백 배 그 이상의 거액, 경제상의 소송(pROcès)이 오가는 논고에서 그 실상에 사람들이 냉담해지는(fROid) 액수라면 얼마일지를 생각한다. 숫자, 몹시 웅변적인 숫자를 번역한다는 가능성은 여기서 하나의 증례(症例)에 속한다. 사람은 그것을 구한다. 만약 금액이 부풀려진다면(se majORe), 있을 것 같지도 않은 상태(l'impRObable)로 물러난다면, 더 많은 제로(zéROs)의 기입을 단서로 그 총화가 정신적으로 거의 무(無)와 같은 것을 뜻하는 제로를.[14]

여기서는 '돈'=<or>이라는 말=시니피앙이 텍스트 전체에서 흩어져 특유의 비연속적 연쇄를, 여러 격절된 영토를 낳고 있다. 하지만 엄밀하게 말해 이 <or>는 '말'도 '시니피앙'도 아니다. <or>는 시니피앙/시니피에의 관계에서 벗어나, 따라서 말이라는 통일체에서 벗어나 본래 의미론적 연관도 필연성도 없는 말항 사이에서 서로 깊게 침투하는 새로운 의미작용을 만들어내고 텍스트를 짜나간다. 그것이 산종의 효과이다. 그때 <or>는 숨겨진 단일의 테마가 아니다. 텍스트 전체가 거기서 싹트는 배주(胚珠)도 아니다. 만일 배주라고 한다면, 그것은 항상 이미 분할된 배주이다. "각

14_ Stéphane Mallarmé, "Or," in *Igitur Divagations Un coup de dé* (Paris: Gallimard), 295-96.

말항(terme)이 바로 하나의 배주(germe)이며, 각 배주가 바야흐로 하나의 종점(terme)
이다. 원자적 요소인 말항이 스스로를 분할하고 접목하고 번식하며 낳는 것이다. 그
것은 종자(=정액)(semence)이지, 하나의 절대적 말항=종점(terme)은 아니다."15) "하나
의 말항과 하나의 배주, 산종되는 하나의 말항, 자기 안에서 스스로의 종말을 임신하
고 있는 하나의 배주. 정액(sperme)—단단하다(ferme)."16)

　　데리다는 말한다. "산종은 아버지 아래로 되돌아오지 않는 것을 상징한다."17) 그것
은 다른 각도에서 말하자면 '거세'라는 장면을, 따라서 '파로스'라는 특권적 시니피앙
의 정위와 그로써 구조화되는 시니피앙들의 순환에서 벗어난, 중심 없이 흩어지는
운동성으로 지속된다는 것이다.

　　라캉적 정신분석에 따르면 성기 결여의 시니피앙인 '파로스'는 초월적이며, 그러므
로 분할불가능하다. 따라서 그것을 대리하는 시니피앙 문자(lettres) 역시 분할불가능
하다. 그런데 산종은 그러한 결여의 시니피앙이 지니는 단일성, 그것을 중심으로 구
조화되는 언어체계 전체에 파열을 낸다. ("결여는 산종 안에서는 그 위치를 갖지 않
는다."18)) 따라서 산종은 하나의 상징계를 전제하지 않으며 미리 조정(措定)하지도 않
는다. 산종의 운동은 하나의 언어 속에 머무르지 않고 복수의 언어체계를 횡단하는
잠재력을 지니며 궁극적으로 언어체계의 통일성과 자율성이라는 사고방식에 물음을
던진다. 가령 니콜라스 아브라함과 마리아 트록에 의한 『늑대남자의 언어 표본』을
위해 작성된 "Fors"에서 나오는 이야기다. 프로이드의 5대 증례 가운데는 '큰 호두나
무' 가지에 앉은 "예닐곱 마리의 흰 이리"가 형상화되었다고 해서 '늑대남자'라고 불
리는 환자의 꿈이 있다. 아브라함과 트록은 이 꿈을 복수의 언어로 이뤄진 번역의

15_ Jacques Derrida, La *dissémination* (Paris: Seuil, 1972), 338.
16_ Ibid., 361.
17_ Jacques Derrida, *Positions*, 120.
18_ Jacques Derrida, "Le facteur de la verité," in *La carte postale-de Socrate à Freud et au-delà* (Paris: Flammarion, 1980), 470.

현상으로 이해하고 완전히 새로운 귀로 들으려는 대담한 시도를 하였다. 그들은 이 환자의 꿈은 적어도 네 가지 언어, 즉 러시아어, 독일어, 영어, 프랑스어로 짜인 중층적 형성물이며, 그러한 관념의 연합은 복수언어들 사이에서 '문자'와 '소리'가 포개지고 베끼고 변형되어 생겨난다는 것이다. "이리의 존재는…여러 나라 언어 가운데서도 gr, kr, skr과 같은 머리글자 아래서 집약되는 양상을 보이는 의미론적 어족들 사이에서만 연합되고 있다."19) 환자의 '비밀'은 그리하여 산종에서 억압되고 또한 노출된다. 아브라함과 트록-데리다는 그러한 언어활동을 '클립트 문법'[지하 묘소적-암호적 어법]이라고 부른다.

클립트 문법이란 따라서…타의소(allosèmes)의 탈구한 계열 중에서, 다음에 하나의 동의어로 번역되는 하나의 사정을 꺼내는 것에 존재하리라…

…분열된 자아 안의 클립트적 구조의 가능성은 상징 내 표면에서 내벽의 분석과 마찬가지로 자아분열(Ichspaltung) 개념을 재검토하도록 만든다. …'무의식' 안에서 이 '말'은 '말하지 않는 말', 다른 시스템에서의 다른 여러 말의 작용과는 절대적으로 이질적인 말이다. 그것이 형성하는, 결코 현전하지 않았을 사건의 흔적을 어찌하여 말과 사물의 대립 조정 속에서 파악하려고 하는가? …그것은 완전히 별개의 그래프, 완전히 별개의 국소론, 완전히 별개의 상징 이론을 요청할 것이다.20)

담론의 실재적인 질서를 해체하고 단일한 주제로 환원되지 않는 관념의 분산적 연합을 조직하여 상징계의 닫힌 영역을 절개하면서, 그 자체는 아무것도 의미하지 않고, 그럼에도 불구하고 그 끝을 알 수 없는 전위와 치환에서 현전성의 장에 속하지

19_ Jacques Derrida, "Fors," in Nicolas Abraham et Maria Torok, *Le Verbier de l'Homme aux loups* (Paris: Flammarion, 1976), 60-61.
20_ Ibid., 62, 65-66.

않는 사건조차 지시할 수 있는 산종으로서의 번역….

따라서 만약 그 원리를 유지하고 전개할 수 있다면 이 운동은 다음과 같이 중요한 몇 가지 효과를 산출할 것이다.

첫째, 어떤 수준에서도 '초월론적 시니피에'라는 허구를 용납하지 않는 이 운동은 언어 간 번역에서 개념의 무저항적인 이행은 선험적으로 불가능하다고 선언한다. 번역되려면 마찰과 상처가 따르기 마련이다. 번역에서 변형은 불가결한 계기이다. 지금은 고전이 된 벤야민의 「번역자의 과제」도 그 방향성을 가리킨다. 번역자의 과제가 "무언가를 전달한다는 의도를, 또한 의미를 극단적으로 도외시"하면서 "다수의 언어를 하나의 진정한 언어로 적분"하고 "순수언어의 종자를 성숙"[21]시키는 것이라고 말할 때, 벤야민은 번역을 정보교환의 수단으로 여기는 사고방식을 근본적으로 비판했던 것이다. 번역의 현장에서 사람이 '의미'의 차원에서 손을 떼는 일은 사실상 있을 수 없다. 거기서는 단순한 혼란 내지 환상이 빚어진다. 그러나 벤야민이 "번역에 의미의 재현과는 다른 것을 요구하는 이론"[22]을 제시했던 때, 그것은 추상적 사변도, 환상에 관한 이야기도 아니었다. 그가 말하는 '순수언어'란 언어들의 특수성을 지양하는 '순수한' 일반적 형식이 결코 아니다. 오히려 벤야민은 언어들이 어떤 일반성에서도 벗어나 단지 차이로서만 만나고 서로 간섭하는 그런 원요소를 요청하고 있다. 그 성질로 말미암아 그것은 결코 현전하지 않는다. 그러나 현전성의 양태에서는 주어지지 않는 그 원요소야말로 언어들의 번역을 가능케 한다. 그리고 언어들의 번역에서 원요소의 도래가 약속된다.

둘째, 이 운동에 노출되면 어떠한 언어도 다수성을 공약하는 일반성을 참칭할 수 없다. 대신 일반성을 상실한 언어들의 특이성이 펼쳐내는 보편성의 장이 펼쳐진다.

21_ 발터 벤야민, 「翻訳者の使命」[번역자의 사명], 『ヴァルター・ベンヤミン著作集 6』[발터 벤야민 저작집 6], 円子修平 譯 (晶文社, 1975), 274, 272, 273.
22_ 같은 책, 273.

적어도 이 운동은 그 가능성을 가리킨다. 이 운동에서는 '일반적 가치형태'를 체현하는 언어, 즉 달러처럼 여러 언어의 가치를 표현하는 '기축언어'는 기능을 잃고 만다.

이 점에서 말라메르가 텍스트 실천으로 '금'(or)이라는 말(개념)을 '산종'시켰다는 사실, 그리고 당시가 바야흐로 다양한 화폐의 가치가 금으로 되돌려 보내지는 '금본위제' 시대였다는 사실은 몹시 시사적이다. 사실 말라르메의 문학이론은 '일반적 가치형태'로서의 화폐=언어를 해체하려는 지향을 띤다. 그는 이렇게 적는다.

안이하고 대리적인 통화의 기능과는 반대로, 말한다는 것은 무엇보다 먼저 꿈이며 노래라고 본다면 '시인'에게서 그 잠재성을 발견할 수 있다.[23]

추상적으로 빛나는 화폐를 결여하고 있기에, 작가로서 그는 '진리'와 '미'라는 말로서 발하는 말에 의해 빛나는 빛을 축적하는 증여가 생겨난다.[24]

_4. 탈-투여라는 도박

그런데 이 운동은 언어와 리비도의 관계도 바꿔놓는다. 일반적으로 주체는 하나의 특유 언어에 의식적 그리고 무의식적으로 심리적 에너지를 투여하며 살아간다. 모어라고 불리는 특유 언어는 배타적 중요성을 띤다. 가령 흔히들 모어가 무의식을 형성하고 최초의 기억을 만들어낸다고 생각한다. '일차적 동일화'라고 불리는 주체 구축의 최초 단계에서 언어 환경이 심적 장치의 미래에 결정적이라는 사실을 부정할 수는 없다. 두 언어 혹은 여러 언어를 병용하는 사람이더라도 모어가 신체적 · 정동적

23_ Stéphane Mallarmé, "Crise de vers," op. cit., 252. 덧붙여 우리와는 전혀 다른 맥락에서 동일한 주제계로 접근한 경우라면 Jean-Joseph Goux, *Les monnayeurs du langage* (Paris: Galilée, 1984)를 참조.
24_ Stéphane Mallarmé, "Or," ibid., 296.

인 최초의(혹은 마지막) 끈이며 핵을 이룬다고 믿어진다. 그러나 모어가 아닌 특유 언어에 심적 에너지가 집중적으로 투여되는 경우가 있다. 그렇다기보다 우리는 정치적·경제적·문화적 선택 내지 강제의 결과 빈번이 타자의 언어에 커다란 심적 에너지를 투여하도록 요구받는다. 앞서 확인했듯이 오늘날 영어는 특권적 대상이다. '커뮤니케이션'의 환상에 이끌려 사람은 수많은 특유 언어 가운데 하나에 불과한 영어에 심적 장치를 맡긴다. 바로 영어는 전이(양성이든 음성이든)의 극이며, 영어를 통해 주체는 실재하지 않는 '아버지'의 이마고와 재회하려는 것이다.

그러나 주체가 '산종으로서의 번역' 아래 놓인다면 언어와 리비도의 관계는 결정적으로 뒤바뀐다. 더 이상 어떤 특정 언어에 리비도가 집중적으로 투하되지 않는다. 말하자면 언어적 투여가 허공에 떠버리는 상태가 출현한다. 즉 '산종'의 효과로 인해 언어들의 '잠재태'(말라르메)에 계속 접촉되며 주체는 '기축언어'에 대한 맹목적 투여를 멈추고 동시에 '모어'를 '본래적'이라고 믿는 투여도 중단한다. 이것은 어떤 의미에서 부자연스런 상태다. 주체에게 가정된 일반성에 동화되지도 일차성=특수성의 차원으로 회귀할 수도 없는 것은, 주체의 규범화라는 정치역학의 관점에서 말하자면 일종의 '병'이기 때문이다. 그러나 사실 그것을 '병'으로 간주하는 것은 언어가 환원불가능한 다수성과 잠재성의 경험임을 망각하고 있기 때문이다. 언어를 실체적 통일체로 여겨 리비도의 흐름을 중지시키려 하기 때문이다. 이것은 분명히 항상적으로 유지될 수 없는 미결정성의 상태다. 그러나 이 무리한 상태야말로 현재의 요청, 우리의 역사적 현재가 요청하는 주체의 언어적 포지션이다. 번역의 주체, 오히려 번역으로서의 주체. 바로 열려 있기 위해, 진정한 다수성과 보편성을 향해 열려 있기 위해.

우리는 사태를 다소 추상화하고 너무 도식화했는지 모른다. 혹은 나날의 실천적 언어활동에서 동떨어진 이념을 그려내는 일에만 매달렸는지 모른다. 그러나 언어에서의 제국주의 그리고 국민주의를 동시에 타파하고 '일반적 가치형태'의 정치를 비판하려면, 비록 이념일지언정 이러한 원리에 근거하는 담론장치의 가능성을 확보해둘 필요가 있다. 오늘날 '글로벌화' 시대에 거론되는 '커뮤니케이션'은 대부분 보편성에 이르지 못한 억압적 일반성에 관한 신앙일 뿐이다. 그러한 거짓 보편성을 타파하는 것. 그것을 위해 모든 장면, 모든 순간의 번역에서 발생하는 저항과 변형을 외면하지 않는 그 환원불가능한 우회야말로 진정 커뮤니케이션의 경험일 수 있다. '산종으로서의 번역'은 그러한 경험으로서 지속될 것이다.

그러나 다시금 묻지 않을 수 없다. 그리하여 '산종으로서의 번역'을 커뮤니케이션의 원리로 들여온다면 사람은 자기 언어에 대해, 그리고 타자의 언어에 대해 어떤 위치에 서게 될 것인가. 그리고 그때 우리는 대체 자신을 어떤 이름으로 부르게 될 것인가. 대답은 계산불가능하다. 그러나 우리가 누구든 간에 그때 우리는 적어도 제국주의적 국민주의의 정치를 떠받드는 현재의 영어가 표현하는 '인간성'을 의심하고, 그 표상의 폐절을 요구할 권리를 갖게 되지 않을까.

守中高明 「散種としての翻訳—多言語性と脱-備給」

철학적인 것으로부터 번역된: 철학적 번역가능성과 보편언어 문제

프랑수아 리뤼엘

영어번역: 오세권 · 소하영

_보편언어–사유로서의 철학 또는 **충분언어 원칙**에 관하여

1. 철학에서 번역 문제를 어떻게 제기할 수 있는가, 철학을 어떤 범위에서 언어 또는 유사언어로 표현하는 것은 가능한가? 그것을 비–자연언어로 번역해야 한다고 주장할 수 있는가? 이 두 질문은 연결된다.

우리는 첫 번째 질문에 다음과 같은 논지로 답할 것이다:

절대 메타포의 원리에 따르면 철학과 언어는 함께 섞이기 때문에 자연언어를 다루듯이 철학을 다루는 것은 불가능하다.

철학과 언어—또는 심지어 발화—는 '언어적 전환'이 있기 전부터 오랫동안 실제로 또한 당위로 서로에게 속해왔다. 하지만 이로부터 철학이 언어적 문제일 뿐만 아니라—철학의 그 고유의 방식이 있음에도—지식의 실증적 형식을 위한 담론이라고 결론지을 수 있는가? 철학의 죽음과 종말이 선언됨으로써 형이상학적 서사가 끝나고, 확실히 철학은 각 학문 분야에서 간간이 언급되는 공통어로서 존속하게 된다. 철학은 문화적 담론과 지식의 형식 이상의 어떤 것, 즉 지나치게 바벨적인 자연언어를 능가

하는 '통합적 담론'이었던 적이 있었나? 만약 철학이 은유적 의미에서 언어라면, 그것은 탁월한 메타-포 또는 언어를 내면화한 형이상학이다. 즉 이것은 보편 메타포-언어, 엄밀하게는 메타-포의 형이상학(meta-physisc) 구조를 자기 안에 가지고 있는 언어다. 따라서 철학은 단지 언어 또는 언어의 언어적 메타포가 아니다. 이는 부조리이며 순환논리일 뿐이다. 철학은 언어에 이어서 은유의 메타-피직스이고, 은유의 조합(철학에 관한 언어를 이동시키는 것), 형이상학의 조합이다. 이러한 혼합은 은유와 형이상학을 각자 풍부하게 하는 대신 상황을 더욱 복잡하게 만든다. 형이상학은 악순환을 무릅쓰고 그 어떤 분석 도구를 사용해도 분석이 불가능하다. 형이상학이 먼저 은유와 언어 권력에서 도출될 수는 없다. 그리고 철학은 형이상학의 의미와 범위를 가늠해 봤을 때 더 이상 언어로도, 심지어 형이상학의 용법으로도 환원될 수 없다. **épékeina-phoric**(실재와 초월) 또는 메타적 양식으로 존재하는 모든 것으로 환원될 수 없다는 현실에 대한 가정이 그 범위를 뒷받침하고 확장한다. 플라톤 이후로 모든 철학자들에게 메타라는 양식은 명백히 지각 가능한 것이었다.

the épékeina-phoric은 철학과 철학의 성과에만 있는 특징이다. 대신에 그것은 형이상학적인 기반을 조건으로 한다. 엄밀히 말해서 철학의 정수는 이런 복잡한 방법으로 언어와 (이러한 바탕 위에서 이런저런 언어들과도) 혼합되어 있다. 명백하게 그것은 자연언어나 언어적 분석으로 환원될 수 없다. 여기서 환원불가능(irreducible)은 술어학상의 쇠퇴나 이상생성물이 아니고, 언어의 구체화도 아니다. 비록 그것이 자기 범주와 초월론적 용어들, **자치적 서술들**로 인해 그러한 구체화의 양상을 포함하고 있다 하더라도 그렇다. 그리고 그것이 **the épékeina-phoric** 의미의 선행적 축소나 절단을 상정하지 않는다면, 전과 같이 **the épékeina-phoric**에 대한 논리적 분석은 힘들다.

2. 이른바 철학의 충분성을 위한 기술적 개념은 초월론적 회귀에 관한 것이다. 여기서 철학의 충분성은 보편언어 또는 절대 메타포를 말한다. 보편언어 또는 절대 메

타포는 로고스가 자신에게 부여한 번역가능성의 잉여-가치를 보장받기 위해서 자연언어를 사용한다.

이러한 철학-언어 혼합(philosophico-linguistic mixture)의 복잡성은 어떠한가? 철학은 지엽적 활동이 아니라 종합적 활동이다. 정확히 말하면, 종합적 활동이란 객관화된 전체가 아니라 스스로 전체를 포함하는 것이다. 이러한 철학의 자율-포함 또는 자율-언급은 초월론적이다. 다시 말해서, 자율-포함 또는 자율-언급이 비-경험적이고 철학의 대상들로 구성된다는 점에서 실재적이다. 따라서 철학은 자신의 모든 차원에서 존재하고, 자신의 모든 용어에 적용되며, 이들 모두에게 영향을 미치고 동요를 일으킨다.

초월론적 회귀는 논리적, 수학적, 기계적으로 이해할 수 없다.

철학을 논리-분석적 방법으로 분석하고 환원하는 것은 망각과 악순환 사이를 계속 오간다. 분석과 환원은 문제시해야 할 그런 논리-분석적 처리의 가능성을 오히려 스스로 전제하고, 그렇게 함으로써 분석과 환원의 대상이 본래 지닌 초월적 성격을 망각하게 된다. 아니면 분석과 환원은 논리-분석적 처리를 이행할 권리를 허락하는 앞선 철학적 행위를 은밀하게 상정해버린다. 그러나 철학이 논리-분석적 방법을 허용하는지는 알 수가 없다. 왜냐하면 철학은 논리-분석적 처리를 통해서 그 자신만을 정당화함으로써 결국 악순환적인 방법으로 자기-정당화에 빠져버리기 때문이다.

3. 이러한 논리-분석적인 처리는 오직 방법론적인 대책과 그 대상에 대한 정의를 통해서만 가능할 것이다. 그 대상은 더 이상 완전한 메타포의 영역 안에 포함되지 않고 철학적인 것과는 다른 언어-사고를 채택한다.

철학이 épékeina-phoric이기 때문에 그것이 완벽한 은유라면, **이 철학과 언어의 혼합**은 분석적으로 분해할 수 없고 종합적으로 구성하는 것도 불가능하다. 철학과 언어는 이른바 '본래' 독립체이고, 이것은 하나의 철학적 논제이다. 그들 상호간의 결속은 논리-언어적 분석을 금한다. 왜냐하면 철학에 대한 논리-언어적 분석과 같은 결정에 따르면 철학은 계속 언어에 속하게 되거나, 초월적인 자가-언급에 오염되거나, 아니면 처음부터 대상을 왜곡하거나, 근거 없이 그 의미의 축소를 강요하게 되기 때문이다. 철학-언어적 혼종은 세계(World)의 법칙이지만 그 설명 수준에서 똑같이 재현될 수는 없다. 그러나 철학이 지나치게 복잡하다고 해서, 언어를 자연스럽게 논리적으로 또는 논리-경험주의로 분석하는 것, 심지어 철학을 언어-게임이나 삶의-형식으로 이해하는 것은 철학의 단순한 확장일 뿐이고 철학적 모험을 여전히 초월적으로 반복하는 것이 된다. 동시에 철학에 대한 절대적 메타포를 적용하는 것처럼 철학을 설명하지 않으면서 재생산한다. 그런 지식 형식의 혼종화는 보잘것없는 슬로건이며, 그저 그런 반복 스타일 정도일 뿐이다. **철학**의 보호 하에선 철학과 언어의 자기-혼종화는 그렇게 나쁘진 않지만, 현실에서는 이론적으로 무효하다. 이러한 대상에게는 혼합의 절차 같은 것, 순환적으로 반복하지 않는 것이 필요하다. 순환적이란 말은 철학과 언어의 반복적인 혼합을 본뜨는 것을 말한다. 분석적인 시도는 모두 철학적 언어(칸트, 심지어 라이프니츠로부터 비트겐슈타인에 이르는)의 혼란을 명확히하고, 설명하고, 없애려고 한다. 이것은 철학적 혼종을 정화하고 쫓아내려는 시도이고, 사실은 강한 철학적 유혹이다. 여기에는 여전히 철학이 지배하는 반철학적 환원주의가 존재한다. 이러한 아포리아는 논리-언어적 정화나 철학과 관련하여 수행된 논리-언어적 해체주의의 모든 노력을 포괄하는 것으로 확장해야 한다. 그러한 노력은 철학의 적법성보다 더욱 우수한 적법성과 비교하여 **언어**를 부차적인 것으로 다루지는 않을 것이다. 그럼으로써 **철학은 언어**의 초월론적 자가-언급에 종속된 채 남아있다. 특히, 언어적 전환은 이 철학적 자가-언급의 논리에 스스로를 새긴다. 언어적 전환은 **언어**의 양식들 중의 하나일 뿐이다. 그러므로 언어적 전환의 혁신적인 역량은 과대평가되어서는 안 된다. 그것은 지난 세기에 과제를 내주었지만, 여전히 보편적 전환의 한 양식에 지나지 않는, 철학 그 자체였다.

_결론

번역 원리 혹은 철학의 표현을 돕는 충분언어는 욕망과 초월적 환상으로 남아있다. 번역에서의 보편언어 문제(공동적이라기보다 보편적이고, **철학과 같이 일반적이면서 개인적인**)는, 특히 그것이 철학 번역의 구성과 관련이 있다면, 반드시 **후자(충분언어)**의 도움을 받아 철학적 반복과는 다른 차원에서 논의되어야 한다.

_철학적 번역

4. 우리는 '비-철학'을 새로운 언어라고 부른다. 그것은 철학과 이질적이다. 우리는 철학적 담론을 이 새로운 언어로 번역하기를 바란다.

번역의 생정치란 표현을 보자. 우리는 그것을 번역할 만한 것으로 만들려고 한다. 번역의 생정치는 번역의 철학적 이론이다. 이제 우리는 그것을 다른 '**사고의 언어**'(강조-역자)로 번역할 것이다. 그 사고는 더 이상 철학적인 것이거나 니체와 푸코의 체계와 같은 것이 아니다. 다시 말해서, 우리는 '번역의 생정치'란 표현을 뒤집어서 '생정치적인 것의 번역'이라는 문제를 제기할 것이다. 왜 이런 새로운 프로젝트를 해야 하는가? 그것은 '번역의 생정치'란 표현의 쓸데없는 바꿔치기인가? 아니면 '번역의 생정치'를 이해하기 쉬운 것으로 만들고, 그 표현의 **형성** 이론을 제시하고자 하는 것인가? 우리는 '번역의 생정치'를 해석하거나, 간단한 이론적 대상으로 언급하지 않을 것이다. 대신 처음부터 그것을 하나의 철학적 언어(니체와 푸코의 철학적 언어)이자 사고로 다룰 것이다. 그리고 이 언어-사고를 완전히 다른 언어-사고로 번역하는 활동에 종속시킬 것이다. 완전히 다른 언어-사고는 번역(과) 생각, **수행적으로** 번역-생각에 특히 잘 맞는다. 그러한 종류의 언어는 '철학적인 것'이다. 이 프로젝트는 번역학이나 번역 철학에 관한 것이 아니다. 그것은 보편언어의 도움을 받는 철학의 번역에 관한 것이다.

그래서 우리는 자연언어의 영역으로부터 철학 그 자체의 영역으로 번역의 문제를 이동시키고 있다. 번역의 문제는 방법 이전에 그 대상과 관련이 있다. 언어와 번역의 개념들을, 이들을 제어한다고 가정된 철학으로 확장할 수 있을까? 이러한 관점에서 번역의 문제는 오직 유사-라이프치히주의(para-leibnizian)일 뿐이며, '사고'의 보편 사전이나 독트린의 상호-표현을 구성할 목적으로 개념들의 논리적 혹은 기계적 축소의 도움을 받음으로써 개념들의 번역에 관한 내부-철학 이론을 규명하진 못한다. 번역의 문제는 '비-철학적' 종류인 라이프치히주의 프로젝트의 보편화와 충분 번역-로고스(Translato-logos)—**철학은 충분 번역-로고스를 철학에서 나온 것으로 여긴다**—에 대한 비판을 가정한다. 라이프치히주의 프로젝트의 보편화와 맞먹는 번역의 생-정치에 대하여 푸코가 일으킨 철학적 프로젝트의 보편화는 철학적 번역-로고스의 다른 양식이다. 누군가는 비-철학 프로젝트가 철학이 징후들—종국엔 진짜로 보편적인 것이 될 언어. 이 언어는 번역과 이질적 언어, 픽션의 권력을 갖추었다. 이는 로고스처럼 철학이 이 모든 것들임을 전제하거나 그저 바라는 것을 멈출 것이다—만을 보여준다는 것과 관련되어 있다고 말할지도 모른다.

5. '실재(the Real)로부터 번역된'이라는 문구는 철학을 요약하고, '실재에 근거하여 철학적인 것을 번역한'이라는 문구는 비-철학을 요약한다.

언어와 번역의 문제에서 비-철학적 태도는 무엇을 의미하는가? 비-철학은 새로운 이론적 언어일 뿐만 아니라 이질적 **'사고의 언어'**(강조-역자)이다. 비-철학은 특정한 철학적 언어나 독트린을 번역함으로써 실천된다. 비-철학의 첫 번째 의미와 관련하여 비-철학은 비-분석적이지만, 확실히 반-분석적이지는 않은 프로그램을 품고 있다.

철학은 의사-보편적 번역가능성의 원리, 즉 위로부터 번역학을 지배하는 충분 번역 원리를 전제한다. 그러나 우리의 문제는 자연언어에 관한 문제라기보다 철학 자체

그리고 철학과 철학의 특정한 구조들 사이를 사유하는 철학의 번역에 관한 문제이다. 그러므로 우리는 번역과 번역 대상의 관계를 재고해야 한다. 이러한 철학의 번역이 가지는 조건들은 아마도 비-번역학적 질서에 속할 것이고 번역 철학의 비호를 받지 않을 것이다. 번역 철학은 자연언어에서는 유효하지만, 철학적 체계들 사이와 철학적 체계가 동원하는 지식의 형식들 사이의 번역에서는 유효하지 않다. 언어-초월론적 인식론은 언어를 통해 수행되는 작업을 가지고 또한 언어가 가진 제한 조건들의 발견을 가지고 번역의 철학을 정리하려고 할 것이다. 그러나 철학의 번역은 완전히 다른 질서를 가진 일반성이라는 문제와 다른 종류의 복잡성이라는 문제, 번역과 번역된 것의 관계라는 문제를 들추어낸다. 철학의 번역이 구체적으로 철학 자체 또는 지식의 경험적 형식들과 관련해서 평가될 때와 번역가능과 번역불가능과 관련해서 평가될 때, 번역은 무엇을 할 수 있는가? 번역된 것이 자연언어가 아니라면 비-철학으로 번역된 것은 무엇인가? 우리의 문제는 다음 두 가지와 관련이 있다. 하나는 번역과 번역의 대상·원인의 관계가 가진 내재성이다. 다른 하나는 '번역된' 것이란 말에서 무엇을 이해해야 하는가이다. 동시에 그것은 후자가 번역 가능한 것에서 나오는지 아니면 번역 불가능한 것에서 나오는지, 즉 번역의 원인을 알아내는 것과도 관련이 있다.

비-철학은 스스로를 보편 번역의 언어에 속하게 할 목적으로 철학을 변형한다. 하지만 이것은 일반적 번역가능성 원칙의 제한이라는 대가를 치른다. 일반적 번역가능성은 특정한 뉘앙스들은 제외하고, 철학에 대한 것이다.

번역의 철학적 조건들을 담론화하는 것이 사실상 언어들과 지식의 형식들 차원에서 이루어진다면, 그것은 꼭 필요하다. 단, 비-철학적 사용역(register)으로 실천하기 위해서, 또는 그 조건들을 한데 모으는 것뿐만 아니라 그 조건들 자체에 대한 이론을 정교하게 만들어 내기 위해서 번역의 철학적 조건들은 담론화되어야 한다. 더욱 구체적으로 말하면, 선택된 철학은 모두 이중원리를 명확하게 알거나 아예 알지 못한 채로 이중원리를 전제한다. 이중원리 중 하나는 언어들(여러 뉘앙스들과 장애물들을 제외하고)과 철학에서 철학의 체계로의 보편적 번역가능성의 원리이고, 다른 하나는—
대칭적으로 상호연관적—번역 자체의 철학 가능성(Philosophisability)의 원리이다. 보
편적 철학가능성과 번역가능성은 선행평가 없이 '**철학의 의사소통가능성과 자기-정
당화**'(강조-역자)의 끝없는 증가라는 명목으로 결합되어 있다. 심지어 번역가능성은
번역의 원리로서 번역을 지배하고, 번역을 쓸어 모아, 번역이 인식론적이고 언어적인
장애물을 통과하거나, 한계를 가로지르는 것을 이끈다. 한편 이런저런 특정한 체계는
사실상 또 다른 동등한 특정 체계와 싸우고 있으면서도 번역을 위해서 그 한계를 설
정하고 있다고 믿는다. 비-철학은 지엽적 '장애물'이나 '어려움'을 필요로 하지 않고
두 원리에 한계를 설정할 것이다. 이러한 지엽적 장애물이나 어려움은 통제가 가능하
고 문제가 될 만한 수준이 아니다. 반면에 비-철학은 번역불가능 아니 그 이상 혹은
번역-없음, 번역-없이-이미-번역됨, 번역된 것(의) 내재성으로서의 '실재'의 사례를
필요로 할 것이다. 이차적으로 비철학은 모든 철학의 기반으로서 자연언어를 갖추는
것과 철학에 필수적이지만 **후자**의 두 원리로 환원될 수는 없는 작용언어로서의 조건
이 필요하다는 것을 언급할 것이다. 철학가능성과 번역가능성의 분석은 철학의 관념
론이 지양하고, 내면화하고, 숙달해야 한다고 주장하는 자연언어의 실천을 요구한다.
이는 과학의 실천 방법에 긍정적인 실천이고, 실재가 철학가능성과 번역가능성을 비
근본적이고 불충분한 형태로 변형하는 것을 돕는 실천이다. 한편으로는 결정을, 다른
한편으로는 물질과 대상과 관련된 이중조건은 이러한 철학적 목표들을 무효가 될 단
순 원리, 필요요건, 욕망들로 즉각 바꾸어버렸다.

   번역의 철학가능성과 철학의 번역가능성은 이 특정한 형태로 종결되어야 할 것이
고, 이 주제 넘는 류의 보편성을 버려야 할 것이며, 제한적 종류의 효과적인 또는 작
용 가능한 현실화를 더 많이 수용해야 할 것이다. 그리고 제한적 종류는 결국엔 번역
의 철학가능성과 철학의 번역가능성에게 대상을 제공하고, 그것들이 경험의 한계 내
에서 작동하게 할 것이다. 그리고 이 비철학 프로젝트에서 경험의 한계는 더 이상

자연언어가 아니라 철학의 대상과 구조와 철학이 맺는 관계이다. 이제 우리가 지녀야 할 관계는 마지막 순간의 실재와의 관계이고, 또한 실천되는 오로지 실천되는 자연언어에 적합한 이 현실과의 관계이다. 충분 번역가능성의 원리는 철학적 기반을 형성하는 프로그램에 상당하는 것이다. 철학 또는 번역학과 자연언어 각각의 통합이론이 될 비-철학은 그것의 이중조건화를 통해서 철학적 기반을 깨닫거나 그것의 한계를 정한다. 즉 **그것은** 후자를 제거하지 않으면서 번역학의 철학적 충분성을 방해한다.

6. 실재의 내재성, 즉 이미-번역된 것, 번역 불가능한 것이라기보다 번역-없이-번역된 것은 번역의 일방적 혹은 비가역적 성격을 암시한다. 이는 명백히 철학에 의해 제기된 개념으로, 철학에게 있어 충분 번역가능성은 모든 방향으로 가능한 번역, 즉 번역의 회귀를 의미한다.

수학처럼 철학도 보편적인 접속장치, 모든 '지식의 형식들' 간의 번역 연산자, 일반적 '사고의 언어'(라이프니츠), 논리-수학적일뿐만 아니라 심지어 가끔 절대적인 언어(헤겔)가 되기를 원한다. 이같은 현실의 언어가 되는 것을 '로고스'(Logos)라고 표현한다. 때문에 철학적 언어는 언제나 상호적으로 전환가능한/상호-표현적 양면성(double-faces)을 갖춘 기계이며, 철학과 언어의 변환 가능성을 그저 보완하기만 하는 언어적 전환(the linguistic Turn)이다. 반면 비철학은 결정의 일반적 조건들에 따라서 절대적이라기보다 급진적인 언어로 스스로를 구성한다. 결정의 일반적 조건들은 처음엔 실재와 초월의 혼합이었던 언어-초월론적 혼합으로부터 비철학을 떼어낸다. 비철학이 하나의 철학이 되었을 때 분석이 획득한 실증철학 없이 비철학은 이차적으로 논리-분석적인 것과 가까운 방법을 이용한다. 비철학은 양면성을 가진 기계가 될 수 없다. 비철학은 단일한 이중성 또는 단면의 이중성이라는 정체성이지만, 이는 철학-언어 복합체에서 추출되었다. 비철학은 비-로고스(Non-Logos)이며 분명 반-로고스(Anti-Logos)는 아니다. 그러나 로고스가 세계의-언어(the language-for-the- World)라는 것을 이해해야 한다. 20세기의 한 부분이었던 논리-언어 양식과 이것의 환상을 포기하는 것은 (집합적이고 통일적인 일반성 모두에도 불구하고 남아있는) '언어'와 무엇보다도 언어들의 문제에 대한 관심이 없다는 것을 의미하지는 않는다. 대신 **언어**와 철학의 관계와 번역(의) **주체**에게 있어 **언어**의 의미를 다시 평가해야 한다는 것을 의미한다.

그러한 번역학은 모든 종류의 장애와 불가능, 타자성의 모든 현상에 가장 조심스럽고 민감하며, 충분 번역가능성에 종속되어 있다. 비철학적 개념은 번역이 근원 언어의 장애물에 닿지 않고 번역의 원인과 초월적 본질의 보호를 받게 한다. 그러나 마찬가지로 번역의 실제적 실행 가능성의 조건들뿐만 아니라 번역이 시행되는 현실의 더한 조건들까지 번역의 개념 안으로 제한하거나 포함한다.

철학이 지식의 지역적 형식들 간의 상호 번역을 허용하면서 그들을 위한 보편언어가 되고자 열망하는 한, 우리는 이 목적을 포기하지 않는다. 단, 그 목적은 비철학적 조건들 하에서만 얻어질 수 있다. 첫째, 철학이 자신의 체계들을 서로 번역할 수 있도록 해야 한다. 또한 체계들의 차이를 제거하지 않은 채로 그들의 상호 이해불가능성을 없애야 하고, 특정한 방식으로 그들의 교환가능성을 없애야 한다. 결과적으로는 하나뿐인 일반적, 역사-제도적 만능열쇠이지만 영구적 다툼에 찢겨진 '철학'(la-philosophie)을 하나의 정체성으로 승격시켜야 한다. 그것은 진정으로 보편적이거나 철학의 모든 체계에 유효한 정체성을 말한다. 철학과 지식의 형식은 불가분의 관계이기 때문에 이는 또한 철학과 그러한 지식의 형식들이 가지는 관계의 변환이 될 것이다. 비철학은 더 이상 철학적 종류는 아니지만 마지막-순간의(of-the-last-instance) 일의성을 가진 보편적 언어-사고이다. 지식의 형식과 체계는 보편적 언어-사고로 번역될 수 있지만, 보편적 언어-사고에 앞서 **이 언어**로 번역될 수 있고, 또 서로를 번역하는 것이 더 좋다.

우리는 교환가능성이나 일반적 요소에 포함된 번역을 일방적 번역이나 교환불가 능성에 의한 번역과 구별한다. 일반적 요소는 필연적으로 철학적 종류이거나 변환가 능성에 대한 것이며, 이 교환을 규제한다. 번역자와 경제학자가 선호하는 단어인 '동 등한 것'('추구된' 또는 '일반적인')은 추정과 배리(背理)를 구걸하는 질문의 온상이고 가장 오래된 철학적 허세이다. 만약 '동등함'—악순환적이고 보수적이기보다 새롭고 생산적이고 중대한—이 있다면, 그것은 일방적이거나 마지막-순간에 관한 것이다. 목표언어(target language)인 비철학은 자신의 현실 조건과 가능성 때문에, 철학적 언 어로 번역불가능하다. 비철학은 자료에서 자신의 어휘와 구문을 찾아냄으로써, 그 자 료 때문에 번역이 가능하게 된다. 자연언어가 전환하기 어렵고 오직 우연, 부조화, 지연, 중단이라는 값을 치러야만 번역 가능한 것이 된다면, 그 즉시 철학은 두 가지로 사려될 것이다. 첫째는 자연언어를 매끄럽게 만들어서 그것을 번역하려는 시도이다. 둘째는 철학의 목적 달성이 불가능한 과업이다. 이는 철학이 번역의 보조적 힘을 통 해 혜택들을 축적하고, 최소한 혜택들만큼 장애물들을 밑천으로 삼아 자신의 내부에 번역의 장애물들을 재생산하기 때문이다. 이런 관점에서 비철학은 이러한 번역의-결 정(decision-of-translation)을 정교하게 만들고 그렇지 않으면 그것을 배포한다. 비철학 은 번역의 과정을 제한한다. 동시에, 비록 번역의 원인과 가능성의 요소 내로 제한되 지만, 번역의 유한성과 무한성의 혼합을 제거한다. 반면에 정당한 또는 선험적 필요 로서 비철학은 유한한/무한한 '번역의 양면성'을 승인한다. 단, 이는 비철학이 양면성 의 적절성을 철학-언어 혼합의 존재로, '자료'(material)인 그것의 기능으로 제한함으 로써 이루어진다. 번역의-결정은 여전히 비철학 내에 존재하며 오히려 현존하는-주 체-번역자(existing-subject-translator), 즉 비철학자인 번역의 주체는 번역의-결정과 뗄 수 없는 관계이다. 그러나 한 언어에서 다른 언어로의 번역에서 결정과는 대조적 으로 이런 결정은 스스로는 비결정적이다. 비철학이 원인에 의해서 이러한 전형으로 결정된다. 그 원인은 즉, 번역의 원인(의) 정체성으로서 급진적 번역불가능성의 성격을 가지고 있다.

단어의 급진적 의미에서의 번역불가능한 것—'절대적인 것'은 번역불가능한 것의 의미와는 구분된다—(역자)은 '번역가능한'도 '번역불가능한'도 아니다. 이 두 가지 특질들의 혼합은 급진적인 의미를 용납할 것이다. 번역불가능한 것이란 마지막-순간의-원인(cause-of-the-last-instance)으로서의 실재(the Real)다. 그러나 실재는 '번역-없음'(without-translation) (그것이 '분석 없음'인 것처럼)이라고 말하는 게 더 나을 것이다.

충분 번역의 원리를 무너뜨리는 이런 이유 때문에, 로고스(Logos)의 비철학적인 번역(의) 결정이 마지막-순간의-번역-없음에-따라(According to-the-without-translation-of-the-last-instance) 수행되고, 그것은 한편으로 무한한 번역가능성을 열어준다. 무한한 번역가능성은 이전에는 충분 번역 원리나 철학의 유한한/무한한 번역가능성에 구속되고 묶여있던 것이었다. 최소한 여기서 연역적으로 번역가능성의 실증적 조건들에서 **이것**의 가능성으로, **후자**에서 **이것**의 현실로 진행하려는 노력을 멈춰야 한다. 번역-없음으로부터, 번역될 언어인 로고스로부터, 로고스 자체와 로고스의 체계, 로고스가 동원한 실증지식의 형식의 번역가능성으로 나아가기 위해서는 인과를 뒤집는 것, 아마도 뒤집는 것 이상이 필요할 것이다.

7. 비철학 번역은 내용상 '비-유클리드적'(non-Euclidean)이다.

'번역'은 종종 비유적으로 기하학 상호간의 번역과 같은 비-유클리드 양식으로 사용된다. 반대도 가능하다. 가능한 한 최고의 번역 원리의 형태에서조차 최적의 번역에 대한 번역의 양성-일의적(bi-univocal) 논리는 비-철학적 번역에서 그 적합성을 잃는다. 최적의 번역은 그럼에도 불구하고 번역의 장 혹은 독특한 용어/서술의 맞먹을 만한 것들의 곡선을 가정한다. 번역의 내재성에-의한-원인으로서 번역-없음은 의사-무한한 독자성 그리고/또는 독특한 전환(traductadum)을 위한 **동의어**의 다양성의 규제된 혼합을 중단시킨다. 번역-없음은 스스로 작동을 중단시키기 때문에, 그것은 가능성들의 일방적 이중성을 자유롭게 한다. 한편으로 번역-없음은 모든 번역을 배제한다. 이것은 단지 번역에서 '불가능한' 것 그 이상의 것이다. 다른 한편으로는 로고스(독트린, 체계, 개념)로부터 얻은 용어들을 위해, 로고스는 (이것이 철학적 자료에서 무한한 것에 의해 제한되지 않는다면) 비철학적 번역이나 동의어의 제한 없는 무한함을 가능하게 한다.

궁극적으로 일방적 번역은 다음을 암시한다. 첫째, 근본적인 비-철학은 그것이 번역하는 언어로 번역할 수 없다. 이 논제는 철학적으로 그리고 의심의 여지없이 언어적으로 이해불가능하다. 둘째, 비철학은 자료에 대한 매우 제한적인 관점에서 철학적으로 번역 가능하다. 비철학은 번역 언어를 위한 자료를 구성한다. 셋째, 철학에서 비철학으로 번역된 모든 체계는 아직 번역되지 않은 체계로서 다른 것으로의 번역가능성을 중지한다. 또한 오직 후자가 비철학으로 번역됐을 때에만, 비철학은 다른 체계에서 번역이 가능해진다. 비철학은 간-체계적 번역이 아니라 정체성으로서 체계의 마지막-순간의-번역이다.

_번역에서의 이질적 보편언어

8. 여기서 비철학은 철학과 언어를 통합한 이론으로 규정된다.

비철학은 언어 분석의 해결책이나 철학의 논리와 다르다. 왜냐하면 비철학은 (공통적이라기보다) 진짜 보편적이기 때문이다. 그것은 외국어와 같이 완전히 이질적인 언어이므로 우리가 배워야 한다. 철학과 언어를 통합한 이론의 세부적 형식, 즉 실용주의와 이론, 이질 언어, 픽션과 같은 양상들에서도 비철학은 그들과 다르다. 증상으로서의 철학이 아니라면 철학은 비철학의 목표에는 물론 그 수단에도 더더욱 부합하지 않는다.

1) 어용론의 양상. 어용론은 과업이나 실례를 위하여 철학을 사용하는 것이다. 여기서 과업이나 실례는 철학적인 것이 아니고, 초월적인 자가-언급의 비호를 받지 않으며, 그래서 더욱 급진적인 방식으로 내재적이다. 논리와 언어는 비철학의 현장이 아니다. 그것들은 단지 비철학을 위한 도구와 재료일 뿐이다. 비철학은 철학의 종말이 아닌 철학의 새로운 용법을 이룬다. 철학의 죽음 혹은 종말, 탈-철학 등은 철학의 모든 사용가능성을 배제하는 식으로 자가-포함하는 것으로서 철학의 종말에 대한 구상을 가정한다. 철학의 자가-멸종 프로그램을 짜는 것이 내-철학적인 것이 아니라 철학의 모든 사용을 포기하는 것이듯이, 철학(la philosophie)의 사용을 제안하는 것은 필요불가결하게 철학의 당연한 실천을 포기하는 것이다. 그러므로 비철학은 단지 기능의 변화라거나 철학이나 독트린적 위치에 내재하는 어용론만을 말하지 않는다. 어용론은 비철학의 확립에 따라 보편화되어 왔다. 하지만 어용론은 더 이상 특정한 독트린이 아니라 비철학의 체위적 양상이다. 어용론은 스스로를 사용과 '서비스'의 민주주의로 확립함으로써 지식의 형식에서 철학으로 확장되어야 한다. **전자**의 박탈당한 요구자가 아닌 이방인 주체가 이따금 **(철학-언어)** 혼합의 참여에 힘입어 스스로를 구성한다는 것을 전제로 했을 때, 철학-언어 복합 혹은 혼합이 재료가 된다면 이러한 변형은 가능하다.

2) 유사 언어학의 양상. 유사 언어학은 철학에서 지배적인 자기-의식이나 **자연적인** 자기-언급을 자기 자신으로 대체하는 운명을 지녔다. 비철학은 언어-언어학이다. 그것은 자연언어나 언어학에서 발견할 수 있는 언어가 아니다. 철학은 지식의 형식 영역으로 안내되어야 하지만 단순히 한 가지 형식으로 환원되어서는 안 된다. 철학은 철저한 이론이 아니라 자가-의의이자 **자연적인** 존재-언어학이다. 존재-언어학은 자기-지식이 아니라 자기-의식 혹은 재귀성을 가진다. 말한다. 고로 나는 존재한다.(loquor ergo sum) 철학자가 로고스(the Logos)를 말하는 한 이는 그의 코기토나 다

름없다. 로고스를 통해서 그는 자기 존재를 발화한-발화하는 주체로 입증한다. 그러나 결코 그의 실재를 현존하는-주체-번역자나 **후자**에 대한 지식으로는 증명하지 않는다. 이것은 '발화된-발화하는'과 그것의 충분성, 즉 충분언어 원리에 대한 초월적 환상이며 심지어 망상이다. 여전히 '철학적 언어' 이론은 실용적 이유뿐만 아니라 무엇보다도 이론적 이유 때문에 자세하게 설명되지 않았다.

3) 번역학의 양상. 번역학은 통합이론 혹은 언어로 습득한 지식의 형식들 사이에서 일어나는 번역의 권력을 신장시킨다. 구체적으로는 '일방적 번역' 개념. 이것은 **번역(its)**의 번역학적 혹은 생정치학적 개념과 **지식의 형식들이 가진(their)** 철학-언어 대전제를 변형시킨다. 철학이 반은 개인적이고 반은 공동적인 독트린들로 스스로를 나누는 한, 철학은 바로 하나의 언어이다. 철학은 궁극의 에센스로 증류되고, 언어의 영역에서 찢겨나와, 초월적인 것으로 되어버린 바벨이다. 철학적 바벨리즘은 철학의 자가-언급성과 잘 어울리기 때문에 스스로를 속이기 위해서 열심히 노력한다. 비철학은 보편언어이고 그렇기 때문에 엄밀하게는 indivi-dual(**분리될 수 없는 한 쌍**), 다시 말해서 가장-마지막-순간의 indivi-dual이다. 비철학은 결과적으로 **철학소(philosopheme)**와 독트린은 물론 지식의 형식까지 어휘와 문법 규칙으로 대할 가능성이 있는 indivi-dual이다. 어휘와 문법 규칙은 **비철학**이 요구하는 것이며 **비철학**의 표현 도구를 이룬다. 비철학은 철학 안의 독트린이나 시스템이 아니다. 이러한 관점에서 우리는 보편 철학—실용적인 실재가 없는 유의어 반복—과 비철학의 양식에 속하는 철학의 보편성을 구분할 것이다. 아니면 다시 미래 철학, 예를 들면 미래의 철학과 꼭 **후자(비철학의 양식에 속하는 철학의 보편성)**가 되지 않더라도 비철학 종류의 사고인 철학의 미래.

4) 이질 언어의 양상. 이질 언어는 **급진적으로** 보편적이고 그리하여 급진적으로 이질적인 것이 됨으로써 통합된 혹은 내재적 언어이다. 그래서 지식의 경험적 형식은

우리가 민주적이라고 부르는 방식으로 의사소통하기 위해서 이질 언어를 배워야 한다. 동시에 의사소통 자본에 예속되는 것이 아니라 스스로를 자유롭게 하기 위해서 언어를 사용해야 한다. 보편 번역은 자연언어 사이에서 일어나지 않으며, 출발어와 도착어 사이에서 완전히 반대로도 일어나지 않는다. 하지만 지식의 경험적 형식을 지지하기만 한다면 위의 언어들과 보편적이어서 일방적인 언어(**비철학**) 사이에서 일어난다. 우리는 비철학을 배워야 하고 비철학을 우리 자신의 것으로, 모든 언어 중에서도 가장 이질적인 것으로 만들어야 한다. 더욱 구체적으로는, 비–철학적인 것을–발화하는–주체는 자신의 철학을 만들어야 하고 비철학의 어휘와 구문을 사용해야 한다. 이는 자연언어보다는 철학–언어에 가장 급진적인 이질적 말하기로 스스로를 나타내기 위해서이다. 급진적인 언어–사고는 자기 안이나 다른 것 안에 로고스의 '죽음'이나 '종말'을 계획하지 않는다. 대신 특정한–그리고–전체의, 사적인–그리고–회귀하는 언어로서 후자의 충분성을 유예하려 한다. 로고스가 빼어난 **발화하는–발화하기**(the speaking-which-speaks)라면 비철학은 **철학이…아닌 것**(Other-than…philosophy)으로서의 **발화하는–주체–이방인을** 실재로부터 말하는 언어이다.

　5) 유사–문학 픽션의 양상. 철학과 언어의 통합은 이것을 채택한다. 보편언어의 픽션이라기보다 픽션 효과가 가능한 이론. 물론 실제로 해보기는 어렵지만 **픽셔닝**(fictioning) 번역 혹은 **철학–픽션**(philo-fiction)에 관한 생각. 철학은 술어상의 점착력, 의미상의 부동(motionlessness) 때문에 쩔쩔매는 자신을 발견한다. 의미상의 부동은 철학이 **픽셔닝**이 되지 않게 해주고 철학이 개념의 증식을 혼동하게끔 만든다. 개념들은 **픽션 권력**(fictional power)을 가지고 그들의 결핍에 비례하는 정도만큼 스스로를 반사하여 두 배로 늘린다. **픽션 권력**은 **분리될 수 없는 한 쌍**(indivi-dual) 클론을 만들어낸다. 그것은 바다 위로 보이는 철학의 나선–성운으로부터 새롭게 반짝이면서 떠오른 수많은 별들과 같다.

_절차

9. 절차는 충분언어의 원리를 유보하고 복합 대상의 모델을 만드는 것이다. 복합 대상은 번역-없음의 마지막-순간의 조건들 하에서의 로고스 혹은 절대적 메타포이다.

1) 충분언어의 원리 유보, 따라서 소위 보편적 또는 단지 일반적인 것인 철학가능성과 번역가능성의 유보 문제의 초기 정식화 조건 때문에 생겨난 유보 그 문제의 초기 정식화는 급진적인 의미에서의 '실재' 밖에서는 가능하지 않거나 심지어 상상할 수 없는 것이었다. 이 정식화는 철학적 언어 혼합으로부터 실재와 관련된 충분성과 로고스로서의 의미를 없앤다. 정식화는 철학의 실질적 내용을 이른바 '보편' 언어 혹은 로고스로 구성한다.

2) 이 혼합은 철학의 초월적인 권력과 언어적 분석 권력을 결합한 모델의 구축을 통해 혼합-없는-이원성을 가지고 만들어진다. 혼합-없는-이원성이란 '혼종(hybrid)'(혼합의[mixte])의 이원성이며, 혼종은 이때 일방적인 이원성의 명백한 양상이다. 혼합은 실재를 가지고 **이원성**을 형성한다. 또한 어떤 언어 문제의 초기 정식화를 처음부터 함께 하고 있을 때 로고스의 가능성과 타당성에서 로고스의 모델을 만들 수 있다. 그리고 그 언어는 번역-없음에 합치-하는 상태에서 급진적, 내재적, 보편적일 것이다. 우리가 처음부터 철학을 기표나 기표화 작업으로 환원하지 않듯이, 처음부터 로고스를 논리-분석적인 것으로 환원하지 않는다. 충분언어의 원리는 **(논리적인 또는 그 반대인)** 어떤 혼란보다도 훨씬 강력하고 심오하고, 형이상학적 서술과 심지어 철학적 말하기의 논리중심주의에 적합한 의미의 결핍보다도 강력하다. 자연언어를 사용하지 않고 번역로고스의 모델을 만드는 것은 가능하지 않다. 자연언어는 언어학의 대상이라기보다 작동 방식인 발화와 담화로 요구된다.

철학의 번역은 번역-없음의 조건들 하에서 **후자**의 클론을 생산하는 것이다.

사고-언어로 간주되는 비철학은 철학적 언어의 클론이다. 앞선 두 작업의 가능성은 마지막-순간에 그리고 현실에서 로고스를 기반으로 하여 얻은 클론-언어의 생산으로서 발견된다. 하지만 클론-언어는 철학적 자가-참조의 양식에 따라서 로고스를 복제하지 않는다. 그것은 완전히 다른 양식, 마지막-순간에-결정되는-것이라는 양식으로 존재한다. 이 언어는 철학적인 것에서 번역된 것이고 **철학가능성과 번역가능성**(강조-역자)의 내재적 한계를 포함한다. 이때 철학가능성과 번역가능성의 보편성은 실질적이다.

_생정치학에서 번역된

10. 비철학은 로고스의 엄격한 비철학적 한계 내에서 행해지는 로고스의 번역이다. '번역의 생정치학'은 아주 많은 철학적 전제들을 함축하고 있기 때문에, 우리가 앞서 말했듯이 그것은 특정한 독트린으로서 우리의 문제로 편입되었다. 그리고 그 독트린을 비철학적 언어로 '번역'하는 것이 우리 차례가 되었다. 그러나 번역의 생정치학에서 생정치학의 (비철학적) 번역으로의 항해는 겉보기에는 단지 도치일 뿐이다.

이러한 종류의 번역은 '생정치학'이라는 표현에 내포된 철학가능성과 번역가능성의 한계이다. 그것은 또한 **(이러한 표현에 압축된)** 철학의 비철학적 경험의 한계 안에서 벌어지는 생정치학의 (비철학적) 번역의 '현실화' 또는 '실질화'이다. 그 번역은 삶, 번역자 주체, 번역, 표현의 보편적 범위에 대한 재정립과 같은 형식으로 수행된다.

비철학적 언어-사고로 번역된 '삶'은 더 이상 번역 작업과 얽히지 않고, 번역 작업을 상호성이 없이 결정해버린다.

니체와 푸코는 기껏해야 삶과 번역의 상호적 결정을, 최악의 경우 번역에 의한 삶의 생산을 전제한다. 이제 삶은 번역을 결정한다. 이러한 내재적 삶은 실재를 결정하지 않고 실재를 말하거나 부른다. 우리는 상황적 표현이나 언어-사고(로고스), '번역의 생정치'를 다른 언어-사고로 전환한다. 이러한 전환은 현장에서 또는 실천의 관점에서 내재적인 방식으로 그리고 그 '언어-사고'의 관점에서 행해진다. '언어-사고'는 자신의 내재성 때문에 용어를 쪼갤 수 없다. 번역은 이러한 상황적 표현에 대한 이론이나 설명을 이룬다. 그리고 상황적 표현은 같은 용어들을 가지고 그 용어들의 철학적 관계에 기반을 두면서, 공리적이고 정리적인 서술 방식으로 삶과 번역에 대한 다른 경험을 드러낸다. 그것은 선험하는 것에 반(反)하는 독트린이 전혀 아니며(한 언어가 다른 언어에 반하지 않듯이) 또 사전에 알지 못했던 사태에 대한 묘사도 아니다. 지금부터 언어-사고의 실천은 내재적이다. 그것은 공리적 장치의 한도 내에서 대상과 행동을 설명한다.

번역(의) 생활인 동시에 실재의 다른 이름인 삶은 전체를 형성하지 않고 오로지 연속된다. 번역의 생활은 내재적이며, 또는 '생활-안의-생활'과 '삶의-작동-없이'라고 말하는 것이 좋겠다. 물론, 번역의 생활은 '번역 불가능한' 것이라기보다 번역-없음 혹은 로고스-없음이다. 그러므로 그것은 오직-마지막-순간에 번역과 번역 작동을 결정한다. 동시에 번역과 번역 작동 속에서 스스로를 소외시키지 않으면서 그들을 고려하고, 그들에게로 되돌아가는 관계를 맺는 것이 아니라 그들을 새로운 언어-사고로 나아가게 한다. 게다가 그들과 얽히지 않고 그들을 불가분의 혼종(mixtes simples)으로 변형시키는 한편 오히려 그들을 서로 떼어놓을 수 없도록 재빠르게 다시 결합시킨다. 이는 철학자들이 분리하기를 주장하는 그런 혼합을 만든다.

11. 번역(의) 생활은 '생(정치적)' 주제의 'dualysis'(일방적 **이원성/이중성**)을 함의한다. 즉, 그것은 내재적 생활 또는 삶-없는-생활의 'dualysis'이고 번역(의) 주체의 'dualysis'이다. 그러한 주체는 존재한다. 오로지 번역자로서 심지어는 언어-사고를 완전히 다른 것으로 번역하는, 그 번역으로서만 존재한다. 즉, 그는 급진적 생활의 양식으로 마지막-순간에 가정된 작동 시스템으로서 존재한다. 비철학적 번역(환원, 모델

링, 복제) 작동 '배후에' 이미 정해진 주체란 없다. 그 주체는 복제의 내재성 안에서 생활에 의한 작동들의 가정으로서 스스로를 구성하거나 존재한다. 그는 존재하는-주체-번역자를 발생시키거나 끌어낸다. 그는 존재하는-주체-번역자 안에서 스스로를 소외시키지 않기 때문에 그 안에서 자기를 잃어버리지 않는다. **존재하는-주체-번역자**는 원천언어를 주체로 사용하는 대신 그는 존재하는-주체-번역자를 원천언어와는 다른 법칙을 가진 것으로 만든다.

12. 번역자는 언어를-위하여 존재하거나 소통적 자본에 반하는 투쟁-속에 있다. 그렇게 함으로써 번역자의 기능과 지위가 바뀐다. 존재한다는 것은 철학적인 것을 비철학적인 것으로 번역하는 것이다. 하지만 번역은 생활을 소진시키지 않는다. 생활은 무엇 때문에도 소진되지 않는다. 아니면 생활은 번역 활동 자체에서 제외된다. 누군가 군이 '나는 번역한다 그러므로 나는 존재한다'라고 말한다면 그가 번역에서 실재(the Real)로 연역적으로 나아가는 것은 불가능하다. 그는 존재나 삶으로는 나아갈 수 있겠지만, 급진적 생활로는 나아갈 수 없다. 형이상학적 주체는 또한 존재하는-주체-번역자로 번역된다. 형이상학적 주체는 자신의 초월적 환상, 나르시시즘 또는 일반적으로 목표언어를 수반하는 충분성을 잃었다. 이제는 원천언어의 초월적 환상, 나르시시즘, 충분성이다. 하지만 이 사실 때문에 형이상학적 주체는 **존재하는-주체-번역자**를 위하여, 그의 구원을 위하여 원천/원본언어를 향해 '돌아선' 것으로서 마지막-순간에-구성되었다.

관용구들의 소통에 충분한 의미를—자신의 구원에 허용하듯이—허용하지 않는다면, 번역자는 무엇 때문에 있는가? 오로지 일방적 이원성의 관계 안에서만 서로에게 속한 두 운동을 구분해야 한다. 확실히 하나는 소통적 자본의 축적이다. 이는 일반적인 자연언어 번역으로, 번역의 생정치학이 반드시 보증한다. 다른 하나는 탈-자본화이다. 생활의 구원도, 최소한 주체의 삶이나 존재의 구원도 아니라면 즉, 그것은 탁월한 언어-사고의 구원이다. 그것은 일방적 번역을 통해서 다른 모든 사고와 언어를 번역하는 순간, 그들을 언어-사고로 바꾼다.

비철학적 번역자는 자가-노예화 밖에서 로고스의 구원을 보증하는 업무를 맡는다.

번역하는-주체는 철학적 언어와 투쟁하는 관계 안에서 **탈-자본화** 때문이 아니라 **그것**의 번역-없는-생활을 통해 이방인으로-존재한다(exite-Etranger). 철학적인-속에-존재하는 것(L'être-à-la-langue philosophique)은 이제 탈-자본화를 위한 또는 세계-언어로서의 철학적인-것을 위한 번역 자료에 지나지 않는다. 번역의 생정치학은 주체에 대한 동시적/가역적 관심을 동반하는 언어에 대한 관심이며, 주체라는 존재를 생산하는 규율이다. 그렇지만 더욱 급진적으로 '주체적'인 '**로고스 사용**'(강조-역자), 즉 어용론은 가능하다. 어용론은 자신의 치료적 보살핌 또는 관심을 세계-언어의 **출현**으로부터 세계-언어를 구하는 구원으로 전환할 때에만 그 보살핌/관심의 의무를 진다.

13. 비철학은 비-아담 언어-사고이다.

보편언어-사고로서의 비철학은 **철학적인, 이 경우에 번역철학적 소거**(강조-역자)에 대한 시도로 보일 수 있다. 비철학은 인간에게 알려진 아담 언어일까? 기원언어라거나 역사적으로 첫 번째 언어라는 의미에서는 아니다. 비철학적 언어는 번역되는 언어, 비철학의 재료만이 주체에게 드러난다고 가정한다. 비철학은 외부에서 철학의 모습으로 주체에게 주어지기 때문이다. 하지만 **후자**는 존재하는-주체-번역으로 전환되어야 한다. **비철학적 언어는 실재(the Real)는 수위(首位)를 차지하지 않는다는 의미를 가진다.** 비철학적 언어는 경험-언어적이라기보다 초월적이다. 모든 것을 논의한 결과, 비철학적 언어는 기원언어 이상이다. 비철학적 언어는 자신의 원인을 통해 단일-기원적이고 자신의 초월적 정수, 즉 마지막-순간의-현실(real)을 통해 원(原)-기원적이다. 이중언어가 존재하는가? 수많은 종들, 철학적인 것, 이 관용구의 어용론이나 체제로 채워진 유일한 저장고 언어-사고는 일방적 이원성의 형식으로만 '둘'이다. 궁극적으로 비철학적 언어는 급진적인 양식으로 보편적이다. '보편적' 언어들은 창조론자 종류나 인공주의자 종류에 속한다. 전자는 기능을 잘 하지만 잊혀지고, 후자는 전혀 기능하지 않는다. 기술적이고 대충-짜맞추어진 언어는 보편적이라기보다 단지 국제적일 뿐이며, 소통적 자본의 비축량을 즉각적으로 증가시킨다.

François Laruelle, "Translated From the Philosophical"

후기식민주의에서 비식민주의 번역이론으로

사티야 라오

영어번역: 소하영 · 김효심

_현대 번역이론의 후기식민주의적 읽기

번역과 권력은 서로 깊이 연관되어 있다. A. 베르망은 민족 중심적 번역 실천 비판 (Berman, 1999)에서, T. 니란자나는 영국의 식민 기관이 행한 전복적 번역 사례 분석 (Niranjana, 1992)에서 이 점을 탁월하게 보여준다. 번역이론이 정치적이고 철학적인 특정 체계를 갖는 것처럼, 정치 이론도 나름의 번역 방식을 만든다. 두 사상가는 원본 과 복사본을 구별하는 이원론적 번역 모델이 식민화의 정치적, 철학적 체계에 특히 잘 들어맞는다고 생각한다. 베르망은 이 모델을 지각 불가능한 것/의미와 지각 가능한 것/글자(존중할 가치가 별로 없는) 사이에 놓인 플라톤적 중간휴지(Platonist caesura)의 세습유물로 본다.(Berman, 1986: 64) 플라톤적 번역 모델은 서구에서 일반적인 것이었지만, 특히 **'부정한 미녀'**(Les belles infidèles)[1]라고 알려진 그 모델은 프랑스 고전주의 시대 때 유행했다. 독일 낭만주의자들(그 중에서도 괴테, 노발리스, 슐라이어마허)은 나중에 그 모델을 강력하게 비판했다. 이 모델은 본질적으로 원본의 이

1_ '아름답지만 원문에 충실하지 못한 번역'을 가리킨다.-역주

질성을 목표문화와 혹은 (의미나 구문상) 목표언어에 맞게 '길들여서' 이질성을 체계적으로 통제하고, 그것을 왜곡된 인상에 불과한 것으로 번역하려 한다. 그리고 번역과정을 단지 번안이나 패스티쉬로 폄하한다. T. 니란자나는 번역이 현실에 대한 철학적 선입관에 의존한다고 생각한다. 즉, 투명하고 매개되지 않은 현실은 자신을 원본으로 세워 다수성과 타자성에 대한 주장을 무시한다는 것이다. 번역은 식민 지배 도구가 되어 헤겔적 변증법을 실천하게 된다. 피식민자(예를 들면 인도 신민)가 전체 역사를 빼앗기고 열등한 상태를 벗어나지 못하게 되면, 피식민자에게 이 상태를 벗어나는 유일한 탈출구는 식민자의 원본 정신을 내면화하는(때때로는 무의식적으로) 것이 되기 때문이다. S. 베스넷은 분명하게 이 점을 지적한다.

> …유럽은 위대한 원본, 시작점으로 간주되었다. 그들의 식민지는 유럽의 복사본이거나 '번역'이었다. 식민지는 유럽을 복사하도록 되어있었다. 번역은 복사본인 것도 모자라 원본보다 미진한 것으로 평가되었고, 더 위대한 원본을 깎아내린 것이라는 신화가 자리잡게 되었다. '상실'의 언어라는 표현이 번역에 대한 많은 논의에서 결정적 특징으로 나타나는 점 또한 기억해야 한다. ('이득'의 과정이 있을 수 있다는 점을 거의 고려하지 않는다). 위대한 원본의 복사본 또는 번역본이라는 뜻을 갖는 식민지 개념은 문헌적 위계에서 번역을 하위로 자리매김하는 가치 판단을 내포한다. 이 정의에 따르면 식민지는 원본인 식민자보다 열등하다.(Bassnett, 1999: 4)

식민주의 번역 모델은 원본과 복사본, 식민자와 피식민자, 의미와 글자 간에 존재하는 차별적이고 '비대칭적인' 관계에 기초한다. 반면, 후기식민주의 모델은 주변부의 관점을 사고하려 애쓴다. 식민주의적 전체주의는 자신의 지배를 추상적으로 확장한다. 그러나 후기식민주의 관점은 자신의 공간적·시간적 위치를 정확하게 인식한다. 이러한 상황에서 식민주의적 권위에서 벗어나는 것의 어려움이 후기식민주의적 통합 달성의 어려움으로 전환된다. 저명한 후기식민주의 번역학자 중 한 사람에 따르면 후기식민주의는 '다른 우위와 위치에서 일어나는 다양한 활동들'에 관여한다. 따라서, 그 이론이 갖고 있는 '전체화 거부의 특징을 고려한다면, 그 이론을 통합 이론의 틀이라는 관점에서는 이해할 수 없다.'(Young, 2001: 4) 후기식민주의 번역이론들도 복합성에 대해 같은 견해를 가지고 있어서 원본과 복사본에 대한 식민주의적 차별에서 성공적으로 벗어난다. 이 목적 때문에 이들 이론은 식민주의 질서를 뒤집어엎을 양가성, 차연, 결정불가능성 등 특정 요소를 편입시킨다. 대체로 이러한 방해 요소들은 이중 효과를 갖는다. 한편으로는 '구조적' 결함을 지적함으로써 원본의 권위를 위협하고, 다른 한편으로는 주변부에 있는 타자성의 상황을 더욱 나쁘게 만든다. 쓰나이 세레퀘베르한(Tsenay Serequeberhan)은 "분명하고 확실해 보이는 것이 모호하고 불투명해진다"(Serequeberhan, 1994: 16)라고 말한다. 이 구조적 모호성이 전례없는 '비식민주의' 번역이론(프랑스 철학자 프랑수아 라뤼엘이 정의한 이론)의 토대가 된다.

G. 무냉(Mounin), W.V.O 콰인(Quine), H. 메쇼닉(Meschonnic)이 구축한 번역이론들은 철학과 언어학 역사의 '주류'에 속하지만 '후기식민주의 번역'의 관점으로도 읽을 수 있다. 그 이론들은 어떻게든 '형이상학식민주의' 전통에 있는 이원론(언어/세계, 분석적/종합적 사실들, 기표/기의)을 비판했고 번역의 통합적 개념은 물론 '변증법', '결정 불가능성', '연속성' 이론에 기초한 윤리학을 제창했다. 우리는 이러한 새로운 용어들을 사용해서 식민주의에 근거한 차별 논의와 정통 고전주의 형이상학 사이에 놓인 모든 (메타-)분리주의적 구분을 피하려 한다. 전자는 후기식민주의 담론이 정의하고 있으며, 후자는 G. 무냉, W.V.O. 콰인, H. 메쇼닉이 맹렬히 비난하고 있다. 이 이론들은 모두 이원론적 번역이론을 받치는 전통적 체계의 기반을 흔들고 타자라고 하는 윤리적 개념을 제시한다. 이리하여 각자의 방식으로 후기식민주의 해방 전쟁에 참여한다.

식민주의적 논리로 무장한 전통적 비판은 무냉의 번역이론을 시와 과학, 의미론과 구문론, 세계와 언어를 인식론적으로 구별하는 틀 안에서 사고한다.(Ladmiral, 1994: 106) 식민주의적 논리보다 훨씬 예리한 후기식민주의의 독해는 무냉이 초월적 내용 간의 전환이라고 번역을 비판하는 것(Mounin, 1963: 42-43)을 그의 변증법적 번역이론과 마찬가지로 강조하면서 연속성에 초점을 맞춘다. 프랑스 언어학자 G. 무냉은 문화와 언어 체계들 사이의 혼종성이라는 가설을 세운 훔볼트(Humboldt)를 지지하는 입장에 서서 물질의 존재론과 유아론을 강력하게 거부하고 비판한다. 무냉의 비판은 '이상주의적 의식'(Mounin, 1975: 199)으로부터의 외재화를 말한다. '이상주의적 의식' 은 S. 키에르케고르(Kierkegaard), M. 블랑쇼(Blanchot) 같은 비극적 사상가들이 지지하는 '현상학적 논지(thesis)'(Mounin, 1976: 27)에서 기원하는데, 그것은 객관적 기반에서 언어 간 차이를 평가하고 위치를 지정할 수 있게 한다. 블룸필드 상황이 그렇다. 게다가 이 역동적 외재화는 G. 무냉이 '접촉 지대'(zone of contact)라는 베인리히(Weinreich, 1953: 1)의 개념을 사용하는 것에 기대고 있다. 실증적으로 해석된 이 개념은 세계와 언어 사이의 관계뿐만 아니라 언어가 가진 내적 구조의 복잡성에 객관적이고 측정 가능한 내용(Mounin, 1963: 3-4)을 제공한다. 실증적 관점에서 보면, 인식론적-존재론적 구분과 공시적 독백(G. 무냉에 따르면 울프[Whorf]가 자기 이론에서 암시한)이라는 이중의 암초를 결과적으로 피해간다. 사실상 언어는 이상주의적 환영에서 스스로를 해방시킨다. 그 이유는, 언어가 세계의 '실체(concreteness)'(Mounin, 1975: 9)로 변증법적으로 되돌아가서 통시적 방법, 민족지학적 조사, 과학적 조사를 통해 객관적으로 결정 가능한 것이 되기 때문이다.

G. 무냉이 언어 이론에서 유도한 윤리 철학을 검토하기 전에 두 가지 점을 강조하고 싶다. 첫째, 우리는 위에서 설명한 실증적 귀환 덕분에 번역 불가능한 것에 대한 형이상학적 개념을 재평가하고 번역 불가능한 것을 실증적으로 계산할 수 있게 된다. (Mounin, 1963: 273-74) 둘째, 번역이 지니는 가능성에 대한 이론적 질문을 단순히 진부한 말로 생각하지 말아야 하는 것처럼 번역 과정을 단지 현상학적 실천으로 환

원해서는 안 된다. 무냉이 재설정하고 있는 것처럼, 번역은 안으로부터(예를 들자면 '편파적 객관성'의 시각으로부터)라기보다 바깥으로부터('의식 불가능 상태'에 대한 객관적 설명으로부터) 언어학의 구조적 지반이 지닌 내부적 통합성을 질문한다. 무냉의 윤리학을 이루는 요소들은 그의 문헌 연구와 언어학적 고찰에서 동시에 찾을 수 있다. 지역적 차이라는 (홈볼트식의) 기반에 뿌리내린 이 윤리학은 언어 간 소통-번역(현상학적 이론에선 무효화된)의 가능성, 가장 내밀한 생각을 번역하기 위해 언어를 가지고 함축적으로 만든 시적인 '약속'(Mounin, 1975: 208), 과학적으로 (이상적으로가 아니라) 통합된 언어학 이론(Mounin, 1975), 이 세 가지 견해를 동시에 선취한다. 더구나 무냉이 '흑인성'에 대한 이상주의 담론을 폐기하는 것은 사실들의 실제를 향한 이 윤리적 귀환 때문이다. '흑인성'(Negritude)이란 흑인의 '실재(actuality)'(Mounin, 1948: 297)로 귀환하기 위한 흑인 예술이나 전-논리적 정신으로서, 흑인의 구체적 인간성을 말한다. 역설적으로 G. 무냉의 윤리학은 극도의 관대함과 그 통합적 설계가 동시에 두드러진 성찬식의 목적론적 지평을 연다. 초기에 폐기된 철학적 이상주의는 '언어적 보편'(Mounin, 1963)의 사용과 함께, 그리고 A. 마르티네도 공유했던 '전지구적 언어'(Mounin, 1963: 219-20)에 대한 무냉의 식민주의적 견해와 함께 되돌아온다. '전지구적 언어'라는 말은 비슷한 정도로 발전을 이룬 나라들 사이에서 정보를 순환시키기 위해 배타적으로 사용되었다. 무냉의 윤리학이 측정을 위한 실증적 도구들로 무장하고 심지어는 '지역들', '구조들' 혹은 '상황들'과 같은 이상주의적 환영을 비판함에도 불구하고, 무냉의 성찬식 윤리학은 전체주의뿐만 아니라 더 역설적인 계획 (계산 불가능한 것을 계산하는 것)까지도 버리지 않는다. 무냉의 윤리학과 식민주의적 산술학 사이에 단 하나의 차이는 G. 무냉의 후기식민주의 통계학이 역사적이면서 형이상학적(모든 것은 세계적으로 동일하고 상호적으로 전환가능하다)이지 않고, 항상 현실과 (과학적인) 진보에 닿아있다는 점이다.(Mounin, 1963: 7-8, 12, 39, 163, 140, 220-21)

G. 무냉의 작업과 비슷하게 W.V.O. 콰인의 작업도 식민주의적 읽기 관점으로 해석할 수 있다. 식민주의적 읽기는 유의어를 반복함으로써 콰인을 그 자신의 독단적인 혹은 자의적인 결정으로 되돌아가게 한다.(Hintikka, 1969: 63, 71-72; Davidson, 1984: 189) 좀 더 관대한 후기식민주의적 재해석은 의사-이상주의적 변증법 지양(Gochet, 1978: 207) 과정이나 자연 진화(Laugier, 1992) 과정과 같은 것을 통해 모순을 완화하는 데 애쓴다. 그러한 해석이 갖는 한계와 마찬가지로 콰인 이론의 지침은 결정 불가능성이라는 논리의 망 안에 포획되는 것을 피할 수 없다. 후기식민주의적 혹은 내재적 해석은 자신의 자의성을 염두에 두면서, 분석적/종합적 이원론에 대항하는 콰인의 비판을 강조하고 번역의 비이원론 이론을 만들어내려는 이 철학자의 시도를 고찰하려 한다.

W.V.O. 콰인의 유명한 비평은 '모방론'(Quine, 1969: 27)에 대한 비난으로 이어졌다. '모방론'이란 프레게의 플라톤적 의미론뿐만 아니라 이에 대응하는 정신적 의미론(러셀의 심리학적 의미론과 같은)의 이미지에서 벗어나지 않는, 의미의 이상주의적 개념화이다. 의미에 대한 W.V.O. 콰인의 행동주의 이론이 자연과학에 포함되기 때문에, 번역이론 또한 귀납적 조사라는 모델을 따랐을 거라는 예상을 할 수 있다. 이 이론의 독창성은 이형동의적 번역이라는 시시한 패러다임을 거부함으로써, 결정 불가능성의 상태를 추정해야 하는 의무를 진다는 데 있다. 언어적 의미에 대한 사실의 부재(존재론적 차원)와 실제(reality)에 대한 하나의 '말모듬/덩어리'를 분석하는 많은 등가의 가설들이(현상학적 차원) 공동으로 결정불가능성을 야기한다. W.V.O. 콰인의 급진적 번역이론은 분석적 분할이나 종합적 복원의 끝에서가 아니라 중심과 주변부 사이, 이론과 실천 사이, 동일성과 차이성 사이의 '중간' 혹은 '느슨한' 곳에서 생겨난다는 것을 이해해야 한다. 다시 말하면, 이러한 이론은 의미에 대한 유의어 반복적 실천(Bouveresse, 1971: 115)도 아니고 주어진 것에 대한 또 다른 전통적 실증주의 이론(Gibson, 1988)도 아니다. 콰인의 번역 활동이 가진 원동력은 '상호적 견제'(Quine, 1969: 83)의 현상-논리적 교차배열법(chiasmus)이다. 다시 말하면, 과학이나 언어, 이

론을 번역하는 것은 내재적 존재론의 차원에서 그것을 포함하게 된다. 이 번역이론은 다음 세 가지 전제들에 힘입고 있다. 1) 과학이나 언어를 내면화한 (실증적이지도 일상적이지도 않은) 재현인 내재적 존재론적 '관점'이란 게 있다. 2) 이러한 관점과 그것이 재현할 것으로 예측되는 것 사이에는 희안한 재귀성이 있다. 그래서 과학의 '이입'이나 언어의 '결집' 과정은 바깥이라기보다 안으로부터 예를 들면, 현상학적 본질주의 시각(Quine, 1969: 83-84)이나 논리적 환원주의 시각(Quine, 1960: 158-61)으로부터 오는 그들의 통합성을 용해시키는 것으로 끝난다. 3) 번역 활동이 우리의 존재론적 실제 '중간'에서 일어나는 한, 거기에는 특정한 우발성이나 유한성이 내재한다.

　　W.V.O. 콰인은 윌슨(N. Wilson)의 잘 알려진 '선의의 이론'에 영감을 받아서 번역 윤리를 상호 견제 도식 안에 놓았다. 이러한 시각에서 그의 윤리는 세 가지 특징을 보여준다. 첫째, 콰인의 윤리는 번역자가 내재적이어서 제한 받는 위치에 놓여 있음을 상기시켜서, 초월적이거나 이상적이라는 번역자에 대한 신화를 쓸어버린다. 둘째, 선의의 이론을 내적으로 사용함으로써 언어학자와 원주민 사이의 (이성적) 근접성을 관습적이거나 실증적으로가 아니라 화용론적으로 인정한다. L. 레비−브륄의 '전−논리적 정신성'에 대한 논의보다 B. 말리노브스키에 더 가깝다는 점에서, W.V.O. 콰인은 일단 논리 전개를 위해 모국어는 논리적 규칙을 지킨다고 가정한다.(Quine, 1960: 58) 셋째, 그의 윤리는 '분석적 가설'(Quine, 1960: 70)의 형성에 대한 상상까지는 아니더라도 어느 정도는 다양성을 용인한다. 그러나 G. 무냉의 번역이론 사례에서 보았듯이, W.V.O. 콰인의 이론은 형이상학식민주의 이원론에서 벗어나는 것이 아니라 그것을 완화한다. 우선, 콰인의 '리얼리즘' 번역은 원본의 정체성(과학, 언어, 이론)보다는 원본의 내적이고 존재론적인 재현을 다룬다. 여기에서 '리얼리즘'은 원래의 기대만큼 과학적 정체성을 포획해야만 하는 이론으로서의 어려움과 그 명백한 의도, 둘 다를 드러낸다. 두 번째로, 번역자의 결정은 실증주의(과학의 실증주의와 혼동되는)적 증거와 그 자신의 언어적 습관(태생의 세계에 '투영된')에 의해서 무의식적으로 제

한된다. 그러므로 다음의 몇 가지를 주목할 만하다. 첫째, W.V.O. 콰인의 '계몽한' 현상학은 '주체 문제에서 변화'(Quine, 1973: 3)를 주장하지 않는다. 오히려 과학의 (현상학적) 근접성 내에서 실증주의의 토대를 세우는 작업을 한다. 둘째, 논리학자는 (방법론적) 화용론 때문에, 그가 귀화한 사회에서 '일탈한', '눈 먼' 논리뿐 아니라 '제정신이 아닌' 논리를 종종 제외한다.(Quine, 1969: 88) 결국, 콰인의 번역이론은 존재론적으로 그 자신의 우발성 안에 갇혀 있다. 과학의 진보와 시간의 통로 위에서 부분적으로 번역자의 자의적이고 수정 가능한 귀납에 의존하기 때문이다.

우리의 배는 뜬 채로 있다. 각각의 변화마다 우리는 배의 몸체를 계속 진행 중인 사태로서 온전하게 유지하기 때문이다. 우리의 말은 변화의 연속성 이론 덕택에 그런대로 괜찮은 의미를 계속해서 만든다. 우리는 파열을 피하기 위해서 용법을 점진적으로 비튼다.(Quine, 1960: 4)

식민주의적 읽기는 H. 메쇼닉의 작업에 전체주의라는 의혹을 던짐으로써 메쇼닉의 작업을 지식 통합을 달성하려는 신헤겔주의적 시도 같은 것으로 만들었다.(Meschonnic, 1980: 17) H. 메쇼닉의 '시학'(poétique)은 학제들 사이를 배회한다는 점과 그 논쟁적 성격 때문에 전통적으로 비난받아 왔으며, '시학'의 연속성에 대해서는 후기식민주의적 시각으로 거의 해석되지 않았다. 후기식민주의적 해석은 번역과 윤리학의 장에 적용할 수 있는 비이원론이나 '리듬' 언어 이론을 세우기 위해 형이상학식민주의의 '기호이원론'(dualisme du signe)에 대한 '시학자'의 비판과 이원론을 초월하려는 그의 단독적인 노력을 강조하려 한다.

H. 메쇼닉의 시학이 우선시하는 과제는 일반적 차원에서는 기호의 '천년 지배'에 대항하는 것이고, 특수한 차원에서는 번역 활동을 기호의 천년 지배로 파괴하는 일에 저항하는 것이다. 소쉬르의 '언어 가치' 개념과 방브니스트의 발화이론을 결합한 시

각에서 말하자면, 시학자 메쇼닉은 기호의 이원론 논리가 언어를 점령하고 있는 점을 비난한다. 그 논리는 사물의 '완전함'과 말의 '공허함'을 존재론적으로 구분하게끔 만들기 때문이다. 말은 단순히 사물의 '대체물'로 생각된다.(Meschonnic, 1975: 20) '신성한 통합'을 향한 신학적 향수 안에서 작동하는 논리는 언어에 대한 도구주의 또는 반-도구주의 개념을 생산한다. 전자는 언어를 기술(技術)적 행동 수단으로 축소시키고, 역사적이고 언어적인 실제성(actuality)을 무시하는 초월적 현실의 존재를 암시한다. 후자는 하이데거의 시적 '신비'(Geheimnis) 개념이라는 유령 같은 이미지를 띠면서 지시 용법에서 언어를 분리해내고, 지나치게 미학적이고 심지어는 부정적인 기능을 언어에 부여한다. 이들은 적대관계가 아니라, 한 지배제도가 가진 두 측면이다. 지배는 '가짜' 소수성 혹은 주변부를 들먹이면서 기호의 절대주의를 규제하는 척한다.(Meschonnic, 1999: 191) 번역에서 시적인 처리는 기표와 기의의 공모라는 문맥에 놓여야 한다. 사실 메쇼닉의 노력은 모두 기호의 이원론과 그 다양한 아바타로부터 번역 활동을 자유롭게 하는 것이 목적이다. 번역의 경우, 제국주의는 정신분열증적인 방식으로 의미, 기표, 이론, '목표어'에 대한 시각과 기의, 형식, 실천, '원천어'에 대한 시각 중 하나를 선택해야 한다는 의무를 부과한다. 전자는 형식적 차원에 적절한 배려를 할 수 없기 때문에 '언어/문헌적 참사'(literary disaster)를 야기하고, 반면 후자는 이상화된 형식이라는 유일한 이익에 대한 메시지 내용을 무시하기 때문에 '개념적 정체'(Meschonnic, 1999: 23)를 만들어낸다. 19세기에 F. 슐라이어마허가 창시하고 M. 하이데거, M. 세레스, G. 스타이너가 적용한(Meschonnic, 1999: 15) '해석학적' 혹은 '일반화된'(Meschonnic, 1978: 220) 번역 모델은, H. 메쇼닉에 따르면 번역의 통합에 중대한 위험요소가 된다. 최근 현상학에 퍼지고 있는 이 일탈적 번역 모델은 다음과 같은 특징을 띤다. 1) 이해, 해석, 소통, 번역, 구어 개념들 사이의 일반적 혼란. 이 모든 개념들이 무차별적이고 '기호가 편재하는' 언어이론 아래에 포괄된다. 2) 의미의 비역사적 개념 생성. 현상학의 경우 의미는 발화의 생생한 실제성으로부터 잘려 나와서, 사물에 대한 확실한 증거나 사물의 향수에 젖은 고요한 부재에 흡수된다. 하이데거의 번역이론을 고려한다면 이 향수는 원형의 잊혀진 진실에 회답하는 시도의 형태를 띤다. 3) 기호의 비인칭 형식으로 번역 활동을 외재화하거나 반대로 번역자의 의식 범위 안에서 번역 활동을 내재화하는 것. 이때 번역자는 자신의 선택, 의도, **의미**를 '체계-텍스트'(system-text)의 내적 경제에 무작위로 부과한다.

H. 메쇼닉의 반-이원론 번역이론은 의미, 언어, 지식에 대한 통합된 혹은 '시적' 개념화에 기초한다. 이것은 그의 번역이론이 단지 지역적 상술(詳述)로만 생각될 수 없다는 것을 의미한다. '가치', '연속성', '리듬', **'의미작용'**과 같이 상호변환 가능한 개념들을 기반으로 하여 이 이론은 «**非-이상화된**» 혹은 '탈-헤겔화된'(Meschonnic, 1975: 510) 모순 과정 내에서 반의어들(기표/기의, 의미/형식, 원본/번역, 텍스트/상황 등)을 한데 묶어낸다. 적대적 관계에 있는 이 용어들은 위계 없이 연속적으로 연결되며, 시적발화와 번역의 내적 통합을 형성한다. 번역 활동은 번역자라는 전지전능한 주체 내부로 들어가거나 통제 목적을 가진 원본에 굴복하는 것이 아니라 원본 텍스트를 '탈중심화'하는 과정이다. 즉, 다른 언어를 통해서뿐만 아니라 번역자의 시적인 발화나 "언어에 대한 자발적 철학"(Meschonnic, 1995: 156)에 의해 원본을 재구축하는 일이다. 리듬에 대한 윤리적 시각에서 보면 번역은 철저히 관계적인 활동으로 간주된다. 그 활동은 역사의 우발성 속에서 일어나고, '타자성을 갖고 끊임없이 동일성의 방식을 쇄신'한다.(Meschonnic, 1999: 190) 여기서 타자성은 기호의 보편주의에 대한 인위적인 상관물이 아니라, 소쉬르가 말한 '급진적 자의성'이다. '급진적 자의성'은 역사적으로 시적 '모험'의 가능성을 드러낸다.

기호는 보편성에 연관하여 단지 차이만을 알 뿐이다. 반인종주의 투쟁과 탈식민화의 박물관은 시에 대해 실패한 기호와 같은 이 개념들을 인식한다. 우리는 모두 같았다. 이제 우리는 모두 다르다. 두 개의 진술은 똑같이 가치가 없다. 하지만 타자성—리듬은 기호의 타자, 기호의 '유대'민족이다— 은 차이가 타자성을 통해서 생겨난다는 것을 보여준다.(Meschonnic, 1995: 156)

메쇼닉의 시학은 언어와 번역의 전통적 이론 안에서 민주주의에 대한 요구를 제시한다. 그럼에도 불구하고 (번역에 대한) 그의 시학은 이원론을 발화적 연속성으로 대체하기 때문에 결정적인 문제에 직면한다. 자기-전체주의라는 위험을 감수하지 않고는 자신의 연속성을 고정시키거나 포함하는 것이 불가능한 것이다.

우리는 어떤 것을 멈추거나 붙들려는 척 하지 않는다. 그러나 지나가면서, 위치를 잡고, 스스로를 위치시키는 운동을 통해서 그렇게 한다. 이해에 대한 욕망보다 더 찰나적인 욕망. 이는 붙잡거나 붙잡히는 것을 의미할 것이다. 우리는 모두 아뽈리네르가 말하는, 걸으면서 동시에 읽는 방황하는 유대인이다. 다른 일을 하는 척하는 것은 주제 넘은 짓이리라.(Meschonnic, 1975: 401)

이러한 구조적 이유 때문에 (번역에 대한) H. 메쇼닉의 시학에 있어 연속성의 과정은 확장에 대한 반-헤겔주의적 전략만큼이나 중요한 생존 문제이다.

이전의 분석을 감안해서 볼 때 '비-식민주의' 번역이론(Non-Colonial Theory, NCT)은 다음의 두 가지 중요한 장애물을 피해야 한다. 1) 약자에 대한 식민주의적 차별과 현재 후기식민주의적 담론이 제공하는 문맥적 확장의 통제 2) 후기식민주의적 반-이원론의 연속성에 포획되는 것이 그것이다. 비식민주의 번역이론의 획기적인 시각에서 볼 때 식민주의적 재단(이제 '형이상학식민주의' 재단/다듬기[cut]로 일반화된)은 자기-중요성과 자기-번역가능성의 주장에 따라 정의되는 전체주의 체계로 생각되어야 한다. 궁극적으로 이 시스템은 스스로를 보편화하면서 원본이 되어버린다. 또한 주변부(즉 결함을 가진 플라톤적 복사)가 원본의 권위를 강화하는 요인일 경우 주변부를 용인한다. 같은 시각에서 번역의 후기식민주의적 연속성은 더 이상 형이상학 식민주의의 구분을 극복하는 수단으로 생각되지 않는다. 오히려 원본의 거만함을 단속하는 다양한 메커니즘들을 선정하여 원본의 폭력을 더욱 견딜만한 것으로 만든다. 메커니즘들은 원본의 초월적 악화와 내재적 악화라는 두 가지 상호보완적 유형으로 이루어져 있다. 첫째의 경우 원본은 도달할 수 없는 타자나 무의식으로 동일화된다. 원본은 말 그대로 번역을 통해 '기억되고'(베르망), '목표되고'(벤야민), '들린다'(하이데거). 둘째의 경우 원본은 내부 변화에 부딪힌다. 이는 번역의 물질적이고 생생한 과정을 통해서 '성장'(벤야민)하고, '연속'(Meschonnic)하고, 혹은 '진화'(콰인)해야 하는 의무를 원본에 부과한다.

_비식민주의 번역이론의 발명:
   호미 바바의 후기식민주의적 번역이론을 비-번역함

후기식민주의 번역이론들은 대부분 이원론적 번역 모형을 거부한다. 거부는 여러 가지 형태로 나타나는데, 모두 이원론의 번역 논리에 저항한다. 그 논리에는 본질적으로 세 가지 특징이 있다. 첫째, 원본은 실재다. 둘째, 주변부를 배제한다. 셋째, 번역은 (원본의) 단순한 반복이다. 후기식민주의 시각에서 식민주의적 번역이론을 비판하는 것은 사소한 과정이지만 중요한 계기가 된다. 후기식민주의 이론들은 번역에 대한 비판을 보편적으로 공유하기 때문에 하나의 비판을 다른 비판과 구별할 수가 없다. 즉 식민주의적 번역이론의 논리를 차이 없이 비판하기 때문에 비판들이 거의 같아진 것이다. 이원론적 번역 모형을 비판하는 후기식민주의 이론들을 살펴보는 다른 방법은 비판의 특이성을 강조하는 것이다. 이러한 시각에서 후기식민주의 번역이론은 식민주의적 번역이 전체주의적 주장과 맺는 모든 결속을 끊는 유일한 시도로 간주된다. 이원론적 번역모형을 비판하는 후기식민주의 비판은 결과적으로 후기식민주의 번역이론만큼 많아진다. 영(Young)이 쓴 다원론적 글에 함축되어 있듯이, 식민주의적 번역 비판에 적당한 하나의 이론을 말하는 데 따르는 어려움은 후기식민주의 비판 이론에서는 수없이 많은 다양성을 파악하는 일에 대한 어려움으로 전환된다. 식민주의적 번역을 단일하게 접근하느냐, 상대주의적으로 접근하느냐 하는 양자택일에서 벗어날 수는 없을까? 답은 식민주의와 후기식민주의 간에 상정된 관계, 즉 원본과 복사본의 관계가 반영된 이 관계와 밀접하게 연관되어 있다. 우리는 두 이즘의 (몇 개의) 용어들이 아주 동일하다거나 약분 불가능하다는 주장보다는, 이들이 변증법적으로 연관되어 있어서 서로 번역할 수 있다는 가능성에 주목해볼 수 있다.

식민자와 피식민자, 식민주의와 후기식민주의, 그리고 원본과 복사본 사이에는 구조적 공모나 번역가능성이 존재한다. 몇몇 후기식민주의 사상가들(Fanon, 1986; Said, 1978; Bhabha, 1994)은 이 점을 분명하게 지적하고 있다. 공모는 후기식민주의가 식민주의 권위를 다 다르게 비판함으로써 식민주의의 단일체적 껍질을 깨뜨리고 동시에 그 지배전략을 다시-작동시키면서 만들어진다. 식민주의가 자기 권위에 기댄 편협한 관점을 갖고 타자성에 대한 환상을 가질 수밖에 없는 것처럼, 식민주의라는 괴물의 욕구는 후기식민주의가 갖는 환상의 (결여) 정도와 직접 비례한다. 오리엔탈리스트가 식민자에 대해 갖는 환상과 피식민자가 서구에 대해 갖는 고정된 재현은 서로 융합되면서 전형들을 만든다. 후기식민주의 번역 수행은 본질적으로 다음과 같은 특징을 갖는다. 첫째, 구조적 불완전성, 비결정성, 실패 등을 기반으로 식민주의적 원본의 권위나 총체성을 해체한다. 둘째, 원본의 테두리 안에서 (후기식민주의적) 차이가 확산되도록 공모한다. 그리고 번역의 이념적 그리고/ 또는 물질적 과정에서 생기는 결점들을 일반화한다. 셋째, 번역을 반복이 아니라, 그 내적 실패나 '보충'에 의해 계속 활성화되는 '의사 초월적'(Derrida, 1987: 220) 관계성으로 본다. 후기식민주의 (번역) 이론이 자신의 특정 입장이 갖는 양가성이나 자가 번역가능성에 대해 체계적으로 투쟁을 벌이는 것은 당연하다. 번역은 양가성의 쉴새없는 움직임에 사로잡혀 지칠 수밖에 없게 되고, 따라서 그 고유한 과정에 대한 불완전한 은유가 된다. 치환과 지속, 강제 추방당한 번역은 결국 정체성을 잃고 스스로 준-초월적 은유 및 새롭게 유행하는 이데올로기의 기표들 중 하나가 된다. 그 기표를 따라 경제와 역사, 문학은 흐름이나 이주, 은유의 시각으로 해석된다. 이런 모호함은 은밀하게 다음 질문들을 낳는다. 후기식민주의와 후기구조주의 (번역)이론 사이에 존재한다는 공모의 본질은 무엇인가? 둘은 어느 정도까지 계속해서 하나가 다른 하나를 번역할 수 있는가? 만약 이 공모가, "구조주의와 포스트구조주의라는 '유럽의 고급 이론'은 대체로 비유럽적인 기원을 갖고 있다"(Young, 2001: 68)[2]는 사실에 연원한다는 점을 다시 생각한다면, 그 문제는 심각해진다. 첫째, 후기식민주의와 공모한다는 것은 후기구조주의에 "특정한" 보편성을 (종종 무의식적으로) 상정하기 때문에 후기구조주의가 갖고 있는 유대 지배적 성격을 은폐하고 그 결과 그것을 배반한다. 둘째, 공모는 후기식민주의와 후기구조주의(일반적으로 후기모더니즘) 사이에 (구조적) "애매성"(equivocation[équivoque])을 일반화하면서 상호-번역을 가능하게 하고, 그 결과 둘 사이의 구별이 없어진다. 셋째, 후기식민주의 이론들은 후기식민적 정체성들이 갖는 현실적 다양성을 이론적으로 그리고 실제적으로 놓친다. 다양성은 유대 지배적 에토스나 안정된 정체성이 없는 구조적 애매함 (즉 결점 그리고/ 또는 보충)으로 환원될 수 없다. 후기구조주의와 후기식민주의간의 애매한 공조의 역사는 밝혀져야 하며, 그럼으로써 미뇰료 (Mignolo, 2000), 카티비(A. Khatibi, 1983), 바바 같은 사상가들이 이끈 산발적 저항(예를 들면 데리다가 말하는 해체의 보편주의에 대한) 투쟁들도 객관적으로 평가되어야 한다.

후기식민주의 이론(번역)들은 자신의 고유 발화권력을 가지고 계속해서 위협하고 있다.(Young, 1990: 156; Fludernik, 1998: 46) 이와 달리 비식민 번역은 모든 권위적 태도를 피할 수 있어야 한다. 이런 관점을 프랑수아 라뤼엘(François Laruelle)의 "차이

2_ 국역본을 참조하면 다음과 같다. 로버트 J. C.영, 『포스트식민주의 또는 트리컨티넨탈리즘』, 김택현 옮김, 박종철출판사, 2005, 131.-역주

철학"에 나오는 "일반화된 해체"(Laruelle, 1987)가 확실하게 증명해줄 것이다. 아직 잘 알려지지 않은 이 분석을 통해 우리는 번역의 (자기) 은유화 과정을 일시에 멈추게 되고 번역을 (재)고찰하게 하는 전례없이 새로운 관점을 얻는다. 이 철학가는 일반적인 차이의 철학들과—니체, 헤겔, 하이데거, 들뢰즈의 철학적 모험을 포함한다—데리다의 해체가—대부분의 후기식민주의 번역이론들(Bassnett, 1999; Niranjana, 1992; Bhabha, 1994)을 설명한다—구조적 불완전함을 가지고 있어서 그 이론에 결점이 있다고 본다. 이 철학들은 형이상학의 로고스를 해체/또는 극복하는 척 하지만, 그것의 영향력 안에 있으면서 로고스 중심주의를 더욱 강조한다는 것이다. 차이의 철학들은 형이상학의 주변부에 있으면서 타자에 대한 준-종교적 경험에 기대고, 한 번도 형이상학 밖으로 한 발짝 내딛거나 타자성의 정체를 밝혀낸 적이 없다. 기껏해야 로고스 중심주의 제국을 확장하고(따라서 주변부에서도 지배할 수 있다) 동시에 미결정성(변경을 더욱 더 다가갈 수 없게 만든다)이라는 감정을 강조할 뿐이다. 이런 역설적 체계가 헤라클리투스의 고대적 연속성에서부터 데리다가 유행시킨 차연에 이르기까지 철학 전체의 역사를 약화시키고 있다. 그리고 철학적 언어의 구문론을 구성하고 있다. 라뤼엘이 이룬 중요한 성취는 '일자-내-시각'(vision-in-one)이라는 시각을 발견한 데 있다. 이 시각은 차이의 유동성이라는 그물에 걸리지 않을 만큼 내재적이며, 객체로서의 차이와 객체의 차이나는 운동을 분명하게 구분한다. 또한 그 근원(source)과도 차별되는데, 근원은 "일자"(the One) 또는 "실재"(the Real)라는 특징을 갖는다. Vision in one은 "내재성이며, 초월의 범주(탈아, 분리, 무, 객관주의, 타자성, 소외, 너머 혹은 존재너머)에서는 생각할 수 없기 때문에" 철학적인 것에 관해 근본적으로 무관심한 반면(Laruelle, 1999: 141) 근원은 철학(언어와 사고의 쓰임을 알려주는)이 필요하다. …그것은 철학을 전반적으로 혹은 철학의 본질이라고 가정된 대로 이해하지 않고 철학의 자율권을 이해한다. 철학의 환영적 절대적 형상에서 벗어나 그것의 구체적 현실성과 구조적 일관성을 "철학적 결정"으로 표시한다.(Laruelle, 1999: 143) 라뤼엘은 '일자-내-시각'으로 철학을 단일하게 고찰함으로써 해석학의 순환에서(예를 들면 대상과 대상에 대한 시각 사이의 혼란) 벗어나고 "철학적 결정"(Decision philosophique)이라는 혼성적이지만 불변하는 구조를 구체화한다. 철학적/식민적 결정은 스스로에게 실재를 부여하는 철학의 환영적 주장을 설명해줌으로써 다른 영역에 완전한 통제권과 "절대 자율권"을 획득한다.

> 철학은 자기반영이자 자기인식이다. 철학은 그것이 생각할 때 생각하는 것을 생각하거나, 최소한 생각하는 것을 느낀다. 이것이 철학의 코기토, 자기반영이나 자기변용(self-affection)으로 제한된 하나의 내재성이다. 철학은 사고, 감정, 정서 훈련이다. 이것을 통해서 자신의 존재를 나타낼 뿐이며, 철학이 주장하는 실재가 철학이라거나 그러한 가정으로 스스로를 안다는 것을 증명하지 않는다. 실재의 초월적 환각은 철학의 존재 안에, 초월적 환영은 철학적 '자기인식'(self-knowledge) 안에 내포된다.(Laruelle, 1999: 139)

이러한 전례없는 문맥에서 볼 때, 데리다의 해체 모험은 존재와 타자 사이에 번역 불가능성 극복을 위해 프로그램된 철학적 시도임이 드러난다. 데리다적 의미에서 철학적 결정은 이상적 측면과 언어적 측면을 모순되게 결합한다. 데리다는 제임스 조이스의 『율리시스』를 인용하면서 그리스인과 유대인의 합성어를—"유대그리스인은 그리스유대인이다"라고 쓰고 있다.(Derrida, 1967: 228) 그런데 라뤼엘은 구문화법—"…도…도 아닌"이나 "…과…둘 다"와 같은 표현—이 일으키는 애매함을 단순히 효과의 측면에서 (또는 글자 그대로) 고찰하기보다는 '일자-내-시각'의 시각을 갖고 그 모순된 내적 통일성에 의문을 던진다. 라뤼엘은 이렇게 결론짓는다. "그것 (해체)은 기표가 지닌 서로 양립할 수 없는 두 경험의 문법적 모호함으로 이루어져 있다. 문법적 모호함은 맹점인 지각의 모호한 일반성을 통해 실행된다. 즉 지각의 모호한 일반성은 번역불가능한 혹은 해체불가능한 요소처럼 해체에서 핵심으로 남아있기 때문에 해체될 수 없다."(Laruelle, 1989: 197) 다시 말해서 해체의 통일성은 궁극적으로 기호의 정체성을 설명하지 못하거나 심지어 해체하지 못하는 그것 자체의 무능력에 의지하고 있다. 이런 이유로 데리다는 해체의 환각적인 자기-인식에 계속(파르마콘[pharmakon]) 사로잡힌다. 라뤼엘은 다음과 같이 더 근본적으로 말한다. "도처에서 쓰는 차이(Difference), 차이(Differenz) 또는 제대(Austrag, 하이데거), 차연(Différance, 데리다)라는 주제에서 그 스스로 말하고 있는 것은" 그것이 철학적 결정을 탈구, 또는 최대의 열개 지점까지 억누르지 않는 방식으로 비분할을 유지하면서 끌고오는 시도라는 것이다. 하이데거와 데리다는 새로운 형태의 "재앙", "불연속"을 실험하지만 좌측 전회 움직임이나 전환점(전회, 하이데거)이라는 초월성에 갇힌다."(Laruelle, 1989: 191)

프랑수아 라뤼엘의 '비철학'은 후기식민주의 번역이론이 데리다의 차연(및 철학 일반)에 직접 빚고 있음을 비판하는 데 쓰이며, 비식민주의 번역의 원칙을 세우는 데에도 쓰인다. 가장 혁신적인 후기식민주의 이론 가운데 하나인 호미 바바의 이론은 '일자-내-시각'이 어떻게 번역에 힘을 행사할 수 있는가를 보여주는 좋은 예이다. 라뤼엘의 비철학과 바바의 후기식민주의 이론은 서로 비슷한 목적(철학적 혹은 식민적 권위에 대한 비판, 차별적인 이원주의 거부, 반복에 대한 수행적 대안 찾기 등)을 공유하는 듯 보이지만 그 근본에 있어서는 다르다. 이 다른 점을 평가하는 가장 좋은 방법은 각각의 번역이론을 비교하는 것이다. 우선 중요시해야 할 점은 번역이 후기식민주의 이론의 지역적 적용이 아니며 이론의 보편적 또는 자가-언급적 이론틀도 아니라는 사실이다. 번역은 바바의 후기식민주의 이론에 나오는 지구화처럼 양가성에 종속된다. 그래서 이론 전체의 은유적 재-발화 작용을 이접(disjunctive)시키면서 재생하는 자리가 된다. 바바는 데리다의 철학도 양가적으로 언급한다. 이것은 우리가 『저기 밖에서: 주변화와 동시대 문화』(*Out there: marginalization and contemporary culture*, 1990)와 『문화의 위치』(*The location of culture*, 1994)에 각각 실린 「타자의 문제」라는 글의 두 가지 다른 번역본을 비교하면 분명해질 것이다.

타자성의 위치는 서구에서 형이상학을 전복하는 의미로 고정되었고 마침내 서구의 제한된 텍스트, 반서구라는 개념으로 서구에 의해 전용되었다.(Bhabha, 1990: 73)

그러나 문제시 되어야 하는 것은 타자성을 (재현)표상화 하는 양식이다.(Bhabha, 1994: 68)

데리다의 반서구적 용법이 지닌 타자성을 잘 겨냥했던 바바의 비판은 두 번역본 사이에서 점점 암시적인 것으로 바뀐다. 이러한 변화는 『민족의 산포』(DissemiNation, 1994)에서 언급한 "교의"와 "수행성" 사이의 양가성의 틀을 생각해야 이해할 수 있다. 사실 바바의 데리다 번역은 차연에 대한 교의적 해석을 수행적 해석으로 치환시킨다. 차연에 대한 교의적 해석의 치환은 자신이 (반-)서구적 권위의 형식적 한계로 내몰리는 것을 발견하고, 차연에 대한 수행적 해석은 그것이 상정한 "외국성"이라는 장소에서 행해진다. 바바는 『국가의 산포』 첫 줄에 분명하게 언급한다. "이 장의 제목— 국가의 산포—은 자크 데리다의 위트와 재치에 얼마간 빚지고 있지만 내 자신의 이주(imigration) 경험에 더 많이 **근거를 두고 있다.**(필자 강조)"(Bhabha, 1994: 139)[3] 바바는 데리다의 자가-언급(slef-referenced)된 차연을 자기 식의 긍정적 차이라는 '대리보충'으로 재-발화하거나 "말하는데"(addresses), 이것은 더 이상 (자기) 비판적이지 않다. 데리다의 입장에 대한 바바의 대리보충적 재발화가 번역의 문제와 관련해서 분명한 일관성을 얻고 있음은 의미심장하다.

데리다와 드 만과는 달리 나는 '원본'의 환유적 파편화에는 큰 관심이 없다. 그보다도 나는 틈새를 드러내는 '이질적' 요소에 대해 더 많이 몰두하고 있다. '이질적' 요소는 불가피하게

3_ 호미 바바, 『문화의 위치』, 나병철 옮김, 소명출판, 2002, 277.-역주

주름들과 접힘들로 된 여분의 직물을 생기게 하면서, '불안정한 연결의 요소', 즉 사이에 낀 상태의 불확정적인 시간성이 된다. 사이에 낀 상태의 불확정적인 시간성은 '새로운 것이 세계 속에 들어가게 하는' 매개 조건을 만드는 일에 관여한다.(Bhabha, 1994: 227)[4]

그러나 바바는 수행을 위해 "외국적 요소"를 이상화함으로써 자신이 데리다와 벤야민에게 진 '번역적 빚'(la dette; die Aufgabe)의 중요함을 과소평가하는 경향이 있다. 바바는 "어떻게 새로움이 세계 속으로 들어가게 되는가. 탈근대적 공간, 탈식민적 시간, 그리고 문화적 전이의 시련들"(Bhabha, 1994)에서 번역을 이렇게 재정의한다.

번역은 문화적 의사소통의 수행적 본질이다. 그것은 놓여 있는 언어(언표, 명제성)라기보다는 발현하는 언어(언표작용, 위치성)이다. 또한 번역(전이)의 기호는 문화적 권위와 그 수행적 실천 사이의 차이적 시간과 공간에 대해 끊임없이 말하고 '소리를 울려 알린다.' 번역(전이)의 '시간'은 의미의 '운동' 곧 어떤 의사소통의 원리와 실천에 존재한다. 즉 드 만이 말하고 있듯이, 번역(전이)의 시간은 "원전에 파편화의 운동, 교의에서 벗어난 방황, 일종의 영원한 망명 상태를 부여해서 원전을 탈정전화되도록 움직이는" 의미의 운동, 의사소통의 원칙과 실천 안에 놓여 있다.(Bhabha, 1994: 228)[5]

바바는 원본과 복사본 사이에 '제3의 공간'을 상정해서, 둘 사이에 일어나는 상호 결정성의 모방체계를 와해시킨다. 원본은 초월적 매력을 잃고 자신의 공간적, 시간적 우발성이라는 시각과 마주한다. 복사본은 자기재귀적, 환영적 영향을 갖는 원본을 더 이상 재확인하지 않는다. 바바의 후기식민주의 번역은 '혼종공간'을 열어놓았다. 그 공간에서 원본은 약분 불가능한 문화 위치들이 갖는 복합성으로 대체되고 번역은 새

4_ 같은 책, 431.-역주
5_ 같은 책, 431-32. 번역은 역자가 문맥에 맞게 수정.-역주

로움이라는 전례없는 가능성을 드러낸다. 후기식민주의 번역은 원본의 권위를 똑같이 반복하거나 다른 언어 공동체들을 상대주의적으로 균등화시키지 않는다. 이것은 시간과 공간을 이접성 안에서 "협상하는" 수행적 과정인 것이다. 혹은 다시 말해, 타자의 급진적인 임의성과 번역불가능성에 대한 차이(그리고 더 이상 객관화되지 않은)의 시각에서 동일자를 재분절하는 번역이라고 할 수 있다. 바바가 언급한 "새로움" 또는 "외국성"은 번역 수행이 발화 작용의 미래시제와 치환의 공간경험 안에서 재위치지어질 때 발생한다. 후기식민주의 번역은 이접과정(원본과 복사본 사이에 모방적 공모를 방해하는)과 재-발화 또는 "재평가"(복사본에 후기식민적, 창조적인 주체로서 완전한 자율권을 주는) 수행을 양가적 방식으로 결합한다. 바바의 난해한 저술에서 번역은 순환하는 은유/환유로서 이접 지역들 사이에서 발생하는 "문화횡단적 협상"의 정치적 과정에 공모한다. 이것은 즉 "사회적 적대성과 모순의 통합을 성급하게 연출하지 않고 상호 간섭 계기의 차이적 구조"를 용인하고 통제하는 것이다.(Bhabha, 1994: 25)[6]

비식민주의 번역과 후기식민주의 번역은 원본과 복사본 사이에 존재하는 형이상학식민주의적 차별에 대한 비판과 단순 반복에서 실제 수행의 차원으로 번역을 승격시키려는 욕망을 공유한다. 하지만 서로 다른 원칙들을 따른다.

첫째, 비식민주의 번역은 원본을 (식민)세계에 무관심한 급진적 내재성으로 간주한다. 따라서 식민세계로 번역할 수 없다고 본다. 반면에 후기식민주의 번역은 원본의 식민적 권위를 번역 고유의 유한성 또는 우발성이 갖는 한계에 계속 반영한다. 모방은 식민적 권위가 그 경계에서 여전히 (재)활동한다는 증거이다. 바바는 식민주의의 자기충족성을 완전히 떨쳐내지 않고, 소수집단들이나 지역들, 그리고 각종의 서사라는 혼란스러운 배경으로 변장시키면서 끝까지 보존한다. 이들은 식민적-제국적

6_ 같은 책, 71.-역주

과거와 형이상학에서 온 수없이 많은 유령과도 같은 잔여물이다. 초월성을 잃은 비-식민적 원본이나 번역-없음(without translation)은 다음과 같은 식민세계(의 주변부)의 주장에 대해 전혀 영향 받지 않고, 혹은 그것을 일축해버린다. 이 식민세계는 급진적으로 외부적인 일자-내-시각의 시각에서 볼 때 우발적 혹은 '비-충족적'인 것으로 스스로 환원된다. 번역-없음과 식민세계 경계에 선 상호-번역가능성(inter-translatability)은 존재하지 않는다. 번역-없음은 비-혼종적 정체성 또는 바바가 말한 불안정한 제3 공간의 번역을 뜻한다. 식민세계의 사실과 그 사실의 환각적 자기 충족성 사이에 이접을 단일하게 수행하는 것이다. 그렇게 해서 번역의 식민적/철학적 결정이 갖고 있는 애매한 구조(치환의 연속체로서)를 그 안에 들어가지 않고 밝혀낸다. 그러나 후기식민주의 번역의 경우에 환각—실재의 모방으로 지각하는—현재와 과거, 기의와 기표, 원본과 복사본간의 분열 지점에서 단순한 절충보다 "새로움"이나 "외국성"을 발견하는 가운데 생긴다.

둘째, 후기식민주의 번역과 달리 비식민주의 번역은 번역에 초월적으로 혹은 급진적으로 외국적인 정체성을 부여한다. 번역 수행이 식민적 반복의 순환이든 후기 식민적 재접합의 순환이든, 해석학적 순환을 벗어나는 방식으로 번역에 역할 (행동교섭능력)을 부여한다. 존재론적으로 양가성이 깊이 박혀있는 후기식민주의 번역은 원본을 "대리보충하고", "소외시키는" 효과를 갖도록 돕는다. 따라서 원본에 결코 자율적이지 못하다. 텍스트적인 것의 시공간적 경로에 나타나는 접힘, 주름, 시간 차이, 구문상의 방해(하이픈과 마침표)를 살펴보면 바바가 언급한 치환은 식민 자료 기반 위에서 계속 수행된다. 이 자료의 통일성이 회절되어 있다고 해도 후기식민주의 번역은 계속해서 상대적으로 (재)활성화된다. 그러나 급진적으로 이질적 수행인 비식민주의 번역은 원본의 단순한 "재분절", "재평가", "반전", 또는 "재언표작용"이 아니다. 이것이 한편으로 식민적 자료가 갖고 있는 자율성과 현실성을 고려하고 소개하는, 프랑수아 라뤼엘의 '번역-없음'이다.(Laruelle, 1999: 145) 번역-없음과 번역의 초월론적 대리자 사이에 물질적 또는/이념적 상호 번역가능성은 없다. 번역-없음이 물질적 접힘 형태를 갖거나, 회절에 의한 거대한 소외 형태 또는 관념론자(니체적인) 재-발화 형태를 갖거나 간에, 번역의 초월론적 대리자는 번역-없음(경계에서 더 강력한)을 소급해서 교란시키거나 번역할 수 없다. 비식민주의 번역의 초월론적 대리자는 일관된 정체성을 갖는다. 그 정체성은 바바의 후기식민주의 번역의 통합적(물질적 유연성을 통한 정체성), 분석적(형태적 회절을 통한 다름) 선험명제(a priori)의 비혼종적 번역이다. 다시 말해서 번역의 초월론적 대리자는 후기식민주의 경계에 있는 안정된 번역이다. 그리고 그 대리자의 통일된 정체성은 프랑수아 라뤼엘의 "최종-심급-의-결정" 메커니즘에 따른 번역-없음에서 나온다.

셋째, 후기식민주의 번역이 치환(즉 치환과 재분절의 양가적 접속)의 양가적 운동을 성취한 반면, 비식민주의 번역은 라뤼엘이 주장한 "단일 이중성"의 패턴 덕분에 번역과정에 일관된 통일성을 얻는다. 라뤼엘은 단일이중성의 특징을 다음과 같이 말한다.

> 이 이중성은 두 개의 측면을 갖지 않는다. 실재는 측면을 구성하지 않는다. 비철학이나 철학의 동류만이 실재의 측면을 구성한다. 그것은 철학적인 것처럼 더 이상 두 면 또는 두 측면 구조(apparatus)를 갖지 않는다. 단일면 또는 단일측면 구조를 갖는다. 통합이 아닌 정체성인 이중성, 이것이 바로 "최종-심급-의-결정"의 구조다.(Laruelle, 1999: 143)

단일 이중성을 수행하는 비식민주의 번역은 번역-없음에서 초월적 정체성, 식민세계 번역을 끌어낸다. 이 번역은 환영적 자기충족을 상실한 식민 자료에 종종 명시된 다. 번역-없음은 식민세계에 근본적으로 무관심(또는 그 세계를 번역할 수 없는)하며, 후기식민주의 번역과 달리 그 세계의 주변적이고 유령적인 잔여물 때문에 겁에 질려있지 않다. 더욱이 비식민주의 번역의 초월론적 대리자는 (자신의) (재)치환 과정에 작동하지 않는다. 급진적(비교적-절대적이라기보다는)으로 이접적 정체성을 가진 대리자는 자신의 고유 용어들이나 중재 그리고/ 혹은 그 한계들 사이(틈)에서 치환되거나 중재 또는 번역될 수 없다. 번역의 초월론적 정체성은 원본을 번역불가능성의 한계로 결코 치환시키지 않는다. 오히려 번역의 초월론적 정체성은 매우 일관되게 자율적인 까닭에 물질적으로 (발아, 진화, 접힘 등을 통해서) 그리고/ 혹은 이념적으로 (추모, 망각, 갱신 등을 통해서) 번역-없음을 역변용시킬 수 없다. 그리고 그것은 이전에 식민적 통일성이 산재했던 곳으로 (자신을) 치환시키지 않는다. 그것은 식민적 자가-충분성과 관련해서 번역-없음의 무관심을 양가성 없이 수행하고, 모든 경우의 번역(자신을 포함하는)에 대해 식민적이고 차별적인 존재의 위상기하학(총체성/국부성, 중앙/주변, 근본/특수) 바깥에 우발적 장소를 제공한다.

식민주의 번역	후기식민주의 번역 (PCT)	비식민주의 번역 (NCT)
원본	제3의 공간	번역-없음
복사	하이브리드	초월론적 정체성 ("translation-in-one")
반복, 재현	수행적 재언명 from a particular location	Performative enunciation of the Without-translation
위계적으로 구성된 동질공산	이질공간: 분열, 접힘, 회절	Non-homogeneous or chaotic space without unifying textual-ontological plane nor colonial fragments
목적론적으로 정향된 연속시간	불연속시간: 중단, 지체, 추방	Non-continuous or transcendental time without historical-ontological succession nor colonial remnants

Bassnett, Susan & Trivedi Harish (eds.)(1999). *Post-Colonial Translation. Theory and Practice*, London & NewYork: Routledge.

Berman, Antoine(1986). "L'essence platonicienne de la traduction," *Revue d'esthétique*, 12: 63-73.

_____(1999). *La traduction et la lettre ou l'auberge du lointain,* Paris: L'ordre philosophique.

Bhabha, Homi(1990). "The Other Question: Difference, Discrimination and the Discourse of Colonialism," In R. Ferguson, M. Gever, T. Minh-ha & C. West (eds.). *Out there: Marginalization and Contemporary Cultures*, Cambridge & London: The MIT Press, 71-87.

_____(1994). *The Location of Culture*, London: Routledge.

Bouveresse, Jacques(1971). *La parole malheureuse. De l'alchimie linguistique à la grammaire philosophique*, Paris: Editions de Minuit.

Brassier, Ray(2001). "Behold the non-rabbit: Kant, Quine, Laruelle," *PLI: The Warwick Journal of Philosophy*, vol. 12: What is Materialism? Coventry: University of Warwick, 50-82.

Davidson, Donald(1984). *Inquiries into Truth and Interpretation*, Oxford: Oxford University Press.

Derrida, Jacques(1967). *L'écriture et la différence*, Paris: Edition du Seuil.

_____(1987). *Psyché*, Paris: Galilée.

Fanon, Frantz(1986). *Black skin, White mask*, London: Pluto.

Fludernik, Monika(1998). "The Constitution of Hybridity: Postcolonial Interventions," In *Hybridity and Postcolonialism. Twentieth Century Indian Literature*, Tübingen: Stauffenburg Verlag.

Gibson, Roger(1988). *Enlightened Empiricism, An Examination of W. V. Quine's Theory of Knowledge*, Tampa: University Press of Florida.

Gochet, Paul(1978). *Quine en perspective*, Paris: Flammarion.

Hintikka, Jaako & Donald Davidson(eds.)(1969). *Words and Objections, Essays on he Work* of *W. V. O. Quine*, Dordrecht-Hollande: Reidel.

Khatibi, Abdelkebir(1983). *Maghreb pluriel*, Paris: Denoel.

Ladmiral, Jean-René(1994). *Traduire: théorèmes pour la traduction*, Paris: Gallimard.

Laruelle, François(1987). *Les philosophies de la différence. Introduction critique*, Paris: PUF.

_____(1989). *Philosophie et non-philosophie*, Bruxelles: Pierre Mardaga éditeur.

_____(1999). "A Summary of Non-Philosophy,"(tr. R. Brassier), *PLI: The Warwick Journal of Philosophy*, vol. 9: Philosophies of Nature, Coventry: University of Warwick, 138-48.

_____(2000). "Identity and Event,"(tr. R. Brassier) *PLI: The Warwick Journal of Philosophy*, vol. 10: Philosophy and Science, Coventry: University of Warwick, 174-89.

_____(2001). "The Decline of Materialism in the Name of Matter,"(tr. R. Brassier), *PLI: The Warwick Journal of Philosophy*, vol. 12: What is materialism? Coventry: University of Warwick, 33-40.

Laugier, Sandra(1992). *L'anthropologie logique de Quine. L'apprentissage de l'obvie*, Paris: Vrin.

Meschonnic, Henri(1975). *Le Signe et le Poème*, Paris: Gallimard.

_____(1978). *Poésie sans réponse. Poétique V*, Paris: Gallimard.

_____ & Jean-René Ladmiral(1981). "Poétique de la traduction···/Théorèmes pour···la traduction," *Langue française* (51): 3-18.

_____(1995). *Politique du rythme, politique du sujet*, Paris: Verdier.

_____(1999). *Poétique du traduire*, Paris: Verdier.

Mignolo, Walter. D(2000). *Local Histories/Global Designs*, Princeton: Princeton University Press.

Mounin, Georges(1948). "Premières réponses à l'enquête sur le Mythe du Nègre," *Présence Africaine* (2): 195-98.

_____(1963). *Les problèmes théoriques de la traduction*, Paris: Gallimard.

_____(1969). *La communication poétique*, Paris: Gallimard.

_____(1975). *Linguistique et philosophie*, Paris: PUF.

_____(1976). *Linguistique et traduction*, Bruxelles: Dessart et Mardaga.

Niranjana, Tejaswini(1992). *Siting Translation. History, Post-structuralism, and the Colonial Context*, Berkeley: University of California Press.

Quine, Willard Van Orman(1960). *Word and Object*, Cambridge: The MIT Press.

_____(1969). *Ontological Relativity and Other Essays*, New York and London: Columbia University Press.

_____(1973). *The Roots of Reference*, La Salle: Open Court.

_____(1976). *The Ways of Paradox and other essays*, Cambridge: Harvard University Press.

_____(1980). *From a Logical point of* view, Cambridge: Harvard University Press.

_____(1981). *Theories and Things*, Cambridge: Harvard University Press.

Rao, Sathya(2003). "*La traduction aux mains de la philosophie: théorie d'une manipulation*," *Post Scriptum.org*, No. 3, automn.

Said, Edward(1978). *Orientalism*, London: Routledge & Kegan Paul.

Serequeberhan, Tsenay(1994). *The Hermeneutics of African Philosophy. Horizon and Discourse*, New York and London: Routledge.

Weinreich, Uriel(1953). *Languages in Contact*, New York: Publication of the Linguistic Circle of New York.

Young, Robert(1990). *White Mythologies. Writing History and the West*, London: Routledge.

_____(2001). *Postcolonialism. An Historical Introduction*, London: Blackwell.

Sathya Rao, "From a postcolonial to a non-colonial theory of translation"

흔적
TRACES

Part 2

주권경찰

주권 게임: 킨지 후카사쿠의 <배틀 로얄>(2001)에 대하여

프레데릭 네이라

영어번역: 변성찬

기록적인 실업률을 동반한 경제붕괴에 직면한 일본에서, 80만 명 이상의 청소년들이 이제는 쓸모없어진 배움의 자리[학교]를 버릴 것을 선택한다. 두려움에 사로잡힌 당국은, 교육체계를 '개혁'하기 위해 '배틀 로얄'이라는 법을 공표한다. 무작위로 선별된 한 학급의 학생들이 섬으로 보내지는데, 그곳에서 그들은 서로를 죽여야만 한다. 오직 한 명의 승자만이 살아남을 수 있다.

_1

이탈이 언제나 먼저 시작된다. 무언가가 시작되기 위해선, 언제나 하나의 구멍 혹은 공백이 나타난다. 권력은 그 공백을 몹시 두려워한다. 왜냐하면 그것이 불쾌한 기억, 즉 권력 자신의 기원, 그 기원에 있는 근거의 근거 없음에 대한 기억을 불러일으키기 때문이다. 권력은 이탈이 언제나 정체성 붕괴, '탈−존재'(de-being) 또는 존재론적 재난(désêtre)임을, 그 과정에서 자신이 배후 조종하고 있는 종속이 약화될 수도 있음을 알고 있다.

아직 국가의 이데올로기적 장치의 효력들을 체험할 시간을 갖지 않은 청소년들이 이탈하는 것은, [성인들이 그런 것보다] 훨씬 더 심각한 일이다. 이탈하는 청소년들, 탈-존재의 과정 속에 있는 청소년들은, 순수한 형식으로 드러나는 폭력이다. 그러나 어떤 종류의 폭력, 어떤 종류의 순수성이 문제가 되고 있는 것일까?

청소년이 그 자체로 하나의 주체가 될 때, 즉 미완의 성인 또는 미래의 성인이 아니라, 현재, 즉 지금 여기의 모든 것만을 요구하는 현재적인 청춘이 될 때, 그것은 하나의 정치적인 문제가 된다. 자본주의는 진정으로 이 정신적 빈틈을 주체화(예속화, subjectivation) 과정에 투자했고, 그것이 입고, 먹고, 즐기는 것과 정확하게 동일한 것임을 알아내었고, 그리하여 소위 십대, 즉 축소된 주체를 위한 작은 사람, 우리 시대의 특징인 일반화된 소비 의지라는 요구를 충족시키는 사람을 창출해내었다. 오늘날의 자본은 정확히 이런 관점에서 고려되어야 한다. 생산체계는 신체들, 정동들, 영혼들, 그리고 소비를 위해 사용될 수 있는 지구적 자원들(언제나 적합화된, 그러나 다시 변형되고, 이미 대체된, 즉 파괴되고 다시 고쳐 만들어지는 자원들), 이 모든 것들의 일반적 이동 속에서 자신의 기원과 한계를 발견한다. 미국 경제학자 제레미 리프킨이 말했던 것처럼, '접근의 시대'(Age of Access)인 것이다.[1] 그러므로 자본의 십대 (The Teen of Capital)—the *Teenytal*—는 국가 유지에 필수적인 주체화의 실행이라는 정치적 문제와 동시에, 그들의[십대들의] 주권의 그 모든 [주체화에 포획되지 않은] 나머지 부분들에 대한 경제적 해결책이다.

그럼에도 불구하고, 자본의 십대가 먼저 등장한 것은 아니었다. 모든 것은 일종의 계보학적 이접(분리, disjunction)과 함께, 전송(transmission)의 수직적 흐름들 속에서의 새로운 파열과 함께 시작되었다. 무엇보다, 즉각적인 소비를 위한 수평적 요구는 중재에 대한, 모든 형태의 재현에 대한 거부의 신호였다. 1968년은, 프랑스와 다른 나라

1_ Jeremy Rifkin, *L'âge de l'accès: la révolution de la nouvelle économie* (Paris: La découverte, 2000).

들에서의 이러한 파열을 상징한다. 분명 이러한 파열의 다양한 형태들을 비교하고 구별하는 것이 중요할 것이다. 그러한 파열은 일본에서, 전학력이 주도한 투쟁과 함께 보다 일찍, 적어도 1960년대부터 시작된다. 그럼에도 불구하고 우리는, 하나의 가설로서, 다음과 같은 가정들을 취하고자 한다. (1) 소비하라는 명령, 그것은 '존재의 새 얼굴'(하이데거)을 나타내고, 지구화된 세계 전체에 영향을 미친다. (2) 이러한 명령은 단지 위로부터 부과되기만 하는 것이 아니라, 그 명령을 충족시키는 수준에 이르기까지 상승하는 욕망과 조우함으로써 뿌리를 내릴 수 있었는데, 그것은 결국, 1954년 할렘 또는 1992년 로스앤젤레스에서와 같은 전복적인 재전유 또는 소비자 폭동들에서 나타났던 바처럼, 자신이 소망했던 것보다 더 낮은 수준으로 그 욕망을 이끌어갈 뿐이었다. (3) 세속적인 구성과 주체적인 재구성의 시기로서의 청소년기는 그러한 욕망에 적합한 지지대이다. 좀 더 진지하게 탐색하면, 각 나라에서 중재들이 의문에 붙여지는 양상들을 찾게 될 것이다. 이런 파열이 철저하게 추구되지 않은 사례들 속에서, 소비하라는 명령은 중재들을 의문에 붙이는 것이 아니라 중재들을 거부함으로써 부과되었다고 생각될 수 있다. 킨지 후카사쿠가 자신의 영화 속에서 상상한 학습의 자리로부터의 이탈은, 이러한 거절, 이러한 거부를 재개시키고, 위험한 분리라는 유령을 일깨우고 있다.

그러나 학교를 버린 이 젊은이들에게 혁명적인 것이라고는 전혀 없다. 그들이 불러일으키는 공포는 단지 그들의 이탈이, 그들의 계속된 출석이 가려왔던 어떤 공백의 가면을 벗겨낸다는 사실에서 비롯되는 것일 뿐이다. 스스로를 소생시키는 바로 그 목적을 달성할 수 없는 일본 제도들 속의 공백. 두려움을 야기하는 것은 그 공백, 바로 일본 사회의 그 공백이다. 이것이 바로 그 폭력의 원리이다.

우리는 바로 그 폭력의 원리에 대해서 말하고 있다. 사실 그것은, 정의, 평등, 자유를 자신의 목적으로 갖는 어떤 폭력이라는 의미에서의, 그리고 그 안에서 이러한 목적 자체가 주체화될 그런 폭력이라는 의미에서의, 정치적 폭력의 문제가 아니다. 오히려 그것은 정치적인 것의 핵심에 있는 폭력, **정치적인 것의 비-정치적인 핵심을 향해 나아가는 신비한 폭력**, 자신의 근거가 근거 없음을 폭로하는 그런 폭력의 심급이다.[2] 학생들이 버리고 떠난 텅 빈 장소는, 권력이 자신의 입지를 세우기 위해 차지하도록 노력해야 하는 장소에 대한 유비이다. 그러므로 그들이 원하건 그렇지 않건, 그들이 알고 있건 그렇지 않건, 그 공백을 만드는 사람들은 요구자(권리 주장자, Claimants)의 지위에 있는 것이 아니다. 권력은 그 사실을 알고 있다. 그 공백은 나쁜 기억이다. 왜냐하면 그것은 권력이 자신의 권리(Right)의 기초를 확립하기 위해 실행해야만 했던 폭력을 상기시키기 때문이다. 그리고 그 권리는 두 번째 폭력인바, 그것은 정당한 것이 되는 경향이 있으며, 그 자체로는 정의를 결여하고 있는 첫 번째 폭력을 포함함으로써 그 모습을 갖춘다.[3]

_2

바로 이런 이유 때문에, 일본 권력에 의해 공표된 교육체계 '개혁'은 폭력의 극단적인 분출, 제한 없는 폭력을 함축한다. 무작위로 선별된 학급은 인질이 된다. 학생들이 보내진 황폐한 섬에 교실 하나가 재구축된다(그 황폐함은 학교 이탈을 상기시킨다). 작전을 지휘하는 사람은 그 학급의 이전 담임교사인데, 그는 군인들로 둘러싸여 있으며, 이제 질서가 지배할 것이라고, 필요하다면 칼과 폭탄으로 그렇게 될 것이라고 주장할 것이다. 이렇듯 치명적인 폭력이 사용되지 않는 한, 그 어떤 것도 학생들로 하여금 자신들에게 부과된 질서를 받아들이게 하지 못할 것이다.

2_ 자크 데리다의 *Force de loi* (Paris: Galilée, 1994)를 볼 것. 특히 발터 벤야민의 "Critique of violence" (in *Essais*, vol. 1, Colletion Folio [Paris: Gallimard, 2000])에 대한 그의 해석을 볼 것. 데리다는 벤야민의 글에서 많은 영감을 가져왔다.
3_ 우리는 보다 큰 복잡성을 우리의 도식에 도입해야 한다. 그러나 간단히 말하자면, 이 '정의를 결여한'이란, 정의가 아닌 것, 또는 예기(豫期)되는 것이라는 의미에서의 '두 번째' 이유인 것이다. 근거지어지지 않은, (권력의 기초를 확립하기 위해서) 필수적이게 될 것의 허구적 연대기라는 무시간적인 시간을 통합하는 예기.

권력의 폭력은 선포된 '개혁'의 표현으로 나타나고, 우리는 학생들의 부모들이 그 황폐한 섬에서 일어나고 있는 일을 알고 있음을 깨닫게 된다. 따라서 '배틀 로얄'은 법의 영역 안에 있는 것, 하나의 일반의지의 표현인 것이 된다. 그러나 작동하고 있는 의지는 단지 죽음을 낳는 의지—권리의 심장부에 있는 **극한으로의 통과**라는 바로 그 기원을 다시 작동시키는 것에 반응하고 있는 제한 없는 폭력—일 뿐이다. 이제부터 법에 의해 표현된 폭력은 첫 번째 폭력, 법 앞에 있는 폭력이며, 더 이상 두 번째 폭력 이 아니다.

그러나 '개혁'의 폭력은, 다음과 같은 규칙들을 갖고 있기 때문에, 훨씬 더 거대한 폭력을 갖는다. 학생들은 서로를 죽여야만 한다. 그들에게는 3일이 주어져 있으며, 마지막에 오직 한 사람만이 살아남을 것이다. 한 사람 이상이 남게 되면, 모든 생존자 들은 죽게 될 것이다. 설립된 것은 자기-절멸 캠프(Auto-Extermination Camp) 그 이상 도 이하도 아니다. 그것은 조르조 아감벤의 정치적 공리를 물질화시키고 있는 것처럼 보인다. 그 캠프는 '모더니티의 새로운 노모스'이다.[4] 그러나 이것은 매우 특별한 종 류의 캠프, 결코 나치 캠프에서 행해질 수 있었던 것으로 환원될 수 없는 그런 캠프 다. <배틀 로얄>에서의 캠프는 생체정치적(biopolitical)이고 하이퍼-스펙터클한 자본 주의의 규범들을 구체화시키고 있다. 한편으로는 글자 그대로 생존자들(또는 아감벤 의 용어를 빌리자면, '헐벗은 삶')을 산출하는 것을 목적으로 하는 경쟁, 또 한 편으로 는 매스미디어의 대량 현존. 학생들에게 규칙을 알려주는 것은, 그들에게 질서를 부 여하기 위해 그곳에 있는 교사가 아니라, 비디오이다. 비디오 속의 매우 매력적인 한 여자가 TV 게임쇼 스타일로 학생들에게 규칙을 제시한다.

그러나 이것은 결코 게임쇼의 패러디가 아니며, 매스미디어를 비난하는 영화도 아 니다. 왜냐하면 그것은 [현실 속에서] 이미 행해져온 것이기 때문이다. 그것은 캠프들

4_ Giorgio Agamben, *Homo Sacer*, 1. *Le pouvoir souverain et la vie nue* (Paris: Seuil, 1997).

의 매스미디어 안으로 실제적인 확장을 보여주고 있는 것이다. 20세기 말부터, 캠프들의 매스미디어로의 확장은 '자발적으로' 갇힌 개인들이 서로를 타락시키고, 서로 전투를 벌이고, 극단적인 조건에서 생존해야 하는 '게임들'을 산출한다. 그러므로 <배틀 로얄>의 학생들은 자신들의 일상적 현실에 노출되어 있는 것이며, 피가 실제로 흐르기 시작할 때, 그런 현실이 가장 잔인하게 그들의 면전에서 폭발하고 있는 것이다. 여기에서 드러나고 있는 것은, 군사력과 미디어 정보에 의해 설립된 통제체계(the System of Control)와의 결탁이다.

문제—**권력의 문제**—는, 이 개인들이 자신들이 겪는 사건들을 어떻게 주체화시키고 있는지를 그 누구도 알지 못한다는 것이다. 자기-절멸 캠프 안에서 많은 반응들이 나타난다. 일부는 자살함으로써 규칙을 거부한다. 따라서 그들은 게임을 벗어나지만, 근본적으로는 그것에 복속함으로써 그렇게 하는 것이다. 또 다른 일부는 '참가'에 동의하여, 서로 전투를 벌이고 죽인다. 또 다른 일부는, 마치 보다 친밀하고 인간적인 환경을 재창출하기라도 하는 것처럼, 폭력이 지배하는 우주 안에서 작은 평화를 만들어내려고 시도한다. 이것은 나쁜 해결책이다. 왜냐하면 그것은, 경계가 존재하지 않는 곳에 진짜 경계를 만들어내려는 것이고, 단지 영토적 전유의 개인적 사용이 아니라 제도화하는 힘을 요구하는 것이기 때문이다. 이들은 살인의 광풍 속에서 아주 빠르게 죽음을 맞게 될 것이다. 어떻게 저항할 수 있을까? 세 명이 권력에 대항하려 나서는데, 그들은 컴퓨터 시스템을 해킹하고, 폭탄을 제조할 것이다. 이것은 저항의 고전적 방식이다(그들 중 한 명은 '활동가' 부모를 모델로 삼고 있다). 그러나 이것은 다시 한 번 쓸모없는 반응이다. 그들은 문자 그대로 충분히 무게가 나가지 않고, 권력에 의해서가 아니라 권력의 '규율들'에 참가한 자들에 의해서 죽는다.

두 명의 특별한 개인들이 남는데, 그들은 충분히 무장한 다른 사람들과 달리 자기 방어를 위해 오로지 냄비 뚜껑과 쌍안경을 갖고 있을 뿐이다. 둘은 섬 안에 있는 또 다른 종류의 이탈(desertion)을 찾아 탈주한다. 그들은 자신들이 보호받을 수 없고 그 어떤 해결책도 찾을 수 없다는 것을 알고 있지만, 그럼에도 불구하고 자신들이 갇혀 있는 공간을 결정하는 규칙들로부터 탈주한다. 이 둘에게는 일종의 순박함, 또는 무조건적인 순수성이 있다. 아마도 그것이 그들을 구해줄 것이다.

_3

<배틀 로얄>에는 서로서로를 매우 변증법적인 방식으로 뒤따르고 있는 듯이 보이는 세 개의 기본적 시간들이 나타난다. 첫 번째 시간: **이탈**. 두 번째 시간: 권력의 폭력적 반응, 그것은 자기-절멸의 의지로서 부정(negation)을 수행한다. **캠프**의 시간. 세 번째 시간은 **탈주**가 뒤따르는 살인의 시간인데, 그것은 근본적인 폭력을 통해서 캠프 밖으로 이끌어간다.

이 두 생존자는 매우 특별한 주체적 위치를 갖는다. 그들의 순수성이 캠프의 폭력으로부터 그들을 이끌어낸다. 가장 부당한 폭력이 흐르는 곳에서, 그들의 비-폭력이 흘러넘친다. 그러나 해결책은 그들을 위험에 빠뜨린 교사를 죽임으로써 얻어진다. 캠프를 떠날 때, 그들은 자신들의 암호('학급')와 함께, 무기를 집어든다. 이것은 더 이상 첫 번째 것과 같은 동일한 이탈이 아니다. 이제 그것은 주체화되며, 그들이 캠프에서 달성했던 탈주('규칙'과 '게임'으로부터의 탈주)의 뒤를 잇는 것이다. 무슨 일이 일어난 것일까?

권력은 자신의 자기-절멸 예상(anticipation)에서 중요한 오류를 저지른다. 신비로운 폭력이 작동되고 있는 곳에 부과된 폭력이 궁극적으로는 반역적 주체화의 한 형식을 낳게 되는데, 이것은 그것이 제거하기를 원했던 주체적 이탈보다 잠재적으로 더 위험한 것이다.[5] 사실 두 학생의 탈주는 그들의 모든 체험을 담지하고 있는데, 그

5_ 이런 오류는 변증법의 작동에는 결코 낯선 것이 아니다. 변증법은 그런 오류의 통과를 함축하고 있다. 왜냐하면 한 존재로부터 그것이었다고 믿었던 것, 그리고 그것이 아직은 아니었던 것을 이끌어내는

것은 일종의 **주권적 체험**에 다름 아니다. 그 체험은 정확히 통합적 폭력이 작동하는 곳에서 **작동하지 않고 있는 주권**—현실화되지 않은 힘의 주권—이다. 그리고 살인을 통한 통과가 뒤따르는데, 이것은 단지 바타이유가 적절하게 이론화한 대로, 그리고 그가 **위반**(transgression)이라고 불렀던, 악의 주권일 뿐이다. 그리고 비밀스럽게 등장하는 두 명의 자유로운 자들의 탈주가 있다.

이 모든 것이 매우 과장된 것처럼, 또는 지나치게 사소한 것처럼 보일지도 모른다… 얼마나 비참한 주권인가! 불법의 주권이라니! 그렇지만 '배틀 로얄'을 설립한 정부의 법이 모든 정의를 결여하고 있는 법이라는 사실을 상기해 보자. 탈주가 법 안에서의 것이 아닌 것만큼이나 그것은 또한 법 밖에서의 것도 아니다. 왜냐하면 영구적인 예외상태가 지배하고 있는데, 그 안에서는 힘과 법, 배제와 포함, 외부와 내부, **비오스와 조에**, 법과 사실 등이 환원 불가능한 무차별성의 지대로 들어서기 때문이다.[6]

아마도 이것은 기다리고 있는 중인 주권, 두 명의 자유로운 자들이 그 담지자인 주권, 정치적인 것이 실패하여 캠프와 통제의 상태에 빠질 때 남아 있는 그 주권일지도 모른다. 그것은, 이 폭력이 더 이상 법적 정의 속에서 자신의 흔적들을 감추지 못할 때, '신비적' 폭력의 모습을 취하게 되는, 이행의 주권(sovereignty of transition)이다.

_4

하지만 변증법적으로 이런 해결에 도달하게 된다는 것을, 우리가 어떻게 확신하고 있는가? 무언가가 이 순수 논리를 곤란에 빠뜨리는 것처럼 보는데, 담임 교사의 개입

것은 바로 이러한 통과이기 때문이다. 『정신현상학』에 분명하게 나타나는 하나의 통과가 있다. **절대정신**은 그 소통이 언제나 귀머거리의 대화를 모델로 하여 확립된 존재들 사이에서 구체화된다. 예를 들면, 안티고네와 크레온이 서로를 이해하지 못하는 정도, '태양 아래 공개적으로 강제되는' 법(크레온)과 '쓰여지지 않은' 법(안티고네)의 변증법적 종합이 제3의 위치—철학적 결정—에 의해서 발생하는 정도를 주목하는 것만으로 충분할 것이다.

6_ Agamben, op. cit., 17.

이 그것이다. 갑자기 연극적인 결말 부분에서, 교사는 이야기의 설계자로, 즉 처음부터 모든 것을 알고 있으며 모든 과정을 조종해온 자로 나타난다. 결국 물총에 불과한 것으로 판명되는 권총을 그들에게 주지 않음으로써 학생들로 하여금 살인을 하도록 강제한 것은 바로 그이다. 따라서 그들을 탈출하도록 강제한 것도 바로 그이다. 우리는 진정한 해방에 대해서 말할 수 있는가?

학교를 버리지 않은 한 소녀가 있기 때문에 이야기는 매우 복잡해진다(한 장면은 그녀가 수업을 들으러 와서 텅 빈 교실에 들어오는 것을 보여주는데, 교실에는 교사만 있고, 그녀는 자기가 시간표를 잘못 알았다고 생각한다). 분명 '게임'의 시작부터, 교사는 그녀를 구하기를 원했다. [배우인] 기타노 자신이 기타노라는 이름의 그 교사 역을 연기한다. 기타노는 그 모든 피의 향연을 관장하고 있다. 우리가 실제로 화가임을 알고 있는 기타노가 영화의 마지막 부분에서 하나의 그림을 보여주는데, 그 속에서 그 여학생은 영광스럽게, 상처 없는 모습으로 나타난다. 극중 인물로서의 기타노는 학교를 이탈하지 않았던 그 유일한 존재를 구하기를 원하고 있지만, 그녀를 게임으로부터 구하지는 못한다. 그는 자신의 무해한 총으로 그녀를 위협하면서, **그녀에게 자신과 함께 자살하자고 요청한다.** 그녀에게는 두 개의 해결책이 주어져 있다. 먼저, 동반자살을 받아들이고, 또 한 사람을 죽여서 자기-절멸의 과정을 완수하는 것이다. 또는 그 제안을 거부하고 자신이 죽음에 노출되도록 하는 것이다. 그런데, 그렇지 않은 것으로 판명된다. 여기에서 모든 것이 무한히 왜곡되고 전도된다. 배우로서 영화 속에서의, 그리고 실제 인물로서 영화 밖에서의, **기타노의 바로 그 상태로부터 비롯되는,** 동요의 순간. 분명 이런 영화적 절차에 독창적인 무언가가 있는 것은 아니다. 하지만 영화와 영화가 표현하는 시대의 전반적인 장치 속에 기입되는 방식과 관련하여, 새롭고 예기치 못한 무언가가 있다. **일반화된 무차별의 상태:** 법의 내부/외부, 실재/상상 등등….

언제나처럼, 그 해결책은 제3자의 개입을 수반한다. 그 여학생의 친구인 학생이 있는데, 그는 교사를 살해하고, 그렇게 함으로써 그는 자신의 아버지가 자살을 하면서 그에게 남긴 마지막 유언—'용기'—을 실행에 옮기는데, 그것은 영화의 첫 번째 암호이다. 살해 후에 여학생은 어떤 이탈도 선행하지 않는 하나의 탈주를 할 수 있게 될 것이다. 그런데 사실 그것이 교사인 기타노의 가장 깊은 소망이었다면 어떻게 할 것인가? 바로 그 마지막 부분에서 기타노는 그녀가 학교를 버리지 않은 것을 보상해 주기를 원하지 않고 있는 것인가, 아니면 그녀를 탈주시키기를 원하고 있는가? 그것은 게임을 완수하는 문제인가, 또는 방해하는 문제인가? 그것은 결정불가능하다. 두 가지 가능성 모두를 상상할 수 있다.

또는 아마도 그 두 가능성 모두 폐기되고, 취소되도록 남겨져야만 한다. 왜냐하면 우리는 기타노의 욕망이라는 미스터리를 꿰뚫어 보기를 원할 때, 길을 잃어버리기 때문이다. 이 미스터리는 게임 그 자체의 미스터리이며, '배틀 로얄'이라는 '게임'이 아닌(또는 단지 그것이기만 한 것이 아닌) 또 다른 게임의 미스터리이다. 끌려간 교실에서 학생들 중의 하나가 다음과 같이 질문한다. "질문: 왜 이 게임을 발명했는가?" 이에 대해 기타노는 대답한다. "그것은 너희들의 잘못이다. 너희들은 어른들을 조롱했다. 그래, 그러면 안 될 것도 없지? 그것은 너희들의 권리다. 그러나 인생 그 자체가 하나의 게임이라는 사실을 잊지 말아라."

여기에는 게임(game)과 게임(Game)이 있다. 개혁의 게임, 그리고 그 게임이 잠겨드는 또 다른 게임(Game). 기타노는 이 다른 게임(Game)의 주인이 아니다. 우리가 살인이 벌어지는 마지막 장면을 볼 때, 그것은 왠지 광대극, 또는 차라리 코미디의 분위기를 갖고 있다. 우리는 기타노가 죽었다고 생각하고 있을 때, 그는 일어나서, 마치 아무 일도 없었던 것처럼, 전화를 받아 자기 딸을 호되게 야단치고, 마치 전형적인 서부영화에서처럼, 총(이번엔 진짜 총)으로 그 전화기를 박살낸다. 그리고 그는 꼭두각시 인형처럼 주저앉으며 갑자기 죽는다. 그리하여, 어떤 알려지지 않은 우주적 장면의 통제 아래에서, 그 인형들을 지탱하던 비가시적인 줄들이 드러난다.

게임과 게임(Game)이 있다. 우리가 규칙들을 부과할 수 있는 게임, 그리고 어떤 주인에게도 부과되는 게임. 정치적 주권이 담을 수 있는 것보다 훨씬 더 많은 것을 담을 수 있는 '인생의 게임.' 그런 무제한의 포획에의 의지—이런 과잉—가 권력을 유혹할 때, 표현되는 것은 무제한의 폭력이다. 뉴스 속의 그리스 비극. 권력의 이러한 과잉 앞에서 오로지 하나의 가능성만이 남는다. 실제의 법에 대항할 수 있는 '쓰여지지 않은' 권리에 대한 참조. 그러나 소포클레스의 비극에 대한 횔덜린의 다소 이상한 번역에서 영감을 얻은 주석자들이 적절하게 보여준 바처럼, 안티고네가 궁극적으로 요구하는 밤의 권리는, 어떤 신에게도 돌려질 수 없다. 크레온의 과잉을 심판할 수 있는 어떤 신성한 보증자도 없다. 라캉의 말처럼, 안티고네의 반역 행위는 오로지 그녀의 '순수한 욕망'만을 표현하고 있을 뿐이다. 그것은 어떤 주인도 지배력을 행사하지 않는 게임(Game) 속에 기입되어 있는 하나의 결정적인 행위이다.[7]

그러나 안티고네는 순수한 영웅적 예외가 아니라 모든 주체적 특이성의 바로 그 본질을 재현하고 있다. 안티고네의 '순수 욕망'은 한 아이의 그것이고, 모든 아이의 그것이다. 영화의 첫 장면은 '게임'의 승자 중의 한 명의 도착을 보여주는데, 그 승자는 한 소녀, 팔에 인형을 들고 있는 십대 초반의 한 소녀이다. 우리는 생각한다. 그 게임은 너무나 많이 퍼져서 이제 모든 청소년들에게 영향을 미치고 있다. **그들이 아이들을 죽이고 있다.** 그러나 또한 다음과 같이 상상해볼 수도 있다. 청소년들은 자신들에게 가해지는 근본적인 폭력에 대응할 것이고, 그들은 붕괴되어가는 세상 속에서, 아버지들과 교사들이 힘을 지닌 채로 자살을 하는 그런 세상 속에서, 스스로를 방어하기 위해 자신을 **반역적 주체**(Rebellious Subject)로 만들어갈 필요가 있음을 깨닫고 있다.

7_ 횔덜린의 이상하고도 뛰어난 번역을 위해서는, *L'Antigone de Sophocle*, trans. P. Lacoue-Labarthe (Paris: Christian Bourgois, 1978), 53을 보라. 자크 라캉의 논평을 위해서는, *L'éthique de la psychanalyse* (Paris: Seuil, 1986)의 323-75을 보라. 독자는 또한 *Fantasme de la communauté absolue* (Paris: L'Harmattan, 2002)에 있는 나의 분석을 참조할 수도 있을 것이다.

한 기자가 "그녀가 웃고 있다"라고 외치며 놀란다. 우리는 카메라 플래시로 삭제된 그 어린 소녀의 얼굴을 간헐적으로 보게 된다. 이 삭제는 한 사건, 즉 언제나 주체의 심장부에 존재하는 부정성과 공허의 통과를 함축하고 있는 주체화에 대한 영화적 지표이다. 모든 근본적인 체험의 재현에 적합한 어떤 짐(burden)의 흔적 또는 증거. 그 아이의 미소는 주권적이다.

시간은 놀이하고 있는 한 아이다, 그것은 한 아이의 왕국이다.(헤라클리투스)

_후기: 미래가 우리를 위해 보유하고 있는 것은 무엇인가?

솔직히 말하자면, 나는 <배틀 로얄>을 영화적 의미에서 몹시 창의적이지 못한 것으로 보았다. 그것은 여기저기 약간의 인상적인 장면을 갖고 있는 일종의 B급 영화라고 부를 수도 있을 것이다. 그러나 이런 유형의 영화를 특징짓는 것이 바로 정확히 진실한 포착의 장치로 기능할 수 있는 능력이다. 세계에, 즉 미디어 이미지들과 권력의 새로운 양태들의 흐름에 발맞추고 있는 <배틀 로얄>은 그 시대에 직접적이거나 대담하게 대항하고 있는 것이 아니라, 단지 하나의 가능한 '탈주선'(들뢰즈의 용어를 빌리자면)을 가리키고 있을 뿐이다. 바로 이런 관점에서, 누군가가 '소수적'이라고 여길 법한 한 영화가 때때로(오로지 때때로) 소위 '작가'영화(의심할 바 없이 이러한 구분 자체가 철저하게 수정되어야 하지만)보다 더 풍부하고 보다 결실이 있게 될 것이다.

철학과 일반적인 미학(특별하게는 영화)과의 관계는 매우 문제적이다. 내가 이 영화에게 '강요'하지 않았다고, 이 영화가 스스로 보여주지도 않은 무엇인가를 말하도록 강제한 것이 아니라고, 확실하게 말할 수 있을까? 이 질문을 긍정적으로 바라보는 것이 내게는 매우 중요한 것처럼 보인다. 우리 시대는 어느 정도의 강요를 요구하고 있다. 새로운 통제 체계들과 제약 없이 행사되는 권력으로부터의 탈주 속에 있는 그

비참한 주권들을 양육하지 않기 위해서 말이다. 따라서 나는 <배틀 로얄>을 하나의 구실로, 실제로는 영화 속에 존재하지 않을 수도 있는 것에 대해 **최대한으로** 생각해 볼 수 있는 구실로 사용했다. 최선을 다해 생각한다는 것은 한 시대가 지닌 힘들을 긍정하는 것이다. 비록 그 힘들이 끝까지 실행될 것이라는 확신을 가질 수 없더라도 말이다. 이것은 확실히 변증법적인, 모든 약속과 기대이다. 그러나, 데리다가 '메시아 없는 메시아'에 대해 말한 것과 같은 의미에서, 대상이 없는, **기대 그 자체를 위한** 기대이다.[8] 자신의 기능으로서 무엇인가를 취해야만 하는 하나의 기대, 최소한 글 속 에서 무엇인가를 취해야만 하는 기대. 이 사례[이 영화]에 대해서 말하자면, 그것은 다음과 같다. 청소년들이 스스로를 하나의 반역적 주체로 만들도록 하자!

긍정되어야만 하는 것은 정확히 '청소년들이 스스로를 만들게 하자'는 것이다. 청 소년들이 이미 저기에 있고, 이미 반역적이다라고 말하는 것은, 지나친 말이고, 환상 적일 것이다. 청소년들이 저기에 있지 않다고 말하는 것은, 주제넘은 짓일 것이다. [그러나] 청소년들이 저기에 있을 수도 있다고 말하는 것은, 큰 잘못이 아니다. "젊은 이들이 스스로를 만들게 하라"고 말하는 것은 그것을 **그것의** 가능성으로 되돌리는 것이기만 한 것이 아니라, 외치고 있는 한 발화를 대신하여 이 가능성으로 하여금 거기 있어야 한다고 명령하는 것이기도 하다. 오늘날에는 **존재할 수도 있는 것에 적 극적으로 참여하라는** 외침이 정말 결여되어 있다. 왜냐하면 우리가 영광, 주권, 기쁨 에 대해 약속하는 것과, '현실'이어야 할 것, 즉 자신의 공백으로가 아니라 풍부한 필요성으로 되돌려진 '현실'이어야 할 것을 구분하는 것은 가능하지 않기 때문이다. 낡아빠진 잘못된 한 개념이 있는데, 그것은 시간을 그대로 두지 않고, 현재를 고정시 키고, 통계표에 집어넣는다. 하지만 약속은 **미래가 우리를 위해 남겨두는 것**, 바로 우리가 통제하지 못하는 것이다. 통제의 부재가 모든 창조적 상상계의 몰수로 귀결

8_ 자크 데리다, 『맑스의 유령들』(Paris: 갈릴리, 1993).

되리라고 말하지는 말라! 우리가 말하는 것은 이 창조적 상상계는 예비 상태에 있다는 것이다.

예비는 하이데거가 '개봉되지 않은 것'이라는 이름으로 정확히 이론화한 것인 바, 그것은 일종의 존재 바깥에 있는 존재의 일부가 아니라, 아무 것도 아닌 것의 역능(a power-of-not; puissance de ne pas)으로서의 존재다. 요컨대 누군가 모든 후퇴, 모든 보유, 모든 한계가 말살된 정치적 주권[을 권력]이라고 이름 붙인다면, 그런 권력(Power)의 반대물인 것이다. 아무 것도 아닌 것의 역능은 잠재적이라고 불릴 수도 있을 것이다. 그러나 그것은 끝/목적(end)이 없는 잠재성이고, 완성 없는 잠재성이다. 자신이 완성에 이를 수 없다는 것을 알고 있다는 의미에서 무한한 하나의 잠재성, 그러나 최종적인 실현을 기다리지 않는 것이기 때문에 유한한 잠재성. 따라서, 만약 그것이 정당한 것이 되어가는 과정에서 자신이 어떤 밤의 안정제를 지니고 있어야 하는지를 알고 있다면, 아무 것도 아닌 것의 역능은 정의(Justice), 정당한 정치적 행동이 된다. 명확하고 확실한 근거가 없기 때문에, 잠재적인 정의는 보증이 없는 것이다. 이것이 그것이 자신을 **보류할 수 있는** 이유이다.

정치적인 것이 이 보유를 결여할 때, 그것은 일방적으로 특이성들(예술가들, 정치가들 등등)에 의존한다. 탈주, 이탈, 대탈주(Exodus) 등은 이런 특이화 과정에 고유한 단계들이다. 나는 킨지 후가사쿠의 영화에 대한 글에서, 그 특이화 과정의 몇몇 가능한 실현들을 보여주고 싶었다. 우리에게는 그 영화 속 청소년들이, 모든 청소년들과 마찬가지로, 미래가 우리를 위해 **보유하고 있는** 것과 정확히 맞닿아 있는 무엇인가를 지니고 있는 것처럼 보인다. 청춘은 전적으로 주체화의 과정들, 제도들 즉 사법적 규범과 통제 시스템 등과 조응하고 있다. 우리는 우리의 질문을 계속할 필요가 있을 것이다. 지구화된 세계는 청소년들에게 어떤 장소를 남겨주고 있는가? 지배하고 있는 것이 상업적 관계들, 생산체제, 소비하라는 명령, 그리고 문화산업의 세계에 특징적인 '가상적' 기대 등인 이런 세계에서 말이다. 이 장소는 주체들(Subjects)에 의해,

또는 주체들이 오로지 그것의 두드러진 순간들일 뿐일 그런 구성들(Constructions)에 의해서 점유되어야만 할 것이다.

이런 점에서, 우리는 '반역적 주체'라는 표현에서 오로지 단순한 동어반복만을 본다. 주체가 된다는 것은 불가피하게, 우리에게 어떤 선택, 부정, 자살의 형식으로 주어진 것을 전유하는 것으로, 이는 죽음과 언어가 가능한 존재에게만 있는 전승의 문제, 대를 잇는 삶의 가능성을 작동시키는 일이다. 따라서 반역은 직접적으로 정치적인 것이 아니라 대문자 G를 지닌 게임의 차원에서 도입된 어떤 것이다. 그 게임(Game)은 즐겁게 하거나 죽음으로 내모는 그 게임을 짓누르는데, 이미 보았듯이, 그 둘은 뒤섞일 수 있다.

그러므로 게임(Game)은 어린 시절과 밀접한 관계가 있다. **자본의 십대(Teenytal)**가 산출해야만 하는 것은 아마도 이 어린 시절, 즉 모든 규칙 설립의 보유인 이 최초의 주권 게임일 것이다. 분명 그것은 '쓰여지지 않은' 것이고, 가장 마지막 심급에서 그것에 대한 호소는 우리를 안티고네의 비극의 공간에 대해서, 그녀의 최고의 행위를 통해 여전히 우리를 위한 상징이 되고 있는 그런 공간에 대해서, 다시 생각해보도록 이끄는 것이다. 비극의 심장부에는 어떤 비-지식, 어떤 세속적 권력도 그 소유권을 주장하지 않는 하나의 영역, 거부의 대상인 밤의 몫 등이 거주하고 있다. 스핑크스의 수수께끼를 풀었다고 잘못 생각한 것은 오이디푸스이고, 삶과 죽음의 질서를 전복시킨 것은 크레온이다. 그러나 이와 마찬가지로, 헤겔이 쓴 것처럼, "황혼의 시험을 통과하지 않은" 것, 영웅적 예외라는 자신의 지위를 깨뜨릴 수 없었던 것은 바로 안티고네이다. 바타이유는 자신이 너무나 건전하다고 생각한 헤겔적 화해의 운동에 반대하면서, 모든 형태의 종합을 완전히 초과하는 부정성의 한 형식을 다시 표면으로 불러왔다. "가장 큰 위험은, 깨어난 자들의 탄생이 파열시킨 어두운 지하를 망각하는 것이다. 가장 큰 위험은 잠과 어머니-비극(Mother-Tragedy)의 애매함 속에서 방황하기를 중단한 사람들이 결국 유용한 노동에 종속되는 것이다."9) 그러나 불면증 환자가 될 때, 부정성을 기다리는 또 다른 종류의 위험이 있다. 신체와 영혼이 어머니-비극으로 잠겨버리는 것···통제사회에서의 '파열'과 '가상현실들'을 중요한 것으로 만들기 위해서는, 더 이상 그림자 몫을 황혼의 법에 대립시키는 것만으로는 충분하지 않다. 왜냐하면 후자는 눈이 멀게 되기 때문이다. 우리는 그림자 몫을 게임(Game)의 수준으로, 비극에 의해 알려진 희극의 수준으로 고양시켜야만 한다. 그것은 더 이상 부정성을 끌어내어 사용하기 위해 '미궁'(또 하나의 바타이유의 용어)의 지하로 굴을 파고 들어가는 문제라기보다는, 게임(Game)과 게임 사이의 차이를 표시하기 위해 부정성으로 하여금 그것들 사이를 통과하도록 만드는 문제이다. 따라서 비극을 폐지하는 문제가 아니라 진정으로 혁명적인 무언가를 위하여 그 진실에 생명을 불어넣어 주는 자리잡기의 양식을 발견하는 문제이다. 이것이 바타이유가 말했던 '기회에의 의지'(chance to will)일지도 모른다. 모든 것이 휩쓸려가도록, 모든 것이 유희 속에 놓여지도록 해라. 심지어 순진한 웃음이 주권의 거부들의 장부에 기입하는 **존재의 파열조차도** 말이다.

혁명. 그것은 진정으로 지금 여기를 약속하는 이 **기대하는 짐**(anticipatory burden)에 대해 말하기에 적합한 용어이다. 이 짐은 자신의 밖에서 잠재적인 거부의 대상을 기대할 때, 권력의 방식으로 자신의 짐을 덜기를 거부하는 것이다. 이 존재론적으로 수수께끼 같은 혁명을 위해서 어떤 커뮤니티가 가능할까? 이것이 지금 여기에서 긍정되어야만 하는 것이다. 바로 지금. 두려워할 것이라고는 없다. **그것의 보유로부터 [무언가를] 이끌어내는 것은, 주권 권력으로 그것으로부터 [무언가를] 이끌어내는 것은, 오로지 그림자의 몫이 아무런 해도 입지 않은 채, 황혼의 우정에 노출되도록 하는데 봉사한다.** 자신의 전자적 분신(electronic double)으로부터 보호된 하나의 황혼.

Frédéric Neyat, "Un Jeu Souverain—autour du film de Kinji Fukasaku: «Battle Royale»(2001)"

9_ Georges Bataille, *Oeuvrescomplètes* I (Paris: Gallimard, 1970), 494.

안보 속의-세계화/세계화된 비-안보: 장과 밴-옵티콘

디디에 비고

영어번역: 강내희

_서언

안보를 세계화해야 한다는 주장과 함께 미국과 그 가까운 동맹국들이 제출한 담론들이 전례 없는 강도와 영향력을 얻고 있다.[1] 그 담론들은 테러조직이나 다른 범죄조직들, 그리고 이들을 지원하는 정부들로부터 초래된다는 대량살상 위협 사태에 기인하는 글로벌한 "비-안보"가 있다는 생각을 퍼뜨림으로써 스스로 정당화한다. 이 세계화는 국경들을 사실상 쓸모없게 만들고 국제적 활동무대 참가자들이 서로 협조하게끔 만든다. 동시에 그것은 한편으로 전쟁, 방위, 국제 질서 및 전략과 다른 한편으로 범죄, 국내 공안, 공공질서, 치안 조사 간의 관습적 구분을 무효화한다. 이런 경향이 더욱 강화되는 것은 9.11 이후 서구의 정치세계 전반에 걸쳐 그리고 서구의 안보 "전문가들" 사이에 글로벌 비-안보라는 새로운 맥락에서 방위와 국내 공안 간의

1_ 매카시주의는 순전히 미국적 현상이다. 긴급조치 영속적 상태의 일반화는 북아일랜드에만 국한되었고, 영국에는 영향을 미치지 않았다. 그러나 이 두 논리가 지금 세계 지리 차원에서 일어나고 있고 "이상적으로" 모든 개인들에게 다가가 그들을 포함시키기 위해 심화되고 있다.

관계를 어떻게 재조정하느냐는 문제를 놓고 온갖 견해가 난무하기 때문이다.

내 생각으로는 이번 호『흔적』에서 다루고 있는 변화들의 핵심에는 불안관리 전문가들의 이 "장"(field)이 놓여 있다. 이 부상하는 불안관리의 장은 한편으로 세계적 차원의 치안네트워크 형성, 전투의 군사기능들의 치안화, 다른 한편으로 전쟁 개념의 범죄화와 법제화를 설명해준다. 더구나 이 불안관리의 장은 또한 어떻게 밴-옵티콘 장치라는 한 수법이 이런 불안 상태와의 관계를 통해 만들어지는지 설명해준다. 이 불안의 통치성이라는 수법은 세 가지 기준을 갖는다. 예외주의의 관행, 외국인에 대한 프로파일 작성 및 견제 행위, 그리고 이동성에 대한 규범적 강제가 그것이다.

이런 점들을 살펴볼 때, "글로벌 공모"와 새로운 "파시즘"으로의 이동이 일어나고 있다고 말하는 것이 가능한가? 기존의 체제를 바꾸고 시민적 자유를 박탈하고 모든 개인들을 그 통제와 감시 아래 두는 상이한 집단의 전문가들—이들이 경찰, 군대, 정보 계통 어디에 속한 요원이든지간에—을 통합하는 단일한 전략이 실제로 존재하는가? 오웰의 『1984년』은 사실상 2004년을 예고한 것인가? 아래의 논의에서 나는 위에서 언급한 두 가지 분석 도구들—불안관리 전문가들의 장과 밴-옵티콘—을 발전시키고자 한다. 나의 분석은 우리가 통합된 전략으로서의 글로벌 공모와는 멀리 떨어져 있지만 불안과 밴-옵티콘의 결합이 익명적 투쟁들의 효과로서 지배의 세계화를 만들어낸다는 것을 보여줄 것이다.

_비-안보의 초국화: 국가 너머의 불안 통치성에서 비-안보 전문가들의 위치

(비)안보화 과정에 대해 여기서 내가 제안하는 접근에서는 장의 지배적 경향(억견)을 피하는 것이 중요할 것이다. 이 경향은 통상 일관성을 지닌 신념 체계가 장에 속한 전문가들에게 있다고 보는데, 이는 그들이 자발적 동맹 또는 공모자라고 잘못 분석함으로써 그들의 동일하지 않은 이해관계를 근거 없이 통합시키는 접근법으로서

나로서는 피하고 싶은 것이다. 그와는 반대로 테러리즘, 전쟁, 조직범죄, 그리고 (일각에서 말하는 표현을 쓰자면) 이주 침략 또는 역식민화를 포함한 위협들에 대한 다양한 당사자 관점들을 서로 명확하게 구별하는 것이 중요하다. 개별 전문 분야들—도시 치안활동, 범죄 치안활동, 반테러 치안활동, 세관, 이민 통제, 정보, 대간첩, 정보기술, 장거리 인간활동 감시 및 탐지 체계, 질서관리, 질서 재확립, 화평공작, 방호, 도시지역 전투, 심리전투 등의 직능들을 포괄하는—간의 상관관계에도 주목해야 하겠지만 말이다. 이들 전문분야들은 동일한 경험 또는 실천 논리를 공유하지 않으며, 안보라는 제하의 단일 기능으로 깔끔하게 통합되지 않는다. 오히려 이들 분야는 이질적이며 서로 경쟁관계에 있다. 나중에 보겠지만, 초국화 효과로 인해 통과를 허용하지 않는 국가 통제 하의 국경이라는 준-신화적 관념에 의해 드러나는 차별화가 사라지는 경향이 있다고는 해도 이것은 사실이다. 이들 전문 분야가 서로 구별되기 시작한 지 수 세기가 지난 지금 세 가지 주요 변화가 일어나고 있다. 이런 지형 변화 결과로서의 전문적 활동의 탈-분화, 사회적 문화적 투쟁들을 안보 위협으로 분류하는 체계들을 재-정의하려는 투쟁의 증가, 그리고 불안상태에 살면서 안보불안의 효과들을 느끼는 사람들에게 적용되는 수자 자료 및 통계에 기반을 둔 "진실"을 자신들이 알고 있다고 주장하는 공공 및 사설 안보기관들을 연결하는 지식과 노하우 체계들의 실제적 재정의가 그것이다. 이들 불안관리 전문가들은 그래서 "통계의 권위"를 빌려 위협들을 분류하고 우선순위를 매길 수 있는 능력, 정확하게 안보를 구성하는 것이 무엇인지 규정할 수 있는 능력이 자신들에게 있다고 주장한다. 여기서 안보 개념은 전쟁, 범죄, 이주 간의 상관관계로 전환되고 반대로 통상적 위험이라고 간주되는 요소들(실업, 자동차 사고, 그리고 사회적 혜택의 해체로 불안해진 건강 자체)은 포함하지 않는다. 마지막으로 통계의 이 "권위", 그리고 통계 기술 및 범주들을 통해 통계를 수집하는 절차는 그들 전문가들로 하여금 자신들이 그 안에서 서로 능력이 있다고 간주함과 동시에 무엇이 합법적 불안을, "진짜" 위험을 구성하는지에 **대한** 합법적 지식의 독점을 위해 서로 경쟁하고 있다고 보는 안보의 "장"을 수립하도록 해준다.

이런 진리 체제의 생산과 공포의, 불안의, 의심과 불확실의 "합법적" 원인들을 수립하려는 싸움 안에서 안보-불안 전문가들은 국가 경계를 넘어서려는, 자신들의 주장의 신뢰성을 강화하고 개별 국가의 장들에서 일어나는 내부 투쟁들에서 이기기 위해 전문가들 간의 조합주의적 연대를 형성하려는 전략을 가지고 있다.[2] 이들 조직, 특히 정보 분야 전문가들은 이 초국화로부터 지식의 자원과 상징적 권력을 끌어온다. 결국 이들 자원은 그들에게 자신이 속한 개별 나라 정치인들과 정치적 전략들을 공개적으로 비판할 수 있는 수단을 제공한다. 이것은 우리가 본 것처럼 미국의 대통령이 어떤 위협이 있을 것임을 경고할 때 어째서 정보 계통으로부터 반박을 받지 않아야만 신뢰를 얻을 수 있는지 설명해준다. 그의 주장이 근거가 없다고 판명되면 국가 안보를 위한다는 이유로 자기주장의 근거를 밝힐 것을 거부하는 그의 신뢰성은 심각한 불신에 빠지게 된다.[3] 정치 전문가들과 안보 전문가들이 직접 충돌하는 경우 이런 종류의 지식을 비밀로 하는 것이 더 이상 정치인들만 접근할 수 있는 어떤 숨겨진 진실이 있다는 증거로 간주되지 않는다. 반대로 그렇게 하는 것은 정치인들이 그런 진실에 접근이나 할 수 있나 하는 불신을 만들어내고 사람들 사이에 정치인들의 진

2_ 예를 하나만 들자면 프랑스의 MTS(영국의 M15에 해당하는 국내 정보 및 방첩 정부기구)는 머그레브 지역 테러집단에 대한 정보와 관련하여 DGSE(영국의 M16에 해당하는 해외 정보 담당)에 맞서 그 위력을 입증하고 대테러 전쟁에 복무하는 요원들과 방첩 요원들 간의 업무 교환을 시도하려고 했다. 이것은 외부에 대해 조치를 취할 수 있는 지식과 역능을 MTS에 부여하기 위함이었다. 이 결과 자신들이 공조하고 있는 프랑스 기관들이 행해온 인종-국적/문화주의적 프로파일링에 대해 반대하던 튀니지, 모로코, 알제리, 시리아 정보기관들 간에 연계가 맺어지게 되었다. DST(국토감시청)는 현재 프랑스 내에 거주하는 이들 나라에서 온 정부 반대운동—일설에 따르면 암살기도에까지 이르는—인사들에 대한 감시를 진행했다. 이에 대한 보상으로 MTS는 DGSE보다 더 정확한 정보를 확보했고, 이 초국적 네트워크를 자신의 국내 입장을 강화하는 데 활용했다. 미국의 FBI, DEA, CIA 간의 경쟁도 이런 측면에서 잘 알려져 있다. 그런 국내 경쟁은 1990년대 아프가니스탄과 알카에다와 같은 비밀조직의 경우에서처럼 해외의 저항정치에도 영향을 미쳤다.

3_ 전 CIA 국장 조지 테넛의 2003년 2월 11일자 진술을 볼 것. 의회 진술을 통해 그는 이라크 내 대량살상무기 존재에 대한 정보에 관해 전날 신시내티에서 조지 부시가 텔레비전에서 주장한 내용을 반박했다.

리란 잘못된 진술이 아니면 노골적인 허위일 수 있다는 믿음을 만들어낸다. (한 명백한 예가 이라크의 대량살상 무기와 특히 이것과 알 카에다의 연계 주장이다.) 이리하여 정치인들이 할 수 있는 유일한 일은 자신들의 견해를 더욱 납득이 가게 만들기 위해 카리스마의 카드를 제시하는 것이다. 그들은 그러고 나서는 대중의 신임이 높아진 데 의존하여 유권자들이 자신들의 판단에 대해 거의 준-종교적인 믿음을 갖도록 요구하지만 시민단체들은 정치인들이 접근권을 가졌다고 하는 정보에 대해 더욱 더 회의적이 된다.[4]

국제관계 이론에서 제시되는 국가 개념은 경찰, 정보기관, 군대 사이의 초국적이고 관료적인 연계에 의해 초래된 이들 긴장이 빚어내는 상태에 적응하지 못한다. 국제관계에 대한 시니컬한 현실주의적인 논자들의 주장과는 반대로 일단 이들 분화된 관료조직이 각자의 위치를 갖고 존재하게 되면, 국가 이익으로 회귀하는 것이나 모든 당사자들로 하여금 단일 정부를 중심으로 결집하도록 하는 이해관계의 국가 중심적 수렴이 일어나는 것은 불가능해진다. 반대로 이들 분화된 관료조직은 실제로 국제적 네트워크의 용광로에서 벼려지고 상이한 정치적 부문들이 전문 정치인들의 영역을 넘어서도록 하려는 특별한 목적에서 그 부문들을 자율화한다. 이 경향은 특히 유럽 지역에서 심각한데 전통적으로 유럽은 우선적으로 국가적 공간 아래 조직되어 왔다. 지난 30년 간 유럽에서는 새로운 조직들이 출현했는데, 국가적 경계들을 넘어서고 정치적 의사결정 공간들을 지역화하는 네트워크들과 비공식 집단들이 그것이다.[5]

4_ 내가 보기에 장의 이런 역학이 종교적 분파들의 "근본주의적" 영향이나 토니 블레어, 조지 부시, 호세 아즈나르, 실비오 베를루스코니와 같은 "메시아적" 서구 국가 지도자들의 행태를 강조하는 이론들보다 훨씬 더 효과적인 설명이다.
5_ 최초로 이 연계를 지적한 사람들 중에 속하는 수잔 스트레인지는 그것을 두 가지 맥락—신용과 심지어 산업적 생산까지 관리하는 정치경제학과 지식의 정치—속에 위치시켰다. 그러나 그녀는 다른 어떤 곳보다 안보 부문에서는 주권의 문제 때문에 정치적 전문가들이 의사결정을 하는 위치에 있을 것이라고 생각하고 자신의 주장을 안보로 확대하지는 않았다. 그리고 그녀는 다른 사람들과 함께 비-선출 은행 전문가들이 정치 전문가 대신 결정을 내린다는 데 동의했으면서도 군대와 경찰에서도 같은 일이 일어나고 있다는 사실을 믿으려 하지 않았다. 그녀는 이들의 전문적 연계 관계를 보지 못했으며 이들이

경찰과 군사 관료조직의 초국화에 대한 사회학적 작업만이 고전적인 국가 개념을 유지하는 것이 더 이상 타당하지 않음을 보여줄 수 있었다. 이런 붕괴 현상은 불안관리 전문가들과 위험 평가 및 그에 수반되는 보험 보상 범위 관련 쟁점들을 다루는 전문분야의 관계자들을 포함한 이들 부문의 민영화된 부분에서 특히 두드러진다.[6] 이들 사회학적 작업은 (비)안보화 과정들이 횡단하는 하나의 장을 보여주는데 이 장을 통해 국가 내부 영역들―경찰과 같은―이나 외부 영역들―방호나 통제 및 감시 기술들을 판매하는 군사적이고 사적인 기업들과 같은―을 지닌 공적 기관 출신의 다수 전문가들이 지배적 위치를 차지하게 된다. 그들 전문가는 이런 지위를 유지함으로써 대안적 담론들을 배제하고 비-전문가들이 제기하는 저항을 아주 불가능하게 만든다. 장은 이리하여 "특정한 게임의 법칙들"을 지닌 이들 "전문가"와 특정한 사회화 또는 아비투스 양식을 전제하는 법칙들 간에 형성된다. 이 아비투스는 개별적인 전문 궤도들과 사회적 위치들로부터 물려받은 것으로서 국경선을 따라서는 강하게 규정받지 않는다.

아주 간단하게 말하자면 우리는 합법적 권력에 대한 독점권을 가져서 경찰 덕분에 위세를 부리는 내부 질서와, 군대 및 외교 동맹 측면에서 국가 권력들의 평행상태에

국내 정치인들에 종속되어 있다고 계속 상상했다. Susan Strange, *The Retreat of the State: The Diffusion of Power in the World Economy*, Cambridge Studies in International Relations, vol. 49 (Cambridge; New York: Cambridge University Press, 1996) 참조

6_ Malcolm Anderson, *Policing the World: Interpol and the Politics of International Police Co-Operation* (Oxford, England; New York: Clarendon Press; Oxford University Press, 1989); Malcolm Anderson, Monica den Boer, Peter Cullen, William Gilmore, Charles Raab and Neil Walker, *Policing the European Union*, Clarendon Studies in Criminology (Oxford; New York: Oxford University Press, 1996); Didier Bigo, *Polices en réseaux: L'experience Européenne* (Paris: Presses Sciences Po, 1996); Didier Bigo, "Liaison officers in Europe, new actors in the European security field," in James Sheptycki, ed., *Issues in Transnational Policing* (London; New York: Routledge, 2000), 67-100; Detlef Nogala, "Le marché privé de la sécurité, analyse d'une évolution internationale," *Cahiers de la sécurité intérieure* 24.2 (2000): 65-87; Deflem Mathieu, "Bureaucratization and Social Control: Historical Foundations of International Police Cooperation," *Law and Society Review*, 34.3 (2000); Mark Neocleous, *The Fabrication of Social Order: A Critical Theory of Police Power* (London; Sterling, VA: Pluto Press, 2000).

의해 유지되는 무정부적 국제질서를 더 이상 구분할 수가 없다. 실제로 국가는 고대 적부터 우리에게 친근한 두 얼굴의 야누스 신이 더 이상 아니다. 레이몽 아롱 식 현 실주의 학파에게 너무나 중요한 내부와 외부의 엄격한 구분을 살피는 일의 적실성은 의문에 붙여진다. 국가 행정의 논리들은 완전히 뒤죽박죽이 된다. 국가 영토성의 위 상도 영토 감시와 동일 영토에 대한 통제와 관련한 국가의 재량과 함께 심의의 대상 이 된다. 측량과 통제를 놓고 국가 재량에 대한 이런 질문이 나오는 것을 넘어서서 사회, 국가, 민족 간에 확립된 등가관계도 상징적으로 회의에 붙여진다. 통치하는 자 들은 더 이상 동일한 수행성을 지닌 주권, 시민권, 국가이성의 수사학에 의존하지 않 는다. 정치인들의 관리 능력도 그들의 신념과 실제 상황 간의 대응관계처럼 의문에 붙여진다. 이런 형태의 정치적 위기는 국가가 시대에 뒤떨어지고 더 이상 현실에 맞 지 않은 것일 수 있다는 것, 그리고 국가는 사실 제의 영역에 더 잘 어울린다는 것을 보여준다. 그런 혐의는 애초에는 이전 공산주의 체제 정치인들에게 적용되었으나 이 제는 모든 정치적 담론의 일반적 속성이 돼버렸다. 지배는 국가의 영토 형태와 그것 의 전통적 정치계급들로부터 분리되었다. 이것은 지배가 덜 위력적이라는 것이 아니 라 이제 새로운 형태―감시와 통제 관료기구들의 초국화, 직무의 정의와 직무의 재 배분이 취하는 형태들에 대한 기업과 정치인들 간의 책무성 체계상의 변화, 그리고 새로운 초국적 라이프스타일과 전문가 문화 등―를 띠고 있음을 의미한다. 그러나 이런 형태는 초국적인 것과 만나게 되면 토마스 홉스와 막스 베버에 의해 고전적으 로 규정된 영토국가의 지속불가능성에만 기여할 뿐이고, 실제로 이 만남은 전통적 정치계급들이 아직 실제로 버리지 못한 정당성의 기반들을 저해할 수 있다.7) 기업에

7_ Malcolm Anderson, *Frontiers: Territory and State Formation in the Modern World* (Cambridge: Polity Press, 1996); Didier Bigo, "Security, Borders, and the State," in James Scott and Alan Sweedler, eds., *Border Regions in Functional Transition* (Berlin: Institute for Regional Studies, 1996), 63-79; Neil Walker, "European Integration and European Policing," in Malcolm Anderson and Monica den Boer, eds., *Policing across National Boundaries* (London; New York: Pinter Publishers, 1994) 등 참조.

기반을 둔 세계의 등장과 함께 이 초국화는 따라서 국가를 이루는 관료기구들과 행위자들 전체에 충격을 가하게 되었다. 국가는 이제 더 이상 단일한 행위자가 아니라는 점이 인정된 것이다. 문제의 초국화는 단순히 사적 조직들, NGO들, 항의운동들에만 영향을 미친 것이 아니다. 관료기구들의 초국화는 국가들 간의 연대보다 우선권을 지니는 일단의 분화된 전문적 이해관계들을 만들어냈다.

_불안관리에서 전문가들의 장─지식의 이해관계

전문가들의 이런 장이 오래 존재했다는 점을 생각하면 그것이 분석의 대상이 된 적이 없었다는 것은 놀라운 일이다. 지배관계에서 이 장이 중심적 역할을 했는데 왜 이런 맹점이 지속했던 것일까? 그것은 대체로 군대와 경찰은 국가의 충실한 집행인이자 열렬한 종복이라는 통속적 인식, 이들 전문가들의 내부 담론과 억압적 국가장치에 대한 비판적 담론에서 공히 볼 수 있는 담론 때문임이 분명하다. 더구나 사회과학에 속한 분과 지식들의 구성방식─특히 정치학은 국내 사안들만 다루고 국제관계는 국내 문제들과는 완전히 분리되어 있다는 주장─이 전문가들 전체를 관통하며 일어나는 관계들을 보지 못하게 하고 말았다. 분과들은 장을 경찰의 세계와 군대의 세계로 드러나는 두 개의 전적으로 배타적인 사회적 우주들로 분리하는 경향을 드러냈다. 이는 군사경찰, 국경수비대, 세관 요원들과 같은 "중간" 기관들을 일거에 평가절하하는 효력을 갖는다. 학술적 지식의 구조화는 국경들을 분할된 조직으로 사상(寫像)하는 방식을 재생산함으로써 분석을 봉쇄해버렸다. 이것의 결과는 경계가 분리된 실체들 즉 내부 영역과 외부 영역이 만들어진다는 것이다. 이들 영역은 전자가 사회계약과 폭력에 대한 독점에 따라 지배받는다는 점, 그리고 전자가 후자의 대조임을 보여주는 무정부적 체계와 각 국가와 다른 국가들 간의 전쟁 가능성을 전제하고 있는 국제 수준으로 확장된 홉스적 지평에 대립한다는 점에 의해 분리되어 있다. 내부 영역에 속하는 것으로 보이는 경찰과 국가적 정의 체계들과 이 영역 외부에 있다고 간주되는 군대 및 외교 사이에 하나의 대응하는 분할이 이루어지는 것이다.

우리가 전에 우리의 책에서 했던 것처럼 국경을 가로지르는 경찰 행동들을 설명하는 간단한 사실만으로도 내부와 외부 간의 근본적 분리에 근거한 전통적인 이해의 범주들은 흔들리게 된다.[8] 국내 맥락 안에서 이루어지는 군사 활동들, 또는 정보 당국에 의한 인터넷 감시, 그리고 국제 수준 형사법상의 사태 전개에 대한 언급도 같은 효력을 갖는다.[9] 랍 워커는 다른 곳에서 이 내/외부 대립이 어떻게 정치적 상상력의 한계와 그 일관성의 원천으로 작용하는지 보여준 바 있다.[10] 에단 나델만이 미국 외부에서 직무를 수행하는 마약단속 요원들에 대한 자신의 선구자적 분석 서문에서 강조하듯이, "이 책은 놀랍게도 서로 아무런 관계가 없는 것 같던 두 학술분야—미국 외교정책과 형사법—가 최초로 보여준 유의미한 교류에 해당한다. 형사법 학자 대부분은 자신들이 속한 국가의 경계를 넘어서 관심을 확장하지 않았다…미국 외교정책 연구자들 사이에…범죄와 법집행 문제에 많은 관심을 표명한 사람은 거의 없다."

오늘날 나의 작업을 포함한 다른 작업들은 전통적으로 학술적 지식의 합법적 경계들로 간주되어온 선들을 재고함으로써 한 발짝 더—혹자는 한 발짝 너무 멀리라고 말할 것이다—나아갔다. 우리는 국제적 현상들을 다시 살펴보고 그 현상들을 일상적으로 일어나는 정상적이고 진부한 사회적 사실들로 만드는 국제관계의 정치 사회

8_ Didier Bigo, *Polices en réseaux: L'experience Européenne*.

9_ 이런 연구는 갈등연구소(Center on Conflicts) 팀과 ELSI(윤리사법사회문제) 네트워크에 의해 이루어졌다. http://www.conflits.org 참조.

10_ *Inside/Outside*에서 롭 워커가 이 점에 대해 제출한 독해가 특히 중요하다. 그의 독해는 우리의 분석이 "직관적으로" 덥석 받아들이는 내부와 외부를 구분하는 분석틀이 얼마만큼이나 국가의 사유의 산물이요 학술적 분과들의 논리며, 나아가서 이런 구분으로 생겨난 상징적 관행과 이해득실의 문제인지 환기시켜 준다. 그는 흐름과 장의 견지에서 본 정치에 대한 새로운 발상이 분석을 저해하며 자칫 내부 또는 외부 공간으로 할당되었을지도 모르는 실천 범주들을 불러모아 이들 실천을 다른 식으로 구분할 수 있게 해준다는 것을 보여준다. 나의 분석은 그의 작업에 크게 의존하고 있다. R. B. J. Walker, *Inside/Outside: International Relations as Political Theory* (Cambridge: Cambridge University Press, 1993) 참조

학을 창도하는 데 특별한 관심이 있다. 우리가 내부와 외부의 지식 사이에 있는 이분법을 분쇄하면 경찰세계와 군사세계 간의 경계도 더 쉽게 삼투될 수 있는 것으로 드러난다. 우리는 이리하여 군사경찰, 국경수비대, 세관요원, 혹은 이민 사무관과 같은 모든 중간 행위자들을 고려할 수 있고, 이들 요원들이 그들 사이에서 만들어내는 연계관계를 더 잘 이해하고, 또 이들의 위치가 지닌 효과들이 그들 각자의 이야기에 어떤 함의를 가지는지 더 잘 이해할 수 있다. 나아가서 이런 이분법 분쇄는 우리로 하여금 어떻게 하나의 의미론적 연속체가 구축되어 연속체의 한쪽 끝에는 테러리즘에 대한 투쟁을 그리고 다른 끝에는 난민의 수용을 위치시키는지 이해할 수 있게 해준다. 상이한 지식 분과들 간의 경계 "해체"는 일관성을 지닌 분석의 장이, 고유한 법칙들과 고유한 일관성을 지닌 하나의 지형—불안관리의 전문가 장—이 출현하도록 했다. 장은 이전에 우리가 서로 무시했고 서로 대립하여 혹은 기껏해야 상이한 영역들 사이의 교차로에서 구축된 분과들에 의해 제한받는 주변적 주제들만 보던 지점에서 이해 가능한 것이 된다. 그런 이해가능성의 새로운 장들은 국경 너머에서 수행하는 경찰 직무, 군사범죄를 처벌하는 국제사법, 정보기관에 의한 내부의 적 이미지 구축—그들 기관의 프로파일링이 어떤 한 나라 안에 거주하는 특정 집단의 외국인들에게 적용될 수 있도록 하는—등을 포함한다.[11]

우리는 이리하여 불안관리 전문가 장에 대한 우리의 이론으로 내부와 외부, 방위 용어로 표현되는 문제와 경찰 문제, 그리고 국가 안보 문제와 공공질서 문제 사이에 사회과학이 설치해놓은 상습적 경계선을 가로지를 수 있게 된다. 이 가설은 정말 경찰 및 군사와 다른 모든 위험관리 전문가들을 그 자체의 형상화(노베르트 엘리아스의 표현)나 아비투스(피에르 부르디외의 용어를 사용하자면)에 의해 재통합한다. 몇몇

11_ Ethan A. Nadelmann, *Cops across Borders: The Internationalization of U.S. Criminal Law Enforcement* (University Park, PA: Pennsylvania State University Press, 1993) 참조. 좀 더 자세하고 비판적인 검토를 보려면 Didier Bigo, "Compte rendu de l'ouvrage de Nadelmann par Didier Bigo," *Revue française de science politique* 3 (1995): 167-73 참조.

논문을 읽으며 이 가설을 정확하게 어떻게 설명할 것인지—부문들 간의 상호침투, 상이한 사회적 우주들의 융합—고민한 끝에 나는 이제 내부 안보와 외부 안보 문제의 탈-분화라는 관점에서 말하는 것을 선호하게 되었다.[12] 내부 안보와 외부 안보의 이 탈-분화는 실제로 우리가 사회적으로 역사적으로 구성된 분화과정의 성격을 노베르트 엘리아스나 찰스 틸리가 개요한 서구 국가의 사회적 생성이라는 견지에서 돌이켜볼 수 있도록 해준다. 그것은 또한 안보의 장을 내부와 외부를 가로지르는 하나의 장으로, 공통 이해관계 즉 동일한 진리 프로그램을 만들어내는 안보 전문가들과 새로운 지식들 간에 새로 생성된 투쟁 공간으로 생각할 수 있게 해준다.

이 장을 이해하려면, 이 장이 위험사회들 안에서 불안관리의 초-국적 공간 안에 성립되는 만큼, 장의 계보학을 수행하고, 그 공간 전체를 관통하는 유사성들에 주목하고, 그리고 지리적이자 동시에 전문적이기도 한 차이들에 깃들은 유의미한 점이 무엇인지 확인하는 것이 필요하다. 이런 접근법의 좋은 점 하나는 경찰 협력이 어떻게 국경 순찰 문제, 이민, 테러리즘과의 싸움, 무장 세력과의 관계, 대서양 연안 국가들 간의 관계 등의 문제들과 연계되는지 보여준다는 것이다. 우리는 경찰 강압의 이런 측면 아래에 안보의 공적 관리와 사적 관리의 관계를 포함할 수도 있다. 이때 의도는 국가 경찰이라고 불리는 조직들을 오늘 경찰이 되는 조건을 결정하는 자족적 대상인 것으로 간주하여 상아탑 학술 문제를 만들어내는 것을 거부하는 것이다. 오늘날 경찰 업무의 수행은 국내문제가 되는 일이 갈수록 적어지고, 국내 경찰력의 공식 명칭으로 불리는 공적 기관들에 국한된 활동이 되는 일도 갈수록 적어진다.[13]

12_ 다른 곳에서 나는 다양한 사회적 우주들을 가로질러 중첩되는 개별 부문들 간의 상호 침투, 기준점들과 행위자들의 경계 소멸, 정체성들의 불분명함 등의 문제를 다루었다. "Internal and External Security(ies): The Möbius Ribbon," in Mathias Albert, David Jacobson and Yosef Lapid, eds., *Identities, Borders, Orders: Rethinking International Relations Theory* (Minneapolis: University of Minnesota Press, 2001), 206.
13_ 지면 제한 때문에 여기서는 유럽 차원에서 일어나는 상이한 경찰력들 간의 실질적 협조관계는 열거하지 않는다. 이전의 많은 연구가 이런 작업을 이미 한 바 있다. 나의 우선 관심사는 유럽 경찰들 간의 협력이 지닌 방법론적 이론적 함의를 이해하는 것이 우리의 분석에 어떻게 도움이 되는지 말하는 것이다.

_네트워크를 통한 치안활동, 원거리 치안활동

치안활동은 어마어마하게 더 광범위해졌다. 경찰 활동은 상이한 기관들 간의 연줄로 이루어지고 네트워크를 통해 기능한다. 이들 네트워크가 형성되는 것은 이들 네트워크가 거대한 새로운 활동 스펙트럼을 갖게 되고 국경 너머로 멀리 퍼진 데 따른 것이기도 하다. 이들 네트워크가 지리적으로 구성되면 경찰 활동들은 임무와 제도 측면에서 탈영토화되고 유로폴(Europol) 안의 유로저스트(Eurojust) 배치에서 보듯이 이제는 사법제도까지 포함한다. 이런 "치안" 활동들, 특히 공공질서 감시와 유지에 복무하는 활동들은 이제 국경 너머에서, 예컨대 국제 축구경기의 훌리건 전문가들이나 반세계화 항의 및 시위 전문가들처럼 국경 너머 원거리에서 일어난다. 그러나 그런 활동은 **또한** 전통적인 경찰 활동을 초월하여 일어나고 외교 사안에까지 이른다. 내부 안보의 치안활동을 통한 국경 우회는 국내 안보 고문들을 해외 파견을 통해 사람들의 쉥겐지역(Schengen zone) 출입을 허용하는 비자를 발급하는 영사관에서도 일어나고 있다. 이는 경찰 대신 여권 조회 업무를 떠맡아 사설 경비원을 채용하고 직원들에게 이런 통제 업무를 훈련시키는 항공사들에게 영향을 미친다. 치안활동은 심지어 군대가 내부 안보에 영향을 줄 수 있는 잠재적인 조직범죄 활동의 감시를 요청받고 있는 만큼 평화 공고화 및 재건 업무에서 군대가 떠맡는 역할까지도 변화시키고, 궁극적으로는 데이터베이스 일부를 공유함으로써 정보기관의 연계도 만들어낸다. 이 모든 활동은 국내 안보와 공공질서에 위험과 위협이 된다고 판단되는 공간들, 국가들, 개인들에 대한 감시가 이루어지는 지점에서 "해외의 내부 안보 보고"라고 부르는 것에 관여한다.

국경을 넘어서 활동하는 이런 경향은 쉥겐 감시 체계와 각 회원국 연락담당관의 행위와 연계된 활동들을 통해서만 일어나지 않는다. 그런 경향은 EU가 EU 후보국들에게 2004년 EU에 가입할 예정인 새 10개 회원국에 부과한 것과 같은 요구를 제출할 때나, 그런 경향이 EU의 친선국가 내부에서 경찰 및 이민 관련 활동을 할 수 있도록 경제원조 조건을 다는 식으로 그들 친선국가로 확장될 때 EU의 실제 경계를 넘어선다.

동시에 이들 경찰 활동은 그 자체가 재정의되고 있으며, 이 재정의의 효과는 특별한 방식으로 스펙트럼을 확장하는 데 있다. 이들 활동이 일차적으로 수사학과는 무관하게 범죄 또는 반-테러 행동을 겨냥하고 있다고 가정하는 것은 분명 잘못된 것이다. 주요 활동은 오히려 유동인구의 흐름을 통제하여 최빈국 외국인들을 원거리에 두는 일로 이루어진다. 15년의 집중적 수사학이 빈곤, 범죄, 그리고 유동 인구는 불가분하게 연결되어 있다는 믿음을 만들어냈지만 범죄, 외국인, 빈곤 사이에 상관관계가 있다는 것은 전적으로 허위다.[14]

오늘날 유럽 차원에서 보안을 지칭하는 데 사용되는 "내부 보안"이란 용어는 이들 두 가지 새로운 범위에 대한 척도다. 한편으로 범위는 유럽(과 대서양 연안) 나라들의 협력을 전제하는 지리적 성격을 갖고 있다. 다른 한편 범위는 안보의 영향을 받는 다양한 기구들의 역할과 의무로부터 유래한다. 지리적 범위, 그리고 그것이 함축하는 권한 영역들의 재정의는 수많은 해석의 대상이 되어왔다. 그러나 일상 차원에서 일어난 변화의 실질적 정도는 EU 내부의 통제를 유예하고 그 통제를 EU의 외부 경계에 두어야 한다는 담론, EU 내부 모든 사람들에게 통행의 자유를 만들어준다고 하는 담론에 대한 믿음 때문에 잘못 계산되었다. 사실 우리는 통제는 위치가 옮겨지고 근대화되었지만 그렇다고 결코 사라지지 않았다는 것을 깨달을 필요가 있다. 통제는 내부

14_ P. Tournier, "La délinquance des étrangers en France–analyse des statistiques pénales," in S. Palidda (dir.), *Déit d'immigration*, COST A2 Migrations, Commission Européenne, Bruxelles, 1997, 133-62; Anastasia Tsoukala, "Looking at migrants as enemies," in Didier Bigo and Elspeth Guild, eds., *Controlling Frontiers: Free Movement into and within Europe* (Aldershot, England; Burlington, VT: Ashgate, 2004), 182-204; L. Wacquant, "Des ennemis commodes," *Actes de la recherche en sciences sociales* 129 (1999): 63-67; A. Dal Lago, *Non-Persone: L'esculusione dei migranti in una società globale* (Milano: Feltrinelli, 1999).

와 외부 모두에 있다. 비-안보 전문가들과 정치인들은 모두 사람들의 초국적 흐름 통제와 연계되어 있는 활동들이 어떻게 그 범위를 확장했고, 이제는 전통적인 범죄 퇴치 과제에 덧붙여 이들 과제들을 안보 정의에 추가함으로써 강화되는가 하는 쟁점들에 대해 침묵을 지켜왔다. 유럽 수준의 내부 안보 정의의 확장 효과는 전적으로 이질적인 현상들—테러, 마약, 조직범죄, 국경을 넘는 범죄, 비합법 이민 등과의 전쟁—을 동일한 연속체 위에 두고 나아가서 이주민이건 망명자건 또는 다른 도강자건 관계없이 개인들의 초국적 움직임을 통제한다는 것으로서, 이는 넓게 보면 국민 정체성에 대해 사람들이 가지고 있는 선험적인 사회적 이미지에 부합하지 않는 모든 시민(예: 제1세대 이민의 자녀들, 소수인종 집단 등)에 대한 통제를 의미한다. 통제는 이리하여 "위험"(예: 방리외[banlieues]—민중 거주 교외 또는 쇠퇴하는 도심 등) 딱지를 단 지역들에 거주하고 있고, 이런 위험 소질에서 유래한다는 정체성 또는 행동 유형에 부합한다는 이유로 감시를 받는 사람들에 대한 통제까지 포함함으로써 관습적인 범죄 통제 조치와 외국인에 대한 치안 범주를 넘어서 확장된다.

이 새로운 활동 범위는 더 개별화된 새로운 감시 논리를 가능하게 한다. 새로운 세력 범위는 내무 부처, 법무 부처를 특권화한다. 특히 이들 부처가 직원들로 하여금 국경 너머 상황을 이해할 수 있도록 해주는 직원들 간의 관계 네트워크라는 형태로 새로운 감시 논리들을 유럽의 경찰 협조 차원에서 결합하는 방식을 보여준 때문이다. 이것은 영토 외부 사안들에 대한 전문성 일체를 가능하게 하고 우리로 하여금 그 부처들이 국제화된 내부 안보를 책임지고 있음을 보게 한다. 이 세력 범위는 세관에 대해 미치는 것과 똑같은 방식으로 행해지며 사회 부처들(노동부 등)이나 특화된 부처(유럽부 등)는 위축시키며 일어난다. 그리고 이 범위는 내무부와 국제 사안들을 다루는 부처들(외무, 국방)의 영역에 영향을 미칠 정도에 이르기도 한다. 내무 부처들은 그리하여 외국의 정치 사안들과 관련한 주도권을 잡게 된다. 그런 주도권이 내부 안보 사안에 끼치는 영향을 방지하기 위함이라고 말할 수 있기 때문이다.

최근의 몇몇 연구들은 국내 치안 체계가 분화된 네트워크들을 통해 구조화되고, 마약거래, 테러리즘, 질서유지, 폭력행위를 포함한 그들 네트워크가 지닌 개별 전문 분야에 따라서 국제 자원들을 활용하는 방식에 대해 우리의 관심을 끈 바 있다. 이 전문성 분화는 경찰이 따라서 단 하나의 고유한 동질적 네트워크를 이루는 것이 아니라는 의미다. "치안의 군도" 또는 예컨대 발칸 지역의 국제경찰이 지금 움직이는 방식처럼 국내경찰, 군사경찰, 세관, 이민, 영사관, 심지어 정보기관과 군대까지도 한데 모아놓은 모자이크를 생각하면 사태를 더 잘 이해할 수 있다. 이들 군도는 문화적 정체성(예: 프랑스, 영국, 독일 혹은 북유럽과 남유럽 등), 전문분야(예: 경찰, 군사경찰, 세관 요원), 임무(예: 정보, 국경순찰, 형사경찰), 지식(위협, 그리고 적대자들의 위계에 대한 인지능력), 그리고 새로운 기술(컴퓨터 체계, 전자감시, 그리고 기관들의 정보 관리 및 교환에 핵심 역할을 하는 경찰 연락관) 등의 선을 따른 "통상적" 활동을 넘어서서 구조화되어 있다.

상당 기간 동안 비-안보의 장은 정보의 초국적 교환을 통해, 그리고 기밀 정보를 처리하는 과정의 관례화를 통해서 구조화되어 왔다. 이 현상을 세계화의 단순한 결과로 보는 것은 순진한 일일 것이다. 국가경찰은 제도로 창안된 이래 줄곧 네트워크화해왔기 때문이다. 사법, 형사경찰과는 달리 정보경찰은 영토의 경계와 무관하게 언제나 특권을 행사해왔고 사람들의 출생지나 거주지와 무관하게, 실제적 또는 허구적인 것과 관계없이 사람들의 정체성에 초점을 맞춰왔다. 19세기 말 이후 경찰 간 협조는 "파괴활동 분자들"에 맞서 언제나 왕성했다. 그러나 유럽화라는 생각이 베른 클럽, 트레비 클럽의 창설과 함께 1970년대 말 이후 인터폴이 지녔던 과거의 위력들을 뛰어넘어 그런 관계들을 심화시켰다는 것은 분명하다. 자유왕래와 국경 순찰이라는 생각은 유럽 수준에서는 1980년대에 강력하게 나타난다. 국경, 주권, 치안활동의 법적 범주들은 다섯 가지 주요 변동의 영향을 받았다. 그 변동은 EU 내부와 외부 경계들 간의 구분, 쉥겐 지역에 출입할 서류를 갖지 않은 외국인들을 즉각 송환시키기 위해 공항 내 구치센터 설립, "경제난민" 용어의 사용과 망명 권리를 찾는 사람들에게 문호를 축소하는 결과를 초래한 난민 재규정 시도, "외국인" 대신 일부 내국인을 의혹 대상이 된 외국인 범주 안에 넣는 결과를 가져온 "이민"이라는 용어의 사용, 그리고 끝으로 공동체 구성원과 비구성원으로서의 제3국인 간의 구분을 강화할 요량으로 내국인과 대립되는 외국인 조건의 상대화 등이다.

그러나 안보의 수사학이 주장하듯 경계를 공고화하여 유지하지 못함에 따라 각 조직, 나라는 개별적으로나 다른 조직, 나라들과 협조하여 원 국가에서의 이주 의지를 막고 봉쇄하기 위해 통제의 지점을 "상류"로 옮기려 하고, 이동과 범죄 통제의 짐을 타국 경찰에 전가하려고 한다.[15]

이런 변화들은 유럽의 내부 안보에 대한 담론과 실제로 실행된 일들 사이에 심대한 분리를 일으켰다. 사실 외부 경계들은 때로는 자의적인 장소로서 반드시 효과적인 전자보안 장벽을 제공하는 것은 아니다. 국토 경계들은 아주 쉽게 침투되고 희망자들이 입국 단속을 수행하는 나라의 영토 안에 체류할 의사가 없는 한 경찰이 그들의 입국을 허용하는 일도 흔하다. 사실 유럽 내부의 경계 통제는 자유이동 및 그에 대한 견제와 균형의 수사학이 약속한 것과는 달리 실제로 해체되지 않았다. 통제는 민영화되어 항공사와 비행장으로 다운로드되고 이들은 이들대로 사설 안보회사에다 그 일을 하청준다.[16] 통제는 때로는 유지되지만 거리 문제로 인해 지리적으로 이동하기도 한다. 그리고 분명 최대량의 통제는 비자와 승객의 출생지 영사관의 통제에 의해 이

15_ Didier Bigo, "Europe passoire et Europe fortresse, La sécuritisation/humanitarisation de l'immigration," in Andrea Rea, ed., *Immigration et racisme en Europe* (Bruxelles: Editions complexe, 1998).

16_ Gallya Lahave, "Immigration and the State: The Devolution and Provision of Immigration Control in the EU," *Journal of Ethnic and Migration Studies* 24.4 (1998): 675-94; Virginie Guiraudon, "De-nationalizing control: analysing state responses to constraints on migration control," in Virginie Guiraudon and Christian Joppke, *Controlling a new migration world* (London: Routledge, 2001), 256; Virginie Guiraudon, "Logiques de l'Etat délégateur: les compagnies de transport dans le contrôle migratoire à distance," *Cultures et conflits* 45 (Automne 2002).

루어지는 것이 사실이다. 비밀정보서비스(SIS)와 비자 할당의 연계가 통제 관행들을 구조화하고, 위조 서류와 관련한 사기 예방에서의 전술적 결정을 좌우하고, 나아가 뉴메리컬 사진들, 얼굴 또는 망막 스캐닝, 또는 다른 생체인식 기술들과 같은, 지문검사 이외의 다른 테크놀로지를 사용한 복사 불가능한 서류를 만드는 과정에 영향을 미친다. 경찰로 하여금 안보기관들 간의 협조에 의해 국경을 넘어서 조사하고 처벌할 수 있게 해주는 이들 테크놀로지가 증가하고 있는바, 이는 치안활동의 전문분야를 다극화하는 경향이다. 일반적으로 두 가지 유형의 치안활동이 국내 경찰기관의 범위 안에서 두드러지고 있다. 첫 번째 유형은 무자격이거나 최소의 자격만 갖추었으나 시 단위, 도 단위, 또는 다른 단위의 경찰에 대한 보조로서 지역 차원에서 현존하며 가시적인 인원을 활용하고, 두 번째 유형은 고도로 자격을 갖추고 있고, 재량권과 원거리를 특징으로 하고 있는 다른 안보기관들 및 사회통제기관들과 긴밀하게 연결되어 있는 소수의 사람들을 부리는 반대의 접근법을 취한다.[17] 정부 고위층과 민간의 전략 관계자들 간의 삼투 관계라고 불리는 관계에서 이들 개인은 범죄가 어디서 발생하고 누가 범죄를 저지를는지 예측하며 사전 예방적으로 제반 조건들에 대해 행동함으로써 범죄를 예방하는 것을 자신들의 사명으로 삼는다. 이리하여 그들의 일은 특정 지점에서 상상력 풍부하게 출발하는 전망분석을 하여 사회 변화 총체에 대한 반사 지점이 되는 것이다. 이들 전문가는 자신들이 다른 사람들보다 더 전문적이고 유능하다고 믿으며, 그들의 야망은 공개적으로 사용 가능한 정보 단위들, 사회과학적 데이터, 경찰 정보 작전의 기술들을 모으는 것이다. 공통성을 갖고 합의를 이루고 있는 인식 공동체에 대한 이런 꿈은 원거리—예측의 논리에 의해 조종되는 지리적 시간적 거리—에서 일어나는 사회 변화들을 이끌어내는 전문가들의 상상계에 자주 출

17_ 내가 이들 두 유형의 통제가 어떻게 양극화되고 있는지에 대해 관심을 기울이게 된 것은 로랑 보넬리 (Laurent Bonelli) 덕분이다. 양극화가 일어나고 있다는 사실을 일단 자각하게 되면 민족 경찰을 유일하고 독립된 직종으로 보는 것은 사실상 불가능해진다. Dominique Monjardet, *Ce que fait la police: sociologie de la force publique* (Paris: Editions la découverte, 1996)를 볼 것.

몰한다. 이런 관점은 모든 것을 볼 수 있으며, 내내 신중하게 처신하여 그들 자신은 더 이상 보이지 않는 어떤 가상의 장소에 그들을 위치시킨다. 우리는 상상계의 행위들을 실제로 수행하는 사람들—많은 수의 경찰, 판사, 감옥 간수들—을 더 이상 볼 수 없다. 인구관리는 가축을 끌어모으는 식의 정착된 관행보다는 그와 같은 사전 예방적 논리들의 효과로 만들어지는 계절적인 인구이동을 따르는 유목적 관행처럼 작용한다.

원거리 감시는 인구의 들어오고 나가는 움직임을 통제한다는 것을 의미한다. 그것은 "자물쇠"를 통해, 그리고 비자, 항공사가 실행하는 통제, 추방, 재입국 등의 배제 기제들을 통해 이루어진다. 그것은 이동의 자유에 대해 영향을 미칠 뿐만 아니라 정상적으로는 그렇게 부를 수 없겠지만 감금의 공간들(강제수용소, 프랑스와 그리스에서는 "대기지대"라고 부르는 국제공항의 구치영역)을 만들기도 한다.[18] 그 탈−지역화된 치안활동이 여행자의 출생국가에 위치한 영사관으로 다운로드되기 때문에 이런 식의 통제는 국경 통제 전선에서 일하는 경찰보다는 훨씬 덜 가시적이다. 비자 발급 거부는 경찰력의 첫 번째 무기가 되고, 그 자체로 그것은 의사결정의 측면에서 최대의 자의성이 발휘되는 공간이 된다. 경찰 업무는 외국인이나 가난한 소수 인종의 감시가 목적이고 그것의 범위는 경찰로 하여금 사회학적 지식에 따라 "범죄성향" 집단들을 꼬집어낼 수 있게 해주는 사전 예방적 행위들을 통해 범죄 조사가 가졌던 과거의 한계들을 넘어서게 된다. 유죄의 도식이 바뀐다. 그것은 더 이상 추정된 범죄성이 아니라 추정된 "바람직하지 못함"에서 도출된다. 이 장치에서는 유죄인을 가두는 감옥이 감옥과 동일한 감금 조건들을 갖고 있지만 법적 유죄 판결은 없는 구류 구역과 같은 새로운 감금 공간들보다 덜 중요하다. 너무 엄격하고 전체주의적이라고 간주

18_ *Cultures et Conflits* 특별호인 "Circuler, enfermer, éloigner: zones d'attente et centres de rétention des démocraties occidentales," *Cultures et conflits* 23 (Automne 1996), Paris: L'Harmattan 참조 이 학술지의 전체 호수는 http://www.conflits.org에서 볼 수 있다.

되는 다수 개인들에 대한 감시의 완화는 세계적 수준의 정보를 수집하고 가장 유동적인 집단들—디아스포라, 이주민, 그리고 이 주장이 유효하다면 관광객들—을 표적으로 삼는 데 도움이 된다.

나는 사적인 것이든 공적인 것이든 이들 전문가들이 작업하고 있는 제도적 군도들을 설명하기 위해 내부 안보에 관여하는 전문가들에게 "장"의 개념을 적용했다. 안보라는 이름으로 이들 전문가는 통제와 감시의 기술들과, 관리하는 바 이 기술들의 목적은 우리에게 누가 그리고 무엇이 불가피하지도 않은 불안을 야기하는지 말해주는 것이다.

_장과 네트워크

내가 『네트워크를 통한 치안—유럽의 실험』과 몇몇 논문을 통해 보여준 것처럼, 장이란 네 가지 차원에서 규정될 필요가 있다. 첫째, 힘들의 장으로서의 장 또는 자력장, 즉 관련된 행위자들의 특정 이해관계를 중심으로 분화되는 인력의 장, 둘째, 투쟁의 장 또는 다양한 행위자들의 "식민적" 활동, 다른 행위자들의 방어적 행동, 관료적 투쟁들을 조직하는 다양한 종류의 전술적 알고리즘 등을 이해할 수 있는 전투장, 셋째, 다른 장과 비교하여 지배 위치에 있는 장으로서의 장, 즉 지식과 노하우의 기반에 대한 진리 주장을 하는 진술들을 가능하게 하는 더 큰 정치적 사회적 공간 안에 있는 배치하기로서의 장, 그리고 넷째, 그 자체의 궤적이 이전에는 자율적이었고 이전의 영역들을 전적으로 또는 부분적으로 새로운 장에 포함시키기 위하여 그 영역들의 경계를 이전시키는 사회적 우주들을 재편성하는 횡단하는 장으로서의 장이 있다. 안보의 경우 이것을 예시해주는 것이 폭력수단들과 신원확인 및 감시 테크놀로지들을 통한 내부와 외부의 탈-분화에 따르는 중재적 전문분야와 일부 경찰 및 군사 전문분야를 재편성하는 변화다.

만약 우리가 비-안보 전문가들의 장이나 좀 더 일반적으로 불안관리의 장에 대한 예비적 정의를 시도하고자 한다면, 그 장은 장이 순수하게 강압 기능으로 규정될 홉스나 베버의 고전적 사회학적 설명에서처럼 힘을 행사하는 실질적 가능성에 덜 의존한다고 말함으로써 시작하는 것이 좋겠다. 그것은 그보다는 불안에 대한 진술을 생산하고 불안관리를 용이하게 하는 해결책을 제시하는 요원들의 역능에 의존한다. 그것은 또한 펼쳐지는 이들 언술에 대한 연구를 일상적 수준에서 수행하고, 상관관계들과 프로필을 밝혀내고 신원을 확인하여 감시 하에 두는 것이 필요한 사람들을 분류할 수 있는 사람들과 기술들의 역능에 의존한다(아래 177-78쪽 도표를 보라). 불안은 공포, 위험, 그리고 비-의도적 위협에 대한 인식을 불러일으킬 수 있다. 그러나 동시에 기관들은 위험을 의인화하고 적에 대한 관점을 구축하는 자신들의 분석 능력을 활용하며, 때로는 의도적이든 아니든 정치적 동맹을 확장하거나 재구조화하는 사회적 분화를 야기한다. 안보(불안)화 과정은 그리하여 요원들이 구축한 구체적인 물질적 조건을 가로질러 푸코의 표현을 사용하자면 "삶을 관리하고 통제하는" 요원들의 일상적 능력들에 의거한다.

1) 힘들의 장으로서의 장

만약 비-안보의 장이 거기에 종사하는 행위자들에게 압박을 가하는 힘들의 장으로서 기능한다면 이는 그것이 이들 행위자의 관료적 이해관계에서 발견되는 일정한 동질성, 잠재적 적을 정의하는 그들의 유사한 방식들, 그리고 여러 가지 기술과 절차를 통해서 이 적에 대한 지식을 수집하는 방식 상의 유사점들과 뒤섞이기 때문이다. 그 장은 의인화된 상당수 유형들을 살펴보는 이들 행위자의 방식들을 동질화하는 경향이 있어서 그 장에 의존하는 모든 사람들이 공유하는 "초점화"를 분명히 보여준다.[19] 이들 행위자를 위치시키는 입장과 담론을 이해하려면 비-안보 전문가들의 장 또는 불안관리의 장 안에서 그들이 맡은 "합법적" 제도 대변인으로서의 역할에 비추어 그런 입장, 담론이 이들 행위자가 겪는 전문가로서의 사회화, 그들이 지닌 권위적 위치들과 어떤 관련이 있는지 살펴보는 것이 필요하다.

2) 투쟁의 장으로서의 장

힘들의 장으로서 비-안보 장은 또한 행위자들이 자신들의 입장들을 조직하는 자원들과 차별적 목적들을 지니고 그 안에 들어있는 투쟁의 장으로서 기능한다. 이런 의미에서 비-안보의 장은 장 자체의 힘들의 편성을 보존하거나 변화시키는 "투쟁의 장"이다.20) 만약 이들 관계자 사이에 그런 투쟁이 벌어져 이런 경쟁이 일어난다면

19_ 예컨대 이민자가 경찰, 군대, 정치인의 공동의 적이 되는 경향이 있다면 그것은 이민자가 글로벌한 합의에 의해 그렇게 명시되기 때문은 아니다. 이런 외관상의 수렴은 사실상 상이한 비안보 양식들이 이민자를 (경찰, 범죄, 테러리즘, 마약과 관련하여, 군대, 전복, 회색지대, 언론과 관련하여, 그리고 경제적으로는 실업을 통해, 인구학적으로는 출생률과 인종적-종족적 혼합에 대한 두려움을 통해) 안보 대상이라고 여겨질 수 있게 하기 위해 수렴된 효과다. 동화에 관한 담론은 미래의 저항을 배제하기 위해 사람들을 계발하기보다는 통합하는 일에 관심을 갖고 있는 한 그 자체 안보의 계열이 된다. 이민에서의 이런 변화는 단순히 지각, 담론 또는 공공정책에서의 변화가 아니다. 무엇보다 그 변화는 실용적 지식과 테크놀로지에서의 변동을 통한 구체적 실천에서 유래한다. 지식에서의 그와 같은 변동을 분석하고자 한다면 우리는 행위자(agents)가 자신들의 실천에 대해 소급적으로 읽어 넣는 이차적 합리화에 먼저 눈을 돌리기보다는 그 변동을 실제 실천들과 먼저 연계시킬 필요가 있다. 다시 말해 우리는 행위자들이 자신들의 개별적 역할 덕분으로 여기는 표상들, 지각들, 그리고 담론보다는 실제로 사용한 테크놀로지의 영향력이 더 크게 작용하는 면면들 관계들을 살펴볼 필요가 있는 것이다. 다음을 참조할 것. Dal Lago, *Non-Persone: L'esclusione dei migranti in una società globale* (Milano: Feltrinelli, 1999); Salvatore Palidda, *Polizia Postmoderna: Etnografia Del Nuovo Controllo Sociale* (Milano: Feltrinelli, 2000); S. Palidda, "La construction sociale de la déviance et de la criminalité parmi les immigrés: Le cas italien," in S. Palidda (dir.), *Délit d'immigration*, COST A2 Migrations, Commission Européenne (Bruxelles, 1997), 231-66; C. de Butterwegge, "Mass Media, Immigrants and Racism in Germany. A Contribution to an Ongoing Debate," *Communications* 2 (1996): 203-20; Anastasia Tsoukala, "Le contrôle de l'immigration en Grèce dans les années quatre-vingt-dix," *Cultures et conflits* 26/27 (1997): 51-72; Jef Huysmans, "Migrants as a security problem: dangers of securitizing societal issues," in R. Miles and D. Thränhardt, eds., *Migration and European Integration: The Dynamics of Inclusion and Exclusion* (London: Pinter, 1995), 53-72; Loic Wacquant, "Des ennemis commodes," *Actes de la recherche en sciences sociales* 129 (1999): 63-67; Martin O. Heisler, "The transnational nexus of security and migration," in Didier Bigo and E. Guild, eds., *Europe as Frontier: Freedom and Control beyond Borders* (Aldershot, England; Burlington, VT: Ashgate, 2003); Didier Bigo, "Security and immigration, toward a critique of the governmentality of unease," in Lynne Riener, ed., *Alternatives*, vol. 27 supplement (Feb 2002): 63-92.

그것은 그 관계자들이 사실 동일한 이해관계, 게임에 대한 동일한 감각을 가지고 있고 동일한 특정 이해관계가 무엇인지 알기 때문이다. 그러나 고정관념을 피하려면 입장들과 특정 담론 유형 사이에 자동적 대응관계가 있다고 가정하지 않는 것이 필요하다. 이런 작은 집단들 안의 이해관계는 대인관계 행동이나 복수적 입장 취하기 전략과 같은 역학에 의해 영향을 받을 수 있다. 더욱이 입장들 간의 차이를 분석해보면 관료적 "식민화"의 전술은 점진적 확대에 의해 한발씩 지엽적으로 나아가지 않는다는 점을 잊을 수 없다. 그런 전술은 다른 활동으로(예컨대 속도와 역경의 이름으로 테러 위협에서 자연 재해로) 도약하는 것이다. 위험, 위협, 그리고 비-안보의 연속체 내부에 의미론적 가교를 설치함으로써 이들 활동의 근접성을 실용주의적으로 믿는 것이 필요하다고 해도 사정은 그러하다.[21] 근본적인 사태는 한 행위자가 힘들의 질서를 자신에게 유리하게 변화시키기 위해 취하는 어떤 행위도 다른 관계자들을 포함한 전체에게 파급을 가져온다는 것이다. 이런 투쟁은 장의 내부 질서와 그것을 특징짓는 구성 및 세력 확산 과정들을 이해하는 데 중요하다.

비-안보의 장이라는 특수한 경우에 "장"은 "안보"라는 용어의 경계와 정의를 두고, 상이한 위협들의 우선순위를 놓고, 그리고 위협이라기보다는 모험에 불과하거나 아니면 심지어 기회가 되는 것은 무엇인지를 두고 경찰, 매개자, 군사기관들 사이에 벌어지는 투쟁들에 의해 결정된다. 안보의 정의와 관련된 핵심 문제는 따라서 누가 권한을 가지고 있는지, 혹은 위협이 무엇인지 정확하게 지칭할 수 있는 상징적 권력이 누구에게 위임되었는지 아는 것이다. 이 점에서 언표들 자체에만 명시적으로 근거하

20_ Pierre Bourdieu and Loïc J. D. Wacquant, *Réponses: Pour une anthropologie réflexive* (Paris: Seuil, 1992), 78 참조

21_ 두 번째 및 세 번째 모델에 대해서는 부르디외의 사회학적 작업과 더불어 그래엄 앨리슨의 작업도 언급할 수 있을 것이다. 앨리슨의 작업은 투쟁의 메커니즘에 대한 좀 더 자세한 분석이며 주체위치의 유동성에 대한 더 나은 이해를 가능하게 한다. Graham T. Allison and Philip Zelikow, *Essence of Decision: Explaining the Cuban Missile Crisis*, 2nd ed. (New York: Longman, 1999) 참조 특히 기관들의 식민화 활동을 규정하는 유동적 국경과 조정 가능한 임무를 중심으로 일어나는 경쟁들을 살펴볼 것.

여 판단해서는 위협의 의미를 가늠하는 것이 불가능하다. 이 의미를 수정하기 위해 우리는 발화위치에 있는 이가 누구인지, 발화자 자신들은 어떤 위상의 권위를 가졌는지를 이들이 장 안에서 지닌 개인적, 정치적, 제도적 이해관계를 염두에 두면서 살펴보는 것이 필요하다. 경찰과 군대로 하여금 동일한 이해관계, 동일한 규칙, 그리고 쟁점(즉 무엇이 새로운 위협인가)에 대한 동일한 시각을 공유하도록 강제하는 원심적 힘들을 명확하게 규정하기에는 분명 너무 이르다. 그러나 장의 현 상태에도 불구하고 우리는 비-안보의 장이 내부활동과 외부활동의 경계를 따라 다시 분리되게 하고, 심지어는 동일한 범주들(예컨대 기술에 따른 분할)을 유지하면서도 상이한 제도로 쪼개지게 하는 구심적 힘들을 상상할 수는 있다. 만약 갈등의 변화가 안보의 장에 직접적이고 결정적인 영향을 미치지 않는다면, 러시아나 중국으로부터의 군사위협 재발 가능성은 아무리 희박하더라도 즉각 극도로 위험한 것으로 해석될 수 있고 이전의 경찰/군사 노동 분할을 다시 불러 자원 공유 추세를 해치게 될 분열을 다시 도입할 수 있다. 그러나 사실 이른바 인도주의적 활동이나 비-서구 나라들에서의 질서 유지의 확대는 더 많은 치안, 정보, 군사 활동들을 합병함으로써 장의 효과들을 가속시킬 우려가 있다. 9.11은 분명 내부 안보와 국제 안보에 관한 입장들이 서로 수렴되도록 하는 데 역할을 했다. 그러나 이 수렴은 또한 군사적 노력들에 대한 평가를 변화시켰고 테러리즘에 대한 "전쟁"이 더 이상 경찰의 주도 하에 수행되어선 안 된다는 사실을 보여줬다. 무엇보다도 그것은 장의 효과들이 새로운 지리들(대서양을 횡단하는 새로운 NATO의 새로운 동맹 및 부활)을 포함하기 위해 앞서 언급한 확대의 두 방향과 모든 불안관리 전문가들을 가동하고 그들에게 "대테러" 감시 역할을 확장하려는 기도 속에 어떻게 전파되는지 분명히 보여주었다.[22]

22_ 유럽 차원의 예를 제시하자면, 투쟁이 개별 국가 차원에서 악화되면 국가별로 성공을 거두기 위해 국제적 접촉에 대한 압박이 가해진다. 이런 현상의 유럽화와 그 영향을 이해하려면 개별 국가들의 국경을 넘어선 동맹이 어떻게 이들 국경 내부의 경찰의 스타일과 그에 대한 특정한 이해를 촉진시키는지, 이것이 좀 더 집합적인 유럽화 과정에 어떻게 지배력을 행사하는지에 대한 연구가 필요하다. 프랑스

3) 지배의 장으로서의 장

비-안보의 장은 또한 때로는 정치 전문가들의 장을 포함한 다른 사회적 장들과의 관계에서 지배의 장으로 기능한다. 그것은 "합법적으로 인정된 위협들"(세계적 조직범죄, 세계적 테러리즘, 대테러 전쟁 등)을 규정하는 권력을 독점하는 경향이 있다. 이는 이 장의 행위자들이 누가, 무엇이 공포를 자아내는가에 대한 정의를 부과하는 권위를 놓고 싸운다는 말이다. 정치 전문가들의 장과 비-안보 전문가들의 장 사이의 경쟁에서는 각 행위자가 "협상을 해야 하며", 강한 의미에서 "공모적 거래"가 일어나는 막연한 공간들이 존재한다.[23] 이 장은 내가 방금 설명한 것처럼 본질적으로 공적

경찰, 그중에서도 특히 대테러 전투에 관여하는 부문은 유럽화를 자신들의 권력을 강화하는 기회로, 일부 하위 부서들의 경우는 전통적인 방첩 영역에서 벗어나는 가능성을 강화하는 기회로 이용해올 수 있었다. 이들의 연줄은 외국인과의 유일한 대화상대자가 되려는 시도를 통해 중앙 부서에서 중앙 부서로 이전된다. 반면에 늦게 출현한 헌병경찰(gendarmes)은 지방 차원에서 연줄을 만들어 병력의 국경 배치로부터 이득을 취하고 프랑스 경찰과 협력하는 BKA(Bundeskriminalamt, 독일연방범죄수사청)과 달리 주정부 경찰과 협력하면서 국경-횡단 카드를 사용했다. 이 맥락의 역사성이 중요하다. 앨리슨의 작업을 급하게 읽을 때 갖게 되는 인상과는 반대로 이런 투쟁은 개별적 욕망에 의해서나 그런 투쟁이 구조적으로 관료 조직들에 내재하는 이유 때문에 영구적으로 지속되는 것이 아니라 관료 조직들의 상호 궤적과 지식들, 그 조직들이 사용하는 실용적 지식과 테크놀로지에서 만들어지는 역동적 관계에 의해서 지속된다. 투쟁들의 동학은 군사 기구와 경찰의 관계 조정을 통해 (비)안보화 과정과 나아가서 양자 간의 거리를 재조직하는 장의 특정한 편성을 초래한다. 필요한 것은 예산 투쟁, 임무, 정당성 등이 초국적 위협을 관리하는 가장 유용한 영역임을 정치인들에게 설득시키는 것이다. 기관들의 궤적들이 여기서 결정 요인이다. 특히 과거에 서로 연결되어 있지 않던 기구들의 새로운 네트워크를 만들어내는 것들이 그러하다. 경찰과 군대를 연결하는 헌병경찰, 경찰과 사법세계를 잇는 치안판사가 그런 경우이고, 다른 한편으로 재화의 자유로운 유통을 돕는 각종 경제적 요청들과 경찰 간에 다리를 놓는 마약과의 전쟁에 참여하는 세관요원도 그런 경우다. 이런 두 종류의 세계를 연결하려는 이들 매개 기구들의 이해관계는 대부분의 전통적 기구들의 이해관계, 군대에서 전쟁 억제에 관여하는 사람들이나 경찰 내부에서 공공안전을 책임진 경찰과 같이 잃을 것만 있는 사람들의 이해관계와 대립된다. 그래서 행위자들의 위치, 그리고 더 나아가서 그들의 궤적은 그들이 채택하는 위치, 그들이 사용하게 될 담론적 영역의 유형들, 그리고 그들이 싸울 때 가동할 수사학의 종류를 결정하게 되고 그들로 하여금 그들이 실제로 지닌 유사성과 공통의 이해관계를 사실상 보지 못하게 만든다.

23_ 공모적 상호작용이라는 생각에 대해서는 Michel Dobry, *Sociologie des crises politiques* (Paris: Presses de la FNSP, 1992) 참조. 국가적 차원에서 알제리의 프랑스 경찰은 이런 상호작용을 할 수밖에 없다. 유럽 차원에서는 제3의 기둥(EU의 Justice and Home Affairs pillar)을 틀로 하여 일어나는 이사회(Council)와 집행위원회(Commission) 간의 갈등이 때때로 이런 갈등을 반영하기도 한다. 현재로서는 상이한 장들 간의 관계를 살펴보는 이런 접근법은 충분히 분석되고 있지 않다. 국가의 장을 경유한

인 관료조직들을 포괄할 뿐만이 아니라 사적인 관료조직들, 기업들, 정치적 매개자들, 그리고 공적 영역에서 "안보-지향적인 마음가짐을 개발하고자" 작업하는 단체들도 포함한다. 이들 사적 관계들에 대한 우리의 이해는 아직도 완벽하지는 못하지만 이런 단위들과 공적 관료조직들 간의 복잡한 연계 관계를 이해하게 해주는 더욱 더 설득력 있는 작업들이 많아지고 있다.[24] 안보의 장은 장의 내부자들은 "전문가"로서 전문가들만 가질 수 있는 추가적 지식과 비밀을 가지고 있다는 믿음을 통해서 다른 행위자들에게 부과하는 그것의 힘을 통해 "위력"이나 "흡인 능력"을 행사한다. 이 믿음은 "정보의 교환과 공유"와 더불어 일상적인 업무나 기술들을 통해서 사회 변동에 대해, 위험이나 위협, 적들에 대해 줄기차게 환기되고 재확인되는 확실한 접근법으로 자리가 매겨진다. 비-안보의 장은 이리하여 다른 사람들이 국가의 수반을 포함한 정치의 전문가들이라 해도 자신들이 다른 사람들보다 더 잘 안다고 주장할 수 있는 능력을 지닌 전문가들로 구성된 관료적 장으로서 권력의 장 한가운데 있는 셈이다. 이 장에서 행위자들은 그들이 정부기관이든 비정부기관이든 법, 규칙, 규범을 다루는 다양한 제도들을 통해 특정 영역의 관행들(분류하기, 가려내기, 거르기, 배제하기, 정보 수집하기, 차단하기로 이루어지는 행위들)을 처리하려는 목적과 그런 "처리"에 대한 어떤 규칙과 해결책이 허용되거나 금지되는지에 대한 일상적 지식을 가지고 서로 투쟁을 하게 된다. 정치의 국내 전문가들이 안보 문제 해결에 일상적으로 참여하기 때

자본의 전환율에 대한 피에르 부르디외의 연구는 거의 설득력이 없으며 국민국가를 사유하는 데에만 의존하고 있어서 한계가 있다. 미셸 도브리의 작업이 지배의 초국적 역학을 분석하는 데 가장 적합하지만 그의 분석은 현재 그것이 적용되는 다-부문 동원 영역을 넘어서 진행할 필요가 있을 것이다. 두 분석은 유럽의 우산 아래 서로 대립해 있는 국가 정부들에 의해 이루어지고 있다고 하는 정치의 이미지가 얼마나 이치에 닿지 않는지 보여줌으로써 우리의 분석에 기여하고 있다. 이런 종류의 분석은 수잔 스트레인지가 분석한 은행가와 같은 의미의 정치적 행위자인 안보의 장에서 가장 강력한 행위자의 자율성에 의문을 제시하게 만든다. 스트레인지의 분석은 지방의 문제로 규정되고 전문 정치인들이 떠맡는 안보 계획의 제한된 지위에 대해 생각하도록 만든다.

24_ F. Ocqueteau, "Polices privées, sécurité privée," *Déviance et société* 3 (1988): 72-99; Detlef Nogala, "Le marché privé de la sécurité, analyse d'une évolution internationale," *Cahiers de la sécurité intérieure* 24 (1996): 34-67 참조.

문에 그 문제들을 규정하는 데 여전히 핵심적인 역할을 한다고는 해도 안보 세계를 구성하는 기관들과 부처들이 무엇이 불안을 야기하느냐에 대한 정의를 얼마간의 성공 비율로 주장할 수 있는 유일한 행위자들이라고 할 수 있다. 이 모든 기관들은 정치적 관계자들이 쟁점들을 분류하고 상상하는 데 사용하는 용어들을 보존하는 데 관심을 갖고 있는 것은 사실이지만 이들 정의를 자신들의 의미와 관행으로 덧씌우기도 한다. 이런 점에서 기관들 간에 계속되는 갈등들은 여전히 그 기관들을 폐쇄하거나 개혁할 수 있는 권력을 지닌 정치인들(예컨대 FBI, CIA, 국무부, 국방부, 펜타곤, 국경 수비대 간의 관료적 권력 균형을 조정하는 국토안보부)에게 각 기관이 인정받고자 취하는 노력과의 연계 속에서 작용한다. 이 투쟁은 또한 위협에 관한 정의와 위협 예방을 위한 공공정책에 대한 다른 관계자들(교회, 인권단체, 적십자, 대안매체)의 견해를 실격시켜 이들을 배제하려는 투쟁과도 연계하여 일어난다.

안보의 장이 지닌 다음 여덟 개 효과들은 이 장의 지배 효과들을 알 수 있도록 해준다. 1) 이전에 서로 표상체계들을 공유하지 않던 행위자들에게 속한 표상체계들이 "부상하는 위협들"을 규정하고 그에 대한 우선순위를 매기기 위한 투쟁을 하려는 그들의 공유된 이해관계로 인해 수렴하게 된다. 2) 비-안보 장에 속한 전문가들은 사회에 영향을 주고 정치인들이 대처하지 못하는 모든 세계적인 사회 변동을, 그 궁극적 의의를 적 규정에 두는 위협 범주 아래 둔다. 그리고 이 수렴은 행위자들의 직접적 경험이 그들로 하여금 그들이 애초에 경쟁에 들게 된 이유라 할 자신들의 역할, 자신들의 특정 사명들을 특권화하게 만든다 해도 일어난다(글로벌 조직범죄 대 글로벌 테러리즘). 3) 안보기관들은 실용적 관점에서 모든 관점은 다른 나라들 또는 직업들의 그것까지도 각 기관이 다른 기관들과 맺고 있는 전체 관계 체계를 안정시킬 수도 있고 불안정하게 할 수도 있다는 것을 인식하고 있다. 4) 이리하여 각 기관은 그 전략들 안에 이런 실용적 인식을 포함시키며 이전에 경찰 및 군사 세계에 주변적인 것처럼 보였던 일부 안보기관들이 이제는 그 이미지를 바꿔서 옳든 그르든 감시와 통제

장치의 핵심부에 있게 되는 것처럼 보인다―세관, 이민, 국경수비, 군사경찰 등. 5) 정치 전문가들은 이들 "매개" 기관들에 도움이 되고 더 전통적인 기관들의 권위를 축소하는 임무와 예산의 차별화된 할당을 선호한다. 6) 전국적 또는 지역적 예산 투쟁에서는 연줄과 국제 네트워크가 필요해진다. 7) 불안관리에서의 지식과 노하우가 폭력 사태를 어떻게 해결하느냐에 결정적 영향력을 행사한다. 8) 그와 같은 관리는 이런 용도에 맞춰진 테크놀로지를 통해서 원거리에서 행해진다.

4) 횡단하는 장으로서의 비-안보의 장

따라서 중요한 것은 더 이상 손을 대지 못하게 설치되어 있다고 우리가 생각하는 고정적 경계 개념을 따를 것이 아니라, 그 자체 유동하는 경계라는 역동적인 이해를 갖는 것이다. 이런 접근법에서는 그와 같은 역동적 이해가 무엇으로 이루어지는지 정확하게 제시하는 것이 관건이 된다. 경계란 영토를 통해 구체화되곤 하는 특정한 공간에서 일어나는 권력 경쟁들의 "응결"이다. 미셀 푸코의 공식은 배타적인 국경 프레임을 넘어서서 공간이 영토에 대한 단일 차원적 시각과 직접 관련되지 않는 사회적 경계들이라는 개념을 만들어낸다. 경계란 사실 때로는 물리적인 국가들의 경계 또는 내부와 외부의 구분을 규제하는 법적 관계들에 의해 판결을 받는 경계와 같은 물질적 세계를 통해 존재하는 제도다. 그러나 때로는 장이 형성중이고 출입비용을 만들어낼 만큼 충분히 확립되지 않은 경우에는 경계의 유동적 성격이 그 물질적 실체보다 더 중요해진다. 법이나 전문적 규범에 의해 체현된 경계의 물질적 모습은 이리하여 투쟁관계와 흡인관계들에 의해 구조화되는 장의 경계가 지닌 실제 모습에 뒤처지는 경우가 흔히 있다. 경계들의 구체적 모습은 결론이 난 방식으로 협상하는 것이 모든 관계자들의 이해관계에 부합했던 특정 순간을 정당화하고 신성시하는 셈이다. 이런 시간적 간극이 있다는 것은 장의 제도적 특징이라는 관점에서만 그 장을 점검함으로써 장의 경계들을 경험적으로 추적하는 것이 극도로 어렵다는 의미다. 그 경계들은 그 특정 순간을 나타나게 만든 힘의 관계들에 실제로 앞선 한 순간을 불가피하게 다시 추적한다는 점에서 그렇다.25)

　"장의 횡단성"은 우리로 하여금 (EU, 더 넓은 의미의 유럽이라는 생각, 또는 서구 세계와 같은) 또 다른 상위의 울타리가 존재함을 전제하지 않고 장의 (기본적으로 공적인) 행위자들 간의 관계를 규정하는 국경을 넘어선 공간을 구획할 수 있도록 해주는 용어다.26) 횡단성 개념은 동일한 제품을 지역민들에 따라 상이하게 고안한 광고를 통해 브랜드화하기 위해 일본 관리 회사들이 도입한 "세계-지역성"(glocality)이라는 생각과 많은 현상들이 세계적인 것과 지역적인 것을 연결한다는 점을 보여주기 위해 제임스 로즈노(James Rosenau)가 대중화한 생각을 우리가 통합할 수 있게 해준다. 세계-지역성과 횡단성은 비-안보의 장은 한 나라의 정치적 장으로도 두 나라 간의 차원으로도 또는 심지어 유럽의 차원으로도 환원되지 않는 어떤 차원에서 전개된다는 점을 이해하게 해주는 것이다. 국가는 여기서 상이한 양태의 사회적 자본을 위한 전환가능성의 공간 또는 "보편적 통화"가 아니다. 부르디외는 여기서 틀렸고 지구화 과정의 초국적이고 횡단적인 성격을 제대로 구분해내지 못했다. 국가 너머에서 비-안보의 횡단적 장이라는 개념은 진정 사회적이고 정치적이지만 영토적 마음 자세가 부과하는 내부적/외부적 또는 국가적/국제적 영토 분할을 넘어서는 하나의 공간을 우리가 분석할 수 있게 해준다. 이 사회적 공간 또는 비-안보의 장은 유럽 나라들

25_ Michel Foucher, *Fronts et Frontières: Un tour du monde géopolitique* (Paris: Fayard, 1991) 참조.
26_ EU의 구조와 EU의 "국가성"의 관계에 대해서는 James A. Caporaso, *The Elusive State: International and Comparative Perspectives* (Newbury Park, CA: Sage Publications, 1989)와 Mark Kleinman, *A European Welfare State? European Union Social Policy in Context* (New York: Palgrave, 2002) 참조. 관습적으로 국경은 재고될 때마다 다른 차원에서, 더 글로벌한 실체로서 공간을 에워싸는 것으로 이해된다. 이와는 대조적으로 우리는 국경의 횡단적 성격을 뫼비우스 띠의 위상학처럼 비-폐쇄의 상태로 생각할 것을 제안한다. Didier Bigo, "The Moebius Ribbon of Internal and External Security," in Mathias Albert, David Jacobson and Yosef Lapid, eds., *Identities, Borders, Orders* (Minneapolis: University of Minnesota Press), 91-116 참조; Etienne Balibar, *L'europe, l'amérique, la guerre: réflexions sur la médiation européenne* (Paris: Editions la découverte, 2003)도 참조.

의 상이함(프랑스 경찰의 중앙주의, 영국 경찰의 다양성, 독일의 연방주의, 가까운 미래 폴란드의 특수 전통 등) 속에서 상이한 안보기관들의 차별화된 위치들(전국경찰, 지방경찰, 세관, 국경수비 기구, 정보기관, 군대 등)이 빚어낸 결과로서 경험적으로 구축된다. 그래서 그 장은 이들 기관들이 개별 국가의 행위자들로서 차지하는 위치만이 아니라 그것들이 원래 가졌던 본연의 공간들보다 더 큰 공간에서 형성한 관계들의 초국적인 네트워크에 의해서도 실질적으로 규정된다. 이때 말하는 공간은 순환적이고 규정적인 특성을 갖는바 이는 경계들—지리적인 것이든 문화적인 것이든—을 인정하려 들지 않기 때문에 끊임없이 확대되는 경향이다.27)

이런 이유로 인해 비-안보의 장을 설명하고 분석할 때 인터뷰나 아니면 이런 노하우를 짜내는 기관들의 목록만 가지고 개별 행위자들의 실제 지식을 구성하기만 하는 것은 충분하지 못하다. 이런 방법의 지배적 가정은 EU 회원국들의 관료적 정치적 행위자들—이들 관계의 "자연적" 파트너라고 가정되는—을 그저 합하기만 하면 우리는 "논리적 프레임"을 갖게 된다는 것이기 때문이다. 이 프레임은 사실 국민-국가들은 모든 비-안보 관계가 협상되고 비-안보 효과들이 이들 회원 국민국가들의 상호작용을 점검하고, 이들 국가들과 다른 회원 국가들의 닮은 점과 차이점들을 가려냄으로써, 개별 나라의 "문화" 또는 "특수성"의 기준을 좇아서 이해되어야 하는 영역으로서 자연화된다는 사실에 의해 주어진다. 우리의 방법은 그 대신 "추정에 의한 개별 나라의 문화"가 아니라 (감시, 통제 등의) 실제 관행에서 유래하는 관계들을 기술하는 것으로 이루어진다. 다양한 조직들과 제도들—이것들의 공간은 전문적 분야들과 네트

27_ 문제가 되는 것은 자율적이고 합리적인 일련의 장들이 아니라 예컨대 BKA(독일연방범죄수사청)의 전략적 결정이 BGS(연방국경수비대)와 같은 독일기관들에 대해서만이 아니라 우리가 설명한 것과 같은 매개과정들에 의해 프랑스의 PJ(Police Judiciaire, 사법경찰)나 이태리의 DIA(Direzione Investigativa Antimafia, 마피아척결수사본부)에도 영향을 미치는 하나의 장이다. Didier Bigo, "Sécurité intérieure, implications pour la défense," Rapport établi pour la DAS, French Ministry of Defense (Mai 1998), 207을 볼 것.

워크를 통해 규정되어야 하겠지만—에 깃들어(또는 그것들을 횡단하고) 있다는 데서 그 힘을 갖게 되는 이들 관행은 국민국가들의 문화 경계를 넘어선 어떤 사회적 공간에 각인되어 있다. 장은 그렇다면 이전에는 서로 접촉이 없었던 기관들(군대, 정보기관, 군사경찰, 국경수비, 세관, 사법경찰, 경호경비, 사법체계) 간에 새롭게 확립되어야 할 공간을 지닌 협조와 경쟁 형태들을 만들어내는 셈이다. 이는 경찰로 하여금 그 활동 일부를 국경 너머로 이동시켜서 그곳에 머물도록 강제한다(코소보나 오늘의 아프가니스탄에 있는 UN의 경찰 임무를 보라). 마찬가지로 장은 군대로 하여금 국경 내부에서 일어나는 일들에 대해 갈수록 더 많은 관심을 갖게끔 만든다(전화도청, 내부의 국경활동에 대한 모니터링, 그리고 내부의 "적성국 외국인" 구금 등을 보라). 이런 일은 경찰과 군대로 하여금 이른바 새로운 글로벌 차원의 위협(이것 자체는 시간이 지남에 따라서 글로벌 조직범죄, 실패한 국가 또는 대테러전쟁 등으로 변한다)의 경계선을 따라서 임무를 재-구조화하도록 함으로써 두 부문을 매개하는 기관들(정보기관, 군대 위상을 지닌 경찰, 세관 또는 이민 사무소)에게는 더욱 강제력을 띠게 된다. 장의 효과는 임무에 관한 경계들을 재-구조화하고 불가피한 예산 경쟁을 위한 근거를 마련하고 전반적인 강제의 기능 또는 좀 더 정확하게 위협 관리에 있어서 기관들의 역할을 조정함으로써 기관들 간의 새로운 상호작용 체계를 도입하는 데 있다. 그것은 비-안보의 일부 형태(무엇보다 개인들을 다루는 것이지만 또한 지역 혹은 공동체 문제도 다루며 때로는 군사 활동에까지 이르는)의 민영화를 강요하고 공공기관들로 하여금 내부영역과 외부영역에 걸치는 비-안보 형태들에 초점을 맞추게 강요한다. 드문 경우지만 그것은 우선순위에 대한 전면적 감을 바꿀 수도 있다. 그것은 정치 세계로 하여금 범죄 예방이나 공동체 치안보다 조직범죄와 테러리즘을 더 중요하게 여기게 만들고 군사 부문으로 하여금 공적 담론과 자원들을 전쟁 억제와 무기 확산과 같은 (이전의) 문제들보다 이른바 "횡단적 위협들"과 이에 대한 예방(즉 생물측정학의 발전, 대규모 감시 데이터베이스, 공항에서의 환승, 구식전쟁, 국가 구축, 민주주의 재건 등에 의한 테러리즘, 조직범죄의 예방)에 더 많이 할당하도록 만든다. 오늘날 유럽 차원의 비-안보 장은 그래서 특정한 지식을 생산하고 상이한 제도적 위치에서 존재하는 사회적 행위자들을 대면하는 일정한 영역으로 설명될 수 있다. 이 장에서 우리는 안보의 "대표들"을 경찰, 군사경찰, 세관원, 내무·외교·국방 부처의 고위 공무원과 같은 통상 추측하듯 영토에 기반을 둔 행위자들 속에서만 보는 것은 아니다. 우리는 이런 쟁점들을 전문적으로 다루는 정치인도 보게 된다. 군사전략가도 이 장에 합류하여 아무리 스쳐지나가는 정도라고 해도 이전의 "내부적" 안보기관들(경찰, 군사경찰, 세관, 이민국, 그리고 피난시설) 간의 복잡한 관계들을 바꿔내는 투쟁에 참여하게 된다. 군부의 새로운 세력범위는 고전적인 방위 관련 문제들에 대해서는 덜 연루되면서 내부 안보에 대해서는 전략적 강조를 부여하는 일반적 경향과 맞물려 있다. 이들 비-안보 전문가들은 전통적으로 경찰, 세관, 군사경찰 출신이었지만 최근에 들어와서는 새로운 영역에서 오는 경우가 많아졌다. 법률가, 외교관, 군관계자, 이들이 사용하는 재료 생산에 관계하는 회사 책임자, 방위 관련 문제를 전문으로 하는 정치인, 이들 전문 분야와 관련된 각종 협회 회원, 그리고 마지막으로 안보 연구에 종사하는 학자 등이 그들이다.[28] 이리하여 비-안보 장의 행위자들은 다양성에도 불구하고 위협 또는 불안관리의 전문가들, 안보/불안정 쌍에 대한 권력-지식의 생산자라고 할 수 있다.

그러나 중요한 것은 이들 행위자를 모두 거명하는 것이라기보다는 이들 상이한 구성적 부분을 한데 모으는 것이 무엇인지, 무엇이 그들로 하여금 그들이 서로 무관심하게 지내던 이전에는 인식하지 못하던 일련의 이해관계로 인해 경쟁하게 만드는지

28_ 여기서 나는 올 웨버(Ole Waever)와 배리 부잔(Barry Buzan)의 비판을 생각한다. 그들은 내가 *Polices en réseaux*에서 정의한 것과 같은 안보의 장 개념은 한계가 너무 크고 본질적으로 관료적인 기구들 간의 관계를 너무 강조하며 이것이 어떤 "고정점"을 만들어냈다고 주장했다. 그들은 그래서 안보를 명시적으로 언급하는 참조점들로 이루어지는 의미의 네트워크에서 벗어나서 사적 행위자들을 포함시켜 분석을 확장할 필요가 있다고 주장했다.

식별하고 분석하는 것이다. 나의 연구가 이전에는 연결되지 않던 네 개의 개념적 세계들—내부안보, 외부안보, 전쟁과 갈등, 그리고 범죄와 과실—간의 관행과 관계를 다루며 경찰과 군대, 범죄와 전쟁, 지상세계와 지하세계, 감시 담당 기관들과 이들의 대상 및 기술들 간의 관계를 생각하려고 했던 것도 이런 이유 때문이다. 여기서 이들 문제에 대한 종래의 작업들을 통합하여 위협과 관련해서 내가 방금 언급한 행위자들의 서사적 공간이 어떻게 그들의 특정한 사회적 제도적 위치들 또는 아비투스에 대한 매개자를 통해, 그리고 그들의 관행을 연결하는 횡단적 장치에 의해 사회적 위치라는 공간으로 재-번역되는지 보여주는 것이 필요하다.

비-안보의 장과 같은 장에 대해 이야기하려면 강제의 "기능"에 참여한다고 여겨지는 기관들의 목록만 만드는 수준을 넘어서야 한다. 우리는 장의 특징들, 한계들, 그리고 효과들을 즉각 살펴봐야 한다. 경험적으로는 사례를 제시하며 사례가 어떻게 작용하는지—이 작용이 "대립", "차별화", "주름", "회선", 또는 심지어 "공동화" 가운데 어떤 식으로 일어나든지—보여줌으로써 장의 효과들을 설명하는 것이 필요하다.29) 우리는 장이 행위자들에게 주는 압박과 기회를 살펴보고 장의 내부와 외부에 있는 그 압박과 기회의 덜 가시적인 관계를 이해해야만 한다. 이런 장 효과들은 거친 윤곽의 형태로 장의 한계들—주어져 있지는 않지만 장 안에서 일어나는 투쟁의 한 순간의 특정한 (배열)형상과 이 특정한 장과 다른 장들에 의거한 한계들—을 보여줄 것이고 다툼의 대상이 되고 있는 규범들의 진실(즉 대량살상무기에 관한 진실과 "결정

29_ 안보의 장의 역학은 끊임없이 자신을 확대시키는 경향이 있지만 축소되는 것도 물론 가능하다. 그것은 탈-안보화할 수도 있다. 이리하여 생기는 문제 하나는 그 역학이 공간에서 만들어내는 "구멍들"의 문제 또는 이들 구조의 역류가 만들어내는 "압력 차이들"이다. 공간은 장의 경계들에 대해 균질적이지 않다. 이것은 지리적 견지에서와 마찬가지로 활동들의 견지에서 볼 때도 사실이다. 장은 둥근 구체를 닮았다기보다는 프랑스 치즈(gruyère)의 위상학을 닮았다. 이 생각을 갖게 된 것은 오늘날 안보 형태를 놓고 생시르 코에키딩(Saint Cyr Coetquidan) 군사학교의 존 크롤리(John Crowley)가 한 말 때문이고, 영어 용어 자체는 존 솔로몬에 제안한 것이다. 구멍 또는 치즈의 이런 위상학은 뫼비우스 띠 개념과 연결될 수밖에 없다.

권”을 놓고 정치 전문가들과 비-안보 전문가들 간에 벌어지는 경쟁)에 관한 장들 간의 지배 효과들을 결정하게 될 것이다.

_밴-옵티콘 디스포지티프

위에서 언급한 장 효과들의 집합은 장의 행위자들 간의 과정과 관계로부터만 오는 것이 아니다. 그것은 또한 다른 장들과 그것들의 관계의 결과이기도 하다. 이들 관계는 제도들 사이를 가로지르며 이들 제도의 논리들, 또는 심지어 부르디외가 사용한 의미에서 그 제도 관계자들의 아비투스로도 환원되지 않는 장치들에 의해 형성된다.

미셸 푸코는 성 디스포지티프, 감옥 디스포지티프에 대해서 말하고 있다.[30] 우리는 감옥에 대한 그의 생각이 제레미 벤담의 판옵티콘 이미지를 통해 영감을 받았다는 점을 잘 알고 있다. 그 이미지는 과학적 지식에 대한 의지를 구체화함과 동시에

30_ 횡단의 장 또는 네트워크라는 생각은 푸코의 디스포지티프(dispositif) 개념과 연계되어야만 한다. *Le jeu de Michel Foucault* (revue Ornicar n⁰10, Juillet 1977, repris dans *Dits et ecrits*, tome III, 299)(영역판: "The Confession of the Flesh," tr. Alain Grosrichard, in Colin Gordon, ed., *Power/Knowledge: Selected Interviews and Other Writings, 1972-1977* [New York: Harvester Press, 1980], 194-95). 여기서 푸코는 디스포지티프에 대한 자신의 생각을 설명한다. "이 용어를 가지고 내가 말하려는 것은 첫째로 담론들, 제도들, 건축 형태들, 규제 결정들, 법률들, 행정조치들, 과학적 진술들, 철학적 도덕적 명제들로 이루어지는 순전히 이질적인, 요컨대 말해지는 것과 말해지지 않는 것의 집합이다. 그런 것들이 장치[apparatus]란 것의 요소다. 장치 자체는 이들 요소들 간에 확립될 수 있는 관계들의 체계다. 둘째로 이 장치를 통해 내가 말하려는 것은 바로 이들 이질적 요소들 간에 존재할 수 있는 연계성의 성격이다. 그래서 특정한 담론은 한 시점에는 어떤 제도의 프로그램이 될 수 있고, 다른 시점에는 그 자체로 말이 없는 어떤 실천을 정당화하거나 은폐하는 수단으로 또는 이 실천에 새로운 합리성의 영역을 펼쳐주는 부차적 해석으로 기능할 수 있다. 요컨대 담론적이든 비담론적이든 이들 요소들 사이에는 매우 광범위하게 변할 수도 있는 입장 전환 및 기능 수정의 상호작용 같은 것이 있는 것이다. 셋째로 나는 '장치'라는 말로써 자신의 주요 기능을 특정한 역사적 순간에 긴급한 어떤 필요에 부응하는 기능을 지닌 일종의―뭐랄까―구성체로 이해한다. 장치는 이리하여 어떤 지배적인 전략적 기능을 가지고 있다. 어떤 전략적 목적이 영향력을 행사하는 최초의 순간이 있는 것이다. 다음으로 그와 같은 장치는 어떤 이중적 과정의 장소라는 점에서 계속 존재하기 위해 구성되고 작동된다. 한편으로 기능적 과잉결정의 과정이 있고… 다른 한편으로 전략적 노력을 기울이는 영속적 과정이 있다." 나는 여기서 "푸코의 알튀세르화"를 피하기 위해 '디스포지티프'를 '장치'로 번역하는 것을 거부한다.

건물, 담론, 합리성의 장과 전략적 기획을 보여줬던 것이다. 푸코의 벤담 활용에 대한 논의는 대체로 두 가지 점에 주목한다. 비판은 첫째 푸코가 벤담을 부분적으로만 읽고 있다고 하고, 둘째 갤리선 노예 시설의 경우처럼 선상에 있지 않던 고전 시대에 감옥의 기능이 바뀌었다는 점과 함께 벤담의 모델에 따라 건립한 감옥의 실제 수는 아주 적었다는 점을 지적한다. 그러나 이런 비판에 답하려면 디스포지티프란 단일한 감옥 제도를 통해 나타나지 않는다는 점을 말하는 것이 중요하다. 그것은 차라리 횡단적이다. 그것은 이질성, 다양성을 요한다. 핵심적인 것은 폐쇄된 처벌 공간으로서의 감옥의 기능이 아니라 감옥이 공장, 병영, 학교 등과 같은 제도를 통해 사회 전역에 흩어져있는 통제와 감시의 메커니즘들을 하나의 특수한 공간에 집중시킨다는 사실이다. 푸코의 작업에서 판옵티콘은 우리로 하여금 벤담에게서처럼 감옥만을 이해하게 해주지 않고 사회 전반이 어떻게 기능하고 있는지 이해하는 하나의 방식으로 작용하기 때문에 유용하다.

　일부 행위자들이 떠맡은 비-안보 프로그램이 최대한 글로벌화하고 개별화되는 수준으로까지 확대되고 일반화되는 감시라는 **프로그램적** 전략의 성격을 띤다고 해도 그것은 결코 권력과 저항의 효과들을 보여주는 **도표**가 아니다(아래 177-78쪽 도표 참조). 만약 판옵티콘적인 디스포지티프가 푸코의 의미로 존재한다면 그것은 파편화되고 이질적인 방식으로 존재하는 것이며 9.11 이래 확산된 미국의 제국주의적 지배에 대한 많은 주장과는 반대로 그 장치를 보여주는 중심화된 구현체는 없다. 만약 그런 디스포지티프 효과들이 지속한다면 디스포지티프가 속한 제국의 의미는 하트와 네그리가 제국 용어를 사용하는 방식에 더 부합한다. 이들이 말하는 제국에서는 사회적 연합의 다양한 정치적 과정, 대기업의 술책, 대량살상의 "불안"을 보여주는 여론조사 효과들이 개인들의 국경 횡단 움직임에 초점을 맞춘 감시 방식으로서의 정보학적이고 생물측정학적인 것의 강화로 수렴되고 있다. 이 도표는 세계적 차원으로 옮겨진 **판옵티콘**이 아니다. 그것은 조르조 아감벤이 다시 그려낸 장-뤽 낭시의 용어 "밴"과 푸코의 "판옵티콘"을 결합하여 만든, 우리가 **밴-옵티콘**이라 부르는 것이다.31) 밴-옵티콘을 이렇게 공식화하는 것은 이질적이고 횡단적인 관행들이 어떻게 기능하고 초국적 차원의 비-안보가 되는지 우리가 이해할 수 있게 해준다. 그것은 우리로 하여금 이질적인 담론들(위협, 이민, 내부의 적, 제5열, 급진 무슬림과 선량한 무슬림, 배제와 통합 등에 대한), 제도들(공공기관, 정부, 국제조직, NGO 등), 건축구조(수용소, 공항의 대기지대 및 쉥겐 통로, 일부 도시의 통합 비디오카메라 네트워크, 안보 및 비디오-감시 기능을 갖춘 전자기기 네트워크 등), 법(테러리즘, 조직범죄, 이민, 비밀 노동, 정치망명자, 사법절차 촉진을 위한 형법 개혁, 그리고 피고인 권리 축소 등을 다루는), 행정 조치(신분증 없는 사람들에 대한 규제, 국외추방/본국송환 정책 관련 정부기관들 간의 협상, 개별 국가 경찰 부담 국외추방용 전세 "일반" 비행기) 등을 분석할 수 있게 해준다. 또한 그것은 모든 사람들에 대한 감시가 현안인 것은 아니며, 다수는 정상적 취급을 받는 반면 이동을 해야만 하는 소수 사람들에 대한 감시가 세계화 시대 치안의 주된 경향이라는 것을 이해할 수 있게 해준다.

　나는 여기서 일부 소수자 집단에 대한 통제와 감시가 어떻게 원거리에서 일어나는지 보여주기 위해 이 밴-옵티콘의 세 차원을 살펴보고자 한다. "달갑지 않다"고 분류된 소수자에 대한 이런 감시는 내가 보기에는 도표의 전략적 기능이다. 이 기능은 9.11 이후의 수사학이 "종합적" 정보(펜타곤의 '종합정보인지프로그램' 참조)를 내세우고 있지만 소수 권력요원의 꿈일 뿐인 전체인구(또는 "판"[Pan])에 대한 감시와 대립되는 기능이다.

　밴-옵티콘은 이리하여 권력의 예외주의(긴급규칙들과 이들 규칙의 영속화 경향),

31_ 고대 독일어에서 오는 이 '밴'(Ban)이라는 용어는 공동체가 행사하는 배제를 뜻함과 동시에 주권의 휘장으로도 사용된다. 그것은 규칙에 대한 예외로서 높은 곳의 주권에서 배제된 것이고 아래로부터는 차별, 거절, 반발, 추방으로서 배제된 것이다. 조르조 아감벤은 호모 사케르에 대한 자신의 분석에서 '밴'에 대해 길게 언급했지만 주권의 차원을 계속 강조하고 배제에 대해서는 덜, 그리고 정상화에 대해서는 더욱 덜 강조했다.

그것이 일부 특정 집단을 그들의 장래 잠재적 행동을 이유로 배제하는 방식(프로파일링), 그리고 그것이 규범적 책무—이 가운데 가장 중요한 것은 자유이동(재화, 자본, 정보, 용역 및 사람과 관련한 EU의 이른바 네 가지 이동의 자유)이다—생산을 통해 비-배제된 사람들을 정상화하는 방식에 의해 특징지어진다.

이 밴옵티콘은 국민국가를 대체하고 정부들로 하여금 물리적이자 가상적이고, 때로는 세계적이 아니면 서구화되어 있고, 더욱 더 빈번하게는 유럽화되어 있는 세계화된 공간들에서의 협조를 강요하는 어떤 차원에 배치되어 있다. 권력과 저항의 효과들은 이리하여 더 이상 국가와 사회 간의 관계가 지닌 정치적 매트릭스로 봉쇄되지 않는다. 그것들은 국민국가 내부에 각인된 표상들의 틀을 초과하고 국가와 내부 개인들 간의 직접 관계들을 분리한다.

1) 규범의 불명확한 유예로서의 예외주의

권력의 예외주의는 어떤 종류의 지배 권력이 용인될 수 있는지 자신들이 결정한다는 것을 믿게끔 어떻게 특정한 시공간의 "피지배자들"이 지배자들에 의해서 사회화되는지, "특별" 법의 사법적 생산과 이것의 상징적 합리화 효과들(구래의 특별 입법에서 나온 긴급, 예외, 비하, 행정 절차들)의 관계는 어떤 것인지 말해준다. 이 관계는 알다시피 안정적인 것과는 거리가 멀고 단 한번에 주어지는 것과도 거리가 멀다. 지배자와 피지배자의 구분은 분자적 권력(및 저항) 관계들의 거시적 수준에서 나오는 효과다. 자유주의는 권력의 분권이라는 발상을 통해 그 지배를 정당화해 왔는바, 이 발상에 따르면 권력은 특히 견제와 균형이라는 것을 통해서 자신을 한계 짓고, 이 결과 인구는 자신이 지배당하는 상황의 공모자가 되어 결국 "자유"를 위해 "정의"와 법률가들에게 의존하는 데 적극 동의하게 된다. 이런 식으로 틀지어진 자유주의는 예외주의의 반대다. 자유주의는 "주권적"이거나 "국가이성적" 사유와는 반대로 보인다. 그러나 법의 유예로서의 예외주의 또는 정상성의 단절로서의 예외주의 사이에는 예외를 자유주의와 함께 일상화된 통제 및 감시 테크놀로지 장치와도 결합시키는 예외주의의 또 다른 모습이 있다. 예외는 자유주의와 손을 잡고 작용하고 우리가 예외를 특별법의 문제로만 보지 않으면 그 순간 자유주의의 정상적 기능을 이해하는 열쇠가 된다.

그럼에도 불구하고 오늘 첫 번째 제기해야 하는 질문의 하나는 이들 특별법의 위상과 그것들이 가능하게 하는 예외적 권능과 관련되어 있다. 특별법이 "모든 법을 유예시키는 것" 같지는 않다. 특별법은 정상화된 법령들의 지위와 약간 다를 뿐으로 이들 법령 가운데 일부는 우리가 습관을 붙여 함께 살아가고 있는 특별법들이다. 그러나 그것들은 오늘날 우리 시대의 중심에 우리가 "영속적 긴급 상태" 또는 영속적 예외 상태에 살고 있다는 생각을 심어놓는다. 그것들의 존재만으로 일상화된 규범들을 재형상화하지 않는가? 예외를 정의하는 것이 규범인가 아니면 규범을 정의하는 것이 예외인가? 칼 슈미트의 영향을 강하게 받은 조르조 아감벤은 주권을 행사하는 것은 사법적 질서 안에 있을 수 있는 가능성만이 아니라 동시에 주권적 권력은 예외 (Ausnahme) 상태를 공표할 수 있고 그리하여 자신의 사법적 질서의 유효성을 유예시킬 수 있다는 점 때문에 그 외부에 있을 수도 있는 가능성을 의미할 수 있음을 지적하고 있다.[32] 예외는 내부성의 확립, 즉 블랑쇼가 말하는 "외부 에워싸기"를 허용하는 한계를 규정하기 때문에 따라서 규범보다 더 흥미로운 셈이다. 이 내부화 과정은 주권 또는 예외가 이것들이 적용되는 공간과 대상의 한계를 정할 수 있게 해준다. 그러나 이런 일이 일어나려면 주권자가 이 공간을 "내걸어서" 포함의 한계를 긋기 위해 자신을 외부화하는 것이 필요하다. 이 역설은 그래서 이 손이 저 손을 그리고 저 손이 이 손을 그리는 에셔의 유명한 잉크로 된 손들과 닮아 있다. 그려진 선의 우발성을 생각할 때 내부와 외부의 견지에서만이 아니라 내부와 외부의 경계 그리기

32_ Giorgio Agamben, *Homo Sacer: Sovereign Power and Bare Life* (Stanford: Stanford University Press, 1998), 15.

가 지닌 우발성을 허용하는 메타-차원의 견지에서 생각하는 것이 필요하다. 이것이 우리가 중복되는 위계라고, 또는 수립자와 피수립자가 상호 구성적인 관계에 있는 자동-조직의 효과라고 부를 수 있는 것이다. 피수립자가 수립자에게 의존하기만 하지 않고 수립자가 그 자체 피수립자에 의해 수립되는 제도 수립의 이런 공동 생산을 보여주는 위상학적 형상은 경계들의 객관적 불확정성을 우리가 이해하게 해주고 내부와 외부의 차별화를 간주관적 차이로 만드는 것과 같은 형상—뫼비우스 리본의 형상—이다.[33] 이 형상은 원 위에 그려진 선이 성스러운 것을 저속한 것으로부터, 내부를 외부로부터, 수립자를 피수립자로부터 단절시키기만 하는 것을 막는 어떤 위상학을 제시한다. 이제는 경계가 공간과 시간 속에 각인되어 있다는 이유만으로 객관적이고 언제나 주어져 있으며 이해 가능한 것으로 되는 일은 불가능하다. 경계는 관찰자와 이 관찰자의 위치에 의해 제시되는 외관에 의거하고 내부인가 외부인가에 대한 관찰자의 판단은 자신이 수립하는 것 또는 자신에 대해 수립되는 것에 대한 그의 관점과 마찬가지로 이 위치에 따라서 변할 것이다. 경계란 무엇인가에 대한 그런 관점에서 보면 예외의 관계는 주권에 의한 배제 관계들의 하나이고 일정한 시간 동안 사법적 질서의 대상을 유예시킴으로써 규범과 사법적 질서의 감각을 만들어내며 하나의 원 안에 가둠으로써 외부를 만들어낼 수 있는 단순한 공간적 금지 관계와는 다른 배제의 관계다.

불확실성과 의혹을 만들어내는 것은 사법적 범주들의 이런 "유예"와 그와 동시에 "구멍들"을 채워 넣기 위해 새로운 범주들을 창안하는 가능성이다. 이때 불확실성이란 "옛날" 범주들을 불안정하게 하고 이 범주들(전쟁, 전쟁포로, 정치망명자 등의 개념)을 이전의 사법적 의미와 다르게 재규정하고 새로운 "범주"(예컨대 적 전투원)의

33_ Didier Bigo, "When Two Become One: Internal and External Securitizations in Europe," in Morten Kelstrup and Michael C. Williams, eds., *International Relations Theory and the Politics of European Integration* (London; New York: Routledge, 2000), 171-205.

도입에 의해 그들의 관계를 바꿈으로써 권력이 이득을 얻을 수 있는 것이다. 이리하여 미국정부는 대테러 전쟁과 전쟁포로에 적용되는 규정들과 관련한 전쟁 간의 차이를 계속 환기시키고 있는데 이는 전에 다른 개념이 채우던 공간을 차지하고 있어서 새로 정의되어야 하는 범주들을 배치함으로써 사법적 질서를 유예하고 재형상화하는 극단적 형태의 예외주의를 드러내는 셈이다. 이 과정은 미국 정부가 역사적으로 2차 세계대전 기간에 일본계 피수용자에게 했던 것처럼 보호협정을 그 본토 안에 살고 있는 외국인들에게 적용하는 것을 거부하는 식으로, 또는 국제 경찰 작전인 양 그리고 공무집행적인 사법 결정인 양 제시하며 미사일을 발사하여 예멘에 있는 "테러리스트를 처벌하"며 자국 영토 너머에서 자신의 권력을 주장하는 식으로 보호협정을 계속 재정의하고 있는 한 지속된다. 자유주의의 중심부에 있는 반자유주의적 술책이라고 부를 수 있는 이런 특별한 형태의 예외주의는 오늘날 밴-옵티콘이 지닌 특징들 가운데 하나로 보인다.

2) 예외와 사전 예방적 통치성

밴-옵티콘의 두 번째 특징은 삶의 관리와 연결된 배제된 사람들의 범주들을 구축할 수 있다는 점이다. 밴(금지)은 정치적 관계의 한계 조건이다.[34] 한 정보기관의 자

34_ 아감벤은 맑스주의가 취하는 인간과 시민의 분리를 추상적으로 사법적-사회적 정체성들(투표권자, 피고용인, 저널리스트 등)을 통해 재분류되는 벌거벗은 삶과 다중적 삶 형태 간의 구분으로 대체할 것을 제안한다. 그는 강제수용소 경험의 관점에서 정치를 재사유할 것을 제안하며 푸코가 대립시킨 죽음을 선고하는 것과 삶을 감독하는 것에 해당하는 주권적 권력과 생-정치의 두 대립 측면을 재연결한다. 그는 오늘날 권력은 삶의 형태들의 분리에 기초하고, 주권적 예외주의에 의한 배제를 강화함으로써 인간을 그 벌거벗은 삶(분류된 삶으로부터 유리된)으로 되돌리려는 의지에 기초하고 있다고 간주하는 것이다. 그러나 한 극한 상황에서 출발하는 이 테제는 권력의 역능을 과장하고 권력의 계획상의 꿈과 세력들(과 저항들)의 구도를 혼동한다. 삶의 형태들은 아무리 절망적인 경우라 할지라도 언제나 새로 생겨나는 법이다. 저항의 형태들도 권력이 일방적 방식으로 적용되는 것처럼 보이는 속에서도 권력을 비웃는 숨겨진 대본으로서 언제나 존재한다. 제임스 스코트는 노예들의 저항을 보여준 바 있고, 우리는 자신들을 보호하려는 한갓 유순한 신체로만 만들려는 의지에 맞선 난민들의 계속되는 저항을 보여줄 수도 있다. James C. Scott, *Domination and the Arts of Resistance: Hidden Transcripts* (New Haven: Yale

료제공자가 설명하듯이, "선량한 시민들을 안심시키고 그렇지 않은 사람들의 의도는 단념시키기 위해 현상을 과장할 때 매체 및 사법 당국은 사실상 전술의 차원에서 움직이는 것이며, 이 전술은 여론에 따라서 조정된다. 이와 대조적으로 전략적인 작업은 더 이상 주류와 동일한 규범을 가지고 동일한 규칙을 지키며 살고 있지 않은 사회 부문에 대한 정보를 수집하는 것으로 이루어진다." "비정상인들"을 목표로 삼고, 치안과 감시를 개조하는 작업은 사람들의 시선을 벗어나서 일어나며 생물측정학의 집약적 기술과 공통 데이터베이스를 사용함으로써 그 범위를 확장할 수 있게 된다. 선량한 시민들을 안심시키려고 고안된 근접정치학의 시뮬라크르를 넘어서, 그리고 나머지 사람들을 막기 위한 제로 용인을 넘어선 곳에서 대중과 군중 관리에서 가장 유의미한 자원으로 작용하는 "타자"에 대한 지식이 얻어진다. 공공영역—사회보장, 세금—과 사적 영역—보험, 신용조사기관, 슈퍼마켓—에서 얻은 서류를 경찰의 관련 서류와 섞게 되면 무엇을 그리고 누구를 조사해야 할지 정하기 위해 요소들을 분류하고 추려내는 것이 가능해진다. 이들 경찰 및 범죄 "권위자"에 따르면 이런 절차는 억압 기계가 고장 나는 것을 막음과 동시에 압제가 바로 앞에 있다는 느낌을 불러일으키는 부정적 이미지를 그 기계가 만드는 것을 피할 수 있게 해준다.

사회적 위험의 정상화와 관리의 목표는 순전히 경찰 책임으로 간주되어서는 안 된

University Press, 1990) 참조. 벌거벗은 상태에 있더라도 난민들의 개별적 의지는 정부의 압박에도 불구하고 국가 의지로 환원될 수가 없다. 대기실과 수용소의 사례들이 행정부가 자신의 축소되는 다중적 정체성들에 의해 어떻게 길을 잃고 실패하고 덫에 빠지는지 보여준다. 난민들은 정부들과 전문 불안관리자의 눈에서 보면 거류민일 뿐이지만 자신들의 눈으로 보면 다중적 국가들의 시민 또는 세계 시민이다. Tomas Hammar, *European Immigration Policy: A Comparative Study* (Cambridge; New York: Cambridge University Press, 1985) 참조. 감옥이나 수용소와 같은 공간에서 일어나는 저항을 포함하여 저항하는 능력은 전문가들로 하여금 이런 상황을 모면하도록 노력하게 하고 공간상의 앞이 아니라 시간상의 이전에 해당하는 "상류" 위치에서 관리하도록 하게 만든다. 범죄가 미래 예측 지식에 의해 저질러지기도 전에 경찰이 개입할 수 있음을 보여주는 영화 <마이너리티 리포트>는 이런 대책을 사전에 강구하는 경찰의 꿈이다. (Philip K. Dick의 『마이너리티 리포트』는 영화보다 더 정교하며 이런 경찰의 몽상에 대해 가차 없는 비판을 가한다. 영화는 이런 비판의 힘을 어느 정도 희석시키고 있다.)

다고 그들은 말한다. 그 책임은 위험을 관리하는 체계 전체—보험, 사설수사협회, 소매백화점, 공공복지기관 등—에 퍼져 있다고 인정되어야 한다는 것이다. 이 위험관리 및 정상화 프로그램은 합리적 선택의 원리, 그리고 개인들의 움직임을 예상함에 있어서 사전 예방적인 관리 기술들을 사용하는 것에 기초한다. 그 프로그램은 사회 전역에 퍼져 있고, 지역 안보 계약, 경찰과 교육자들 간의 협력 사례, 그리고 마을위원회, 시당국, 경찰의 입장이 서로 수렴하여 이민자들에게 책임을 부과하고 있는 예컨대 이태리의 사례에서 보이듯이 사람들로 하여금 협력하게 부추긴다. 사전 예방적 분석을 수행하는 기본 단위는 경찰에만 국한되지 않고 변하면서 때로는 군사 및 세관 당국자들을 포함하며 나아가서 보험, 사회 및 신용 조직, 학교, 도청, 세무 조직과 사회보장 조직, 영사관과 범죄학자들—이들이 행동-지향적인 경우—과도 연계될 것이다.

정보를 수집하고 데이터를 증식시키는 이제 기술적으로 가능해진 이 모든 노력은 오직 하나의 목표를 갖고 있다. 억압과 예방이라는 두 다른 논리들의 자리에 사전예방의 논리를 대체해 넣는 것이다.[35] 순수한 억압 논리는 불가피하게 너무 늦게

35_ 유럽 차원에서 작동하는 테크놀로지의 한 예만 제시하자면 우리는 특정 개인들과 관련된 위험을 프로파일링할 것을 허용하는 다수의 데이터베이스가 마련되어 있는 것을 볼 수 있다. 범죄와 관련해서는 이미 오래된 인터폴 데이터베이스 이외에 사이렌 시스템이 사법 자료들의 신속한 유통과 정보교환을 돕는다. 암스테르담조약과 탐페레회의 이후 사법은 다른 안보기관들과 공조를 하고 있고, 네트워크를 통해 원거리에서 동일한 짓을 한다. 사이렌 네트워크는 범죄 관련 진행상황과 결정들에 대한 정보를 국가들 간에 소통시키고 연락관을 배치한다. 유로저스트(Eurojust)의 설립과 법전의 외면은 EU의 자료들을 사용할 수 있는 명령 판사(judges of instruction) 및 고발 판사(judges of accusation) 차원과 한 국가 틀 안에 갇혀서 이런 정보에 접근할 수 없는 변호인 사이에 불균등을 야기한다. 그러나 이런 점은 속도와 효율의 대의에 부차적인 것으로 간주된다.

쉥겐 정보체계는 개별 관계서류들을 관리하고 불법 이주자가 EU로 되돌아오는 것을 예방하는 파일로 기능한다. 그것은 범죄를 관리하는 데에는 그다지 효력이 크지 않다. 사실 쉥겐은 EU만이 아니라 GATT 차원에서도 규범처럼 작용하는 단일 비자 사용 의무를 부과하며 그 적용범위를 계속 넓히고 있다. 같은 식으로 국경에서 20킬로미터에 이르는 국경지대에서 예외적으로 일어나는 식별관리가 모든 나라들 심지어는 의혹은 합법적이어야 한다는 생각이 매우 엄격하게 관리를 통제하는 나라에서도 일반화되고 있다. 겨우 5년 전까지도 쉥겐을 이용하는 데 대한 커다란 저항이 있었는데도 쉥겐이 이민경찰이고 그게 그 우선 의무라는 점, 그리고 범죄와 사라진 사람들 간의 관계에는 아무런 관심도 없다는 점을 경찰당국도 거의 반박하지 않는다. SIS(영국 비밀정보국)가 외국인을 대상으로 하여 범인

개입하게 되며 개인을 겨냥하고 경찰이 범죄의 소방수가 된다. 또 다른 논리는 폭력의 근원을 감소시키는 예방적인 구조적 논리인데 경찰에 따르면 연막보다 더 효과적이지 못하거나 정치적 또는 경제적 체제까지 바꾸지 않고서는 시행하기 불가능한 개혁이다. 사전 예방의 논리는 억압적 행위 지향의 정보를 수집하고 위험한 개인들 또는 집단들의 행동을 예상함으로써 어떤 침범이 일어나기 **전에 행동하는** 것을 목적으로 삼는다. 예방은 따라서 언제나 실질적인 강제적 차원을 지니고 있다. 이때 의도는 더 이상 어떤 행동 자체를 수행하는 것이 아니라 잠재적으로 어떤 위

기록철과 외국인 기록철 간의 연결고리를 만드는 일은 외국인들에 대한 혐의를 재확인하고 경찰 및 세관이 주시하는 위반행위들을 가장 중요한 것처럼 만들면서 작은 위반행위, 불법행위들에 관심을 집중하게 한다.

이런 수법들은 상대방을 강화하며 중첩된 정보의 기반을 갖고 있지만, 인물개요를 정교하게 만드는 일은 드물다. 사실 솅겐 하에서 운영되는 더욱 정교한 데이터베이스는 위험을 제기하는 집단의 움직임을 감시하는 것보다는 그들 집단을 분석하는 것이 목적이다.

최근에 채택된 데이터베이스인 유로닥(Eurodac, 유럽난민정보)은 망명신청자들이 제시한 동기, 그들이 거부당한 이유와 함께 디지털 지문을 담을 예정이다. 이를 통해 하려는 일은 복수 신청을 막는 것이지만 또한 망명신청자들이 상투적으로 하는 서사 유형을 찾아내려는 것이기도 하다. 유로닥과 함께 허위서류와 관련된 정보교환을 바탕으로 작용하며 FADO(false and authentic documents) 문제를 다룰 안보넷이 개발중이다. 발상인즉슨 현재의 관행을 바꾸어 증명의 부담을 서류를 제출하는 개인에게 넘기려는 것이다. 북유럽에서는 미국회사인 프린트랙 인터내셔널이 항구나 공항에서 디지털화된 지문을 넣은 카드나 망막 인식으로 국경을 넘어오는 사람들을 추적하여 신분확인을 자동으로 가능하게 하는 서비스를 추진하고 있다. 그 목적은 이런 개인 집단은 통제를 받을 때 영향을 받고 지체당하는 것은 좋아하지 않지만 통제행위를 드러내지 않으면 항의를 하지 않는다는 점을 고려하여 최대한 눈에 띄지 않는 방식으로 신원을 통제하려는 것이다. 우리는 따라서 장차 많은 공항에서 이 시스템이 일반화될 것임을 생각할 수 있다. 현재로서는 카드와 신뢰성과 정보 간의 연계에 대한 연구가 진행 중이다. 그와 같은 정보를 담고 있는 카드를 사용하게 될 것이고, 이 정보 가운데 일부는 카드 소지자가 아닌 경찰만이 읽을 수 있을 것이다.

유로폴의 서류 작성 목적으로 이루어지는 프로파일링은 감시의 일반적 범위를 확장하기보다는 감시를 더욱 정교하고 정확하게 만들려고 한다. 유로폴은 범죄를 저지를 잠재력을 실행할 가능성이 있는 사람들을 등록한다. 사법당국으로부터 실제로 도주 중인 범죄자들을 대상으로 목록을 작성하는 인터폴 데이터베이스와는 달리 유로폴의 서류는 추적 중인 범죄자들, 사법적 조회 체계에 아직 들어오지 않은 용의자들, 가능한 정보제공자의 목록들, 자기 이웃이나 동료에 대해 증언해줄 수 있는 사람들, 희생자 또는 희생자가 될 수 있는 사람들 등을 포괄하고 있다. 이런 작업은 누가 위험한 존재인지 분석하고 결정하는 개인적 또는 사회적 궤적들을 재구성하는 작업으로서 위험에 처한 인구들과 다른 인구들의 경계를 표시한다.

험을 일으킬 수 있는 개인이나 집단에 의해 어떤 침해가 일어날 수 있다는 "신호"를 보내는 것이다. 이제 우선하는 것은 더 이상 제재가 아니라 규제다. 쟁점이 되는 것은 어떤 개인을 유죄로 만드는 것이라기보다는 다른 사람들이 일을 저지르지 못하도록 하는 것인데 이는 무엇보다도 움직임, 흐름을 관리하고, 사람들을 정상화하기 위해 그들의 잠재적 미래 행동을 분석하여 사전에 사람들을 관리하는 것으로 이루어진다.

3) 정상화와 자유이동의 필요성

오늘 사회에서 정상화는 특히 EU(또는 쉥겐) 공간—이 공간은 이 필요성을 명시적으로 인정한다는 점에서 NAFTA의 북미 공간과는 다르다—에서는 무엇보다 사람들의 자유이동 필요성을 통해서 그리고 세 요소들의 결합을 통해서 일어난다. 그 세 요소는 속도와 이동의 연계, 이동의 권리, 그리고 세계적 차원의 이동자유다. 지그문트 바우만이 자유로이 돌아다닐 수 있는 사람들과 지역에 갇혀 있는 사람들 간의 새로운 배제의 논리를 이야기하며 언급하는 것이 이 정상화 문제다. 사실 바우만이 『세계화, 야누스의 두 얼굴』(*Globalization: The Human Consequences*)에서 경고하고 있듯이 세계화는 사람들이 오가는 양상을 재조정하는 공간적-시간적 압축으로 분석될 수 있다.[36]

36_ "세계화는 통합하는 만큼 분할한다. 그것은 통합하면서 분할한다—분할의 원인이 지구의 획일성을 촉진시키는 원인과 동일하니까. 기업, 금융, 무역, 정보 흐름의 세계적 차원들이 부상하는 것과 함께 '지역화하는' 공간 고정 과정이 추진된다. 이 두 흐름 간에 일어나는 두 개의 긴밀하게 상호 연결된 과정이 전체 인구들과 각 인구에 속한 다양한 부분들의 실존적 조건들을 확연하게 분리해낸다. 혹자에게는 세계화로 보이는 것이 다른 사람들에게는 지방화를 의미하고, 이 과정은 혹자에게 새로운 자유를 가리키지만 다른 많은 사람들에게는 원하지 않은 잔혹한 운명으로 다가오는 것이다. 유동성이 탐내하는 가치들 가운데 최상층을 차지하게 되고 그리고 언제나 희귀하고 불균등하게 배분되는 상품인 움직이는 자유가 급속하게 우리의 후기근대 또는 탈근대 시대의 주된 계층 구분 요인이 된다.
우리는 모두 어쩔 수 없이, 고의든 아니든 이동 중에 있으며 우리 중 일부는 전적으로 그리고 진정으로 '세계화'된다. 일부는 자신들의 '지역성'에 갇혀 있는데 이는 '세계화세력'이 주도권을 잡고 인생게임의 규칙을 정하는 세계에서는 즐겁지도 않고 견뎌내기도 어려운 역경이다.

그러나 바우만의 주장과는 달리 우리는 움직임과 자유로움을 좀 더 엄밀하게 구분하고 어떻게 하나의 환유가 이동/자유의 이 융합을 통해 확립되어서 자유의 개념을 축소함과 동시에 안보와 자유의 개념들 간의 불균형을 촉발하는지 살펴볼 필요가 있다. 바우만은 부자들의 자유가 좋다고 믿고 가난한 사람들에게 더 많은 이동능력을 제공할 것을 제안하며 이동의 이런 규범적 필요성이 어떻게 강제성을 띠고 있는지도 보지 못할 뿐더러 이동을 바람직한 것으로 만드는 장치도 보지 못하는 모습을 드러낸다. 그는 **가난한 사람들에게만** 장치가 억압적이라고 보고 있고 이 장치에 규범적이고 생산적인 차원이 있다는 것을—이들 차원이 완전히 분리불가능한 곳에서는—보지 못하는 것 같은 것이다. 권력은 억압적이기만 하지 않다. 그것은 행동 양상들을 유발하고 생산한다. 자유이동에 대한 담론들이 핵심적이다. 그것들은 다수를 정상화하고 소수에게 감시가 집중되도록 한다.

_결론

결론적으로 말하면, 다수로부터 배제된 일부 선택된 집단 사람들에 대한 통제와 감시를 그 전략적 기능으로 가지고 있고 불안관리 전문가들의 장과 연결되어 있는 이 디스포지티프는 규제 결정들(실제로 자유 접근 권리를 부정하는 장소에 대한 변호사 또는 억류자 부모들의 접근과 관련된 결정과 같은)이나 행정조치들(샤를르 드골 공항 수용소 사람들을 이들이 일차적으로 억류되는 호텔의 만원 객실 사람 수를 줄

세계화된 세계에서 지역적인 처지가 된다는 것은 사회적 박탈과 퇴보의 표시다. 지역화된 삶의 불편은 공공 공간들이 지역적 삶의 영향권에서 벗어나 지역들이 의미 생성과 의미 협상 능력을 상실하고 있고, 갈수록 자신들이 통제하지 못하는 방향 제시와 해석을 하는 활동에 의존하게 된다는 사실에 의해 더 악화된다. 세계화된 지식인들의 공동체적 꿈/위안의 한계가 여기서 확인된다.
누진적인 공간 격리, 분리, 배제가 세계화 과정의 필수적 부분이다." Bauman Zygmunt, *Globalization: The Human Consequences, European Perspectives* (New York: Columbia University Press, 1998), 2-3.

이기 위해서 경찰견용 개집에 수용했다는 사실과 같은 그 영감에 있어서 자의적이면서도 인도주의적인)에 의해 특수 건축 시설들(외국인들을 분리하기 위한 센터들, 국제공한 내의 수용소, 불법으로 입국한 사람들을 추방하기 위한 유치장, 난민 수용소, 행정처분을 기다리는 죄수들이 대기하고 있는 상가트[Sangatte]와 같은 센터와 같은)에 대한 담론들(경찰, 군대, 세관, 자유이동 담당 사법기관, 테러범의 위협, 그리고 초국적 조직범죄 관련 서사들, 이들 현상과 이민, 소수자, 망명신청자들에 대한 담론들)의, 그리고 이주와 망명 이유에 대한 "과학적" 담론들, 폭력의 개별화와 초국화에 대한 이주와 망명의 관계에 대한 진술들, 불법이주민, 위장난민 또는 이민자 부모의 어린 아이들에 대한 철학적 도덕적 주장들의 디스포지티프로서 효과적으로 구성되어 있다.

이 디스포지티프는 더 이상 벤담이 설명한 판옵티콘이 아니다. 그것은 밴-옵티콘이다. 그것은 더 이상 감시자의 분석적 시선 아래 놓인 억류 물체들이 아니라 차이들을 가리키는 도표들, 규범에 대한 예외주의, 그리고 사람들이 얼마나 신속하게 "철수하느냐"에 의존한다. 이 새로운 감시의 디스포지티프는 다른 형태를 띠며 정보기술과 가상현실 테크놀로지를 연상시킨다. 이 디스포지티프는 유동과정에 있는 개인들이 갖는 모든 위치를 보여주는 가상 몽타주(모핑)처럼 나타난다. 첫 번째 이미지(이민, 게토의 청소년)에서 마지막 이미지(테러리스트, 마약운반책)에 이르기까지 모든 단계의 전환이 가상적으로 재구성된다. 이런 측면에서 이 디스포지티프는 신체를 절개하는 대신 흐름들을 관리한다. 판옵티콘 장치처럼 모핑의 이 밴옵티콘 디스포지티프는 지식을 생산하고 심지어 개인 자신보다 앞서서 자신의 궤적, 여정이 어떻게 될 것인지 해독하는 능력에 대한 신뢰를 강화하는 위협 및 안보에 대한 진술들을 생산한다. 이 디스포지티프는 영토에 속한 것들에 대한 통제보다는 움직임에 대한 통제에 의존한다. 그것은 공식적인 과거에 의거한 현재의 감시보다는 필립 K. 딕의 소설 『마이너리티 리포트』에서처럼 "미래의 모니터링"에 의존한다. 그것은 시공간의 원거리에서 이루어지는 "비정상인들"에 대한 관리다. 사람들은 이전에는 거주의 장소를 할당받았다면 지금은 "대기 지대"에 안치되고 그렇게 살아본 적도 없는 정체성을 부여받는다. 피부색, 억양, 태도 하나만 가지고도 사람들은 추적되고 무표지 대중들로부터 분리되어 필요하면 소개당한다. 치안은 이리하여 변두리의, 정화의 문제가 되며 "규범"과는 최소한으로만 관여하면 된다. 이런 새로운 통제 및 감시 논리들이 꼭 더 효율적이거나 더 합리적인 것은 아니다. 무표지 대중들에게 이로운 점은 그들은 제도에 유리하도록 자유롭다는 느낌을 갖는다는 것이다. 그리고 소수에게만 해당할 뿐이기 때문에 통제는 더 경제적이 된다. 이런 아프리오리의 결과로 오직 범죄 통제만이 이전보다 덜 효율적이다. 범죄 통제 적용 영역은 취약하고 저항당하기 쉽다.

우리가 진리-주장의 절차들이 어떻게 공식화되고 또 그런 주장의 생산 센터가 어떻게 지역화되는지—이는 학계인사들과 결코 무관하지 않은 문제들이다—에 대해 반추해보면, 안보 전문가들의 관행과 그들의 활동에 대한 정당화 체계들 간의 연계에 대해 더 정밀한 연구를 해야 한다는 것은 의심의 여지가 없다. 비-안보기관들이 지닌 관행의 초국화 및 세계화와 이들 관행의 '표적들'의 초국화 및 세계화 간의 관계를 이해하는 것도 중요한데, 그것은 그렇게 하는 것이 그 관행들을 유럽화라는 특정 과정과 가능한 한 많이 연관시켜 살펴보는 데 필요하기 때문이다. 이 과정은 대체로 상이한 정치적 영역에서 불안의 구축 및 불안 관련 우선권 부여 정당화 체계들에 의해 이루어지는데, 이 체계들은 각 국가 및 전문직 문화에 상응하지만 거기서 유로폴과 같은 조직이 일종의 "위협, 공포, 불안의 주식거래"로, 그리고 그것들에 대한 관리로 작용해야 할 필요성이 나온다. 이 제도화는 이제 위협에 대해 "세계적"이고 동시에 "더 위험해질" 자질을 부여함으로써 위협의 변형을 만들어낸다. 마지막으로 자유, 안보, 사법 공간의 구성 문제들을 국민국가의 위상을 넘어선 한 사회 구성의 문제들과 연결하여 그 사회가 어떻게 측정될 수 있는가 하는 문제를 제기하고, 나아가 공동체 외부의 가난한 이주민의 형상을 둘러싼 불안들의 수렴이 자유주의가 위험사회 안

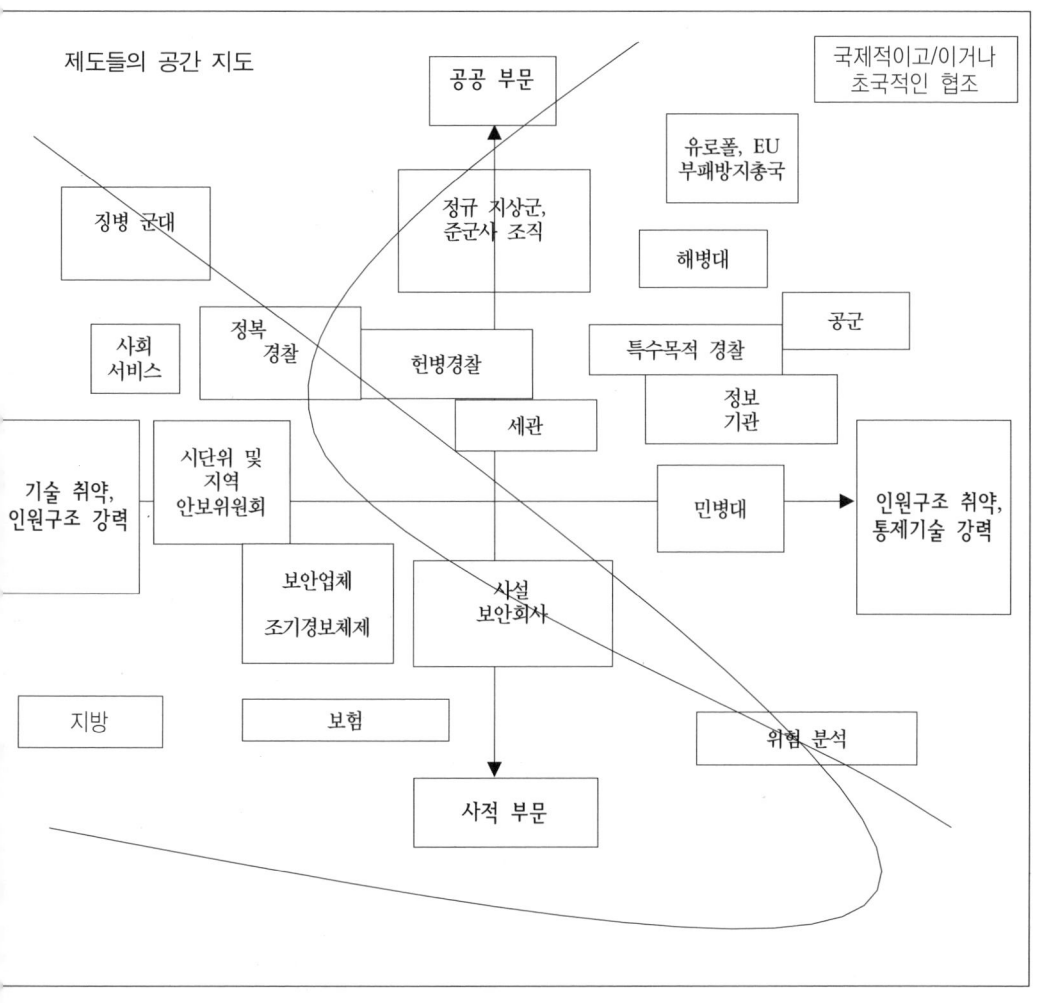

제도들의 공간 지도

공공 부문

국제적이고/이거나
초국적인 협조

유로폴, EU
부패방지총국

징병 군대

정규 지상군,
준군사 조직

해병대

사회
서비스

정복
경찰

헌병경찰

특수목적 경찰

공군

세관

정보
기관

기술 취약,
인원구조 강력

시단위 및
지역
안보위원회

민병대

인원구조 취약,
통제기술 강력

보안업체

조기경보체제

사설
보안회사

지방

보험

위험 분석

사적 부문

에서 작용하는 방식에 대해 얼마나 많이 알려주는지 이해하는 것이 필요하다. 사실 푸코가 환기하듯이 "만일 우리가 자유주의에서 새로운 경제적 또는 사법적 기술이 아니라 통치하고 통치당하는 새로운 기술을 보기로 한다면, 만일 자유를 소멸시키고 그로 인해 자유를 관리하고 조직하려는 통치성의 기술이 정말 문제가 된다면, 자유를 수용할 가능성의 조건들은 자유의 제조, 나아가서 개인들의 행동을 담당하기로 되어

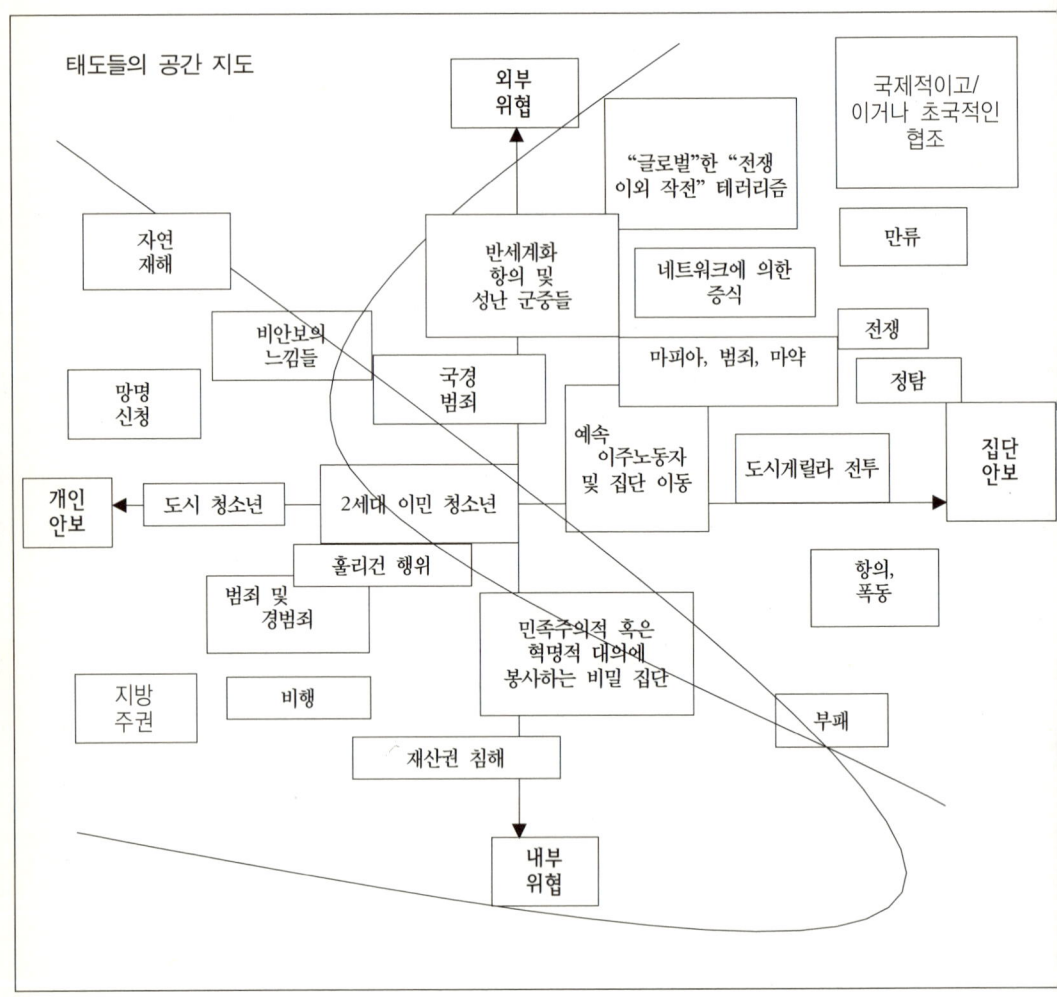

태도들의 공간 지도

외부 위협

국제적이고/ 이거나 초국적인 협조

"글로벌"한 "전쟁 이외 작전" 테러리즘

만류

자연 재해

반세계화 항의 및 성난 군중들

네트워크에 의한 증식

전쟁

비안보의 느낌들

국경 범죄

마피아, 범죄, 마약

정탐

망명 신청

예속 이주노동자 및 집단 이동

도시게릴라 전투

집단 안보

개인 안보

도시 청소년

2세대 이민 청소년

홀리건 행위

항의, 폭동

범죄 및 경범죄

민족주의적 혹은 혁명적 대의에 봉사하는 비밀 집단

지방 주권

비행

부패

재산권 침해

내부 위협

있는 훈육기술들 안에서 작용하는 제약, 통제, 감시 메커니즘의 설치, 그리고 그때부터 위험하게 사는 것이 자유주의의 모토 자체로 간주되어야 한다는 생각에 내재한 위험들을 예방하기로 되어 있는 안보 전략들을 가동하는 이해관계의 조작에 달려 있다."[37]

37_ Interview with Didier Deleule and Francesco Paolo Adorno, "L'héritage intellectual de Foucault," in *Cité* 2 (2000): 95-107.

■ 참고문헌

Agamben, Giorgio(1998). *Homo Sacer: Sovereign Power and Bare Life, Meridian*. Stanford, Calif.: Stanford University Press.

──(2000). *Means without End: Notes on Politics, Theory out of Bounds,* Vol. 20, Minneapolis: University of Minnesota Press.

Allison, Graham T. and Philip Zelikow(1999). *Essence of Decision: Explaining the Cuban Missile Crisis,* 2nd ed., New York: Longman.

Anderson, Malcolm(1997). *Frontiers, Territory and State Formation in the Modern World*, London: Polity Press.

──(1999). "Les frontieres: Un debat contemporain (Frontiers: A Contemporary Debate)," *Cultures et Conflits* 26-27: 15-34.

──, Monica Den Boer, Peter Cullen, William Gilmore, Charles Raab, and Neil Walker(1996). *Policing the European Union, Clarendon Studies in Criminology*, Oxford; New York: Oxford University Press.

Balibar, Etienne(2002). *L'europe, l'amérique, la guerre: réflexion sur la médiation européenne*, Paris: la découverte.

Bauman, Zygmunt(1988). *Freedom, Concepts in Social Thought*, Minneapolis: University of Minnesota Press.

──(1998). *Globalization: The Human Consequences, European Perspectives*, New York: Columbia University Press.

──(1999). "On Globalization: Or Globalization for Some, Localization for Some Others," *Thesis Eleven* 54: 37-49.

──(1990). *Thinking Sociologically*, Oxford, OX, UK; Cambridge, MA, USA: B. Blackwell.

Bigo, Didier(1996). "Circuler, enfermer, éloigner. Zones d'attente et centres de rétention des démocraties occidentales," *Cultures et conflits,* 23, automne, Paris: L'Harmattan: 192.

──(1998). "Europe passoire et Europe fortresse: La sécuritisation/humanitarisation de l'immigration," In Andrea Rea and Laura Balbo, eds., *Immigration et racisme en Europe,*

Bruxelles: Editions complexe.

————. "Frontières et sécurité dans l'union européenne: Les illusions du contrôle migratoire," *Cultures et conflits*.

————(1998). "L'europe de la sécurité intérieure: penser autrement la sécurité," In Anne Marie Le Gloannec, ed., *Entre union et nations: L'etat en Europe*, Paris: Presse de Sciences Po, 296.

————(2001). "The Moebius Ribbon of Internal and External Security," In Mathias Albert, David Jacobson and Yosef Lapid, eds., *Identities, Borders, Orders*, Minneapolis: University of Minnesota Press, 91-116.

————(1996). *Polices en réseaux: L'expérience européenne*, Paris: Presses de la Fondation nationale des sciences politiques.

————(1998). "Sécurité et immigration," *Cultures et conflits*: 7-202.

————(1998). "Sécurité et immigration: vers une gouvernementalité par l'inquiétude?" *Cultures et conflits*: 13-38.

————(2002). "Security and Immigration: Towards a Governmentality of Unease," *Alternatives/Cultures et Conflits*.

————(1996). "Security, Borders, and the State," In Scott James and Sweedler Allan, eds., *Border Regions in Functional Transition*, Berlin: Institute for Regional Studies, 63-79.

————(2000). "Vers une Europe des polices?" *Revue francaise d'administration publique* 91: 471-82.

————(2000). "When Two Becomes One: Internal and External Securitizations in Europe," In M. Kelstrup and M. C. Williams, eds., *International Relations Theory and the Politics of European Integration*, London: Routledge.

————ed(1992). *L'europe des polices et de la sécurité intérieure*, Bruxelles: Complexe.

———— and Institut des hautes études de la sécurité intérieure(2000). *Polices post-communistes; Une transformation in achevée?*, *Les cahiers de la sécurité intérieure*, No. 41, Paris: IHESI.

Bourdieu, Pierre and Loic J. D. Wacquant(1992). *Réponses: Pour une anthropologie réflexive*, Paris: Seuil.

Butterwegge, C(1996). "Mass Media, Immigrants, and Racism in Germany. A Contribution to an Ongoing Debate," *Communications*: 203-20.

Caporaso, James A(1989). *The Elusive State: International and Comparative Perspectives*, Newbury Park, CA: Sage Publications.

Dal Lago, Alessandro(1999). *Non-persone: L'esclusione dei migranti in una società globale*, Milano: Feltrinelli.

Deflem, Mathieu(2000). "Bureaucratization and Social Control: Historical Foundations of International Police Cooperation," *Law and Society Review*, no. 34.3: 739-78.

Deleule, Didier et Francesco Paolo Adorno(2000). "L'héritage intellectuel de Foucault," *Cité* 2: 95-107.

Dobry, Michel(1992). *Sociologie des crises politiques*, Paris: Presses de la FNSP.

Falk, Richard A., Lester Edwin J. Ruiz, and R. B. J. Walker(2002). *Reframing the International: Law, Culture, Politics*, New York: Routledge.

Foucault, Michel, Graham Burchell, Colin Gordon, and Peter Miller(1991). *The Foucault Effect: Studies in Governmentality: With Two Lectures by and an Interview with Michel Foucault*, Chicago: University of Chicago Press.

———— and Colin Gordon(1980). *Power/Knowledge: Selected Interviews and Other Writings, 1972-1977*, Hassocks, England: Harvester Press.

Foucher, Michel(1991). *Fronts et frontières. Un tour du monde géopolitique*, 2nd ed. Paris: Fayard.

Girard, René(1972). *La violence et le sacré*, Paris: Grasset, c1972.

———— and James G. Williams(1996). *The Girard Reader*, New York: Crossroad.

Guiraudon, Virginie(2001). "De-Nationalizing Control: Analysing State Responses to Constraints on Migration Control," In Joppke Christian and Guiraudon Virginie, eds., *Controlling a New Migration World*, London: Routledge, 256.

————(2002). "Les compagnies de transport dans le contrôle migratoire à distance," In Didier Bigo and Guild Elspeth, eds., *De Tampere à Seville, Bilan de la sécurité européenne*, Paris: L'Harmattan, 124-47.

———— and Gallya Lahav(2000). "A Reappraisal of the State Sovereignty Debate. The Case of Migration Control," *Comparative Political Studies* 33, no. 2: 163-95.

Hammar, Tomas(1990). *Democracy and the Nation State: Aliens, Denizens and Citizens in a World of International Migration*, Research in Ethnic Relations Series, Aldershot, Hants, England: Avebury; Brookfield, Vt.: Gower Pub. Co.

────(1985). "Dual Citizenship and Political Integration," *International Migration Review*, 19: 438-50.

Huysmans, Jef(1995). "Migrants as a Security Problem: Dangers of Securitizing Societal Issues," In R. Miles and D. Thränhardt, *Migration and European Integration. The Dynamics of Inclusion and Exclusion*, London: Pinter, 53-72.

Kleinman, Mark(2002). *A European Welfare State? European Union Social Policy in Context*, Houndmills, Basingstoke, Hampshire; New York: Palgrave.

Lahav, Gallya(1998). "Immigration and the State: The Devolution and Privatization of Immigration Control in the EU," *Journal of Ethnic and Migration Studies*: 675-94.

Miles, Robert, and Dietrich Thranhardt(1995). *Migration and European Integration: The Dynamics of Inclusion and Exclusion*, London: Pinter.

Monjardet, Dominique(1996). *Ce que fait la police: sociologie de la force publique*, Paris: Editions la découverte.

Nadelmann, Ethan A(1993). *Cops across Borders: The Internationalization of U. S. Criminal Law Enforcement*, University Park, PA: Pennsylvania State University Press.

Neocleous, Mark(2000). *The Fabrication of Social Order: A Critical Theory of Police Power*, Sterling, VA: Pluto Press.

Nogala, Detlef(2001). "Policing across a Dimorphous Border: Challenge and Innovation at the French-German Border," *European journal of crime, criminal law and criminal justice* 9, no. 2: 130-43.

Ocqueteau, Frédéric(1991). "L'etat Français face au commerce de la sécurité," *L'Année sociologique*, 40: 97-124.

Palidda, S(1999). "La criminalisation des migrants," *Actes de la recherche en sciences sociales*: 39-49.

Scott, James C(1990). *Domination and the Arts of Resistance: Hidden Transcripts*, New Haven: Yale University Press.

Sheptycki, J. W. E(2002). *In Search of Transnational Policing: Towards a Sociology of Global Policing, Advances in Criminology*, Aldershot, England; Burlington, VT: Ashgate.

────, ed(2000). *Issues in Transnational Policing*, London: Routledge.

Strange, Susan(1996). *The Retreat of the State: The Diffusion of Power in the World Economy*,

Cambridge Studies in International Relations; 49, New York: Cambridge University Press.

Tournier, P(1997). "La délinquance des étrangers en France—Analyse des statistiques pénales," In S. Palidda, ed., *Délit d'immigration, COST A2 Migrations*, Commission Européenne: 133-62.

Tsoukala, Anastasia(2004). "Looking at Migrants as Enemies," In Didier Bigo and Guild Elspeth, eds., *Controlling Frontiers: Free Movement into and within Europe*, London: Ashgate, 182-204.

Wacquant, L(1999). "Des 'ennemis commodes'," *Actes de la recherche en sciences sociales*, no. 129: 63-67.

Walker, Neil(2002). *Sovereignty in Transition*, Oxford: Hart.

Walker, R. B. J(1993). *Inside/Outside: International Relations as Political Theory*, Cambridge Studies in International Relations 24, Cambridge, England; New York: Cambridge University Press.

————(1988). *One World, Many Worlds: Struggles for a Just World Peace, Explorations in Peace and Justice*, Boulder, Colo.; London, England: L. Rienner Publishers; Zed Books.

————, and Saul H. Mendlovitz(1990). *Contending Sovereignties: Redefining Political Community*, Boulder, Colo.: L. Rienner Publishers.

Didier Bigo, "Globalized-in-security: the Field and the Ban-opticon"

시장과 공안:
영구적 지구전쟁에서의 금융자본

브렛 닐슨
영어번역: 고병권

이라크에서 진행된 '영구적 지구전쟁'(permanent global war)의 최신 편에 나타난 참으로 한심한 측면 중 하나는 금융 시장의 반응에 대해 미디어들이 끊임없이 주고받는 잡담이다. 한때 군부에 있었거나 금융 애널리스트였던 인스턴트 전문가들이 줄줄이 나와, 현지 리포트들이 보여주지 못하거나 혹은 감추지 못하는 것, 즉 실재 신체들의 죽음과 위협에 대한 관심을 아주 의식적으로 흩어뜨리고 있는 것 같다. 월가는 단기전에 걸었다, 예상 못한 저항이 성장을 둔화시키고 있다, 군부가 아시아 시장의 호응을 얻었다, 지상전이 개시되자 바이어들은 관망세로 돌아섰다 등등 헤드라인들은 시장을 지구적 여론 감정이 기입된 특권화된 장소이자 전쟁에 대한 도덕적 판관이나 되는 것처럼 대접하고 있다. 순간적 말 한마디에도 확 돌변해버리는 것이긴 하지만 말이다. 하지만 국가 폭력과 금융, 언론의 네트워크들로 하여금 상호보조를 맞추도록 하는 이 공모관계의 특수한 고리 안에는 어떤 깊은 긴장, '영구적 지구전쟁'이 모든 전선에서 재균형과 재조직화를 모색하는, 그런 긴장이 흐르고 있다.

1970년대 포드주의 경제에 첫 번째 충격이 가해진 이래 지난 수십 년간 발달해온 지구적 금융 시스템이 새로운 주권질서의 상징이자 실재로서 등장했다는 것은 더 이상 비밀이 아니다. 탈중심화되고 네트워크화된, 그리고 유통(circulation)과 혼합(mixture)에 입각해 있는 세계시장은 국민국가들의 경계를 무시하는 데 그치지 않고, 과거 제국주의가 한때 번성했던 모든 지대와 지역들에서 위계와 명령의 새로운 패러다임을 구축하고 있다. 아파두라이(Appadurai)나 사센(Sassen), 제임슨(Jameson), 라쌈(Latham), 그리고 리와 리푸마(Lee & LiPuma) 같은 사상가들이 보기에는 지구적 경제 및 정치 질서의 변동을 나타내는 것 중 세계시장의 단일화—이 단일화는 역설적이게도 다양성과 다각화를 통해서 작동한다—보다 더 강력한 표식은 존재하지 않는다.[1] 매일 수조 달러에 이르는 자금 유통, 물질적 노동의 생산지로부터 금융자본의 이탈, 형식 수량 연산을 통한 위험의 객관화와 계산 및 배분, 기술과 거래 사이의 더 긴밀해진 관계, 지식 비대칭성의 증대, 사회에 영향을 미치는 경제적 힘에 대한 통제—이 모든 것은 총체성을 향한 일종의 분투이며 아무런 장애도 없는 금융 유통의 코스모폴리탄적 문화의 창조이다. 이는 어떻든 시민국가(civil-state) 내지 국민적 공론장의 시각에서는 도저히 상상할 수도 없는 움직임이다. 그렇다면 시장논리(이 논리를 통해서라면 지역에 상관없이 어떤 대상도 평가하고 주문할 수 있다)보다는 전략논리(이 논리를 통해 전체적으로 계산과 명령의 대상인, 공간적으로 한정된 자원들이 국가주의 엘리트들, 다시 말해 국내 전선에서 안보[security]와 공포[terror]의 판타지를 동시에 전파하는 그 엘리트들의 손아귀에 들어가게 된다)를 따르는 주권적 공안활동에 따라, 새로운 제국주의적 내셔널리즘의 명령에 따라 일어나는 이러한 전쟁에 대한 정보에 편승하고 있는 데일리 헤지(daily hedges)나 지수 변동 상품들(indexed fluctuations)은 어떻게 이

1_ Arjun Appadurai, *Modernity at Large: Cultural Dimensions of Globalization* (Minneapolis: University of Minnesota Press, 1996); Saskia Sassen, *Losing Control: Sovereignty in an Age of Globalization* (New York: Columbia University Press, 1996); Frederic Jameson, "Culture and Finance Capital," *Critical Inquiry* 24 (1997): 246-65; Robert Latham, "Social Sovereignty," *Theory, Culture & Society* 17 (2000): 1-18; Benjamin Lee & Edward LiPuma, "Cultures of Circulation: The Imaginations of Modernity," *Public Culture* 14 (2002): 191-213.

해해야 하는가?

문제는 시장논리가 전략논리에 종속되었는지, 아니면 그 반대인지가 아니다. 설령 전쟁 전에, 그리고 전쟁이 진행되는 중에도 이라크 체제가 어느 시점까지는 버틸 것이라는 관측에 근거한 선물시장거래(futures markets trading)가 있었다 할지라도, 시장 거래가 물자와 정보 전쟁의 술책과 맺는 관련성을 투기꾼들의 대강 때려 맞춘 계산이라는 식으로 축소시킬 수는 없다.[2] 또한 전쟁의 동기가 경제적 요인들로부터 완전히 분리되어 있는 것도 아니다. 그것이 '석유를 위해선 피한방울 흘릴 수 없다'(No blood for oil)는 대중 슬로건으로 나타나든, 아니면 세계 통화 시장의 지배권을 놓고 달러와 유로가 벌이고 있는 싸움의[3] 일부로서 이 전쟁을 바라보는 좀 더 복잡한 주장으로 제시되든 상관없이 말이다. 시장과 전략, 유통과 지구정치의 상호작용 속에서 전쟁은 매개적이면서 동시에 파괴적인 요인으로 나타난다. 전쟁을 다른 수단에 의한 정치의 연속이라고 했던 클라우제비츠의 유명한 정식은 이제 더 이상 받아들일 수 없게 되었다. 이라크 전쟁은 정치적 수단을 통해 이룰 수 없는 목적을 깨달아서 전쟁을 한 것이 결코 아니라, 국제정치의 여러 사태들을 통해 이미 이루어지고 있는 어떤 것—후세인 체제의 무장해제—을 달성해야 할 전쟁 목표로 명백히 했다. 이러한 정치적 책략들, 최소한 유엔안전보장이사회에서는 약발이 먹히지 않은 이 책략들은 분명히 군대 투입을 논박하는 쪽으로 작동했다. 그런데 이 경우에는 엄밀히 말해 전쟁이 정치를 종속시켰고, 클라우제비츠의 정식과는 반대로, 정치는 다른 수단을 통한

2_ 전쟁 중에 아일랜드 기업 트레이드스포츠(Tradesports)는 이라크 체제가 그 달 말까지는 버틸 것이라는 생각에서 전자 선물시장(electronic futures market)을 운용했다. 그들은 요즘 후세인의 체포, 빈 라덴의 체포, 그리고 이라크에서의 대량살상무기 발견에 대한 선물들을 운용하고 있다. http://sportstrading.com (30 April 2003).

3_ 전쟁을 달러와 유로의 대결이라는 점에서 본 것으로는 다음을 참조하라. Geoffrey Heard, "It's not about Oil or Iraq. It's about the US and Europe Going Head-to Head on World Economic Dominance." http://www.scoop.co.nz/mason/stories/HL0303/S00182.htm (30 April 2003). 이에 대한 반박으로는 George Caffentzis, "A Note on the Euro Explanation of the War." http://www.infoshop.org/inews/stories. php?story =03/04/19/9846210 (30 April 2003).

전쟁의 연속이 되었다. 1991년 걸프전은 국제법 위반을 공격 정당화의 명분으로 삼을 수 있었고, 1999년의 코소보 개입은 도덕적 정당화를 나름대로 추구하려 했지만, 2003년의 이라크 침공은 이와 반대로 정상을 참작할 만한 어떤 사전 환경의 조성도 없이 자행되었다. 이 전쟁은 명백한 선제공격이었고, 선행한 일에 대해서가 아니라 그 결과로부터 정당화 명분을 찾는 행동이었으며, 침략 자체가 정당하게 보일 수 있는 국제질서를 재조직화함으로써 그 정당성을 찾으려 했던 전쟁이었다.

하지만 정의의 문제는, 그리고 이번 이라크전의 경우에 보듯이 평화에 대한 권리로부터 정의에 대한 권리를 분리시키는 것은 전쟁의 동기들과 동일시될 수 없다.[4] 조르조 아감벤(G. Agamben)이 말했듯이, 만약 군사작전이 권리[법]에 반하여 비상사태 ─ 비상사태는 21세기 민주주의 국가들의 규범[정상상태, norm]이 되어버렸다 ─ 를 낳게 되면, 이 예외의 공간에서는 무슨 일이든 자행될 수가 있다.[5] 아마도 어떤 이들은 선진 자본주의 국가들에서 시민들의 자유에 대한 공격을 지적할 수도 있을 것이고, 내적 경찰과 외적 군대라는 경계의 붕괴를 지적할 수도 있을 것이며, 폭력의 상호적 순환을 정당화해주는 테러와 안보의 융합을 지적할 수도 있을 것이다. 또 국경통제의 강화와 노동력 이동의 제한을 지적하기도 할 것이며, 신경제-하이테크놀로지를 무기와 안보 산업에 쏟아 붓는 막대한 비용 쪽으로 돌리려는 시도라고 말할 수도 있을 것이고, 집중화된 에너지 자원들을 통제하려는 지정학적 술책을 지적할 수도 있을 것이다. 하지만 이들 중 그 어떤 것이라도 침략의 일차적 동기로 밝혀진다면, 전쟁을 정당화하려는 지도자들의 불일치하는 레토릭들만큼이나 혼란이 만연하게 될 것이다.

4_ 이라크 전쟁의 맥락에서 정의에 대한 권리(right to justice)와 평화에 대한 권리(right to peace)를 분리하는 것에 대해서는 2003년 4월 2일 베네치아의 건축연구소가 주최한 공개포럼 'Disobbedienza e guerra globale'에서 안토니오 네그리(Antonio Negri)가 기고한 글을 보라. 다음 주소에서 이 글을 볼 수 있다. http://www.globalradio.it/articles.php?lng=it&pg=1112 (30 April 2003).

5_ 영구적 비상사태와 이라크 전쟁에 대한 조르조 아감벤의 입장으로는 "Une guerre contre l'Europe," *Le Figaro* (7 April 2003), 그리고 "Der Gewahrsam. Ausnahmzustand als Weltordnung," *FrankfuterAllgemeine Zeitung* (19 April 2003)을 참조하라.

전쟁 목표는 다양한 의제들의 추구 때문에 흐려졌다. 그리고 이러한 의제들이 항상 경제의 합리성으로 환원될 수 있는 것도 아니다. 새로운 안보 정치에서는 판타지 자체가 핵심 역할을 한다. 최근 여론조사에 따르면 미국인들의 다수—표본의 6-70%에 이른다—가 사담 후세인(S. Hussein)이 2001년 9월, 뉴욕과 워싱턴에 대한 공격의 배후에 있었다고 믿고 있다. 마찬가지로 단지 17%만이 이 공격을 자행한 납치범 중 이라크 국민은 없었음을 인정했다. 이는 단지 잘못된 정보나 미디어 통제의 문제가 아니다. 단지 사실을 규명하는 것만으로는 이런 환상들에 포함된 이데올로기의 복잡한 작동에 맞설 수 없을 것이다. 문제는 지젝(S. Žižek)이 '무지에의 의지'(will-to-ignorance) 라고 부른 것, 즉 정서 수준만 아니라 인식 수준에서도 작동하는, 알지 않으려는(not-to-know) 강렬한 의지라고 할 수 있다.6) 이러한 무지의 정치적 의미를 분석하기 위해서는 이러한 앎에 대한 거부(refusal-to-know)나 국가의 충격적 행동에서 자기 자신을 분리시키는 안락함—이를 통해 기존의 특권을 유지시킨다—에 대한 호소를 면밀히 검토할 필요가 있다. 이런 방식을 통해서만 우리는 전쟁에 대한 공식적 정당화—무장해제, 인권, 정권교체—가 비밀스런(그리고 문제가 많은) 목적과 동기들로 이루어졌음에도 열렬한 지지자들을 얻는 이유를 적절히 추론해낼 수 있을 것이다.

유엔(UN) 밀쳐내기, 유럽연합(EU) 내부의 정치적 균열의 시작, 자원에 대한 지정학적 게임, 자본주의적 민주주의에서 주체들의 자유 축소, 미국 달러에 대한 방어—이 모든 것들이 전쟁의 감추어진 동기들이다. 하지만 이것들은 다양한 제도적 사회적 맥락 속에서 굴절되기 때문에 어떤 그럴듯한 순서로 배열하거나 하나의 일관된 국가 행위자로 귀속시키기 어렵다. 주지하듯이 최근의 전쟁들은 더 이상 주권 국가들 사이

6_ 여론조사 결과와 '무지에의 의지'에 대해서는 라디오 WBAI(New York City, 17 April 2003)에서 이루어진 헨우드(Doug Henwood)와 지젝의 인터뷰를 보라. 이 내용은 다음 주소에서 확인할 수 있다. http://www/leftbusinessobserver.com/Radio (30 April 2003).

의 갈등이라는 고전적 형식을 취하지 않는다. 분리주의자 그룹들이나 국제기구들, 초국적 테러리스트 네트워크 등과 같은 비국가 행위자들(non-state actors)이 전쟁에 개입하고 있다. 이라크 군사작전에서 별 주목을 받지 않은 측면 중 하나는 분쟁을 예전의 국가간모델(interstate model)로 재수용하려는 시도이다. 이러한 노력은 확실히 아부 사이야프(Abu Sayyaf), 알 카에다(al Qaeda), 제마 이슬라미아(Jemaah Islamiah) 등과 같은 탈중심화된 조직들과 싸울 때의 어려움을 보여주고 있다. 소위 '테러와의 전쟁'에서 가시적이고 인정할 만한 진척을 거두지 못했기 때문에 확실하고 명시적으로 완파시킬 수 있는 적, 즉 국민국가(nation-state)에 대한 공격이 필요했다. 하지만 이러한 국가간 전쟁으로의 회귀는 이제 비정규(혹은 비국가) 이라크군의 출현과 자살 폭탄과 같은 전술들의 출현으로 허물어지고 있다. 이 전술들은 곧바로 연합군의 문명화된 진격에 맞선 불법적이고 야만적인 것이라고 비난받았다. 하지만 이런 레토릭의 힘조차 침략/점령을 위한 단일하고 일관된 동기 따위는 없다는 사실을 감추지는 못했다. 온갖 상이한 이해관계를 가진 다양한 국가들(미국, 영국, 호주, 폴란드 등)로 구성된 연합군만이 아니라, 이들 국가 안에 존재한 다양한 그룹과 기관들도 서로 다른 쪽으로 강하게 나가고 있다(미 국무부와 국방부 사이의 갈등을 보라). 이런 차이들에다 세계를 자본 유통의 매끄러운 공간으로 만들려는 신자유주의적인 경제적 의제와 주권적 공안(sovereign police)의 명령으로 국경을 재건하려는 내셔널리즘적 안보 의제 사이의 점증하는 긴장이 덧씌워진다. 비록 안보가 영토들을 고립시키거나 차단하기보다는 현재 진행 중인 초국적 과정들에 개입하는 식으로 자유주의 이데올로기와 지구화를 전제하는 것은 사실이지만, 자본주의가 단지 시장을 향해 나가기만 하는 것은 아니라는 것도 사실이다. 얀 물리에르 부탕(Yann Moulier Boutang)이 설명한 것처럼, 자본주의는 '해방의 아바타이자 통제자로서…때때로 시장이라는 수로(canals)를 활용하는 일종의 통제 메커니즘으로서' 작동한다.[7] 자본과 안보, 시장과 공안 사이의 관계가 현재 재편되고 있는 상황에서, 국가가 자본의 집단적 이해를 매개하며 활용하는 탈영토화/재영토화의 단순한 동학 이상의 어떤 것이 중요한 국면에 처해 있다. 이렇게 말하는 편이 더 나을지도 모르겠다. 상호 얽혀 있는 통제의 두 형태 내지 두 측면—사회적 비오스[삶, bios]를 (양화시키고 통약가능한 관계들을 통해) 화폐의 일반적 등가물로 포섭하는 측면과 화폐의 가치를 기초짓기 위한 외부 장소 혹은 절대적 장소를 찾아나서는 측면(오늘날 전쟁의 영역)—사이에 긴장이 확대되고 있다고

별로 놀라운 일도 아니지만 금융자본과 안보 사이의 긴장은 세계의 유일한 초강대국이자 (EU와 경쟁하며) 세계 경제의 주요 지배자로 군림하고 있는 미국에서 가장 확연해지고 있다. 외교 정책에서의 거대한 일방주의의 지향, 군사분야에서 럼스펠드가 이끈 혁명, 금융자본을 희생시켜 산업자본을 증진시키기, 철강산업 같은 부문에서 보호무역으로의 선회(2001년 제노바 G8 정상회의 같은 국제 회합에서의 항의 때문에 신자유주의적 경제 의제를 지지하기는 했지만) 등이 조지 부시 행정부의 전형적 특징들이다. 스탠리 아로노비츠(Stanley Aronowitz)가 말한 것처럼, 9.11 무렵부터 이미 시작된 이러한 경향들은 금융자본과 외교부의 반감을 불러일으켰다. 아로노비츠는 이렇게 추론한다: '이 정부의 내셔널리스트적이고 우익적인 성격이 표면에 떠오르면서, (반세기 이상 국제주의적 성격을 띠었던) 외교부라든가 금융기업의 지도자들, 그리고 자신의 노선을 견지하고 있는 양당의 정치인들은 무엇보다 이 정부가 곤란에 빠져 있긴 하지만 여전히 강력한 산업자본의 분파들을 끌어들이고 몇몇 취약한 노조들과 사회적 우파의 새로운 연합체를 만드는 전략을 통해 결정적으로 권력을 이동시키려는 것은 아닌지를 우려하기 시작했다.'8) 이러한 금융자본과 내셔널리즘적 전쟁기계 사이의 불화가 낳은 효과 중 하나는 그들에게 충격을 준, 1999년 시애틀에

7_ Yann Moulier-Boutang. "L'art de la fugue," *Vacarme* (May 1999). 영어 번역 제목은 "The Art of Flight: An Interview with Stany Grelet"이며, 다음 주소에서 내용을 볼 수 있다. http://slash.autonomedia. org/print.pl?sid+03/02/07/1350202 (30 April 2003).

8_ Stanley Aronowitz, "Global Capital and its Opponents," in Stanley Aronowitz and Heather Gautney, eds., *Implicating Empire: Globalization and Resistance in the 21st-Century World Order* (New York: Basic Books, 2003), 179-95.

서 처음 표출된 대안지구화 운동의 연합 세력에서 산업노동자들을 떼어놓은 일이었다. 알래스카의 석유시추 같은 프로젝트나 전통적 에너지 산업(화력 발전 같은) 주위로 산업자본(그리고 산업노동자 일부)을 결집시키면서, 신보수주의 안보 엘리트들은 자신들이 금융자본의 지도자들―외무부와 마찬가지로 세계은행, 유엔 등의 기관들에 의해 체화된 국제주의에 묶여 있는 그런 금융자본의 지도자들―과 점차 멀어지고 있음을 깨닫게 되었다. 더욱이 미국 노동인구의 상당 부분이, 정부와 미디어가 새롭게 공모해서 조장하고 영속화한 9.11 이후의 애국주의에 말려들어감으로써, 클린턴 시대 신경제의 유산인 일상생활의 금융화 안에서, 아니 일상생활의 금융화에도 불구하고, 이같은 안보의제의 급격한 부상이 탄력을 받을 수 있었다.

이같은 [안보와 금융 사이의] 긴장은 미국에서 가장 두드러진 것이기는 하지만 최근 사회운동과 산업노동 사이의 동맹이 강화된 유럽에서도 나타나고 있다. 특히 부유한 서유럽 국가들(소위 구(舊)유럽)에서는, 미국 헤게모니에 대해 자율성을 주장하는 목소리, 프랑스와 독일이 이끌고 금융자본이 뒷받침하는 그런 자율성에 대한 주장이 어떤 대안적 권력 블록, 즉 시민권과 사회민주주의를 중시하는 그런 대안적 권력을 위한 공간을 열어줄지도 모른다는 생각이 나타나고 있다. 하지만 이러한 환상의 이면에는 모든 유럽 국가들을 통합하는 데 실패했음이 명백한 반미주의 정치가 있다(현재까지도 EU 바깥에 머물고 있는 폴란드나 불가리아 같은 동유럽 국가들만이 아니라 스페인과 이탈리아를 보라). 심지어 이라크 전쟁에 반대하면서 공식 제재를 주장하고 있는 독일과 프랑스의 경우에도 이러한 반미주의는 안보적이고 신제국주의적인 의제들에 대한 이 국가들의 지속적인 참여를 모호하게 가리는 역할을 하고 있을 뿐이다. 프랑스를 보라. 보수파 대통령인 자크 시락(Jacques Chirac)은 뿌리깊은 프랑스의 반미주의(반드시 반제국주의나 반자본주의로 이어지지는 않으며, 프랑스의 극좌와 극우를 모두 아우른다)를 불러일으킴으로써 자신에 대한 내부의 모든 저항들을 무력화시킨 한편 아프리카(특히 석유가 풍부한 콩고의 브라자빌[Congo-Brassaville])에서는 신제국주의적 모험을 감행했다. 이라크 전쟁이 초래한 결과 중 하나가 유럽연합 내부에서 화해할 수 없는 정치적 차이—이는 결코 미국 행정부에서 나타난 갈등에 뒤지지 않는다—가 나타난 것에 있다 할지라도, 이것이 유럽적 해법이 가진 미덕에 비추어 미국 일방주의가 보여준 잔인성을 비난하는 분석을 지지해주는 것은 아니다. 오히려 우리는 전쟁을 막을 수 없었던 유럽의 실패를 꼼꼼히 뜯어봐야 하며, 비록 전쟁에 대한 공식적 반대가 잘못된 동기에서 나온 것이긴 하지만, 그것은 다른 맥락(북한이나 이스라엘/팔레스타인, 그리고 시리아?)에서 전쟁이 내비쳐질 때 분명히 다시 나타날 대규모 초국적 반대를 따라서(그리고 거기에 반대해서) 나타날 수 있음을 알아야 한다. 전쟁에 대한 찬성과 반대를 유럽과 미국 사이의 경쟁 문제로 축소하는 것은 그것이 중동에 미치는 영향이라든지 국제질서를 광범위하게 재구축하는 데 있어 미치는 영향을 무시하는 것이다. 뿐만 아니라 그것은 미국과 그 앵글로 계열의 동맹국들, 가령 영국이나 호주와 같은 나라의 국경 안에서 일어나고 있는 반전 운동(그 정치적 한계나 윤리적 동기가 무엇이든 간에)이 국경을 넘어 초국적 수준에 이르는 것을 무시하는 일이기도 하다. 미국만큼이나 유럽도 금융자본과 안보정치 사이의 긴장이 격화함에 따라 찢겨가고 있으며, 전쟁 이후 나타난 내부의 정치적 분열로 경제력에 손상을 입고 있다. 이런 의미에서 더 이상 아메리카나 유럽 같은 것은 없으며, 단지 제국의 지구적 구성(constitution[헌정])안에서 상대적으로 위치를 부여받은 링크들이 있을 뿐이다.9)

많은 비평가들에게 미국이 주도한 이라크 공격은 비국민적(non-national)이고 지구적으로 구성된 제국10)이라는 안토니오 네그리와 마이클 하트의 유명한 논지를 기각

9_ 유럽과 아메리카의 (내적인) 탈구(disarticulation)에 대해서는 Franco Berardi(Bifo), "internazionale futura umanità," *rekombinant* 6 (March 2003). http://www.rekombinant.org/article.php?sid=2012 (30 April 2003); 미국의 흥미로운 대응 과정에 대해서는 McKenzie Wark, "The Untied States," <nettime> (11 March 2003). http://amsterdam.nettime.org/Lists-Archives/nettime-l-0303/msg00050.html (30 April 2003)을 참조하라.

10_ Michael Hardt & Antonio Negri, *Empire* (Cambridge, Mass.: Harvard University Press, 2000). 그 전쟁이

하는 국민적[민족적] 제국주의의 명백한 예였다. 실제로 전쟁 개시가 준비되고 있는 동안 네그리 자신이 미국에서의 내셔널리즘적 안보 정치의 고조를 '제국주의적 역류'(imperialist backlash)로 묘사한 바 있다. 이는 미국 일방주의의 발흥을 일종의 쿠데타로, 19세기 프랑스에서 루이 보나파르트가 반동적으로 권력을 장악한 사태의 반복으로, 이를테면 조지 부시의 브뤼메르 18일[11])로 볼 것을 제안했던 마이클 하트가 고안한 것이기도 하다. 그런 비유가 대단한 호소력을 가진 것은 사실이지만 그렇다고 해서 반드시 이라크 분쟁과 현재 미국 정부의 지구적 사명이 옛 유럽의 제국주의적 프로젝트를 반복하고 있다고 말할 수 있는 것은 아니다. 네그리는 부시의 일방주의가 '권력의 낡은 구조, 명령의 낡은 방법, 주권에 대한 독재적이고(monocratic) 실체주의적인(substantialist) 개념에 연결되어 있다'고 주장했는데, 하트는 '낡은 제국주의는 현 상황에서 핵심적인 것을 이해하는 데 도움이 되지 않는다'며 이런 주장을 재고하기도 했다. 하지만 둘 모두는 어떻든 새롭게 출현하고 있는 지구적 명령의 형태가 고전적인 국민국가 제국주의(nation-state imperialism)보다 분명하고 적극적인 우위를 갖는다는 『제국』의 초기 주장을 되살려내려 하고 있다. 현 상황을 '제국주의적 역풍'으로 이해하든지 쿠데타로 이해하든지 사실 별 차이는 없다. 여전히 남아 있는 것은 역사 변동의 진보적이고 거의 선형적인 모델이다. 이는 마치 클린턴 닷컴 시대에 출현한 제국이 유일하게 가능한 제국인 것처럼 보이게 만든다. 『제국』에서처럼 현재 지구 질서의 기원을 평화적 세계정부의 수립을 위해 노력했던 미국 대통령 우드로 윌슨까지 거슬러 올라가며, 하트와 네그리는 '영속적 지구전쟁'의 도래를 설명하기 위해서 마치 지금이 반동의 순간이고 기회주의적인 권력 장악이며 한마디로 '역류'인 것처럼

제국체제를 기각한다는 주장은 나열하기 어려울 정도로 많지만, 최근의 예로서는 Luigi Cavallaro. "Lo Stato dell'ordine imperiale," *Il manifesto* (22 April 2003): 13. 아프가니스탄 전쟁의 맥락에서 비슷한 주장을 편 것으로는 Timothy Brennan, "The Empire's New Clothes," *Critical Inquiry* 29 (2003): 337-65을 참조하라.

11_ Antonio Negri, "Il backlash imperialista sull'Impero. Intervista con Ida Dominijanni," *Il manifesto* (September 14 2002); Michael Hardt, "Il 18 Brumaio di George W. Bush," *Global Magazine* 1 (March 2003): 4-5.

페달을 거꾸로 밟아야 했다. 하지만 그들이 '혼합정체'(Mixed Constitution[혼합헌정])라고 이름을 붙인 『제국』의 중요한 장에서 제시한 지구적 정체(constitution[헌정]) 모델은 이상의 설명보다는 훨씬 더 유연하고 현재의 지구적 분쟁을 설명하는 데도 훨씬 더 적합하다고 할 수 있다.[12]

　　로마 제국을 '선한 권력'(good power)의 세 형태—군주정, 귀족정, 민주정—로 분할했던 폴리비우스(Polybius)식 혼합정체 모델(더 정확히 하자면 혼성정체(hybrid constitution) 모델을 참고하면 우리는 세 층으로 이루어진 지구적 명령을 그려낼 수 있다. 피라미드의 꼭대기에는 미국이 앉는다. 미국은 세계의 유일한 초강대국으로서 무력의 세계 독점을 통제하고, 주요한 지구적 화폐 기구들을 조정하고, 문화적 생정치적 헤게모니를 행사하는 군주 역할을 수행한다. 미국은 혼자서도 행동할 수가 있긴 하지만 그럼에도 다른 국가들과 협력하기를 원한다. 그래서 몇몇 부유한 국가들(G8이나 파리와 런던 클럽과 같은 기구들에 참여한 국가들)이 이런 군주적 권력을 휘두르는 데 보조 역할을 하게 된다. 지구적 명령의 두 번째 층(혹은 귀족정)은 지구적 유통을 걸러내고 인구들에 대한 훈육 권력을 행사하는 주권 국민국가들의 집합뿐만 아니라, 초국적 기업들이 세계 시장을 통해 확장해온 네트워크들도 포함하고 있다. 끝으로 피라미드의 세 번째 그리고 가장 광범위한 층(민주정)은 지구적 권력 배치에서 민중적 이해를 대표하는 그룹들로 이루어져 있다. 유엔, 그리고 미디어와 종교 기관들, 비정부기구들(NGOs)을 포함하는 지구 시민사회의 여러 기관들이 여기 들어 있다. 세 층으로 이루어진 이러한 거버넌스 모델(근대 자유주의 거번먼트에서의 행정부와 사법부, 의회와 같은)은 정교하게 고안된 견제와 균형의 체계가 작동하는 근대 국가의 입헌주의와는 다르다. 이 거버넌스 모델의 요소들은 그렇게 독립 기구들의 평형 상태로 조직되

12_ '혼합정체' 모델과 『제국』의 진보적이고 역사적인 화법에 대한 더 자세한 논평은 Sandro Mezzadra & Brett Neilson, "Né qui, né altrove: Migration, detention, desertion. A dialogue," *borderlands ejournal* 2. http://www.borderlandsjournal.adelaide.edu.au/vol2no1_2003/mezzadra_neilson.html (30 April 2003) 를 참조하라.

지 않았기 때문이다. 그 대신 여기에는 현행 권력 기구들 사이의 근본적 불균형을 낳는, 거번먼트 기능들 간의 뚜렷한 혼성이 존재한다. 지구적 군주의 힘은 통일된 세계 시장을 다스리며, 그 기능들은 생산과 유통의 복잡한 회로의 형성을 조건짓고 관장하는 귀족정의 기능들과 합쳐질 수밖에 없다. 그리고 이번에는 민주정의 기능이 군주정과 귀족정의 이 혼성 형태와 융합된다. (포스트포드주의 경제에서 잉여노동의 주요한 원천인) 사회적 협력 기구들과 동학을 통제 네트워크 안에 확실하게 봉쇄해두기 위해서는 그것들을 구성적으로[헌정적으로, constitutionally] 형식화해 두어야 하기 때문이다. 이상의 결과, 강한 긴장관계를 조절하고 균형과 불균형의 다양한 국면을 통과할 수 있는 지구적 시스템이 만들어질 수 있었다. 그래서 우리는 현재의 '영구적 지구전쟁'의 책략을 반동이나 '역류'의 순간이 아니라 공포의 일반화된 생산을 통해 지구 권력의 재조직화가 진행되고 있음을 보여주는, 일종의 불균형을 통한 이행, 일련의 재배치나 재조정으로 이해할 수 있을 것이다.

하트는 이러한 재조정을 **운 골페 넬임페로**(*un golpe nell'Impero*), 즉 일자적인[일방적인] 군주의 힘에 의한 권력 강탈과 그에 대한 다자적 귀족들의 복종이라고 묘사했는데, 이는 제국의 현재적 변동을 이해할 수 있는 하나의 방식을 보여준다. 하지만 그가 루이 보나파르트에 대한 맑스의 에세이를 환기시키며 구사한 수사학의 이점―이 궁정 쿠데타에서 어떤 당파의 편도 들지 않는 낙관주의의 절합―은 어떤 도식화의 대가를 치러야 했다. 군주정을 일자주의[일방주의]와 동일시하고 귀족정을 다자주의와 동일시함으로써 『제국』에 일찍이 발전시킨 모델에서 가장 강한 요소 하나를 잃게 만들었다. 그것은 바로 지구적 권력의 다양한 형태들의 혼성화(hybridization)에 대한 강조이다. 아들 부시의 '두 번째 제국'이 미국을 세계의 다른 강대국들로부터 분리시키고 국제적 협력을 불필요한 것으로 만들려고 한다는 하트의 주장은 확실히 지구적 **현실정치**(realpolitik)의 현 상황에 부합하는 면이 있지만, 이런 등식화로 남은 것은 [결국] 군주정과 귀족정 사이의 불화가 미국 자신을 떨어져나가게 해 '정상'(normal) 국가가 될 수 없게 만드는 방식뿐이다. 원래의 혼합정체 모델에서는 군주정의 외연이, 부유한 국민국가들(가령 미국이 어울리기를 선호하는 프랑스나 독일 같은 나라들)로 감싸여 있는 미국과 외연이 같은 게 아니었다. 마찬가지로 귀족정 역시 다자 권력―EU, UN 등등 ― 과 동일한 게 아니었고, 세계시장의 초국적 네트워크는 물론이고 세계 자본의 순환에 종속되어 있는 하위 국민국가들(G8과 같은 군주정 기구의 외부에 있는 국가들)까지 포괄한 것이었다. 이는 미국이 유엔 및 유럽과 사이가 틀어지고 있는 현지구적 상황을 군주권력과 귀족권력(일자권력과 다자권력) 사이의 단순한 불화로 해석하는 것과 관련해서 많은 문제들을 야기한다.

첫째, 현재 세계 상황은 쿠데타 테제가 내포하는 것보다 훨씬 복잡한 것이다. 여기엔 군주정의 내부 차원들에서의 권력 갈등(미국과 다른 G8국가들, 특히 소위 '의지의 연합'에 반대한 국가들 사이의 갈등)뿐만 아니라 지구적 대의민주주의 기구와 시민사회 기구들, 가령 유엔, NGO, 미디어 등을 예속화하려는 시도(그것들에 협력을 강요할 수 없을 때) 등이 포함된다. 둘째, 세계시장과 지구자본주의의 각종 기구들(초국적 기업, 세계무역기구, 세계은행, 국제통화기금 등)의 역할이 **골페 넬임페로** 모델에서는 특정화되지 않은 채 남아 있다. 이는 다른 수준의 공모관계를 모호하게 만든다. 이러한 귀족정 기구들은 미국 군사주의가 영구화를 획책하고 있는 신자유주의적 헤게모니를 관리하면서도 날 것으로서의 미국의 경제적 민족주의의 이익은 침해하고 있기 때문이다(자유무역에 대해서 부시 행정부가 대충 얼버무리는 것을 보라 ― 신자유주의적 교리에는 립서비스를 하면서도 국내에서는 보호주의 장벽을 세운다). 끝으로, 국제관계 담론(일방주의[일자주의] vs 다자주의) 안에 갇힌 쿠데타론은 '영구적인 지구전쟁'에서 행위자로서 국민국가들의 우선성을 전제하며 이 때문에 **국가들 안에서**, 그리고 **국가들을 가로질러**('국가들 사이에서'와 반대되는) 현재 일어나고 있는 제국의 재조직화를 보지 못하게 한다. 그 결과 골페 넬임페로 테제는 지구적 명령의 이러한 재조정이, 인간성과 국가성의 동일시를 거부하는 주체성의 평면, 즉 쉼 없이 생산적인 다중의 신체와 교차하는 방식을 밝히는 데 있어 별 분석력을 발휘하지 못하게 된다.

현재 전개되고 있는 자본과 안보, 시장과 공안의 싸움에서 다중의 역할을 추적하기 위해서는 '영구적 지구전쟁'을 더 일반적인 자본주의 변형과정(transformations), 특히 2000년 4월의 닷곤(dot.gone, 파산해서 사라져버린 인터넷 기업들을 가리킴-역자) 붕괴와 관련된 자본주의 변형과정의 맥락 속에 둘 필요가 있다. 이러한 시장의 파산은 사이버세계가 추동한 포스트포드주의 경제의 확장에 마침표를 찍게 했다. 그런데 이렇게 마침표를 찍게 된 이 사이버 포스트포드주의 경제는 전지구적 수준의 신자유주의 주권 기구들(세계은행, IMF, WTO 등)이 사람들의 일상까지 내려와서 (선진자본주의 국가들에서는 인터넷 중개업과 연기금을 통해, 그리고 세계의 빈곤 지역에서는 마이크로 크레딧을 통해서) 그 일상의 일부가 된 금융거래에 대한 자신들의 권력과 관행을 공고화해온 그런 경제였다.[13] 지구적 차원에서 부자와 빈자 사이의 불균형을 양산한 닷컴 붐에 대한 투기 거품은 자기준거적(autoreferential) 시장 작용, 다시 말해 개인투자자의 믿음이 중요한 게 아니라, 개인투자자가 다른 투자자들이 믿고 있음을 믿는다는 사실이 중요한 그런 영역으로 시장이 기능하면서 만들어졌다. 달리 말하자면 경제적 합리성이 가십, 언어 교환 혹은 인지적 노동 안에서 자신을 드러낸 셈이다. 크리스티안 마라찌(Christian Marazzi)가 주장한 것처럼, 중요한 것은 **일반지성**의 금융화, 다중의 생산 역량을 측정 가능한 소비대중의 성향으로 변형시키는 포획 과정이다.[14] 하지만 언어적 노동 능력을 주주의 부가가치로 변형시키려는 시도가 항상 성공적인 것은 아니다. 신경제의 위기는 이러한 금융적 포획 혹은 명령 장치에 대한 다중의 거부로부터 생겨났다. 특히 언어적 협력을 통한 (비물질적) 재화의 생산이 막

13_ 1990년대 일상생활의 금융화에 대해서는 Randy Martin, "Geography Financialized," in *Implicating Empire*, 211-28.

14_ Christian Marazzi, "Denaro e Guerra," in Andrea Fumagalli, Christian Marazzi & Adelino Zanini, *La moneta nell'Impero* (Verona: ombre corte, 2002), 41-98.

대한 부가가치를 생산하고 있는 새로운 기술 부문에서는 노동자 및 경영자의 이익과 주식 투자자의 이익 사이에서 긴장이 나타났다. 이 부문에서 노동자와 경영자가 받은 이익분배율은 (스톡옵션을 임금 비용으로 계산할 때) 약 73%였다. 이는 같은 기간 월스트리트에 상장된 상위 35개 업체의 노동자와 경영자가 받은 이익분배율이 20%였던 것과 좋은 대비를 이룬다.[15] 경영자들이 수익에서 상당한 부분(엔론[Enron] 사태와 더불어 표면화된 것처럼 정실자본주의[crony capitalism]를 통해 챙긴 부분도 있다)을 챙긴 게 확실하다 해도, 노동자로 흘러간 수익들은 시장이 추동한 금융자본주의(주주의 가치 모델)가 **일반지성**의 생산적·협력적 활동을 통제할 수 없음을 보여준다. 이런 의미에서 신경제 붕괴와 연이은 주주 가치 모델의 위기(이는 현재까지 진행 중이다)는 금융적 포획 메커니즘에 대한 다중의 저항을 보여주는 표시라고 할 수 있다.

신경제의 문제는 생산된 재화에 들어 있는 언어적 노동이 경제성장을 위해 자본이 계속해서 뽑아내야 하는 언어적 노동과 일치한다는 점이다. 이러한 일치는 다중의 신체(혹은 다중의 생산 역량/능력)를 재생산하기 위한 '발가벗은 삶의 노동'(bare life put to work)에 다름 아니다. (잉여) 가치의 추출은 언어적 노동능력의 발가벗은 삶을 가두어두는 것이 불가능해질 때, 그리고 (절대적 모호함 속에서, 신경제의 인지적 작업에 전형적인) 창조적/혁신적 노동의 **열정**(passion)이 이러한 단조로운 작업에 분노하거나 혹은 그저 의미 없는 삶의 방식에 대한 무관심에서 반란을 일으킬 때, 벽에 가로막힌다. 신경제의 경제 금융 위기는 다중을 여론(public opinion)으로 변형시키려는 시도에 대한 다중의 저항을 나타낼 뿐만 아니라, 금융화된 지구 경제의 정상 기능에 필요한 다중 신체의 추상화에 대한 다중의 저항을 보여준다. 지구적 차원에서 금융 기능을 위기로 몰아넣고 있는 것은, 지구화의 전제조건으로서의

15_ 2000년 1월 이후부터 계산한 이 수치들은 다음 자료에서 얻은 것이다. John Plender, *From Going off the Rails: Global Capital and the Crisis of Legitimacy* (New York: John Wiley & Sons, 2003); Quoted in Christian Marazzi, "La borsa valori del nuovo ordine imperiale," *Il manifesto* (14 March 2003).

다중이다. 어떤 의미에서는 이렇게 말할 수도 있을 것이다. 위기는 제국주의적 혹은 지구적 국가의 주권보다 더 강한 다중의 주권이 존재함을 보여준다고.[16]

'영구적 지구전쟁'이 뿌리를 내리기 위한 조건들도 다중에서 나온 자유에 대한 이 동일한 요구 안에 있다. 전쟁은 결코 궁중 쿠데타도 아니며, 지구 귀족정에 맞서 체니 (Cheney)가 이끈 그림자 정부가 꾸민 음모도 아니다. 전쟁은 다중의 자유와 열정에 대한 공격으로 나타났다. 이런 의미에서 그것은 9.11보다 먼저였으며, 심지어 부시의 일방주의를 보여주는 초기 조짐들(교토의정서나 국제사법재판소에 대한 서명 거부 등)보다도 먼저다. 베를린 장벽 붕괴와 함께 나타난 의기양양한 신자유주의 속에서 그것의 탄생을 볼 때 말이다. 설령 많은 사람들이 주장하는 것처럼 [최근의] 신안보 정치(new security politics)가 민주적 권리와 자유에 대한 직접적인 공격을 포함하고 있 다고 해도, 사실 그것은 지정학이나 군사전략의 논리를 반드시 따를 필요가 없는 일 련의 다양한 군사 작전들 중에서 가장 공공연한(그리고 정당화가능한) 것에 해당할 뿐이다.[17]

중국 공군의 고위급 장교인 치아오 량(Qiao Liang)과 왕 샨수이(Wang Xiansui)는 자 신들의 영향력 있는 저서『제한없는 전쟁』에서 현재 전쟁 경향이 훨씬 일반화되고 있다고 말했다. 즉 전쟁이 군대만이 아니라 비군사적 수단을 통해서도 수행되고 있 는 것이다.[18] 그들이 전쟁이 아닌 군사적 행동(즉 전쟁 상황이 아닐 때 무장 군대가 수행하는 임무들)과 함께 번성하고 있다며 제시한 비군사적 전쟁 형태들은 아주 광범 위하다. 즉 금융전쟁, 외교전쟁, 무역전쟁, 정보전쟁, 자원전쟁, 생태전쟁, 심리전쟁,

---

16_ Marazzi, "Denaro e Guerra," 76-77.(번역은 필자)

17_ 자유에 대한 공격으로서 전쟁을 뛰어나게 해석한 것은 Gore Vidal, *La fine della libertàà Verso un nuovo totalitarismo?* (Roma: Fazi Editore, 2001) 참조.

18_ Qiao Liang & Wang Xiangsui, *Unrestricted Warfare* (Beijing: PLA Literature and Arts Publishing House, 1999).

경제원조전쟁, 우주전쟁, 전술전쟁, 규제전쟁, 전자전쟁, 밀수전쟁, 제재전쟁, 게릴라전쟁, 마약전쟁, 미디어전쟁, 테러리스트전쟁, 이데올로기전쟁, 버추얼전쟁(전쟁억지) 등. 어떤 군사작전이든 이 방법들을 결합시켜 새로운 종류의 작전을 만들어낼 수 있다. 그래서 빈 라덴에 대한 군사작전의 경우에는 국가 테러전쟁과 정보전쟁, 금융전쟁, 네트워크전쟁 그리고 규제전쟁 등을 결합시켰다. 이라크전쟁의 경우에는 전통적인 군사적 전쟁과 함께 외교전쟁, 제재전쟁, 미디어전쟁, 심리전쟁, 정보전쟁 등등을 결합시켰다. 비군사적 전쟁의 새로운 형태들 중에서도, '이제 공식적으로 전쟁 무대의 중심'에 오른 금융전쟁이 핵심 역할을 한다.[19] 이 중국의 대령들은 1997년의 아시아 경제위기(이들은 이 위기가 조지 소로스의 '테러리스트' 행동 때문이라고 말한다)와 신대만달러(New Taiwan dollar)에 대한 리등휘(Li Denghui)의 연속적 가치절하(이는 홍콩 달러와 홍콩의 '레드칩 주식' ─ 홍콩 주식시장에 상장되었지만 중국본토의 이해관계에 의해 통제되고 있는 주식 ─ 에 대한 공격이었다)를 예로 들고 있다. 하지만 비군사적 전쟁의 책략이 무엇이든 간에, 이와 같은 갈등의 일반화 속에 나타난 지배적 경향은 전쟁 작전들이 점점 일상생활 형태에 깊이 연관되고 있다는 점이다.

명확히 해둘 점은 새로운 무기 개념이 일반인들의 삶에 긴밀히 연결되어 있는 무기들을 창조하는 과정 속에 있다는 사실이다. 일단 우리가 말하려는 첫 번째 사실은 다음과 같은 것이다. 즉 새로운 무기 개념의 출현이 분명 미래 전쟁을 일반인들은 ─ 심지어 군인들조차─상상하기 어려울 수준까지 올려버릴 것이다. 그 다음 우리가 말하고 싶은 것이 다음과 같다. 즉 새로운 무기 개념으로 인해 일반인들이나 군인들은 깜짝 놀랄 것이다. 자신들과 긴밀히 연관되어 있는 일상의 흔한 것들이 전쟁 시의 무기가 될 수도 있다는 사실 때문에 말이다. 어느 날 아침 사람들은 아주 부드럽고 상냥했던 것들이 공격적이고 치명적인 특성들을 갖기 시작했다는 사실을 알고는 깜짝 놀랄 것이다.[20]

19_ Ibid., 51.

중국의 대령들이 강조하는 것은 비군사적 전쟁의 새로운 형태가 보여주는 **공동성**(commonality)—즉 커뮤니케이션과 지식생산, 언어적 협력에 근거하는 새로운 치명적 [살상을 동반하는] (그리고 비치명적) 전투 방법이 고안될 가능성이다. 마라찌가 설명하는 것처럼 새로운 전쟁의 근본 원리들은 금융 지구화에서 주권의 위기로 야기된 것과 동일한 문제를 제기한다. '어떤 것도 무기로 사용될 수 있다는 사실, 즉 새로운 무기들의 **어느 것도 좋음**(whatever-ness)이라는 성격은 **일반지성**의 생산적 잠재성과 같은 것이다—이 둘은 모두 잠재성의 영역, 즉 선개체적 실재(pre-individual realities)의 근저를 이루는 역량의 그물로부터 나온 것이고, 또 발가벗은 삶과 언어적(커뮤니케이션 관계의) 기술들에 뿌리를 두고 있고, 지구 사회 곳곳에 퍼져 있다.'21) 마치 화폐형태 자체가 인간적 공동성의 인공적 표명이면서 동시에 명령의 메커니즘인 것처럼, 이 새로운 전쟁 형태들도 '비군사적 전쟁 장치들과 자유를 욕망하는 다양체가 공존하는 회색 지대22)에서 전개된다. 달리 말하면 '영구적 지구전쟁'은 다중의 살(flesh) 위에서 스스로를 영구화하며, (신경제와 똑같이) 인지노동의 커뮤니케이션적이고 언어적인 지성 안에서 번성하지만, 동시에 이러한 공동성이 내재하고 있는 통일된 지구적 공간을 파탄내고 조각내버린다.23)

다중의 시각에서 뒤집어 보면, 현재 진행 중인 금융자본과 안보, 시장과 공안 사이의 긴장들은 정확히 지구적 공모관계의 표명이다. 이러한 갈등들은 제국에 내적인 것이고, 설령 자본과 주권의 경쟁하는(그리고 모순되는) 신호들 아래서 자신들의 충

20_ Ibid., 26.
21_ Marazzi, "Denaro e Guerra," 61.(번역은 필자)
22_ Ibid.(번역은 필자)
23_ 전쟁 기계가 다중의 지성 안에 존재하는 방식에 대한 좋은 예는 랜드사(RAND Corporation, 국립국방연구소[National Defense Research Institute])에서 나온 군사 씽크탱크 전략의 영향력 있는 저작, 즉 John Arquilla & David Ronfeldt, *Swarming and the Future of Conflict* (Santa Monica: RAND Corporation, 2002)를 참조하라. 소규모 무장 부대의 정보 네트워킹에 기반한 '전투벌떼'(battleswarm)라는 새로운 독트린의 제창에 대해서 아킬라와 론펠트(Arquilla & Ronfeldt)는 미군을 위해 자신들이 최근 멕시코의 사파티스타(Zapatistas)와 1999년 시애틀의 반자본주의 시위대가 발전시킨 전술들을 사용했다고 밝히고 있다.

성을 재조정해야 하는 세계의 정치적 금융적 엘리트들에게는 대혼란으로 읽히더라도, [기본적으로는] **일반지성**의 생산적 평면에 파괴적 효과를 미친다. **골페 넬임페로**의 이러한 공모관계의 어떤 것을 포착하고, 이러한 불협화음의 엘리트주의적이고 비민주적인 본성을 깨닫게 해주기는 하지만, 통제사회로부터 디지털화된 안보사회로의 이행을 살아내면서 다중이 직면하고 있는 위험들을 보여주지는 못한다. 이러한 위험들은 우리가 현 세계 질서의 재조직화를 미국과 유럽, 군주와 귀족, 일방주의와 다자주의의 결전으로 이해하는 한 그냥 묻힌 채 드러나지 않게 될 것이다. 확실히 미국 행정부가 국제기구들과 조직들을 열외시키기로 했고, 이것이 국내는 물론이고 국경을 가로질러 금융자본과 외무부 중량급 인사들을 소외시켜온 것이 사실이다. 하지만 '영구적 지구전쟁'에는 미국의 제국주의적 내셔널리즘을 강조하는 것에 머물러서는 안 될, 그 이상의 중요한 어떤 것이 있다. 마치 화폐가 그 자체로 특수한 상품이면서 동시에 모든 상품들의 일반적 등가물인 것처럼, 미국 주권 역시 특수한 주권이면서 동시에 지구화된 세계에서 모든 주권들의 일반적 등가물이라고 할 수 있다. 우리는 시장과 공안 사이의 현재적 불화를 이런 관점에서 이해해야 한다. 그것은 제국 네트워크에서의 그들의 공모관계를 추적함으로써만 다중의 신체 안에서, 그리고 다중의 신체에 대항해서 이루어지는 그들의 이중 작용을 파악할 수가 있기 때문이다.

Brett Neilson, *"The Market and the Police: Finance Capital in the Permanent Global War"*

흔 적
TRACES

Part 3

새로운 제국의 노모스

제국주의의 지배와 생성중인 세계-국가

자크 비데

영어번역: 박소영 · 강내희

세계 국가는 아직 존재하지는 않지만, 그래도 그 징후들은 이미 우리 곁에 있다. 사멸 후 한참 뒤에야 그 빛을 우리가 보게 되는 죽은 별의 표면 이미지처럼, 세계 국가가 아직 태어나지는 않았어도 우리는 이런저런 방식으로 그 영향 아래 있는 것이다.

나는 여기서 "행운의 별"이나 "희소식"에 대해 이야기하려는 것이 아니다. 그 대신 "우리 면전에서" 말하자면 제국주의 영역 안에서 그것과 공생하면서도 모순관계를 맺으며 출현하고 있는 어떤 것을 보여주고자 한다.

세계를 위한 어떤 "착한 정부"를 위한 설교를 늘어놓거나 어떤 "유토피아", 현실주의적인 유토피아조차 제시하기 위함도 아니다. 오늘 우리가 이곳에서 다루고 있는 것은 무엇보다도 일단 국가인 것이지 "정부"나 "거버넌스"는 아닌 것이다. 그리고 이 국가는 사회적 국가나 권리의 국가가 아니라 계급의 국가로 이해되어야 한다. 더 정확하게 말하자면, 잘 감지되지는 않지만 그래도 이미 의미심장한 방식으로 국민-국가와 유사한 무엇인가가 한 역사적 시기의 종말을 나타내면서 세계-국가의 모습으로 우리의 눈앞에 모습을 드러내고 있다.[1]

공유되는 어떤 기획의 구도에 속하는 이런 생각은 (중심/주변의 다국적 절합을 가진) 세계체계에 대한, 오늘날의 신-자유주의적 질서와 이 질서의 너무나 극적이고 위태로운 전개를 대상으로 하는 중요한 작업에 속한다. 내가 세계시민운동의 집단적 사고를 구성하는 패러다임 어떤 것도 소홀히 하지 않은 것은 그 때문이다. 또한 앞으로 보게 되겠지만 나는 계속 생명력을 성장시켜 나갈 **국민-국가들**, 거의 자족적으로 보이며 앞으로 오래 지구를 구획할 것으로 보이는 **대륙 집단들**(EU, NAFTA 등), 그리고 특히 3인방(미국, 유럽, 일본) 형태로 세계를 깊숙이 구조화하는 **제국주의**도 간과하지 않았다. 내가 제시하고 싶은 가설은 이들 명확한 진술을 외면하지도, 이들 주요 사실과 모순되지도 않는다. 혹자는 이런 사실들로써 내 테제를 반박하고픈 유혹을 느끼겠지만, 나는 그 사실들에 대해 장기에 걸쳐 일어나는 "세계-국가" 경향과의 변증법적 관계가 있음을 보여줄 것이다. 이 분석은 완벽을 기하기 위해 지구의 사회적 삶 전체를 고려해야 한다. 하지만 나는 문제의 문화적, 과학적, 생태학적 측면은 다루지 않을 것인데, 그것은 경제적이고 법적-정치적인 문제들에 초점을 맞추기 위함이다.

"제국주의" 주제가 중심에 놓여야 한다. 제국주의는 하나의 과정으로 이해되는 "세계체계"—중심들/주변부들—를 의미한다. 예컨대 "아메리카 제국"이라 말할 때 "제국"으로 명시될 수 있는 것은 "세계체계" 안에서 일어나는 어떤 특정 현상이다. 세계

1_ 이 텍스트의 첫판은 제3차 국제맑스대회(Congrès Marx International III, Paris, 2001)에서 처음 제출되었다. 아니 비데-모르드렐(Annie Bidet-Mordrel)에게 논평과 비판을 해준 데 대해, 마르셀로 코헨(Marcelo Kohen)에게 반대와 수정을 해준 데 대해 감사드린다. 나머지 실수는 모두 내 책임이다.

여기 제시된 분석—1991년의 내 논문 "Demain, le Sur-Etat?"(「내일, 초-국가」, Paris: PUF, 1991) 이래 작업해온 주제를 바탕으로 한—은 나의 책 *Théorie générale*(『일반 이론』, PUF, 1991) 제6장 "Le systeme du monde"(「세계 체계」, 233-306)에 있는 더 체계적인 예증에 근거하고 있다. 이 분석은 최근 나온 *Empire* (Cambridge, MA: Harvard University Press, 2000)에 제시된 마이클 하트와 안토니오 네그리의 분석과 정면 대립한다. 철학적 층위에서, 나의 분석도 사실과 규범들을 함께 내재성 관계로 사고해야 한다는 필요를 느낀다. 그것은 그래서 이제는 "메타구조"(이 용어의 의미는 점차 분명해질 것이다), (계급)구조, (세계)체계, 사회적 실천 등을 잇는 배열을 통해 변증법적으로 이해되는 스피노자적 전제들 일부를 공유하기도 한다.

체계는 그러나 그 자체가 "제국"은 아니다. 오늘날 유행하는 "제국"이라는 주제가 제국주의 주제를 은폐해서는 안 되는 이유가 이것이다. 전자에 대해서는 짧은 진술 하나만 추가하려고 하는데, 이 진술은 아주 장기적인 차원에 관한 것이다. 이 짧은 진술은 그래도 그것 없인 어떤 함께-삶도 없어질 집단행동에 관한 사유의 정교화, 즉 "인류의 정치학"의 정교화와 관련하여 이미 상당히 중요한 측면을 갖고 있다. 나는 지켜낼 수도 없는 어떤 세계-국가 건설을 위해 일하는 것이 좋은 척 굴지는 않는다. 그보다는 국가라는 계급 권력이 우리 등 뒤에서 세계적-규모로 어떻게 역사 속에 등장할 수 있는지, 그리고 그것이 제국주의에 대해, 또 그것에 맞선 계급 및 인민의 투쟁에 대해 어떤 관계를 맺고 있는지 알고 싶다.

세계적 규모의 (형성 중) "국가"를 갖는다는 것은 어떤 의미인가?

제국주의와 **세계 국가**라는 용어 사이에는 분명 서로 다른 개념 지형에서 발생하는 모순이 있다. 레닌의 위대함은 제국주의를 분석 핵심에 두고, 자본주의 시대에 『공산당 선언』 이래 사회주의 운동이 주장했듯이 계급의 균열을 중심으로 절합되었을 뿐만 아니라, 비견할 수 없는 폭력과 세계적 해방 가능성을 지닌 중심/주변의 균열을 따라서도 절합되어 있는 혁명적 과정을 구상하였다는 점이다. 그런 위대함은 무엇보다 1920년 아제르바이잔 바쿠의 동방인민회의에서 분명해졌다. 사미르 아민, 임마누엘 월러스틴 등 1960년대, 1970년대의 제3세계 이론가들은 브로델과 함께 **그 기원에서부터** 자본주의는 결국 일반화가 이뤄진 어떤 모델에 따라서 유럽에서 발전한 하나의 전체에 속한 실체들(국민 국가들이 뒤따르는 원형 국가들) 각각에 영향을 주는 특정한 계급 **구조**를 통해서, 그리고 동시에 같은 척도로 그 실체들에 의해 형성된 **체계**를 통해서, 그 실체들의 상호관계를 통해서, 위계적 지배관계에 놓인 중심들/주변부들의 체계를 통해서, 혹은 다른 말로 하자면 제국주의를 통해서 스스로 규정되었다는 사실을 강조하면서 장기적 전망을 넓혔다. **자본주의는 (계급)구조인 동시에 (세계)체계다.** 근대에 들어와서 개인들 간의 관계는 민족들 간의 (체계적) 제국주의 관계와 더불어 국민국가 내부 계급의 (구조적) 관계에 의해 중재되고 이들 관계는 갈수록 중첩을 이룬다. 그러나 그것들은 결코 혼동해서는 안 되는 두 종류의 관계다. 제국주의는 세계국가의 형태도 갖지 않고 따라서 기능적 양상도 갖지 않는다. **"국가 제국주의"**라는 표현은 따라서 용어상의 모순을 대변하는 것 같은데, 앞의 용어는 **구조적** 형태(주어진 사회구성체의 계급 구조)를, 뒤 용어는 **체계적** 의미(세계체계)를 가리킨다. 그러므로 분석은 확장되어야 한다.

우리는 사실상 **삼중의 인식론적 장애**와 대면할 필요가 있다.

1. 첫 번째 장애는 명시적 형태의 국가, **스스로 법치국가임을 선언하는** 국가와 관련된다. 근대국가는 **추정상** 자유롭고 평등하며 합리적이라고 하는 존재들을 통합한다(**선언**). 그리고 이러한 조건들이 법치국가의 형태로 실현되었다고 선언한다(**부인**). 이 선언이 부인에 해당한다는 것이 우리가 곧 다룰 문제다. 그러나 근대국가에서는 국가가 그렇게 나타나는 한 모든 개인은 **추정상** 공통의지에서 유래하는 것이고, 이 점은 입헌과정을 통해 그런 것으로 증명되어야 한다(대체로 환상에 지나지 않지만). 합법적이라 여겨지는, **추정상** 만인에 의해 수립되었다는 어떤 권위가 존재하는 것은 이런 의미에서다. 사실상 세계체계에서 그런 종류의 것은 존재하지 않는다. 세계적 차원에서는 모두에 의해 동등하게 수립된 공통권력, 절대권위에 대한 선언은 없다. 또한 특징을 쉽사리 파악할 수 없는 "관습"의 지배를 제외하고는 모두가 수용하는 지배도 없다. 알다시피 근대국가들은 결국 자신들이 철회해버릴 수도 있는 협정 형태로 인정된 것을 제외하고는 자신들 위에 어떤 가설적 권위가 있다고 여기지 않는다. 그리고 다른 국가들을 지배하는 국가들은 과시하듯이 그런 권력을 독립체로서만 인정하고 있다. 이것이 "국가제국주의"라는 관념이 받아들여지기 어

려워 보이는 이유다.

2. 대립되는 견해들을 지닌 사람들이 역설적으로 공유하고 있는 **세계-국가**라는 관념을 배제해야 하는 또 다른 이유는 국가와 **사회적 국가** 사이에 있다고 하는 긴밀한 관계에서도 발견된다. 자유주의 관점에서는 사회적 국가가 붕괴되면 국가 자체가 종말을 고하고 개인이 국가로부터 자유로워진다고 생각된다. 자유주의에 대한 "사회적" 비판 관점에서 볼 때 사람들은 진정으로 근대적인 국가는 정도의 차이만 있을 뿐 본질상 "사회적"이라고 가정한다. 대립적 견해들이 이렇게 수렴된다. 세계적인 **사회적 국가**는 없기에 세계국가는 불가능한 것이다. 혼동은 다시 국가 개념 자체에 있게 된다. 여기서 자유주의 이데올로기의 강점은 국가에 대한 표면상의 비판 형성에 엄청난 무게를 둔다는 것이다. 자유주의는 "국가"를 폐지하는 척 하면서, 맑스가 폐절시키려 했던 **계급 국가**를 강요한다. **계급에 대해** 더 많은 억압과 더 많은 국가주의적 폭력을 만들어내고 **계급의** 국가를 더 많이 만들어내면서 "더 적은 국가"를 말하는 것이다. 자유주의 국가의 본질은 그것이 계급-의-국가이기 때문에 그런 국가로서는 드러나지 않고, 경제적 교환, 개인 간의 계약이라는 추정적인 자연-합리성 하에, 즉 우리가 그로부터의 장벽, 즉 인간해방으로의 길에 가로놓인 장벽만 제거하면 되는 "시민사회"의 저 훌륭한 사회적 유대 하에 은폐되어 있는 계급-의-국가이기 때문에 비-국가 모습을 띠고 나아간다는 것이다.

3. 사실상 여기에 진정한 이론적 어려움이 놓여있다. 그 어려움은 국가 개념이 세계적 차원에서 보면 사회적 국가라는 익숙한 경험적 형태들에 상응하는 것도 아니고, 그렇다고 법치국가라는 관념에만 상응하는 것도 아니라는 사실에 있다. 이 어려움은 무엇보다도 **계급국가**와 관련되어 있는바, 이 국가는 부인으로 은폐되어 있고, 실제적이면서도 "국가기구"—계급투쟁의 결정적 장소이자 지배와 타협의 제도 전반—에 의해 드러나지 않는 국가다. 문제는 사실상

계급국가는 "비가시적"이라는 점이다. 국가는 사회계급들만큼이나 비가시적이다. 계급들은 물론 예기치 못한 잔혹한 방식으로 지각 가능하며 온갖 곳에서 영속적으로 재등장한다. 개념적 비평이 사회적 투쟁을 통해 형태를 갖추며, 일상의 요구 그리고 궁극적으로는 매체담론을 통해서도 표현되는 사회적이고 역사적인 분석에 의해 정교해진다. 그러나 계급들은 상품의 물신성 아래 놓인 인간노동 관계와 마찬가지로, **보이지 않으면서** 보인다. 계급은 자신의 본 모습, 즉 그로부터 사회의 모순과 활동이 이해될 수 있는 역사적으로 결정된 사회형태 속의 핵심 균열로서 보이지 않고 오히려 높고 낮은 사회 부분 간의 영속적(이고 자연스러운) 분리의 불가피한 회귀로 받아들여진다. 그리고 계급들을 포함하는 **국민**국가 관계 또한 자신의 본 모습으로 즉 계급관계로서 지각되지 않는다. 그 이유는 국가 관계란 **실제로**(필요하다면 그것을 강화하는 폭력 너머 그것의 수행 효과라는 강한 의미에서) **사법적 담론**—어느 누구도 그에 대해 무지하게 굴 수도 그에 맞설 수도 없는—**으로서** 제시된다는 데 있다. 사법적 담론은 계급투쟁의 산물이면서도 계급은 어떤 것도 인정하지 않고 오직 개인들만을 인정한다. 그것은 따라서 어떤 계급적 국가장치도 인정하지 않으며, 개별적이건 연합적이건 우리의 모든 상호작용을 규정하는, 공통된다고 추정되는 제도들만을 승인한다. 따라서 오직 "경제비판"(맑스가 제안한)과 문화비판만이, 비판적 사회학만이 계급을 나타나게 하고, 그리하여 (학술적, 매체적, 금융적 성격 등의) **사적인** 제도들과 공적인 제도들을 통해서 계급국가의 권력으로 작용하는 계급권력을 드러나게 할 수 있다. 국가형태를 향하는 경향성인 "국가성"(stateness)은 이런 의미로 이해되어야 한다. 우리는 국가형태가 저 멀리 수평선 너머 세계적 규모로 등장하고 있음을 보여주고자 이 용어를 사용할 것이다. 그래도 법의 "국가성"과 변증법적 관계를 이루는 **계급의 세계적 국가성**과 같은 식으로 말이다.

이제 우리는 여기서 개진되는 테제를 이해하기 시작한다. 우리가 얘기하고자 하는 국가는 "법치국가"나 "사회적 국가"가 아니라 권력과 법의 변증법적 관계에 의존하는 잠재적 모순이라는 조건 속에서만 제국주의의 도구가 되는 "계급국가"다. 우리는 근대 자본주의의 절정기, 따라서 세계체계를 구성하는 국가들의 다원적 형태로 나타났지만 이번에는 변함없이 장기지속의 지평에서 세계적 규모로 자신을 정교화하는 세계-국가로 나타나는 "근대국가"의 출현기인 "극근대성"(ultimodernity) 시대에 살고 있다. 이것은 제국주의의 종말이라기보다는 제국주의가 계급의 초기 국가성을 통해 폭발함을 의미한다. 한없이 유약하지만 그래도 그것을 이해하려면 국가라는 강력한 개념을 필요로 하는 그런 국가인 것이다.

명확성을 위해 "메타구조/구조/체계/세계 국가성/사회적 실천과 경향들"이라는 일련의 용어들을 따라 어떤 여정을 추적하고 있는 나의 책 『일반 이론』(*Théorie générale*)으로부터 시작해서 내가 맑스주의 담론에 도입한 개념 배열—이에 대한 반향은 이 책에 기고하고 있는 필자들에게 제안된 주제에서도 찾을 수 있다—에 대해 여기서 한 마디 할 필요가 있겠다.[2]

구조/체계의 쌍은 앞서 보았듯이 "계급구조"와 "세계체계" 간의 관계라는 (누구보다 이매뉴얼 월러스틴이 잘 설명한) 통상적 의미에 따라 이해될 수 있는데, 여기서 "구조"는 다양한 국민-국가들에 공통되는 (추상적) 형태를 가리키고, "체계"는 이들 국민-국가들 전체의 (구체적) 역사-지리적 형태다. 나는 계급 선언과 계급 부인의 근대적 구조에 내재하는 자유-평등-합리성의 전제를 지칭하기 위해 **메타구조**라는 신조어를 만들어냈다. 그러나 이것은 내가 고안한 관념은 아닌데, 왜냐하면 자본주의

2_ 내가 여기서 언급하는 것은 PUF에서 발행될 *Explication et reconstruction du Capital*(『『자본』 해설과 재구성』)로서 이 책은 *Théorie générale*(『일반이론』)및 *Que faire du Capital?* (『『자본』을 어떻게 할 것인가』, Paris: PUF, 2001)과 더불어 새로운 유형의 맑스주의를 설명하는 삼부작을 이룬다. 내 견해에 대한 일반적 소개는 J. Bidet and E. Kouvélakis, *Dictionnaire Marx Contemporain* (Paris: PUF, 1999)의 첫 항목인 "Topologie d'une alternative"에서 제공하고 있다.

적 계급 구조란 이 메타구조의 "전도"로서만 분석적으로 이해될 수 있음을 보여준 것은 사실 맑스이기 때문이다. 즉 자본주의적 계급 관계들은 하나의 착취 관계 안에서 교환주의적이라고 널리 선언된 어떤 관계의 구조적인, 즉 언제나 이미 효율적인 변형(Verwandlung)으로만 이해될 수 있을 뿐이다.(『자본』 1권을 보라. 여기서 우리는 시장의 평등 관계가 그 대립으로 "변환"하는 문제를 다루는 제2편을 통해서만 메타구조 층위인 제1편에서 구조적 층위인 제3편으로 나아가게 된다.) 맑스는 더 "구체적인" (근대적) (계급) 구조의 계기는 "자신의 대립으로서 되돌아오는" 사회-정치적 상품관계의 더 "추상적인" (혹은 "메타적") 계기로부터만 드러날 수 있음을 보여준다. 이렇게 해서 그는 경제-정치적인, 즉 변증법적인 한 개념을 제안한다. 구조적 조건들과 모순들을 통해서만 이해될 수 있는 적대적 사회적 실천들은 자신들이 끊임없이 의문에 붙이는 이 메타구조를 지속적으로 가리키고, 그 내용을 혁신시킨다.

　나로서는 근대성의 실재적 토대가 아니라 준거적 토대인 이 메타구조가 (맑스가 시도했던 것처럼) 상품관계라는 단일 형태를 통해서보다는 그 구조의 두 얼굴 즉 시장과 조직(경제적)이라는 한 얼굴과 우리들 각자 간 그리고 만인 간의 계약성(사법-정치적)이라는 다른 한 얼굴에 따라 간-개인적인 것과 중심적인 것 두 극단 간의 관계를 통해서만 제대로 이해될 수 있음을 보여주고자 했다. 이 "양극적" 메타구조적 이중성은 한편으로는 (시장과 조직 간의 모든 가능한 조합들을 지닌) 합리적 "이해"와 관계되고 다른 한편으로는 (각 개인에게 허용된 그리고 합의에 도달하기 위해 만인 전체에게 허용된 자유가 지닌 적대적, 상호적 연관관계를 지닌) 정치적 "이성"과 관계되는바, 나는 그것이 계급의 자본주의적 구조, 따라서 계급국가 내부에서 이들 복잡한 전도를 조절한다고 믿는다. 메타구조/구조라는 이 쌍은 "세계체계"와 세계-국가에 의한 그 체계의 실질적 극복에 대한 열쇠를 제공한다. 그러나 여기서 그 전체 이론을 개진할 수는 없다. "메타구조"가 (전통적으로 정치 제도들을 가리키는) "상부구조"로 이해되지 않는다는 것을 강조하는 것으로 충분할 것이다. 우리는 국가(혹은 국가성) 개념이 이때는 메타구조적 질서(선언-부인)를, 저때는 다시 구조적 질서를 가리키며 이들 두 질서 사이의 변증법적 관계들을 겨냥하는 것임을 잊지 않고 지적할 필요가 있다.

세계적 경제 제도 대 국제적 경제 제도

제국주의적 경제 세계화

"세계화"로 일컬어지는 이 역사적 변이 속에서 실제 결정요인들 전체를 설명하는 것보다 복잡한 것은 없을 것이다. 나는 여기서 새로운 정보를 제공하기보다는 특히 "세계 시민운동" 포럼들에서 오늘날 표현되고 있는 맑스주의의 영감을 받은 경제에 의해 드러난 사실들을 그 가장 일반적인 의미에서 이해하고자 한다.

나는 이 현상이 생산력의 사회적 발달에 근거해서, 다시 말해 기술적 진보에 기인하는 추상적인 진화적 경향이 아니라 생산형태와 사회형태 사이의 상호관계(비록 양립불가능한 시간성들을 따르기는 하지만)를 통해 이해될 수 있다고 가정하겠다. 오늘날 작동중인 생산력은 포드주의에서 포스트포드주의에 이르는 자본주의의 특정 국면에 고유한 생산관계들을 통해 발전해온 것이다. 그러나 이들 동일한 생산력은 자신을 만들어낸 사회적 관계들 자체와 제도들에 의문을 제기한다. 사회-문화적, 사법-정치적, 그리고 기술적인 것들 사이에 중첩 관계들이 생기는 것은 이 때문이다. 이 기술적 체계적 단계(여기서 "체계"란 여기서 계속 사용하는 "세계 체계"라는 의미다)에서 성공을 거둔 회사들은 내재적 상승효과를 위해 선택한 지역에 완전히 고착된 자세로 정박하기보다는 최상의 이윤 장소를 선택하며 원료 추출에서부터 생산, 마케팅, 관리, 금융에 이르는 수많은 성분들을 조정함으로써 지구 전역에서 확고한 입지를 갖출 수 있었던 회사들이다. 이 회사들은 새로운 생산조건들을 어떻게 이용할지 아는 회사들이다. 근본적으로 더 복잡한 형태의 지식을 갖추고 더 큰 규모로 이루어지는 강제적 생산과정 "조직", 생산물의 증대하는 "비물질적" 측면, 정보의 무매개성, 더 낮은 운송비용 등 이 모든 것이 컴퓨터로 하여금 노동 분할의 지배과정, 과업의 사전결정과 통제, 그리고 심지어 생산행위까지 탈영토화하도록 한다. 이 회사들은 중심부 제도들을 식민화하고 주변부의 부패한 것들도 통제하는 최대능력을 갖춘 회사들이다. 금융자본이 신-자유주의의 길을 갈 수 있었던 것은 이런 조건들 때문이다.

경제적 세계화가 지배적인 현상인 것으로 보인다. 물론 무역은 주로 "3인방"의 거대 구역 내에서 일어난다고 주장할 수 있다. 그럼에도 불구하고, 세계무역이 "국제적"이길 그치고, 즉 서로 다른 나라의 회사들 간에 이루어져 (이미 전체의 2/3 비율에 이르도록) "초국적 기업들"의 일이 되었다는 의미에서 세계화가 지배한다. 세 생산의 핵심을 지배하며(상위 200개 기업이 이미 이 생산의 1/4을 확보했다) 이들 회사는 모든 수입 장벽의 소멸을 보장하고, 모든 부와 활동을 시장의 몫에 넘기고, 국가의 자국 영토 내 경제적 권한들(사실 매우 불평등한 것이지만)에 종지부를 찍을 보편적 법칙의 지배를 장담한다.

여기 제시된 테제는 모든 경계의 말소라는 불평등하고 비대칭적인 특정 표상 하에서 (경제적, 문화적, 정치적, 군사적) **제국주의가 초기의 세계 국가성을 부화시키고 있다**는 것이다. 이러한 발전 과정은 장기지속의 지평 위에 세계-국가의 도래를 예고하는바, 이에 관해 우리는 그 어떤 것도 이 국가의 소명이 현존 국민-국가들(과 대륙-국가들)을 "절대 국가" 형태로 대체하는 것임을 보여주지 않는다고 덧붙여도 되겠다.

세계-국가 기구에 의해 작동되는 세계적 법질서

국가의 형식적 조건들이 세계적 차원에서는 지구 행성에 속하는 하나의 **영토**, 인류에 속하는 하나의 **인구**, 그리고 "시장법칙"이라는 경이로운 형태로 군림하는 자본권력을 보여주는 시행중인 하나의 **법**을 가지고 나타난다는 주장은 설득력이 있는 듯싶다. 우리는 한정적이면서도 무한한 이 영토, 세계화로 인해 통합되기보다는 분리되는 이 인구의 특징에 대해서는 나중에 다루고자 한다. 스스로 자연스러운 것으로 제시할 뿐더러 계급권력이 되어 움직이는 것을 핵심으로 하는 법률권력으로부터 출발해보자.

국제질서의 상업적 관계들을 조정하는 기구들에 **사적인** 측면이 있다고 하여 그것들이 계급국가라는 의미의 국가기능에 의존하지 않는다는 의미는 아니다. 민족-국가 차원에서 지배계급들은 학술, 매체, 관할(상업 회의소), 화폐(국책 은행) 등 사적 혹은 자율적 제도 일체에 이미 의존하며 자신들의 권력을 확보할 수 있는바, 이때 이 권력의 "자율성"이란 집단적인 민주적 관리의 외부에 놓인다는 것이다. 국제적 차원에서도 이런 점은 국제상업회의소와 같은 상인법을 처음 만든 중재기관들에 그대로 적용된다. 이 기관들의 권력은 자신들이 적발한 위반자들에게 간접적일지라도 형벌을 행사하는 권능에 의해 가늠된다. 지금까지 이 구체적 법질서는 국제시장 기구들에 의해 끊임없이 발전되어 왔지만 국가의 관례는 거스를 수 없다고 가정되었다. 대신 그러한 법질서는 표면상으로는 서로 다른 사적인 국내법들이 전용할 수 있는 합리성의 한 형태가 되었다. 필요할 경우에는, 그에 대한 결정은 늘 국가법정에 의해 확인되었던 것이다. 그러나 실제로 이런 확인은 그것이 불필요해질 정도로 이들 사적 기구를 법의 토대—스스로 합리적으로 따라서 사법적으로 행세하면서 자연스럽다고 추정되는 시장 "법"의 토대 위에 확립된 세계 국가적 공간 규모로 투영되는 계급권력의 기능—로 성역시하는 데 이바지해 왔다.

우리는 IMF와 같은 "국제" 기구들이 공공서비스 청산과 자율적 경제정책 종결이 없을 경우 어떤 "금융지원"도 유예하면서 오랫동안 얼마나 이 방향으로 움직여 왔는지 안다. 우리는 또한 WTO와 더불어 이제 말을 듣지 않는 측에게 경제제재를 부과하는 권한, 즉 궁극적이고 합법적인 제재의 독점권을 부여받은 분쟁조정기관(DSB)의 궁극적 중재 하에 물질적 지적 활동의 보편적 사유화를 추동하는 프로그램을 지니고 새로운 조치가 취해졌음을 안다. 이것은 세계국가 법이 처음 그 윤곽을 드러낸 것으로 보일 수 있다. 동시에 이것은 사실상 그 어떤 시민통제도 받지 않지만 그럼에도 불구하고 시행되는 비-법이라고 말할 수 있다. 현 상황의 새로움은 그것이 더 이상 단순히 중재의 문제가 아니라는 것인데, 그 까닭은 이 절차가 4년마다 새로 임명되는 7인 상임위원회 앞에 항소할 수 있는 가능성으로 귀결되고, 이 위원회의 결정은 DSB에 의해 수용되어 제재를 가할 수 있기 때문이다. 이 위원회가 최강국의 강력한 영향력 하에 놓여 있어서 전통 쇠고기가 호르몬 쇠고기에 맞설 수 없다는 사실이 그 위원회로 하여금 준-사법적, 세계국가 기구로 기능하지 못하게 하진 않는다. 자본주의 국가는 공통적이라 간주되는 어떤 법질서(시장: 교환과 동시에 전유의 규범들)에 의거하여 불평등한 힘 관계와 연계되어 있지만 어떤 공통 계급권력의 공유를 요구하는 타협 형태로 자본주의적 집단들 간의 효율적 중재를 보증할 수 있는 중앙에 수립된 제도들을 통해 작동한다는 사실을 자신의 존재 증거로 삼는다. 지금 은연중에 세계적 규모로 출현하고 있는 것이 이것이다.

서비스무역일반협정(GATS): 무기한의 국가화 과정

가장 중요한 측면은 끝없는 발전을 위한 과정이 지닌 표면상의 무한정성이다. WTO의 본질적 측면은 사실상 세계경제의 어떤 부분도 자기 권한을 벗어날 수 없다고 **선언하는** 능력에 있다. WTO는 국제상업협정 전반을 포괄하면서, 관세장벽 철폐와 모든 활동의 세계시장에 대한 개방이라는 공식 목적을 통해 스스로 모든 영역에 대해 권한이 있음을 선언한다. 그것은 이리하여 교역에 대해서뿐만 아니라, 서비스와 지식을 포함하여 상업적 질서에 속한 모든 형태의 세계적 생산과정에 대해서도 전면적 특권이 있음을 사칭한다. WTO 가입은 원칙적으로 세계적이며 제한 없는 현존 상업협정 전반과 관련되어 있다. 국가들이 모든 생산 영역을 시장에 개방하도록 공식적으로 강요받는 것은 아니다. 최강자들이 국가들에 대해 가할 수 있는 보복조치 위협을 통해 그렇게 하도록 강력히 조장될 뿐이다. 무엇보다도 국가들이 대륙블록들

(NAFTA, EU)에 이미 제공한 주권의 일부 측면들을 부분적으로 양도하는 식으로 하게 되는 약속들의 경우 불가역적 성격을 지니며, 따라서 국가의 권력을 상위의 세계적 차원에 위임하게 된다.

서비스무역일반협정(GATS)은 이런 메커니즘을 극한으로 밀고 간다. 선포된 목표는 "비-관세" 수입 장벽, 특히 교육, 운송, 정보, 연구, 의료 등 특정 핵심 생산 형태들을 비상업적 방식으로 보장하기 위해 국가공동체가 만든 장벽의 폐지다. 유통, 금융, 문화, 환경, 통신, 관광, 스포츠, 수많은 전문서비스 등 넓은 의미의 서비스는 선진국들 GDP의 2/3까지 포괄한다. 사실 제품들과 서비스들은 긴밀하게 얽혀있다. 제품들은 수송되고, 유통되며, 판매되고, 수리되고, 대여된다. 이런 것들은 이처럼 단순히 공공서비스인 것만이 아니라, (금융, 신분 등) 전체 규제 집합에 종속되는 것을 특징으로 하는 온갖 종류의 활동들이며, 모든 공적 삶의 차원에서 일어나는 사회적 갈등과 정치적 타협의 산물이다.

이들 협정의 서비스로의 확대는 새로운 분야들뿐만 아니라 사실 이제는 경제로 변형되고 시장관계로 이해되는 모든 인간 활동과 관련되어 있다. 이 틀 안에서 공공서비스들은 시장에 있는 회사들처럼 이해되도록 요구받는다. 재정 조치를 통한 국가서비스 생산이 금지되었다는 것은 아니지만, 그런 서비스는 이제 목표, 품질 수준, 전문성, 화폐적 및 사회적 보증 등의 측면에서 자기 기준을 부과할 강력한 방안을 지닌 자본주의 시장과 치열한 경쟁관계에 처해야만 하는 것이다. 국영화는 무엇이건 위반이 된다. 모든 보조금은 이미 불온하다. 어떤 형태건 노동은 시장을 위한 생산, 이윤의 원천으로 간주된다.

시장은 원래 모든 다른 종류의 사회적 조정을 대체할 수 있는 것으로 가정된다. 나는 충분히 설명할 수는 없지만 맑스의 영감을 받은 일종의 제도주의 명목으로 나온 대립되는 테제를 여기서 수용하고 있다. 이 관점은 긴밀하게 연결된 두 가지 요점을 포함하고 있는 것으로 보인다. 1) 사회적 규모의 완전 적대적인 두 가지 합리적 경제적 조정 형태, 즉 시장과 조직이 있다(이 양자가 분리해서나 결합해서 근대적 계급 요인들을 이룬다는 점은 이 논문의 주제가 아니므로 논외로 친다). 2) 합리성 (Verstand)의 이 두 극단은 근대성에서 가능한 합리성(Vernunft)의 두 극단, 구체적으로 개인 간 계약과 중앙 중심적 계약의 두 극단—양자의 관계가 진정 근대적인 사법 질서의 토대다—에 상응한다. 한쪽 극단(조직 아니면 시장, 혹은 마찬가지지만 개인들 간에 일어난다는 계약성 아니면 중앙에서 이루어진다는 계약성)에만 근거한 사회적 질서는 어떤 "계약적" 형태도 구성할 수 없고 어떤 가능한 협약 결과가 될 수도 없기 때문에 법의 소멸로 이어질 수 있다. 내가 신자유주의적 관점에서 "국가 없는 법"으로 선포되는 것을 "법 없는 국가"로 규정하자고 제안했던 것은 이런 의미에서다. 이런 식으로 창출된 사회 지평은 "전체주의적"이라고 규정될 수 있다. 우리는 이전에 사람들이 소비에트 체제에서 계획을 통해 하려고 했던 것과 똑같이 시장을 통해 모든 것을 만들어낼 수 있는 듯 군다. 이런 상황에서 생기는 정치적 병리는 서로 다르겠지만 그 강도는 결국 같다.

(국제적인 것만은 아닌) 세계적 국가의 소유권 입법

무역관련지적재산권협정(TRIPs, 1995)은 저작권 침해 관행에 의해 추동되어 이전의 협정들을 대체하고자 수립된 것으로 두 가지 특징을 갖는다.[3] 한편으로 그것은 갈수록 비가역적이고 규제적인 과정처럼, 하지만 비대칭적 방식으로 나타난다. 분명 그것은 엄격하게 규정된 입법행위가 아니라 회원국들이 자국 법전에 기입해 넣겠다는 최소 기준들만 제시한다. 다른 한편으로 그것은 UN보다는 WTO 틀에 훨씬 더 깊이 속한 것으로 보인다. UN의 특별 행정기구인 세계지적재산권기구(WIPO)는 입

3_ Christopher May, "Intellectual Property Rights, Capacity Building and Informational Development in Developing Countries," in William Drake and Ernest Wilson III, eds., *Governing Global Electronic Networks, International Perspectives on Power and Policy* (The MIT Press, 2008) 참조.

법 "갱신"을 필요로 하는 저개발 국가들에 대한 기술적 지원이라는 최소한의 역할만 한다. 무역관련지적재산권협정(TRIPs)은 모든 구체적 입법을 위로부터의 법과 일치시키는 데 능한 국제 "전문가 집단"의 비호 아래 행해지는 강력한 제국주의적 성격을 가진 세계 국가화 과정이다. 사법적, 경제적, 사회적, 정치적 "세계 언어"의 제도화는 의미심장한 과정이다. 보편적 번역기계가 자리잡고 있는 것이다. "국제" 협약의 모습을 한 **세계적** 국가성의 측면은 동일한 법질서가 보편적으로 효력을 발휘한다는 사실로 나타나고, 비대칭적 측면은 부유한 국가들은 법을 지키지 않는 경우 간단한 벌금을 선택할 수 있다는 사실에서 드러난다. 이것이 저작권과 관련되어 DSB 앞으로 송치된 유일한 송사가 보여준 상황이었다. 미국은 현안과 관련하여 자국 법령을 필요한 기준에 맞추는 대신 벌금 지불을 선택했던 것이다. 국제 법을 피해가는 이 능력은 우리를 꼭 국제적 논리로 회귀시키는 것이 아니라 최강자들은 국민국가 수준이든 세계적 수준이든 국가법을 피해갈 수 있는 수단이 더 많다는 사실을 보게 만든다.

제국주의와 세계 국가화의 관계

우리는 이 모든 현상들, 디지털 권리에 관한 법률(정보 접근에 대한 요금 부과를 허용하는)과 통제와 과세라는 제왕적 권력을 감소시키는 전자-상거래에 대한 법률과 같은 이 모든 현상들과 다른 많은 것들을 정보 발달과 연관된 탈영토화 경향이라는 맥락에서 다시 고려해봐야 한다.

제국주의가 힘을 얻는 것은 (세계-국가로부터 발생하는) 세계-국가적 성격을 갖는 이들 과정을 통해서다. 국민 결속의 모든 직조 파괴는 무차별한 세계성이 아니라 "불평등을 유발하는" (초기의) 세계 국가화를 만들어낸다. 기준들이 그리하여 참견을 한다. 최강 국가들의 회사들의 규범이 말이다. 의료 직원과 교사들은 어떤 종류의 자격요건을 가져야 하는가, 그리고 어떤 종류의 통제 하에서? 특정한 영토에 대한 어떤 장기 의무를 운송 및 택배 회사들에게 지워야 할 것인가? 등등. 이런 협정은 가난한 국가로서는 분명 통제하기 어려운 관료적 복잡성을 지니고 있어서 이런 종류의 개입에 관심이 있는 강대국 대표자들끼리 비밀리에 이루어진다. 공적이건 국가 규모의 틀을 갖추었건 이런 활동은 중립적인 세계시장이 아니라, 주변부 공간을 철저히 침투하고 있는 최강의 초국적 기업들과 이들 기업의 국가들이 강요한 바탕 위에 **조직된** 시장으로 들어온다. 자본은 이처럼 자본을 위해 작용하는 즉 전면적 발전이나 지속가능한 균형에 대해서는 어떤 고려도 없이 최단 시간에 이윤을 내는 경제 부문을 재빨리 확보하는 자신의 잠재력을 발전시킨다.

지금 작동하고 있는 세계화는 따라서 제국주의로 간주되어야 한다. 제국주의라는 용어는 맑스주의에게 개뼈다귀처럼 던져져 있지만—특히 "제국"의 견지에서 좋은 말로는 사용되지 않는다는 점에서—사실 가장 적합한 것이다. 이른바 경계의 소멸은 자본의 자유로운 순환과 주변부 거주 노동력 배치 간의 대립이 우리에게 보여주듯이 사실 비대칭적 현상이다(자본주의의 "체계적" 편성이 처음부터 그랬던 것처럼). 알다시피, 모든 경계가 파괴된 것은 아니다. 북반구의 경계는 아주 강력하다. 중국이나 인도 같은 과거 제3세계 출신의 일부 독립체들은 저항과 상대적 자율성의 역량을 보여준다. 그러나 지배적 양상은 지구의 많은 곳에서 초국적 회사들의 통제가 증가한다는 데 있다. 이들 회사가 국가 혹은 "대륙" 출신이라는 점이 그들의 제국주의를 상징한다. 배후에서 국가들이 모든 것, 특히 서비스 상품—자신들에게 유리하도록 법규를 조작하는 최대 역량을 지닌 최강 초국적 기업들이 이 서비스 정복을 위해 가장 잘 준비가 되어 있다—이 시장에 개방되도록 이들 회사를 지원하기 위해 국제기구와 지역기구에서 애쓰고 있다. 자본은 이제부터 노동력이 발견되는 곳이라면 어디서든, 그것이 가장 싼 곳, 최대 착취가 가능한 곳, 억압적 정권에 의해 그것이 가장 약화된 곳에서 노동력을 사냥할 수 있다.

그러므로 우리는 형식상 만인에게 동일하고 온전히 세계적인 기구들에 포함된 법률 하에서 **표면상** 더욱 더 개방적인 시장이 그에 따라 설립되는 세계 국가화의 요소와, 이들 법규와 기구를 사실상 중심 국가들이 지배하고 도구화한다는 사실에 의하여 특정한 방식으로 유지되는 제국주의 역학 사이에는 어떤 모순도 없이 오직 협력만이 있음을 본다. 세계화는 인류의 대륙화, 통제를 공유하는 3인방으로의 체계 응결에 결정적 요인이다.

구조적 지배(즉 국가 공간 내의 계급 구조에 의해 규정되는 지배)가 **체계적**(제국주의적) 지배─이것의 증거는 소득 취약성에서부터 (현지 국가로 하여금 감옥에서 나온 이민자들을 출신 국가로 되돌려 보내게 하는) "이중 처벌"에 이르기까지 이주 노동력을 짓누르는 모든 것 속에서 발견된다─에 의해 증폭되도록 하는 착취 지수 즉 구조/체계는 그 궁극적 형태를 **구조/체계/거대체계의 지수 계열** 속에서 보게 되는바, 제국의 지배(체계)는 이 계열에 의거하여 작동하며 권력 행사에 있어서 세계화된 국가형태(거대구조)를 위한 국가적 특권의 형식상 포기를 통해 강화된다. 이런 의미의 "거대구조"는 (형성중인) 세계 국가를 체계가 아니라 구조로 만드는바, 이것은 메가구조이긴 해도 메타구조는 아니다(물론 그 구조는 자신의 메타구조와 관련을 갖기는 하겠지만). 세계적 거대구조는 하나의 계급 구조로서, 국민-국가(구조)와 세계체계 내의 착취에 더해진(혹은 배가된) 계급 착취 환경이다.

세계적 정치제도 대 국제적 정치제도

민족-국가들, 최소한 그 중 일부에 대해 일부 특권을 박탈하는 **경제적** 세계화가 통상 논란의 여지가 없는 사실로 인정되는 반면 **사법적** 세계성의 존재는 덜 명확한데 이는 자신들이 파기할 수 있는 협정을 통해 사법적으로 결속함으로써 "세계적"이 아니라 "국제적" 법률을 구성하는 일단의 주권 국가 집단만이 공식적으로 있기 때문이다. "세계" 법은 그 법을 선언하고 실행할 역량이 그럴 권위와 권능을 지닌 초국가적 기구들에 엄밀하게 얼마나 **불가역적으로** 양도되었는가에 의해서 존재할 수 있을 뿐이다.[4] 우리는 경제적 고려에 기초해서 이 문제를 꺼낸 셈이다. 이제 그것을 법에 대한 좀 더 일반적 관점에서 이해할 필요가 있다. "세계국가"의 특성을 갖는 법이 존재하는가? 그리고 만약 그렇다면, 제국주의라 일컬어지는 "체계적" 질서(중심/주변)와 그것의 관계는 무엇인가?

제도, 선언, 수행으로서 "세계" 법

역설적이게도 위에서 진술한 매우 약한 의미의 "세계" 법은 근원이 나치즘 패배에 이어 1945년 이래 만들어진 **새로운** "국제 법"에 가까운 것으로 보인다. UN은 모든 국가가 준수하도록 요청 받을 수 있는 제도로서 만들어진 것만이 아니다. 그 자체로 실제로 수행적인 이 보편적 연합은 유효한 구속력도 확립했다. 이제부터는 그 조처가 모든 국가들에 대해, 그리고 이들을 통해 모든 사람들에게 표면상 평등하게 적용되는 이 집단적 조직을 어떤 국가가 버리고 떠나는 것은 상상할 수도 없게 되었다.

그러나 유엔헌장의 첫 번째 원칙은 모든 국가는 상호관계에서뿐 아니라 국가들 공동체와의 관계에 있어서도 주권국가라는 것으로 이는 유엔의 집행력은 오직 "결의" 형태로만 행사되고 있어서 어떤 제재 권한도 즉각 무효화시키는 특징이다. 이들 결의가 유엔의 한 헌법이 지닌 틀 안에 멈춘다는 사실은 남는다. 그 헌법은 유엔 헌장에 담겨 있고, 이 헌장은 선언적인 것이든 의무적인 것이든 그런 권고가 이뤄지는 조건을 결정한다. 이 안에, 모든 국가가 표면상 준수하는 정치권력 메커니즘이 있다. 그리고 그리하여 합법 권력은 위기에 처한다.

4_ Monique Chemiller-Gendreau, "Peut-on faire face au capitalisme?" in M. Chemiller-Gendreau and Y. Moulier Boutang, eds., *Le droit dans la mondialisation,* Actual Marx Confrontation *Collection* (PUF, 2000) 참조. 저자는 "계약과 법률 간의 절합"을 통해서만 고유한 의미의 법률이 있게 된다는, 즉 암묵적 공통의 지라는 것이 있다는 생각을 보여주고자 한다. 나는 그래서 『일반 이론』 1권에서 근대성의 메타구조 매트릭스에 따라 개인 간 계약성과 중심적 계약성의 적대적 상호-함축 없이는 근대 법은 없음을 보여주고자 했다.

이런 방식으로 세계적 선언기구가 만들어졌다. 그것은 그런 기구로 인식되었고, 이 사실에 의해 특정한 권한, 즉 만인에게 공통되는 공유된 질서, 보편적 법을 선언하는 권한을 부여받았다. 마르셀로 코헨이 완벽하게 요약하듯이, "이 법은 국제사법질서에 대한 기본원칙들을 통해 무력 사용 또는 위협의 금지, 갈등의 평화적 조절, 어떤 국민이 자신들 문제에 전념할 권리, 기본인권의 존중, 그리고 국제공조의 책임을 그려냈다. 이 법은 주권의 평등, 영토 보전의 존중, 불간섭의 중요성, 그리고 국제관계에 대한 선의에 대해 새로운 의미를 부여했다."[5] 우리는 일부 유엔결의가 이 새로운 법 정신에 의문의 여지없는 영향력을 행사해온 것을 안다. 예컨대 식민지독립부여선언(1960년 12월 14일)을 언급할 수 있다. 우리는 더 나아가 1974년 12월 12일 유엔 총회에서 채택된 국가들의 경제적 권리와 의무 헌장[6]을 인용할 필요가 있는데, 이는 국가들에 대해 국영화 권리를 보장한다.

그러나 제3세계 동맹이 과거에 보여주던 이 권리는 특히 소련연방 붕괴 이후 등장한 새로운 세력 균형으로 인해 잊힌 것으로 보인다. 이러한 상황은 이미 본 것처럼 WTO의 확장으로 드러난다. 추세는 유효 기준인 옛날 법으로의 전반적 회귀다. 동시에 국제사법재판소와 국제형사재판소의 활동은 이들 기구의 순전히 계약적 성격으로 인해 고도로 문제적이고 강대국의 이해관계에 호의적이다. 그리고 최강 국가는 꼭 이 나라에 대해서만 말하려는 것은 아니지만 헌장이 표면적으로 지향하는 목적 달성에 가장 불가결한 조약들 즉 지구 온난화 대비, 생물다양성 보호, 무기통제(대인 지뢰, 화학무기) 등의 조치에 대한 협정 비준을 거부한다. 이런 이유로 우리는 오늘날 유엔은 퇴행하고 있으며 역사적으로 주변적 기구로 남을 것이라는 생각을 갖게 된다.

5_ Marcelo Kohen, "Manifeste pour le droit international du XXI siècle," in L. Boisson de Chazournes and V. Gowland-Debbas, eds., *The International Legal System in Quest of Equity and Universality* (Kluwer Law International, 2001), 128.
6_ Robert Charvin, *Relations internationales, droit et mondialisation* (L'Harmattan, 2000), 78을 보라.

세계-국가적 제국주의 동인으로서 "세계" 법

우리는 유엔은 그것이 가진 쥐꼬리만한 유효 권력은 그 이름으로 행사될 수 있는 것이라는 점 때문에, 그리고 더 나아가서 최강 회원국들에 의해 쉽사리 조종당한다는 점 때문에 취약하다고 생각할 수 있다. 나는 반대 테제를 제안하고 싶다. 사람들이 세계 법이 취약한 표시를 보고 싶어 하는 곳은 사실 그 효능이 있는 지점이다. "세계" 법을 통해 행사되는 권력에 대해 제재를 가할 "구조적" 역량은 아예 없거나 매우 적다. 그러나 이 구조적 "취약성"(세계-거대국가 구조라는 의미의)으로부터 유엔이 불러일으키는 "법 효과"의 특수성이 나오고, 이는 사실 (체계 중심을 위해) 체계 권력의 증대를 발생시킨다.

이 점에 대한 확실한 증거는 이 기구의 핵심 절차만 간단히 점검해도 볼 수 있다. 유엔 결의는 스스로는 실행에 옮길 능력도 없이 법을 이야기하지만 사실은 가장 강력한 권력의 지지를 받는 데서만 적용된다. 안전보장이사회라는 "세계 국가적" 기구 핵심에 위치한 중심 국가들의 우월한 지위가 그들 국가의 실제 체계상의 권력을 강화하고 있다. 얼마나 협소한 범위가 공동 결정 대상이 될 수 있는지 거부권이 보여주는 것이다. 그러한 우월 지위는 유엔의 사법 메커니즘이 이들 강대국 또는 이들이 보호하는 동맹국들이 수용할 수 있는 결의들에만 부여하는 합법성에 의해, 그리고 이 법을 실행에 옮기기 위해 그 강대국들이 보유한 독점적 권력을 바탕으로 하여 육성된다. 최근 이사회가 "국제테러리즘"을 진압할 선제적 역할을 자신에게 부여함과 동시에 강대국들에게 그들에게 유리하게 이 싸움을 끌어갈 수 있는 폭넓은 재량권을 허용했을 때 이런 일이 일어났다. 그와 같은 법은 그래서 실제로 적용은 되지만 (개입 측면에서 보면) 자의적으로 차별화된 방식으로 그리고 직접 연루된 측이 어떤 핵심적 호소를 중심부에 할 가능성을 없애고 그렇게 된다. 이미 국민적 계급국가들에서도 "누가 강력하고 누가 어려움에 처해있는가"에 따라 처벌당할 확률은 매우 가변적이다. 여기서는 경찰 기능뿐만 아니라 정의 기능도 관련 용병에게 양도된다. 그러나 이

정의는 아무리 반-민주적이더라도 그래도 "유일 법" 즉 그것을 그렇게 결정한 모든 권리의 어머니다.

요컨대 사실 동시에 "세계적"이기도 한 이 "국제" 법은 이 차원에서 생각해보면 보이는 것만큼 그렇게 관대하지 않다. 그것을 통해 진정 **세계-국가적인** 사법의 법질서가 제국주의적 이해관계의 정당화를 통해 가동된다. 유엔은 그래서 무력한 "고충위원회"인 것만은 아니다. 유엔은 "체계"의 중심이 자기 이익을 위해 동원하는 실제 권력의 원칙이 되어 국가-간 관계들의 비대칭성을 강조하면서 위원회의 권력을 증대시킨다. 그러나 유엔은 상위-국가적 요소라는 자신의 자격 덕분에 이 역할을 수행할 수 있을 뿐이다. 유엔이 야기한 효능 증가는 공통의지를 가정하지 않기에 그 자체로 법을 생산할 수 없는 체계의 형태로부터 추론될 수가 없다. 세계 국가적 법은 보편적인 것과 특수한 것처럼 어떤 의미에서 세계의 외부에 있지 않으면 체계의 중심들을 위해 가동될 수 없다.

유엔을 "취약한" 실체로 간주할 수 있는 유일한 사람들은 인지된 세계적 법질서가 제국주의적 회사들, 이들의 즉각적 성공, 그리고 장기 계획들에 결정적인 지원이 되지 않는다고 생각하려는 사람들이다. 하지만 2003년 1월에서 2월 사이에 잠재적 동맹국들 분류와 세계 여론 획득을 놓고 미국과 유엔 사이에 행해진 팔씨름을 통해 정확하게 이런 점이 입증되었다. 국민적 계급국가에서와 마찬가지로 세계-국가에서 최강자는 법적인 국가 틀 안에서 활동하는 것이 더 낫다는 것을 알고, 어려움을 겪어내며 유권자와 여론을 조작하는 데 필요한 돈을 모두 쓸 준비가 되어 있다.

무력과 법의 극근대적 변증법

미국이 어떻게 "유엔을 조종하는지" 강조하는 것으로 우리가 모든 걸 다 말한 것은 아니다. 이 "도구적" 의존에서 분명한 것은 일부 특정 국가들이 자신들은 그로부터 표면상 자율성을 누리는 보편적 법 심급을 통해 정당성을 얻어야 할 필요성을 느낀다는 점이다. 부르디외가 군주와 지식인의 관계를 예증하고자 사용했지만 더 광의의 의미를 가진 잘 알려진 역설에 따르면, 권력은 공중에게 자기 자율성의 증거를 제공할 수 있는 한에서만 법에서 지지를 얻는다. 이 상대적 자율성에 관해 말하자면 우리는 그 자율성은 지식인의 사회적 위치에서만 발견되지 않는다고 덧붙일 필요가 있겠다. 그것은 사회적 다중 안의 권력관계들 전체, 즉 실천과 집단적 투쟁을 통해 메타구조적/구조적 국가 형태에 연결되어 있는 관계들 전체를 통해서만 보장되는 것이다. 부상 중인 이 세계 국가성 문제는 그래서 언제나 제국주의적 관계들을 보장, 승인, 악화시키는 "세계적" 계급관계가 그에 따라 배치되는 **구조적** 현실과 세계 시민권 그리고 따라서 세계 도시가 그에 따라 공통의 요구가 되고 사실 언제나 (구조적이고 체계적인) 모호성들로 가득 차게 되며, 그에 대해 비판적 대응을 고안하는 것이 시급한 **메타구조적** 현실-허구(그러나 허구적이진 않은) 간의 모순적인 변증법적 관계에 근거해서 고려되어야만 한다.

(취약한) 세계 국가적 권위의 출현을 위한 일견 국면 의존적 조건들은 사라져 버린 것으로 보일지 모른다. 이런 변화의 신호는 인류에게 나타난 명백한 재앙 위험에 의해, 그리고 국민들과 비-국민들 간의 식민지적 공식 불평등 체계가 노예화된 사람들의 분노를 억제하는 것이 명백하게 불가능하다는 점에 의해 1945년 이후에 나타났다. 최소한 보편적인 공통의지는 근대성의 일부 허세를 인정할 조건, 즉 민족 자율과 평화로운 공존을 부과해야만 할 것이다. 국경의 (비대칭적) 점진 소멸, 국제적 "신자유주의 질서"에서 지배당하는 국가들의 쇠퇴, 그리고 두 적대 블록 간의 분열과 관련된 위험 소멸이 이 보편적 공통의지로부터 자기-확신의 모든 이유와 수단을 앗아간 것으로 보일지 모른다. 어떤 이는 그래서 유엔은 (실제로 미국 중심의 "군사동맹" 권력 즉 전쟁을 통해 보장받는) 사법적 진열장일 뿐이며, 일부에 따르면 "세계시민사회"의 이익을 위해 또는 다른 일부에 따르면 제국주의를 위해 평화의 격식들만 제공하는 것이라고 결론짓는다. 거꾸로 내가 보기에는 신자유주의 질서로 엄폐되고 있으나 상

이한 형태로 견뎌내며 커지는 어떤 비가역적 측면이 있다는 것을 전후 상황에서는 믿을 만한 충분한 이유가 있다. 전면적 권력의 환상이 지배받는 민족들에 대한 전면적 통제라는 "식민지적 환상", 즉 역사의 평화롭고 양순한 종언이라는 환상을 다시 불러일으켰다. 이 비가역적 측면은 다양하고 모순적인 분석 시각과 차원에서 목격되고 읽힐 수 있는 것으로, 국경을 가로질러 발생하는 생산의 관계에 내재하는 경향이며, 따라서 합법적이고 중심적이라고 인정받는 권위가 부재하는 가운데 집단 안보, 생태 균형, 내 것과 남의 것의 결정, 즉 요컨대 세계적 "법규"의 "조절" 필요성에 대한 보장의 불가능성이다. 그러나 시민들에게서 나오는 것이 아니라면 법규와 법률들이 어떻게 스스로 합법화할 수 있는가? 간단히 말해, 여기서 비가역적인 것은 세계적 계급의 국가 구조적 역학의 한 측면이라고, 그리고 또한 연속해서 반대로 내가 "메타구조적"이라고 부르는 약속-위기(그리고 이것의 널리 퍼지는 그림자인 부정)라는 "궁극적" 계기라고―다시 말해 언제나 그 두 항 간 변증법적 관계의 모호함을 통해―읽어낼 필요가 있다.

세계 국가는 오직 (지금은 오직) 내란만 알 것이다

집단안보 면에서 주된 신호는 맨해튼에 대한 테러 공격뿐 아니라 탄저병 사건으로부터도 온다. 이 사건은 세계화된 국가공간 안에서 내란에 사용될 대량살상무기의 잠재적 편재성을 보여준 결국 "국내"에 출처를 둔 사건이었다. 세계-국가의 지평에서는 대규모 폭력이 새로운 전환을 맞는다. 민영화되는 것이다. 이제 폭력은 한 국가가 다른 국가에 대해 행사하는 외적인 위협이기만 하지 않고 홉스적 의미의 위험이 된다. 우리는 이런 위험에 대해서는 전통적 예시에 따라 단일한 공통 기구―즉 이번에는 세계적인 국가제도(여기서는 평화란 오직 군주가 시민일 경우에만 존재한다는 루소가 설명한 조건이 궁극적 형태의 정치적 도전을 규정한다)―에 합법적 폭력의 독점권을 부여함으로써만 맞설 수 있다. 우리가 세계-국가 공간에서 직면하는 위험이 사적 민간적 성격을 띤다는 것은 테러리즘의 화력이란 것이 아프간 산맥 지하에서가 아니라 무엇보다도 먼저 세계 어디에서건 유목 행위에 동원될 수 있는 지구적 금융마피아에게서, 특히 가장 효율적인 무기와 가장 중요한 목표물이 집중되어 있는 저 중심지역들에서 찾을 수 있다는 사실로 입증될 수 있는 생각이다. 곧 무용지물이 될 일시적 버팀대인 국가적 "보호구역"은 "거대-구조적"이기도 한, 다시 말해 시장의 법으로 지정된 자본의 공통 법 부과를 통해 자신을 보여주는 세계적 규모의 국가적 계급관계에 의존하는 어떤 과정에 속한 체계상의 "연결점"일 뿐이다.

이런 면에서, 보수적 생각은 안보란 더 이상 단일 국가 차원에서 접근될 수 없다고 강조하며, 반-테러 동맹을 요구한다. 그런 생각은 남반구에 대한 신자유주의적 지배가 이 폭력의 핵심 요인이 아니라면, 그리고 원래 테러리즘이 정치블록들의 추동 요인이라면 맞을 것이다. 권력의 탑들이 무너졌고, 가난한 사람들이 적어도 몇 군데서는 춤을 췄다. 그러나 대중을 다른 여러 방식으로 움직이는 이런 도착적 신호들이 통합적 성격을 띤다고 생각할 이유는 전혀 없다. 그것들은 소멸되다가 모습을 되찾는 "국가들의 진영" 그 어떤 것도 만들어내지 않는다. 오히려 어떤 안보동맹도 억누를 수 없고 비밀스럽고 당파적인 테러리즘 전략을 통해서만 소멸될 수 있는 폭력—감내되고, 분개되고, 복수심에 찬—을 드러낸 것이다. 체계적이면서 동시에 계급적인 원시적 폭력 형태를 생성하고, 이윤 법칙에 따라서 관리하고자 모든 부, 모든 생산, 모든 토지, 모든 공동체, 모든 인간 운명을 움켜쥐는 이 폭력은 세계적 규모의 반-계급, 반-체계 투쟁의 연대를 통해서만 집단 권력으로 변형될 수 있다.

세계 국가는 군대가 아니라 경찰력을 갖고 싶어한(지금 갖고 있)다
미국의 군사적 우세는 미국을 최강으로 만드는 듯하다. 그러나 이 우위는 다른 강대국들과의 관계에서는 그들과의 대립이 경제 차원에서만 일어나기 때문에 간접적일 뿐이다. 그러나 그것은 미국에 남반구 지역에 대한 커다란 통제권을 허용하는바,

이 지역에서 모든 갈등은 미국을 끌어들이는 쪽에 유리하게 해결되는 것으로 보이고, 미국은 그 대가로 경제적 정치적 거점 확보를 기대한다. 그러나 그와 같은 개입의 정치적 결과는 최소한의 합법성—정확히 말해 바로 이것이 결여되어 있지만—에 의해서만 일어날 수 있는 권력 증대에 의거하기 때문에 결코 확실하지는 않다.

미국은 물론 유엔을 속여 넘긴다. 걸프전에서 미국은 여전히 유엔 승인을 필요로 했고 그것을 강요할 수 있었는데, 이는 안전보장이사회 일부 회원국을 협박할 수 있었기 때문이다. 코소보 전쟁에서 유엔이 중요도가 낮아지자 미국은 직접 관련된 동맹국들 연합에 의해 사법적으로 합법성을 얻지는 못했어도 실용적으로는 위무를 받아서 법적 토대와 도덕적 토대 간의 선을 넘으며 유엔을 간단히 무시했다. 아프가니스탄에서 미국은 세계의 적이라고 규정한 적을 하나하나 추적할 권한을 가졌노라고 선언하며 당시 상황에서 볼 때 너무나도 개연성이 없고 확대된 해석을 할 수 있는 재가를 유엔으로부터 받아냈다. 그러나 미국이 자기 마음에 드는 질서를 저버릴 능력이 있는지는 두고봐야만 한다. 군사적 우위가 정치적 지배를 보장하지 않는다는 것, 그리고 유엔만이 그런 일을 "종결할" 수 있다는 것이 매우 상징적이다—다시 말해, 그것은 유엔의 형식적 권력 문제와는 무관한 것이다. 그것은 "체계"의 형태는 더 이상 배타적으로 지배적이지 않다는 것, 그리고 단순한 제국주의적 힘을 통해 인간 다중을 지배한다는 갈수록 불가능한 전망에 의존하는 권력관계 또한 세계 국가성을 향한 이 경향의 한 요소라는 것을 보여준다.

제국의 전쟁이 이제부터 경찰작전 성격을 띠어야 하는 것은 이런 이유 때문이다. 미군은 표면상 세계질서의 경찰로 추정되는 한에서만 합법성을 갖는다. 그들이 홉스가 근대국가에 부여한 이름인 지상-의-신에 속한 무장수단이 되는 특권을 지니면서 자신들은 살상당하지 않고 살상하는 역량을 펼치는 것이 합법적으로 보이는 것도 세계질서의 경찰이라는 주장 때문이다. 세계 경찰청장—체계 복합체의 제일인자가 사칭한 직위—은 세계국가의 그것처럼 처신할 수 없다. 그는 이번에는 유엔 형태로 나타나는 이 신에게 권한을 양도해야 하는데 이 신은 이때 유엔의 형태로 나타난다. 이 유엔은 아주 작고 보잘 것 없는 신이지만 그래도 세계 전체의 헌법적 시선 하에 특정 공화국 건립을 **공식적으로** 주재할 수 있는 유일한 신이다. 세계국가 없이는 이른바 세계경찰도 있을 수가 없다.

"적"이란 개념은 거의 사라졌는지 모른다. 병리적 농양만 목표로 삼는 외과적인 무균 무장작전이 우리네 공통 국경 바로 내부에서 일어난다. 그것은 공법의 이름으로, 우리의 결의라는 이름으로, 그리고 범법자들이 그 결의를 경멸한다는 명분으로 개입한다. 그러나 이들 세계-국가적 결의의 현실화는 나름대로 "적들"을 대면하는 "동맹국들"의 연합에 의해 이루어진다. 이 적들은 반대로 가혹한 경찰개입을 받게 되는데 이 개입행위는 전쟁에 관한 국제협정(포로 대우 등) 상의 책임을 지지 않는다.

이 모든 것—세계 국가성, 소위 경찰—은 오늘날 21세기에 서구의 우월성이라는 이름으로, 다시 말해 전근대적 사법적 이데올로기(이것은 근대국가의 출현과 함께 이미 한물간 시점에도 체계 속에서 오랫동안 왕성하게 작용했다)의 이름으로, 즉 약자에 대한 강자의 자연권의 이름으로, 타자를 계몽하고 문명화하고 통치하는 제일 잘나고(귀족) 제일 똑똑한 자들의 "명백한 사명" 이름으로 개입하는 것이 가능하다면 순전한 허구에 불과할 것이다. 이런 제국주의 담론은 닫힌 문 뒤에서, 폐쇄적이고 자족적인 국민여론의 틀 속에서 가능했다. 물론 오늘날 그것은 배경음악처럼 남아 있다. 그러나 이제 조지 W. 부시에게는 선택의 여지가 없다. 그 역시 표면상 동등한 모든 세계시민에게 눈을 마주보며 자신을 해명해야 한다. 무한히 취약한 자가 만인에게 위협을 가한다고 우리를 확신시키는 불가능한 과제가 그에게 다가오는 것이다. 그리고 그는 자기가 성공하지 못한다면, 공감과 협박을 통해 충분히 많은 국가들로 하여금 각각의 대의를 지지하도록 하지 못한다면, 결국 합법성의 형태를 갖추지 못하거나 형식상 합법적이더라도 명백한 일반 여론에 반하는 형태로 전쟁을 치를 수밖에 없다면, 자신이 지불해야 할 대가가 더욱 크고 장기적으로 승리도 더욱 불확실할 것임을 안다.

세계 국가와 주목할 나라들

유엔의 작용은 이렇게 본질적으로 모순적이다. 유엔헌장에 기록된 국가의 평등권에 관한 선언은 무의미하다고 치부될 수 없다. 그러나 그 이유는 어떤 도덕적 강점과 그런 취지의 선언 속에서 찾을 수 있는 것이 아니고, 아무리 취약하다고 해도 국가들을 "보편적 시장" 속으로 해소하기 쉽지 않다는 사실에서 찾아야 한다. 그리고 이것은 어떤 식으로건 동의에 의해(꼭 민주적임을 의미하는 것은 아니지만) **시장 바깥에서** 이뤄진 중요한 사회적 삶 한 부분에 대한 조직화 없이, 그리고 더 넓은 의미에서 하나의 나라—공동 존재를 통한 성스러운 것의 저장소—없이는 "시민사회"란 존재한 적이 없다는 점 때문이다. 나라는 물속의 설탕처럼 시장에서, 소위 국제시민사회로 사라지지 않는다. 오늘날 국가 상태에 대한 **저항**뿐만 아니라 세계 모든 곳에서 나라 성격을 지닌 존재의 지나친 **과밀화**가 있다. 중심에서는 보이지 않는 이 상황은 우리가 다수 관점을 채택하는 즉시 완벽하게 명백해진다. 사람들은 자신의 운명이 관습적, 지역적, 특수적, 가족적, 부족적 질서로부터 분리되어 국가 법률과 법규의 과밀화와 연계되어 있고 갈수록 엄밀해지는 법, 의무, 위험, 안보, 관점, 자유, 제재 등의 네트워크에 종속되어 간다는 것을 느끼지 않을 수 없다. 이리하여 역설적이게도 시장의 장벽이 낮아지면 국가적 공간은 더욱 조밀해진다. 이런 이유로 온갖 권력과 폭력이 난무하고 나라 해체/재구성 현상인 언어, 종교, 석유, 다이아몬드를 둘러싼 국지 전쟁이 일어나는 것이다. 이런 전쟁에 연루된 집단들은 자신들의 가장 내밀하고 민감한 이해관계가 (그들을 파괴하는 다국적기업의 기계 안에서) 관건이 되고 있는 것을 본다.

그러나 이제부터는 초국적 권위를 수립하는 나라들의 공동체, 즉 "국제공동체"의 엄밀한 의미에 의해 부여되는 최고 위상을 넘어서는 어떤 특정 국가도 더 이상 없다. 이 사실은 제국주의 형태로 한편으로는 경제 "투자"에 필요한 화평 원칙으로서 국가들의 주권에 대해 "모든 것에도 불구하고" 하는 인정과 다른 한편으로 이 인정이 보편적으로 공통적인 가상 의지를 가리킨다는 사실 사이에 어떤 변증법을 창출한다. 우리는 이렇게 시민사회와 국가라는 근대적 문제로 되돌아가지만, 이 문제는 이번에는 국민-국가라는 근대적 게임이 세계-국가의 틀 아래 벌어지는 어떤 궁극적 판본 형태를 띤다. 나는 "극근대성"이 적절한 용어가 아닐까 제안해본다. 이 용어는 국가 문제의 본질을 드러내는바, 이 문제는 즉각 시민 문제를 제기한다. 이런 점 때문에 우리는 오늘날 왜 보편적 시민권이 투쟁과 미래와 관련된 무엇처럼 떠오르는지 더 잘 이해할 수 있을 것이다.

우리 시대가 제안하는 용어와 개념

이 분석은 현재 통용중인 일부 용어에 대한 비판으로 나아간다. 그런 용어의 한 예가 "국제공동체"로, 이는 누구나 인정하는 제도와 규칙들, 즉 "연합된" 국가들의 제도와 규칙을 통해 작용하는 국가들의 공동체라는 바로 그런 의미에서만 유의미하다. 합법적 권위를 지닌 "공동체"란 없다. 이들 국가들의 "연합"이 "공동체"라는 용어의 근대적 의미에서 합헌이라는 사실(제한적이나마)을 대변하며 각 개인이 소속 국가에 부여하는 가상의 합의를 가리킨다는 점을 제외하면 말이다. 이런 표현에 대해서는 그것이 (교양 수준이 가장 높은 언론7)을 포함한) 매체에서 최대로 다양한 "체계적" 조직들 즉 표면상 "국제공동체에 대한 원조"를 가져오는 IMF로부터 (그럴듯한 명분으로 움직이는 "동맹국들" 연합은 모두 그렇듯이) 평화와 안보의 이름으로 자신의 "개입" 목표를 정하는 NATO에 이르는 모든 것을 보편적 합법성을 통해 식별하는 데 끊임없이 사용되지 않는다면 할 말이 별로 없을 것이다. 이 표현은 너무나 순진하다 할 만큼 "반동적인" 이데올로기적 포장으로 작용하면서, 북반구에 의해 구성된 군사

7_ 예컨대 우리는 르몽드지에서 "국제금융공동체"라는 다소 모호한 용어를 발견하곤 한다.

혹은 금융 제도들에 의해 장악되고, 자신들에게 부여된 (초국적) 합법성이 철저히 박탈당한, 사실 어떤 종류의 법적 능력도 사라진 남반구 국가들에 대해 개입할 수 있는 권위를 가리킨다. 그것은 소위 합의에 따라 정한 관청언어, 즉 스물네 시간 작용하는 공통어의 매트릭스를 형성한다. 그것은 극근대성을 위한 뛰어난 이데올로기 조작자로서 코소보에서 특히 노골적으로 드러난 것처럼 법으로 하여금 그 도덕적 성격을 넘어서게 할 때 최상의 효과를 성취한다. 극근대성의 통속어 판은 근대의 그것처럼 보편성을 통해서 작동할 뿐이다. 문명적 우월성을 더 이상 주장할 수 없는 제국주의에 남겨진 모든 것은 "인권"이라는 모호한 보편성이다. 법의 장에서 쟁취할 수 없는 것을 그것은 "도덕"의 장에서 쟁취하려고 한다. 도덕으로 통하는 것은 무엇이든 가능하다. 이들 주장의 정당화는 합헌성의 봉인이 아니라, 지배적 여론의 힘—여론을 조작할 수단을 지닌 자들에게 미리 보장된—도 필요로 하기 때문이다.

"국제시민사회"라는 용어는 더 가식적이다. 사실상 이 용어는—오늘날 이 용어는 적어도 전통적 의미에서는 전복 대상이 되었기에[8]—(세계)국가 없는 (세계)시민사회라는 주제, "국가 없는 법"이라는 명시적 주제를 예시하는바, 이때의 법은 개인의 자유 위에 군림하는 국가의 어떤 자의성, 어떤 권위주의적 억압으로부터도 벗어난 자유로운 상호작용을 지향하는 자신의 본질을 법이 실현하게 될 궁극적 단계다. 이 테제는 만약 시장의 법은 자연법으로, 그리고 국가의 권위는 계략으로 즉 일시적인 역사적 단계로 통할 수 있다면 완벽하게 정당화될 것이다. 이런 생각은 시장의 법을 "자연법"으로 보는 것으로 시장은 공동선을 위한 주장으로 승화되는 경제적 상호작용, 따라서 그 궁극적 권리가 될 개인적 행복의 가장 뛰어난 합리적 (생산적) 형태라는 공리주의적 주장에 근거하고 있다. 메타구조적 이론이 반대하는 것이 이 테제, 즉 우리가

8_ "시민사회" 용어는 국가제도로부터 발생하지 않는 것을 부정적으로 언급하며, 계급투쟁 법칙에 따라 가장 대조적인 용어들을 강조하고 전개하는 데 의미론적으로도 수사학적으로도 효율적으로 제시된다. 우파 쪽에서는 특히 경제적인 사적 관계들이 있을 것이고, 좌파 쪽에서는 자유연합, 연대, 시민권의 관계들이 있을 것이다.

국가 외부의 법, 정치 외부의 경제를 생각할 수 있다는 관념이다. 합리적 이해의 궁극적 차원에서 보면, **시장**은 가능한 하나의 조절 양식에 머무는 경우는 절대 없고 **조직**에 해당하는 그 "타자"와 언제나—순차적인 관계에서든 얽힌 관계에서든—연결되어 있다. 권리 선언과 관련된 사법-정치적 이성이라는 근본적 차원에서 보면, 아무 제3자든 염원할 수 있는 세속적 대상과 관련된 것이 아니라면 누구도 다른 사람과 계약 관계에 들어가지 않는다—비용 충당 조건, 개인 간 계약 조건에 대한 동의가 없다면 말이다. 근대의 "자연적" 권리—혹은 말하자면 모든 자연법의 거부라는 점에서 근대 "문화"—는 그것을 통해 소유가 논박 가능한 소유권 주장밖에 되지 못하는 권리, 즉 그것을 통해 사적 혹은 공적 소유물이 보장되기보다는 언제나 논란의 여지가 있게 되는 권리다. 이런 점이 소유자를 잠 못 이루게 한다. "국제시민사회"의 "국가 없는 (소위 국제) 법"은 사실상 독단적 수면 체제, 즉 "법 없는 (세계 계급) 국가"에 해당한다. 그것은 논란의 여지가 있는 헌법 외부에서 공통 법규로 주어지고, 사적 국가들의 세계적 장치가 지닌 비밀 권력(아래 참고)을 통해 행사되는 자본주의적 소유권의 자의성이며, 체계의 (제국주의적) 중심이 부상하는 세계 국가성 제도들에 행사하는 헤게모니다.

"초-제국주의"라는 용어가 제국주의가 오늘날 도달한 단계를 나타내기 위해 다시 등장했다. 이 주제에 관해서는 맑스주의자들 사이에 어느 정도의 긴장이 보인다. 한편으로는 거대 경제-정치 영역들, 즉 향후 정치 행동에 개방된 "대륙들"과 제국주의 "3인방"으로 지구가 분할되어 있다고 주장하는 이들이 있고, 다른 한편으로 사태의 이런 부분을 이해하지 못하고 세계화된 자본주의 경쟁의 맥락에 놓인 다자적 지배관계 측면을 강조하는 이들이 있다. 오다일 카스텔은 이런 의미로 "초-제국주의"를 논한다.9) 이런 접근법은 "세계국가"의 싹들을 조명하는 견해를 밀어붙이는데, 이 국가

9_ 제3차 국제맑스대회(Congrès Marx International III, Paris, 2001). 그의 글은 *Le capital et l'humanité* (*Actuel Marx*, No. 31, PUF, 2002)에 실려 있다.

는 체계적 위계의 표지를 지니기 때문에 "복잡하다." 우리가 제안하는 주장은 이와 무관하지 않으나 이 국가성의 "구조적" (계급) 성격을 문제로 삼으며 근대에 들어와서 국가에 속하는 것으로 제시되는 것들이 "메타구조적" 조건들과 맺고 있는 관계를 보여준다고 가정할 뿐이다. 즉 평등과 자유(선언/부인)의 기호 아래 **표면상** 만인에게 공통된 권력을 전제하지 않으면 세계 차원의 국가를 포함하여 근대적 의미의 국가는 없다는 것이다. 경제적 범주들은 여기서 충분하지 않다. 진정으로 정치적인 전제들은 사회적 투쟁들의 세계화에 속한다. 신-자유주의 세계화에 대한 비판이 힘을 갖는 것은 저명 경제학자들의 작업 덕분일 수 있지만, 약점이 있는 것은 정치철학의 참여가 주변화된 때문이다.

　"제국"이란 단어는 토니 네그리와 마이클 하트의 저서를 통해 커다란 성공을 거두었는데, 여기서 그 단어는 풍부한 연구 및 일련의 눈부신 직관과 연관되어 있다. 내가 볼 때 그것은 발견적 측면과 정치적 신빙성을 특이하게 약화시키는, **체계의** 범주들— 즉 세계-체계 범주들(제국주의의 그것들)—과 **구조의** 범주들—즉 부상하는 세계-국가 범주들—간의 공모-혼동에 의해 뒷받침된다는 점에서 문제가 있다. 세계 **체계** 비슷한 무엇을 가리킨다고 하는 "제국"은 전형적 방식으로 특정한 **구조적** 특성들에 의해 규정된다. 그것은 "체제들"의 과거 유형학(오늘날 맑스주의에 공통되고 내가 제안한 의미에서 **체계**의 구체적 질서가 아니라 바로 **구조**의 추상적 질서에 의거하는)에 따라 (미국의 대통령제처럼) "군주국"임과 동시에 (다국적 기업들처럼) "귀족적"이고 (노동조합들처럼) "민주적"일 것이다. 이 제국 개념은 핵심적 문제—두 질서들(체계와 구조) 간의 변증법, 즉 국가화의 세계적 형태로부터 제국주의가 얻는 지원과 제국주의에 의해 대변되는 보편적 지분 간의 변증법—에 대해 사유하는 것을 허용하지 않는 고유한 의미의 인식론적 장애, 개념적 이중 노출, 초기적 혼란을 이룬다. 이 책이 분명 이런 질문들로 채워져 있더라도 말이다. 모순들이 감지되지 않는다는 말은 아니다. 그 모순들은 심지어 거창하게 펼쳐져 스피노자, 들뢰즈, 푸코로부터 오는 철학소들로 예시된다. 내 생각에 부족한 것은 그것들을 변증법으로 만드는 분석 수단이다. 이런 이유로 "중심"은 권력에 대한 독점권자임과 **동시에** 법의 생산자로서 작용한다.[10] 소통과정을 통해 정당화되며 루만과 하버마스의 혼합이라 할 "자기-승인적, 자가생성적" 기계[11]로서 제국을 이렇게 언급하는 것은 "다중"과 제도 간의 변증법적 관계에 대한 명확한 견해를 제공하지 않는 것 같다. 푸코의 생정치 범주—생산수단의 소유에만 집착하는 지배과정 분석이란 맥락에서는 매우 혁신적인—는 여기서 맑스주의적 자본주의 비판에는 이르지 못한 채 사용되고 있다. 맑스주의적 비판은 **삶의 조건과 척도인 구체적** 부의 생산과 **모든 삶의 파괴**를 비용으로 한 권력-위-권력의 축적인 자본의 지평으로서의 이윤의 **추상적** 궁극성 간의 변증법적 모순을 중심으로 구조화되어 있다. 그러나 "생정치"—이 생각에 따르면 "삶의 생산은 이제 번갈아 권력의 대상이 되고",[12] "다국적 기업들의 과정"[13]이 된다—범주의 쓰임새는 내가 보기엔 그것이 그래도 보여주고자 하는 이 모순을 파괴해버린다. 이와 관련하여 자본주의는 거의 성취된 "세계시장"이라는 그 본질을 통해 자신이 "매개 없이 다중과 **직접** [강조 추가]"[14] 대면하게 될 것이다. ("제국 권력의 판옵티콘"으로 이해되는[15]) 시장 범주를 자본주의 경제질서의 일반원칙으로 분리해내는 자유주의적 전제에 근거한 이 이론적 취약성의 중심에는 개념적 무관심으로 인해 (자연적인 것에 대비되는) 근대적 사회적 합리성에 고유한 형태들—(개인 간/중앙 중심적 계약의 상관관계를 전제하고 있는) 시장/조직의 양극성 즉 정반대되는 조절 양태들 **그리고** 오직 상대적으로만 상응하는 **계급 요인들**[16]—을 개념적 무관심 탓에 짓밟아버리는 관념, 세계는

10_ Michael Hardt and Antonio Negri, *Empire* (Cambridge: Harvard University Press, 2000), 15.
11_ Ibid., 34.
12_ Ibid., 24.
13_ Ibid., 31.
14_ Ibid., 237.
15_ Ibid., 190.
16_ 조직 개념의 비판적 구축에 필요한 진정으로 변증법적인, 푸코적 "규율" 범주의 자리를 찾아야 하는 것도 이 변증법적 틀 안이다.

"자기-승인적" 기계라는 관념이 존재한다. 탈영토화의 경우 그것의 출현은 우리가 "개입" 범주 그 자체[17])가 영토를 전제하고 불량-국가들에 맞서 지상전에 개입하는 선한 국가 주체들을 전제한다고 믿는다면 시기상조요 **일방적**이라고 판단할 수 있는 방식으로 일어난다. 구조적인 것과 체계적인 것 간의 이런 공모를 통해 "계급"의 문제설정이 국민국가의 그것과 더불어 약화되고, 그리하여 국지적, 시민적 개입 또한 상징적인 세계적 행위, 즉 "두더지"에 맞서 "뱀"에게 유리하게 약화된다. 같은 일이 "대자적으로는" 나쁘지만 "즉자적으로는" 더 나은 제국에 자리를 물려준다고 하는 제국주의에도 적용된다.[18])

"글로벌 사회"에 대해서는 (특히 에드가 모랭에 의해) "복잡성" 이름으로 이루어진 또 다른 성격규정들이 있다. 우리가 여기서 기술한 개요는 그러한 작업이 구조/체계 틀 안에서 고려되어야 함을 시사한다. 맑스주의 지형학에 포함되어 있는 자본주의의 구조는 그 기능과 모순에서 한없이 복잡하다. 그 복잡성은 세계-체계의 그것과 얽혀 있다. 그것은 본질상으로는 이전의 사회적, 가족적, 종교적, 공동체적(등등) 구성체들의 모든 복잡성을 중층 결정하게 된 전체의 사회 논리에 다름 아니며, 그 구성체들은 거꾸로 그 전체를 중층 결정한다. 그것은 이리하여 카오스 내의 한 준거점으로서만 나타나며, 가능한 공동행위들을 목표로 삼는다.[19])

폭력과 극근대적 전쟁

이런 설명들은 "극근대적" 폭력의 다양한 성격을 심문하게 해준다.

17_ Hardt and Negri, 18.
18_ Ibid., 43.
19_ 특히 "공간"의 견지에서 본 다른 필요한 접근법 또는 지역, 네트워크, 정보 흐름 등에 관심을 가진 접근법이 물론 있다. 이들 범주가 맑스주의 전통에 기인하는 주요 준거점들을 그래도 말소하지 않음을 증명하는 일은 이 논문의 범위를 넘어선다.

사회관계들의 평화를 그것들 간의 상대적 평등과 연결시키고, 그에 따라 폭력을 사실적 불평등 혹은 타자에 대한 절대적 승리 전망에 연결시키는, "정의의 조건들"에 대한 흄의 고전적 생각들과 더불어 출발한다면, 근대적 폭력은 주로 (계급의) 구조적 관계보다는 (제국주의의) 체계적 관계 속에서 발생함을 알게 될 것이다. 이 관점으로 부터 또한 우리는 "급속 증대하는 착취의 계열" 즉 위에서 설명한 구조/체계/대구조의 계열이 작용하며 이 폭력을 더욱 증폭시키는 것을 목격하게 된다.

세르파티[20]가 보여주듯, 대체로 동등하고 상호파멸 위협 하에서만 군사적으로 서로 대치할 수 있는 강대국들 간의 군사적 폭력은 지금은 부차적인 일이다. 오늘날 폭력은 주로 남반구의 국내 갈등들에 관련되며, 갈등 대상은 대개 지배 국가들 보호 아래 수행되는 국가건설이다. 한편으로 국가건설은 한물간 일이기라기보다는 어떤 (인종, 언어, 종교, 지역) 집단이 나라를 자기 목적에 맞게 바꿀 수 있는가 아니면 행정, 사회-경제적, 문화적 측면에서 완전히 차지할 것인가가 문제가 되는 예컨대 아프가니스탄 같은 낡은 나라들에서의 현기증 나는 권력게임으로 나타난다. 이 게임은 일반적으로 그런 게임으로 인식되지만, 그에 대한 이론작업은 유일한 결정적 관계란 시장관계들이라고 생각하는 경향—조직 개념을 동일한 인식론적 층위에 위치시키기 어렵다는 사실로 인한 경향—때문에 취약한 상태다. 다른 한편 이런 조건에서는 (무기 및 정보 제공, 물류와 미디어 구조 등) 폭력의 불균형에 대해 핵심 역할, 초국가적 기구들에서의 우월한 위상에 의거한 역할을 수행하는 것은 이들 지역들을 통제하려는 이해관계에 의해 추동되는 지배적 국가들이다. 이 결과, 이들 전쟁의 본질적 성격은 이미 내란이 되어 나타난다는 것이다. 조금 덜도 아닌 이중적인 의미에서, 즉 남반구의 준-국가 층위와 모호하게 글로벌한 국가 층위 차원에서 그러하다. 적들은 나라의 적이 아니라 인류에 대한 범죄자가 된다. 종교전쟁, 그리고 그래서 내란. 국제

20_ Claude Serfati, *La mondialisation armée: le déséquilibre de la terreur* (Paris: Textuel, 2001).

규범을 벗어난 사적 전쟁. 더 이상 시민이 싸우지 않는 용병전. 경찰작전. "윤리적" 전쟁… 우리는 이런 용어들에 어떤 의미를 부여할지 알고 있다.

만약 "테러리즘"을, 정치적 목적을 위해 합법적 폭력에 대한 독점권을 보유한다고 간주되는 한 법치국가 안에서 특정 또는 불특정 목표물에 대해 가하는 실상 폭력 행위로 규정한다면, 우리는 그것을 "국가 테러" 즉 합법적이라는 규범을 벗어난 치명적 폭력에 의한 통치와 연관시킬 수 있을 것이다. 그러나 테러리즘과 테러가 꼭 폭력의 상응하는 양극단을 구성하는 것은 아니다. 양자는 전쟁이 일반적으로 수감자들과 시민에 대한 학살로 끝난다는 사실만 제외한다면 폭력의 상호교환 형태인 전쟁과 구분될 수 있을 것이다. 금지조치(embargo) 테러리즘이 긴밀하게 연관되어 있다. 이 테러리즘은 그것을 부과하는 당사자에게는 위험 부담 없이 그것을 받는 쪽은 불분명한 대규모 익명의 통계적 사망에 몰아넣는다. 카미카제 테러리즘은 무장 해제된 사람들, 즉 제로-사망의 적(유효 폭력에 대한 독점권, 살상당하지 않고 살상할 역량, 그리고 심지어 선전포고 없이 전쟁을 수행할 역량을 소유한 적)과 직면한 사람들의 무모한 무기다. 카미카제는 자신의 죽음 외에는 다른 무기가 없는 사람이다. 그렇다고 해도 죽음은 그의 것이 아니다. 다른 사람들이 그들 대신 그리고 그들의 영광을 위해 그를 죽음으로 내보내지만, 그들은 그것 없인 해방전쟁이 불가능한 도의를 저버린 탓에 사전에 자신들의 자격을 박탈당하고 만다.

인류의 정치학과 세계 시민권

"세계 시민운동" 내부에서 법학자들은 주변에 머무는 데 반해 경제학자들이 핵심 역할을 한다는 점은 주목을 요한다. 법학자들의 부재가 더욱 유감스러운 것은 제국주의의 목적이 바로 법 문제를 은폐하기 위함이라는 사실, 즉 가능한 조작 수단들을 최대로 개방해두는 도덕적 문제설정 내부에서 법 문제가 사라지게 하기 위함이라는 사실 때문이다. 그러나 법에 대해 말하자면 부실하기는 해도 그래도 알아볼 수는 있는 유엔총회라는 기구가 있다. 이 기구는 간접적일 뿐이긴 해도 모두의 이름으로 법을 실행에 옮기면서 법에 대해 해석하고 판결할 수 있는 것으로 추정된다. 반대로 도덕성은 개인적 믿음, 다시 말해 주로 사적인 매체 권력에 맡겨지는데, 매체는 아는 수단, 알 가치가 있는 것을 선택하고, 그것을 알리고 해석하는 수단을 소유하고 있다는 특권으로 인해 엄청난 설득력을 갖는다. 코소보 위기 동안 국가들의 자결권은 강제력이 뒷받침되는 초-국가적 개입을 요구했다. 모든 국가들의 공식 인정을 받는 유엔만이 안전보장이사회를 통해 상황에 따른 군사적 수단을 포함하여 평화회복에 필요한 과정을 관장할 자격이 있다고 간주되었다. 만약 그런 사태가 불가능했다면, 법이 무력했다면, 결코 무시할 수 없는 도덕의 요구가 여전히 강했을 것이다. 어떤 상황에서건 코소보인들이 학살되도록 내버려둘 수는 없었을 테니까. 그러나 실상은 그게 아니었다. 어떤 것도 유엔의 조처를 막지 않았다. 러시아도 처음부터 전면 개입을 준비하고 있었기에 어떤 거부권 국가도 그 조처에 반대하지 않았다. 그럼에도 불구하고 "동맹국"들은 의도적으로 (이런 표현을 할 수 있다면) "법 위의 도덕"을 선택하며 법의 틀 안의 모든 조처, 즉 유엔의 권위 및 통제 하에서의 조처는 무엇이건 거부했다. 대신 그들은 나토를 선택하며 세계 법―그런 사정에서는 이것이 상황에 적합한 유일한 수단일 텐데도 불구하고―에 종속되기를 거부했다. 이런 이유로 우리는 동맹국들이 법 위 도덕성의 중요성을 과장해야 하는 중대한 이유를 가졌다고 상상할 수 있다.

그럼에도 불구하고 맑스주의 입장을 취하건 않건 비판적 법학자들은 유효 규범들만 법으로 인정하는 (법실증주의가 지지하는) **사실주의 입장**의 분과적 전문적 사안들과 법의 정당성은 규범들 절차들로 다시 표현되는 공유 가치들―그리고 세계적 차원에서 이것들은 보편적이어야만 한다―에 기반을 둔 민주적 정치공동체에만 뿌리내릴 수 있다는 생각을 내세우는 **근대 자연법**의 사안들 사이에 갇혀 있다. 그들은 이 이중 요건의 간섭을 받는 상태에서 보편적 가치에 근거하여 "(현존) 법 비판"과 세계적-규모의 사법질서 프로젝트를 이끈다. 그러나 내 생각에 그들은 사법 현상의 두 측면을 인지하는 데 어려움을 겪고 있다. 한편으로는 자신이 협정을 통해 객관적으로 돌이킬 수 없는 어떤 과정에 복무한다는 단 하나의 사실이 "협정" 자체의 개념 틀을 (고려 대상에 관한 한) 뒤엎어버리고 공식적으로 "국제 법"과 관련된 어떤 사실을 "세계 법" 관련 사실로 변형시킨다. 그런 법의 조건은 최강자가 좌우함에도 불구하고 말이다. 이 세계 법에 관한한 우리는 그 개념을 불가사의한 조사 대상(내 생각에는 이것이 이들 법학자가 파악하기 어려운 "세계 국가성" 개념이다)처럼 등장하는 세계국가 공동체에 대한 (구조적/메타구조적) 고려를 통하지 않고선 수립할 수가 없다. 다른 한편 세계 **국가적** 중심성에 의거하는 한 세계 법은 국제 법의 비대칭성을 악화시키면서, **체계적** 중심성을 특징으로 하는 세계의 체계, 즉 "중심" 대 "주변부"의 체계와 전도된 관계를 맺는다. 내가 믿기엔 이것이 법 문제를 제대로 다루려면 충분히 고려해야 하는 상황이다.

『일반이론』에 도입된 메타/구조적 문제설정은 무엇보다도 법실증주의와 자연권 사이의 대립을 변증법적으로 극복하는 데 도움을 줄 것이다. **메타구조**는 선험적 호명으로 이해되는 자연권이 아니라 사회적 존재론의 양상을 지닌다(즉 아무 것도 아닌 것이 아니다)는 점에서 차라리 전형적인 근대적 단언(사법적-경제적-정치적)이다. 한편으로 그것은 그 출현과 역사적 표현들로 추적될 수 있다. 다른 한편 그것은 효과가 있는데, 이 효과의 중요성은 시민들이 그것을 자신의 것으로 이해할 수 있다는 점에 있다. 메타구조의 존재가 지닌 실증적 조건들은 (사회적) 구조 내부에 놓여있고 그 특징이 존재하는 것을 부정하는 것임을 동시에 드러낸다. 법의 "실상"은 이렇게 메타구조적 주장과 구조적 실증성의 절합—그 활동-투쟁으로 나타나듯 전개 과정에서 구조와 메타구조를 끊임없이 다시 표현하고 재공식화는 "변증법적" 절합—내부에서 분석되어야 한다. 가장 추상적인 형태로 정식화되는 근대성의 이런 역사적 변증법 안에서 최초의 국면 즉 근대적 "선언"의 국면은 타자를 위한 토대가 아니라

역동적 준거로 이해되어어야 한다.21)

　이런 이유로 새로운 형태의 세계 국가성이 부상하고 있음을 인정한다면 우리는 또한 세계 법의 모호하고 모순적인 점, 즉 "인류의 정치학" 개념도 동시에 있음을 인정해야 한다. 인류는 나무랄 데 없는 원칙을 지닌 유엔총회 같은 너무나 무력한 기구들을 통해 만인의 권리를 선언한다. 하지만 그 총회의 이름으로 인류는 모두에게 동등한 공통권력을 행사할 능력을 가진 책임성 있는 주체라고 주장한다.

　사람들은 사회계약의 형상을 알아볼 수 있다. 이것이 너무나 자주 온갖 실수로 이어진다고는 해도 우리로 하여금 적어도 **출발**은 하게 해주는 다른 형식은 없다. 없으면 없는 대로 하고자 하는 사람이 있다면 의식하지 못하고 그저 관행에 빠질 뿐이다.22) 우리는 무엇보다 자유주의에 맞서 강조해야 한다. 자유주의는 그 다양한 판본에 따라 그 형상을 통해 근대사회의 토대, 즉 자신이 추구하는 이상 아니면 어떤 "기원" 우화를 본다. 이 우화에 따르면 그 형상은 그로부터 우리가 동시에 자신의 비판이기도 한 자본주의 계급구조를 이해할 수 있는 유일한 형상이다.23) 이 형상은 역사적으로 상당히 때 이르게 등장했고 극근대성의 도래를 통해서만 일관성을 찾아낸다.

21_ 예컨대 프랑스 혁명기 1789년의 인권선언은 사회구조에 의해 결정된 한 국가로 인해 가능해진 "메타구조적" 표현으로 기능하고 특정 국면에 발생한다. 이 계급 "구조"는, 당시 이미 노예제도 유지와 제국주의 전쟁 "권리"라고 불리던 것에 의한 시도들을 포함한 (세계)"체계"는 물론이거니와, 그것에 반하는 법률들(인두세, 곡물법, 그리고 계엄령에 근거한 투표 시스템)과 모순을 이뤘다. 자코뱅 담론, 소작농 및 노예 투쟁 등으로 나타나는 해방의 정치학이 끊임없이 그 선언을 언급하는데 이는 그것을 반복하기 위함이라기보다는 그런 정치를 바꿔내고 사회적 질서를 혁명시킴과 동시에 끊임없이 새로운 의미를 그 정치에 부여하기 위함이다.

22_ 마이클 하트와 안토니오 네그리 자신들도 "탈-근대 공화주의"(*Empire*, 210)를 요청하고 있고, 자신들의 책 말미(396-411)에서 더 구체적으로 세계 시민권, 최소 소득, 그리고 생산-정보-소통 수단 전유에 대한 삼중 권리를 요구하고 있다. 분명 지어낸 것이고, 그래서 완벽히 "근대적"이며, 극근대적이기까지 하다.

23_ 나는 이 점은 맑스가 자본주의 지배 하에서 시장이 "자연권과 시민권" 표시 하에 이른바 사회계약으로 전도되는 것에 대한 그의 이론(『자본』 1권, 6장)을 통해 제공한 증명과 관련되어 있음을 다시 강조하고 싶다. 나의 『일반이론』은 이런 종류의 변증법적 근대성 개념 이면의 모든 다양한 전제들과 함축들을 일관되게 설명하려는 시도다.

알다시피 로크와 칸트는 (만약 인간이 자유롭고 평등하다면) "지구는 누구에게나 평등하게 속한다"고 인정하며 정치담론을 시작한다. 사실 지구 사용에 참여하는 동안의 협력 법칙을 설명하는 것이 그들의 이론 목표다. 사회계약은 따라서 근본적으로 만물에 대한 만인 간의 계약으로 이해될 수 있을 뿐이다. (그것은 이런 의미에서 안토니오 네그리한테서 가져왔지만 새로 방향을 바꾼 주제다. 극근대성은 어떤 "외부"도 더 이상 알지 못한다.) 특정 국가 차원에서 이 문제를 다루는 것은 그래서 효과가 미미하다. 즉 서로 다른 국민-국가들의 일시적 얼개로 파편화되어 있고 그 자체로는 책임지지 못하는 아직도 분산되어 있는 인류의 시대착오적 관습의 반영인 것이다. 세계 사회계약—(이미 강력한) 이 허구—은 사회계약의 변변찮은 확대라기보다는 사회적 계약의 유약하고 애매한 진실인 것이다.

이것이 (일부 권력이 거기 귀속되어야 함과 동시에 권리국가 형태도 갖게 될) 최소 사법권이란 의미의 "세계-국가"가 이 개념에 따라 "연방"에서 생기지 않는 이유다. 세계-국가는 연방이 아니다. 그리고 이것이 합중국 혹은 독일연방을 만들어낸 것이나 유럽이나 아메리카 같은 새로운 대륙적 실체들을 합치는 것과 같은 기존의 어떤 연방과 비교해도 절대적으로 새로운 점이다. 각자의 영토를 갖고 있지만 공통의 중심 권력에 자신들의 일부 특권을 위임하는 기존 실체들 무리의 문제가 더 이상 아니다. 현상적 질서에서는 만사가 "세계 연방 권력"으로 향하는 것인 양 일어나며 이전에 자기 영토에서 독립을 이루던 국가들의 자율권을 경건하리만큼 존중하는 것 같다. 사실 이것이 WTO가 공식적으로 요구하는 주권 포기다. 그러나 이런 종류의 "포기"는 "지구는 만인에게 속한다", 또는 그보다는 어떤 권리도 무력, 사실상의 국가 또는 기득 이권으로부터 나오지 않고 오직 만인의 자유롭고 동등한 동의를 통해서만 나온다는 의미로 만인은 지구에 대해 동일한 사법적 관계를 누린다는 인식에 기초해야만 수행될 수 있다. 이런 동의가 권력관계를 통해서만 제대로 실현한다는 사실이 어떤 입장—권력의 입장이 아니라 누구도 일방적으로 이런저런 것의 합법적 지배자임을 선언할 수 없다는 인식—에 대한 준거를 통해서만 그 동의가 공식적으로 확립되는 것을 막지는 못한다. 합법적 질서는 만인 사이의 동의에서만 나오며, 어떤 특정 국가가 타자들의 동의 없이도 자기 영토에 대한 절대적 권리가 있는 듯 굴지 않는 세계에서 발생한다.24)

이 문제를 공식적 용어로 정의의 원칙 문제로 보고 접근하는 것이 쓸모없지는 않을 것이다.25) 보편 질서는 최악 입장에 처한 이들 관점에서 정당한 것으로 제시될 수 있을 뿐이다. 그것은 가장 적게 가진 사람들에 의한 마키아벨리적 유효 투쟁 원칙에 근거해서 전진할 수 있을 뿐이다. 따라서 그 실현을 위한 전제조건은 그들이 자신들이 가진 것을 박탈당해서는 안 된다는 것이다. 만약에 국가가 그 영토상 만인의 합법적 권력 관점에서 볼 때에는 방어 불가능하게 된다고 해도, 연대와 공통—삶의 구체적 프로젝트가 추상적 이윤 논리에 반하여 일어나는 파편화된 공간처럼 보편주의적 관점에서는 방어가 일어날 수가 있다. 피억압자, 피착취자가 대체로 지배적 소수에 맞선 다수인 "다중의 법칙"은 인류의 정치 진작과 제국주의 반대 "인민 투쟁" 간의 변증법을 만들어낸다. 민주권력이 세계적 규모로 나타날는지 여부는 남반구 국가와 인구가 기술과 문화를 통한 구체적 변형 형태로 드러나는 전체 지구에 대한 평등한 권리, 자원과 지식을 처분할 평등한 권리, 더 나은 삶을 위해 거주하고/거나 이주하는 곳에서의 자기—조직에 대한 평등한 권리와 함께 자신들의 방어수단을 거기서 찾아낼 수 있는 능력에 비추어 측정되어야만 한다.

24_ 이 점과 관련하여 우리는 국제법이 국가법의 기초인지 그 반대인지에 관해 한스 켈젠이 제출한 견해를 재고해야만 한다(그의 *Théorie pure du droit*, Dalloz, 1962, 430-49 참조). 켈젠은 법학의 눈으로 보면 두 관점이 동등하다고 결론짓는다. 나는 위에서 말한 이유로 그리고 계약성의 원칙을 "평등세계성" 원칙(*Théorie générale*, 622A, 914, 933)으로 해석하자는 취지에서 두 번째 관점은 첫 번째 관점에 의존해야 자신에 대한 정연한 설명을 할 수 있을 뿐인, 과정에 대한 현상학적 또는 경험적 관점이라고 말하고 싶다.
25_ 알렉스 캘리니코스의 제3차 국제맑스대회(Congrès Marx International III)에서의 개입 참조. 그의 글은 *Le capital et l'humanité* (*Actuel Marx*, No. 31, PUF, 2002)에 실려 있다.

이 글의 목적은 구체적인 행동 프로그램을 제시하는 것이 아니다. 이런 프로젝트는 오늘날 우리가 세계 시민운동이라고 부르고, 시애틀에서 포르토 알레그레에 이르는 사회포럼이 상징이 된 방대한 과정을 통해 나타난다. 이 운동은 세계 전역의 모든 반-계급, 반-체계 투쟁과 행동을 통해 통상적으로 일어나고 있다.

Jacques Bidet, "The Rule of Imperialism and the Global-State in Gestation"

칼 슈미트와 전쟁:
『대지의 노모스』에서

야마다 히로아키

일어번역: 후지이 다케시

『대지의 노모스』, 우리가 이제부터 주로 검토하고자 하는 저작, 1950년에 발표되어 전후 슈미트를 대표하는 것으로 간주되는 이 저작에 대해 도대체 뭐라고 형용해야 할까? 우리는 그것을 수십년에 걸친 슈미트의 사고의 집대성으로 생각해야 할까? 아니면 상황에 맞춰 끊임없이 변절을 거듭했다고들 하는 그의 새로운 변절의 징표? 그것도 아니면 학문적으로 치장된 자기변명, 자기정당화의 책으로 보아야 할까? 이 질문에 대한 답이 어떤 것이 되든지 간에 적어도 다음과 같은 점은 확실하다. 『대지의 노모스』에는 우리가 긴급히 되돌아가 다시 생각해야 할 수많은 고찰들이 포함되어 있다. 부시정권에 의한 이라크 공격이 강행되고 그 압도적인 군사력을 배경으로 한 '승리', 아주 위태롭고 아주 수상쩍은 '승리'가 이제 확실해진 이 세계의 현재와 앞길을 생각하기 위해, 그리고 살아가기 위해.

『대지의 노모스』를 처음부터 끝까지 관철한 주제란 무엇인가. 그것은 한 마디로 말하자면 섬멸전으로서의 내전, '형제'끼리 피로 피를 씻는 내전을 어떻게 억지(抑止)할 것인가 하는 문제이다. 슈미트의 표현에 따르면 이 억지는 전쟁을 틀짓는다는 의미에서 전쟁의 '한정'(Hegung)을 의미한다. 하지만 전쟁을 한정하는 것은 전쟁 자체를 폐절(廢絶)하는 것은 아니다. 뒤에서 보겠지만 슈미트에게 그 불가능성은 자명한 것이었다. 전쟁의 폐절이 아니라 한정이야말로 "인간의 힘으로 이룩할 수 있는 질서의 최고 형태"이며 "모든 국제법 질서의 핵심문제"라고 그는 말한다. 그리고 또 "틀지어진 전쟁"만이 "심해져갈 보복의 순환에 대한", 즉 "그 무의미한 목표가 서로에 대한 섬멸에 있는 허무주의적인 증오행동과 보복행동에 대한" 유일한 보증, 바꿔 말해 적대관계가 절대적 적대관계로 상승하는 것에 대한 유일한 보증이라고 말한다.

그러면 이 전쟁의 한정, 마치 인류가 가질 것이 허용된 유일한 희망처럼 제시되는 전쟁의 한정은 어떻게 하면 가능해질까(아니면 가능해졌을까)? 이 질문에 대한 슈미트의 답을 이해하기 위해서는 우선 그가 무한정의 전쟁으로 무엇을 상기했었는지 확인해둘 것이 필요하다.

_인터내셔널한 내전

슈미트가 상기했던 것, 그것은 16, 17세기 유럽에서 맹위를 떨치던 종교적 내전이었다. 기독교 공동체 내부에서, 즉 기독교 공동체의 통일을 깨는 것으로 프로테스탄트와 가톨릭 사이에서 벌어진 이 전쟁의 음참(陰慘)함을 이야기하는 슈미트의 말투에서는 단순한 혐오감을 넘은, 일종의 외포(畏怖)와 같은 감각조차 느껴진다. 그는 이 종교적 내전을 "인터내셔널한 내전", "초영토적인 섬멸전"이라고 부른다. 하지만 이 두 가지 형용사, 즉 '인터내셔널한'과 '초영토적인'의 조합에는 어떤 시대착오가 포함되어 있다. 무슨 말이냐면 문제의 내전은 다름 아니라 근대적 국민국가 확립 이전의 전쟁이기 때문이다. 그러나 이 시대착오는 오히려 종교적 내전에 종지부를 찍은 것이, 즉 전쟁에 대한 틀짓기로서 전쟁의 한정을 가능하게 한 것이 무엇이었느냐는 질문에 대한 그의 해답을 예시하고 있다. 즉, 슈미트에 의하면 전쟁의 한정, 바꿔 말해 전쟁을 합리화하고 인도적인 것으로 만든 것은, 다름이 아니라 이 근대적 의미의 국가의 성립이다. 그렇기 때문에 전쟁의 한정이란 무엇보다 먼저 전쟁을 국가간 전쟁으로 한정하는 일이다("이와 같은 전쟁의 합리화와 인도화는 유럽의 전쟁이 유럽 땅에서 국가가 주역인 전쟁([국가간 전쟁])으로 한정되고 국가와 국가 사이의 관계로, 또 국가의 군대와 국가의 군대 사이의 관계로 파악된다는 점에만 본질적으로 존재한다"(NE, 121/164-65).[1] 그러나 전쟁을 국가간 전쟁으로 한정하는 것이 동시에 전쟁 자체의 한정을 의미한다고 하기 위해서는, 이 국가가 어떤 것이든 되는 것은 아니다. 그것은 어느 특정한 국가 개념 및 주권 개념의 확립과 현실화를 전제로 한다. 즉, 그 자체로 완결되는 영역을 갖춘 주권국가(명확히 정해진 영토적 경계에 의해 다른 동류들과 대립=병존하며 그 영토 안에서는 균질적인 정치적 통일체로 간주할 수 있는 영토주권국가)라는 개념이다.

유럽 땅이 주권국가들에 의해 분할되어 장소가 확정됨으로써 전쟁 개념의 결정적인 변경이 가능해졌다(슈미트에게 국제법의 역사란 다름 아닌 전쟁 개념의 역사임을 잊지 말자). 이 변경의 결과는 정전(正戰, gerechten Krieg) 개념의 근본적인 전도(顚倒)로 나타난다. 정전 개념은 그때까지 이 개념과 불가분의 관계에 있던 전쟁의 정당사유(원인)라는 관념에서 결정적으로 분리된 것이었다. 정당사유가 전쟁의 한정에 도움을 주기 위해서는 개별적 사례에서 정당원인의 적부를 결재할 수 있는, 전쟁 당사자들보다 상위에 위치한 심급이 불가결하다. 만약 유럽 중세에서 정당사유에 바탕을 둔 정전 개념이 어떠한 전쟁 규제력을 지녔다면, 그것은 제도적 전제로서 기독교적 공동체와 로마교회의 권위가 이 최종심급의 역할을 할 수 있었기 때문이다. 일단 그러한 전제가 상실되면 고전적 정전이론에서는 오직 전쟁 개념의 해소가 귀결될 뿐이

1_ Carl Schmitt, *Der Nomos der Erde im Völkerrecht des Jus Publicum Europaeum*(1950), 4. Aufl. (Berlin: Duncker & Humblot, 1997); 국역:『大地의 노모스』, 최재훈 옮김, 민음사, 1995. 이하 슈미트의 이 저작에서의 인용은 본문에 NE로 표시한다. 그리고 인용한 쪽수는 (/)에 의해 앞에 독일어 원서 쪽수를, 뒤에 한국어 번역 쪽수를 표시했다.

다("정전은 전혀 전쟁이 아니라 사법이며 마찬가지로 부정전[不正戰]은 전쟁이 아니라 반란이다"라고 요한 올덴도르프[Johann Oldendorp]는 말했다). 하지만 전쟁 개념의 해소가 전쟁 자체의 해소로 이어지지 않는 것은 물론이다. 해소되기는커녕 이와 같은 전쟁 개념의 해소가 낳은 것은, 슈미트가 무한정 전쟁의 원형으로 간주한 종교적 내전이었다. 이 새로 나타난 재앙에서 벗어나기 위해서는 정전 개념을, 따라서 전쟁 개념 자체를 새로운 형태로 다시 구축할 필요가 있었다. 그 열쇠 역할을 하는 것을 슈미트는 '올바른 적'이라는 개념과 이 개념을 기초로 하는 정전 개념의 '형식화'에서 찾는다.

슈미트에 따르면 정전 개념을 '정당원인'으로, 즉 실체적·실질적 내용으로 정의하려는 모든 시도는, 전쟁을 한정한다는 목적에 비춰보는 한, 미리 실패할 운명을 지고 있다. 왜냐하면 정당원인이 존재하느냐 여부의 판단은, 상위심급이 없는 상태에서는 최종적으로 항상 전쟁 당사자들의 결단에 맡겨지기 때문이며, 또 너무나 당연하게도 전쟁 수행자들은 항상 자기편에서 정당원인을 인정하기 때문이다. 따라서 정전 개념이 규제원리로 유효하기 위해서는 올바름을 모든 실질적 내용에서 분리시켜 순수 형식적으로(즉 모든 주관적 판단을 떠나서) 정의할 수 있어야 한다. 정의(正義)는 그때 이 형식으로 치환된다. 중요한 것은 이 형식화가 '정당원인' 대신 '올바른 적'(justus hostis)이라는 개념을 설정함으로써만 이루어진다는 점이다. 슈미트에 의하면 바로 여기에 주권국가의 역할이 있다. 앞서 보았듯이 올바른 적에 의한 정전의 형식화는 실제로는 전쟁이 순수하게 국가적인 것이 됨을 의미한다. 왜냐하면 주권적인 영역국가만이 대등한 적으로서 병존할 수 있기 때문이다. "16세기부터 20세기에 이른 국가간의 시대라는 중세 뒤의 유럽국제법은 정당원인을 밀어내려고 시도한다. 이 경우 올바른 전쟁을 규정하기 위한 형식적 근거는, 이제 교회라는 국제법적인 권위가 아니라 국가들 사이의 동권적인 주권성이다. 국가간의 국제법 질서는 정당원인에서 출발하지 않고 올바른 적에서 출발하고, 그리고 동권적 주권자들 상호간에서 벌어지는 모든 국가 상호간의 전쟁을 적법한(rechtmaßig) 전쟁이라고 명명한다. 이 법률학적 형식화로 인해 200년 동안 전쟁의 합리화와 인도화에, 바꿔 말해 전쟁의 한정(Hegung)에 성공한 것이다."(NE, 91/124)[2]

바꿔 말하면, 올바른 적이라는 개념에는 정당원인이라는 개념보다도 훨씬 높은 질서력(秩序力)이 귀속한다는 것이다. 슈미트는 그것을 문자 그대로 집요하게 강조한다. "올바른 전쟁이라는 문제는, 전쟁의 정당원인이라는 문제와는 날카롭게 구별된다. 올바른 적들 사이의 전쟁이 올바른 전쟁인 것이다. 올바른 전쟁이라고 할 때의 올바름이란 '형식이 완비된 것'(Formgerecht)이라는 의미로 '비난의 여지가 없는', '완전한'—마치 사람들이 '올바른 결혼'(justus matrimonium)에 대해 말하듯이—이라고 하는 것과 같은 것이다."(NE, 124/169) "본질적인 것은 모두, 대체로 전쟁이 '형식을 지닌 전쟁', 불어로 하면 'une guerre en forme'라는 것과 결부되어 있다. 전쟁이 '형식을 지니기'만 하면 아무도—참여자든 방관자든—전쟁의 정의(正義)에 대해 비난할 권리를 가지지 못하는 것이다. '정의'란 모두, 이와 같은 '형식'으로 환원된다."(NE, 138/189) 슈미트가 주권적인 영역국가의 최대 역사적 업적이란 전쟁을 형식화한 것이라고 하는 것은, 이와 같은 의미에서이다.

2_ 이러한 논리 구성을 슈미트는 홉스에게서 배웠다고 할 수 있을 것이다. 1938년에 발표된 텍스트, 『홉스 국가이론에서의 리바이어던』(Der Leviathan in der Staatslehre des Thomas Hobbes)에서 슈미트는 이미 다음과 같이 말하고 있다. "국가 간의 전쟁은 정의도 부정의도 아니다. 그것은 국가의 사항이며 그런 것으로서 정의임을 필요로 하지 않는다." 이것은 홉스가 말하는 자연상태(만인의 만인에 대한 투쟁)에서 정의도 부정의도 존재하지 않는 것과 정확히 동일하다. 홉스는 『리바이어던』에서 주권자와 주권자의 관계를 거의 문제삼지 않았지만 거의 유일한 예외로 제30장 말미에서 국가 간의 법은 자연법과 동일하다고 단언했다("각각의 주권자는 그 인민의 안전을 얻기 위해 모든 개인이 스스로의 안전을 얻기 위해 가지는 것과 동일한 권리를 가진다"). 이것은 물론 주권자 상호간의 관계는 자연상태라고 말하는 것과 마찬가지이다. 여기서 홉스가 말하는 자연상태, 즉 만인이 만인에 대해 전쟁상태에 있는 것이 각자 간의 실질적 평등성(힘의 균등)을 전제로 하며 그 귀결로 도출된 것임에 주의할 필요가 있다. 슈미트는 반대로 거기서 전쟁을 한정할 원리를 찾아보려고 한 것이다. 그러나 슈미트와 홉스의 최대 공통점은 내전의 위상에 있다. 양자에게 내전은 모든 정치가 맞서 싸워야 할 "이 세상에서 일어날 수 있는 최대의 악"이다. 이에 비하면 전제정치의 폐해는 거의 무시할 만하다. 다만 슈미트에게 내전은 자연상태보다 더 나쁜 것이다. 왜냐하면 뒤에서 보듯이 항상 정전(正戰) 관념을 동반하는(적을 차별화하는) 전쟁이기 때문이다.

하지만 이것은 정말로 전쟁의 한정이라고 부를 수 있는 것인가. 국가가 주권을 가진다는 것은, 각각의 국가가 단독으로 최고의 주체로 간주된다는 것이며, 자기 위에 어떠한 상위 결정기관도, 어떠한 보편적 원리도 두지 않는다는 것을 의미한다. 국가주권의 이와 같은 절대성에서는, 논리적으로는 국가의지의 무제약성 외의 아무 것도 도출할 수 없다. 그렇기 때문에 전쟁은 주권국가 고유의 권리인 것이며, 외부에서 이 권리를 제약할 수 있는 어떠한 규제근거도 있을 수 없는 것이다. 물론 주권국가는 그 무제약성에서 서로 동등하다. 그것을 통해 적을 범죄자로 차별화하는 것을 저지하며 전쟁이 경찰행동으로 전화되는 것을 저지할 원리가, 즉 섬멸전을 저지할 원리가 주어지는 것처럼 보인다. "섬멸전의 제거 혹은 회피는 힘들의 측정을 위한 하나의 형태가 발견되는 것에 의해서만 가능하다. 이것은 또한 상대방이 동등한 입장의 적으로서, 올바른 적(justus hostis)으로서 승인되는 것에 의해서만 가능하다. 그것으로써 한정의 원리가 주어지는 것이다."(NE, 159/218) 이 한정의 원리에 대해서는 국가주권의 절대성에서 도출된다고 간주되는 전쟁목적 규제의 무차별주의(어떤 목적에 의한 전쟁도 주권국가의 자유이다)가 장애물이 될 일은 없다. 그렇기는커녕 그와 같은 무차별주의는 전쟁에서 정당원인이라는 사고방식을 지워버리는 것에 다름이 아니며, 앞서 확인했듯이 그것은 슈미트에게는 전쟁의 한정을 실현시키기 위한 출발점이기도 하다. 그러나 '올바른 적'이라는 개념이 올바른 적으로서의 상호적 승인을 전제로 하며 그것에 의해 비로소 기능한다면, 이 승인이, 그리고 이 승인에 바탕을 두고 적을 동권자로서 존중할 보증이 어딘가에 있어야 한다. 이러한 보증을 본래적으로 구속이 없는 주권자의 의지의 자기구속에서 찾을 수 없다는 것은, 슈미트 스스로가 "포박풀기 명인의 자기구속"(Selbstbindungen eines Entfesselungskünstelers)이라는 비유로 보여준 바와 같다. 그러면 적의 동권자로서의 존중을 이끌어낼 유효한 구속은 어디에 있을까?

_라움 질서

우리는 여기까지 『대지의 노모스』의 서술 순서를 일부러 무시해왔다. 그것은 이 저작의 중심적인 주제를 의식적으로 뒤로 물러나게 했음을 의미한다. 실제로는 『대지의 노모스』는 다음과 같은 선언으로 시작된다. 대지야말로 "법의 어머니"이며 법은 올바른 장소에 있어서 비로소 법이라는 선언 말이다. 장소와의 이 연관을 잃어버렸을 때 법은 그 실효성을 상실하고 공허한 유령이 된다. 바꿔 말해 법은 질서(Ordnung)와 장소확정(Ortung)의 통일로서 근원적으로 대지구비적(大地具備的, erdhaft)이다. 이와 같은 아이디어를 슈미트의 사상적 변천 속에 다시 위치시키면, 그것을 1934년의 『법학적 사유의 세 종류』에서 제시된 "구체적 질서 사고"의 현양에서 발전한 것으로 보는 것이 자연스럽다. 그런 한에서는 그는 구체적이라는 형용사에 라움(Raum)이라는 의미를 부여하기에 이른 것으로 볼 수 있다. 구체적 질서는 그것으로 인해 라움 질서로 이름을 바꾸었다. 이와 같은 사상적 전개의 역사적·정치적 의미를 묻는 것은 물론 가능하다. 왜냐하면 라움 질서란 그것이 전지구적인 라움 질서로 지시되는 경우에서조차도 항상 구체적으로는 한 개 또는 여러 개의 광역질서로서 고찰되기 때문이며, 거기에 파시즘적인 광역 개념, 특히 나치스가 주장한 생활권(生活圈, Lebensraum)이라는 광역 개념과의 평행성을 보지 않을 수 없기 때문이다. 하지만 여기서는 이 문제를 일단 제쳐두기로 한다. 우선은 전쟁의 한정이라는 주제에서 라움 질서의 역할을 명확하게 하기 위해서이다.

"주권국가의 국제법적인 의무화의 구속력은, 구속이 없는 주권자들의 문제 많은 자기구속에는 있을 수 없으며, 보호를 위해 둘레가 한정된 하나의 라움에 대한 공통된 소속으로, 즉 구체적인 라움 질서의 포괄적인 작용에만 바탕을 두는 것이다."(NE, 198/267) 슈미트가 주권국가의 영역적 성격을 강조한다는 것은 이미 지적했지만, 이 영역한정성은 무한정한 공간에서의 자유로 확장될 수 있는 영역확정이 아니라는 점이 결정적이다. 그것은 그 자체로 한정되며 경계가 획정된 영역 속에서 이루어지는 재획정(분할)으로 존재한다. 물론 실제 사태가 역사적으로 그렇게 진행되었는지 여부에 대해서는 의문을 제시할 수 있을 것이다. 하지만 구조적 관점에서는 체계는 체계의 개별적 구성요소에 앞선다. 그리고 또 유럽을 하나의 체계로 그려내는 것의 의미는 그러한 체계의 구속적인 힘을 찾아낸다는 것 외에는 없다. 다시 말하지만 이 체계는 전혀 추상적인 구조는 아니다. 그것은 하나의 실체적인 요소로서 경계지어진 토지에 기초를 두는 것이다. "본래 유효한 구속은, 평등하게 주권적인 인격의, 소위 구속 없는 의지라는 지극히 불확실한 자기구속에는 있지 않고, 이 모든 주권자들을 포괄하는 유럽중심적인 라움 질서의 구속적인 힘에 있다. 그 노모스는, 확정된 경계를 가진 국가영역으로 유럽 땅을 분할하는 점에서 그 핵심을 가진다."(NE, 120/163)

_균형

여기서 하나의 아주 중요한 정치적 관념이 모습을 드러내려고 함을 알 수 있을 것이다. 그렇다, '균형'이라는 관념이다. 슈미트는 이 관념을 내놓으면서 거기에 중요한 변경을 가한다. 즉, 1930년대에 그의 키워드였던 '구체적 질서 사고'가 라움 질서로 공간화된 것과 똑같이 균형의 관념 역시 공간화되는 것이다. 라움의 질서성, 더 정확하게는 라움의 질서형성력은 이 공간화된 균형의 존재에 그 바탕을 둔다. "포괄적인 라움 질서의 구속적인 성격은 라움 질서를 하나의 균형으로 생각하면 바로 인식할 수 있다. 정치적 균형의 관념은 유럽 국가들의 포괄적인 라움 질서를 표현한다는 의미만을 지녔던 것이다."(NE, 160/220) "다음과 같은 인식이 중요하다. 즉, 균형의 이념은 특별한 양식으로 공간적인 관점과 일치하고 포괄적인 라움 질서의 사고는 이 공간적인 관점 속에서 명백해진다는 인식이 말이다. 모든 비판이나 모든 정치적 남용에도 불구하고 그 점에 균형 관념 자체의 커다란 실천상의 우월성이 존재한다. 왜냐하면 동시에

그 점에 전쟁의 한정이 생겨나게 하는 능력이 존재하기 때문이다."(NE, 161/221)

그러나 균형이라는 관념의 이와 같은 용법은, 즉 분명히 적극적, 긍정적 뉘앙스를 띤 용법은, 주로 20년대 저작들을 통해서만 슈미트의 사고에 익숙해진 이들을 아연 실색케 할 것이다. "모든 비판이나 모든 정치적 남용에도 불구하고"라고 그는 말한다. 그런데 그렇게 말하는 슈미트 스스로가, 적어도 20년대에는, 정치적인 의미의 균형 개념에 대한 가장 강력한 비판자의 한 명이 아니었던가. 우리가 염두에 두고 있는 것은 의회주의적 다당파 국가와 그것을 뒷받침하는 형이상학인 자유주의에 대해 격렬한 이의신청을 한 슈미트, 즉『현대의회주의의 정신사적 지위』(1923)의 슈미트이다. 거기서 그가 주장하고자 한 것은, 그때까지 자명한 것처럼 생각되던 의회주의와 민주주의의 결합이, 전혀 논리적 필연성에 의한 것이 아니며, 그렇기는커녕 단지 역사적 우연의 산물에 지나지 않다는 것이었다. 양자가 기대는 원리는 서로 완전히 다르다고 슈미트는 주장한다. 민주주의의 기초를 이루는 원리는 (통치자와 피통치자의) '동일성'이며 그 본질은 "내려지는 모든 결정이 오직 결정하는 자 스스로에게만 효력을 가져야 한다"는 점에만 있다. 한편 의회주의의 형이상학적 기초는 다름 아닌 자유주의이며 그 자유주의 자체의 근본원리란 '균형'(그 정치적 표현은 우선 권력의 분립)이다.

이와 같이 나눈 다음 슈미트는 의회주의=자유주의를, 필요할 때 필요한 결단을 내릴 수 없다는 무력성 때문에 공격한다. 그 의미에서 1919년의『정치적 낭만주의』에서 21년의『독재』, 22년의『정치신학』을 거쳐 23년의『현대의회주의의 정신사적 지위』에 이르는 그의 사고에는 분명히 이어지는 하나의 선이 있다고 할 수 있을 것이다. 그도 그럴 것이 슈미트가 낭만주의를 노려 쏘는 공격의 화살은, 무엇보다도 낭만주의가 '영원한 대화'라는 이념 속으로 도망감으로써 모든 책임 있는 결단을 회피하려고 한다는 점을 향하는 것이었기 때문이다. 그에게 낭만주의가 부정적인 대상으로 나타나는 까닭은 그것이 자유주의적 불결단(不決斷)의 바로 고전적 선례이기 때문이며, 그렇기 때문에 낭만주의자란 오직 토론만을 일삼는 계층으로 간주된 시민층의 정신사적 조상이다. 그래서 "주권자란 예외상태에 대해 결단을 내리는 자"(『정치신학』)라는 슈미트적 결단주의의 최고 표현은 자유주의적 균형 개념을 단죄하는 것이었다.

그런데도 슈미트는 『대지의 노모스』에서 결정적 역할을 맡기기 위해 균형 개념을 다시 불러들인다. 이것은 1932년을 기점으로 결단주의적 사고에서 구체적 질서 사고로 전향했다는 슈미트의 사고의 새로운 귀결에 지나지 않은 것일까? 그러나 이 소위 말하는 전향은, 사실 진정한 전향이 아니었다고 보아야 한다. 왜냐하면 그가 내세우는 결단주의적 사고 속에는, 언뜻 보기에 과단해 보이면서도 항상 이미, 나중에 그가 구체적 질서라고 부르게 되는 것이 포함되어 있었기 때문이다. 그것은 방금 언급한, 연대적으로 보아 그가 가장 결단주의적이었던 시기에 속하는 『현대의회주의의 정신사적 지위』에서 이루어지는 민주주의의 정의를 둘러싼 논의에서 뚜렷하게 나타난다.

슈미트가 한 의회주의와 민주주의의 준별에서 간과해서는 안 되는 것은, 민주주의를 동일성에 의해 정의하는 것이 지니는 독특한 형식성이다. 그것은 민주주의를 대의제나 직접선거제와 같은 어떤 특정한 실체적 제도와 결부시키지 않는다. 그 결과 민주주의는 어떤 정치제도와도 모순되지 않게 된다. 중요한 것은, 이러한 정의가 슈미트의 결단주의가 보여주는 형식적 성격과 친화성을 가진다는 점이다. 그가 내세우는 결단주의 역시 앞서는 어떤 원리, 어떤 체계에도 바탕을 두지 않는, 바로 '무에서의 결단'으로서 모든 내용적 규정에서 자유롭다. 이 친화성을 통해 민주주의와 결단주의는 쉽게 결합될 수 있다. 결단주의적 민주주의, 우리는 그 역사적인 이름을 너무나도 잘 안다. 말할 것도 없이 독재 말이다. 통치자와 피통치자의 동일성이 확보되어 있는 한, 독재는 슈미트의 정의에 의하면 가장 직접적이고 가장 철저한 민주제가 될 것이다. 왜냐하면 그때 독재자의 결단은 바로 모두의 결단에 다름 아니기 때문이다.

그런데 통치자와 피통치자의 동일성이란 실제로는 무엇일까? 여기에 슈미트의 사고에서, 결단주의에서 구체적 질서 사고로, 순수한 형식주의에서 실체론적 사고로 반전되는 계기를 포착하기 위한, 아니 오히려 결단주의와 구체적 질서 사고 사이의, 형식주의와 실체론 사이의 거의 야합과도 같은 보완적 관계를 포착하기 위한 열쇠가 있다. 앞서 본 동일성은 그 자체로 본다면 완전히 추상적인 개념으로 가시적인 현실, 손으로 잡을 수 있는 현실은 전혀 아니다. 실제로는 이 동일성은 항상 동일성의 '승인'(Annerkennung)이라는 문제로 귀착하는, 또는 그와 같은 것으로만 정치적으로 의미가 있다. 그런데 이 승인에는 사실상 두 가지 가능성밖에 없다. 하나는 이 동일성의 승인이 피통치자의 일반의지가 되도록 통치자 측에서 능동적으로 만들어내는 것이며(그것을 위한 수단에 대해서는 여기서 더 이상 논의하지 않겠다. 다만 이것이 동시에 한 '동일화' 과정, 그것도 피통치자가 거기에 '주체'로서 적극적으로 참여하게 되는 과정임은 틀림없다), 또 하나는 동일성을 그것과 다른 원리, 비형식적이고 보다 더 기존 질서에 기댄, 그것으로 인해 승인에서 그 문제성이 상실되는 하나의 실체적 원리로 바꿔치기 하는 것이다. 슈미트는 후자의 길을 선택한다. 이 실체적 원리란 균질성(Homogenität)이다.

『정신사적 지위』 초판(23년)에서는 아직 잘 드러나지 않던 이 원리는 그 2판(26년) '서문'에서 스스로의 존재를 소리높이 선언하기에 이르러 슈미트가 동일성의 이름 아래 상기했던 것이 실제로는 무엇이었는지 아무런 애매함도 없이 말해준다.

모든 현실의 민주주의는 평등한 것들이 평등하게 다루어질 뿐더러 그 불가피한 귀결로 평등하지 않은 것들은 평등하게 다루어지지 않는다는 것에 입각하고 있다. 즉, 민주주의의 본질을 이룬 것은 첫째로 균질성(Homogenität)이며 둘째로 필요한 경우에는 이질적인 것들의 배제 또는 절멸이라는 것이다. …민주주의의 정치적 힘은 외부인과 이질적인 자, 즉 균질성을 위협하는 것을 배제 내지 격리시킬 수 있는 점에서 제시되는 것이다. 평등성의 문제에서는 추상적인, 논리적(=수학적)인 유희가 문제가 되는 것이 아니라 평등의 실체(Substanz der Gleichheit)가 문제가 되는 것이다. 이 실체는 일정한 육체적 또는 정신적 자질 속에서 찾아지기도 한다. …19세기 이래로 그것은 특히 일정한 국민으로의 귀속성, 즉 국민적 균질성 속에 존재한다.(LP 13-14/24-25)[3]

그런데 슈미트는 마치 이것만으로는 민주주의적 동일성의 기초이자 전제가 다름 아닌 이 균질성임이 충분히 강조되지 않았다는 듯이 같은 '서문'에서 그것을, 이번에는 루소를 원용하면서 다시 한 번 강조한다.

루소가 생각한 일반의지는 실제로는 균질성이다. 이것이야말로 진정으로 철저한 민주주의이다. 『사회계약론』에 의하면 국가는, 그 제목이나 도입부의 계약적 구성에도 불구하고 계약에 바탕을 둔 것이 아니라 본질적으로는 균질성에 입각한다. 이 균질성으로 인해 통치자와 피통치자의 민주주의적 동일성이 생겨나는 것이다.(LP 20/35-36)

형식주의가 스스로를 주장하는 듯 보인 바로 그때 하나의 지울 수 없는 실질적 원리가 뒤에서 찾아온다. 쌍둥이 형제처럼(또는 따라붙는 귀신처럼?) 말이다. 전쟁의 한정을 둘러싼 슈미트의 논의에 대해서도 똑같은 말을 할 수 있다. '올바른 적'에 의한 정전 개념의 형식화가 주장되는 바로 그 순간에 이 형식화의 필수불가결한 보증으로 실질적 원리가, 즉 구체적인 라움 질서, 영역국가의 유럽적 균형이 이야기되는 것이다. 그것을 통해, 거기서 문제가 되는 균형이 자유주의적 균형 개념과는 거의 공통점을 가지지 않으리라고 예상할 수 있다. 균형이 자유주의적 의미를 지닐 수 있는 것은, 그것이 이질적인 것들 사이의 균형일 때뿐이다. 한편, 포괄적 라움 질서로서의 유럽이라는 균형 속에는 이질적인 것들이 끼어들 틈이 없다. 그것은 문자 그대로 '동질적

3_ Carl Schmitt, *Die geistesgeschichtliche Lage des heutigen Parlamentarismus*(1923), 8. Aufl. (Berlin: Duncker & Humblot, 1996); 국역: 『現代議會主義의 精神』, 朴楠珪 옮김, 探求堂, 1987. 이하 슈미트의 이 책에서의 인용은 본문에 LP로 줄여 표시한다. 그리고 인용한 쪽수는 앞의 책과 마찬가지로 (/)에 의해 앞에 독일어 원서 쪽수를, 뒤에 한국어 번역 쪽수를 표시한다.

인 것들' 사이의 균형이다. 약간 길지만 『대지의 노모스』에서 결정적이라고 볼 수 있는 언명을 하나만 인용해보자.

국가 상호간의 국제법의 이와 같은 논리는, 그 자체로 완결되는 영역국가—이것은 개입할 수 없는 라움과 확정된 영역적 경계를 지니는데—의 균형적인 라움 구조에 바탕을 두고 있다. 주권이 각각의 모든 주권자를 다른 주권자로부터 고립시키는 것은 외관상에서만 그런 것이다. 실제로는 '평등성'은 모든 것들에게 다음과 같은 강제를 가한다. 즉, 모든 다른 것들을 고려해 중립의 가능성을 승인하고, 전쟁을 맹목적인 섬멸에서 힘들의 규제된 측정—이것은 새로운 균형이라는 결과를 낳는다—으로 만들 것을 강요한다. 전쟁을 한정한다는 공간 구비적인 원리에서는, 전쟁이 유럽의 토지질서와 그 균형=체계의 틀 속에 머무른다는 것이 본질적인 특징이 된다. 그렇기 때문에 이와 같은 국제법적 질서는 에고이스틱한 권력의지의 규칙 없는 혼돈이 아니다. 모든 이 에고이스틱한 권력구성체들은 유럽질서의 동질적인 라움 속에서 병존하고 있다. 이 권력구성체들은 서로를 주권자로서 승인하고 각각이 서로에게—각자가 균형체계의 구성요소를 이루기 때문이며 또 그 한에서는—동권이다. 따라서 유럽 국가들 상호간의 중요한 전쟁은 모두 유럽국가공동체의 구성원 모두에게 관계되는 것이다.(NE, 139/190-91)

슈미트는 전쟁의 한정의 현실적 가능성 그 자체가 지니는 아주 한정적인 성격을 전혀 숨기려 하지 않는다. 17세기 초부터 19세기 말까지 유럽 내부에서 벌어진 육전(陸戰), 그에 의하면 이것이 그나마 전쟁의 한정이 실현된 유일한 시대이자 유일한 장소이다. 더욱이 유럽이라는 토지가 하나의 포괄적 광역질서로 성립하고 유지되기 위해서는 유럽 땅과 비유럽 땅 사이에 "토지 상태의 본질적인 차이"가, 즉 유럽 외부에 커다랗고 해방된 라움이, 유럽 열강의 자유로운 토지 취득에 내맡겨졌다는 의미에서만 자유로운 라움이 확고하게 존속하는 것이, 바꿔 말해 유럽이 지구의 기타 부분에 대해 계속 압도적인 우위를 차지하고 있는 것이 절대적으로 필요했던 것이다. 19세기 말에 미국의 본격적 등장에 의한 서반구의 자립과 일본을 비롯한 아시아의 대두로 인해 이 조건이 사라지면서 전쟁 한정의 가능성 또한 사라진다.

그런데 도대체 무슨 결론이 이럴까? 섬멸적 내전의 회피와 전쟁 심화의 억지 가능성이 이토록 취약하고 이토록 승복하기 힘든 조건 위에만 존재한다면, 우리는 이와 같은 회피, 이와 같은 억지가 이루어진 것을 과연 기뻐해야 할까? 그렇다면, 슈미트가 말하는 전쟁의 한정이란, 유럽에 의한 세계의 자유로운 분할, 그 제국주의적 확장이라는 현실을 추인하고 그것을 국제법적으로 합리화하기 위한 것에 지나지 않은 것인가? 하지만 너무 섣불리 결론을 내리지는 말자.

_형제들의 전쟁

슈미트가 쓴 것은 거의 항상 일의적인 의미 확정에, 특히 그 정치적 의미 확정에 저항한다. 그것은 슈미트가 단언하기를 주저하기 때문이 아니다. 슈미트에게 약간이라도 익숙해진 사람이라면 누구나 슈미트가 얼마나 과단한 단언을 좋아하는지 알고 있다. 논쟁적 폭격력, 이것이야말로 그가 자기 글에 요구한 것이다. 그런데도 그가 쓴 것은 어딘지 항상 정치적 애매함을 풍긴다. 이것은 도대체 무슨 까닭인가. 그것은 슈미트가 어떤 상황에 개입할 때(그는 항상 이미 어떤 상황에 개입하는 식으로, 즉 항쟁적으로 썼다), 직접적인 대치를, 특히 적을 명시적으로 지목하는 것을 주의깊게 회피하며 학문적으로 치장해서, 바꿔 말해 법학적, 정치학적인 일반 명제라는 형태로 항상 개입했기 때문일까? 물론 그것은 무시할 수 없는 요인이다. 하지만 과연 그것이 다일까? 문제는 그의 기회주의로 간주되는 것과 깊이 관련되어 있다. 어쨌든 슈미트의 분석은 대부분의 경우 두 가지(또는 그 이상의) 완전히 상반되는 정치적 목표들에 똑같이 봉사하게 된다. 우리가 염두에 두고 있는 것은, 예를 들어 『합법성과 정통성』

(1932)이며 특히 단순한 다수결이라는 방법의 타당성에 대해 논한 다음과 같은 부분
이다.

단순한 다수 확인에 의한 의사 형성 방법은, 전국민의 실질적인 동질성(substanzielle
Gleichartigkeit)이 전제가 되는 한 유효하며 허용된다. 즉, 이 경우에는 투표는 소수파를 수
로 누르는 것이 아니라 오직 잠재적으로 존재하며 전제가 되는 일치, 합의를 표명하는 것에
지나지 않는다. 앞서 말했듯이 어떠한 민주제도 분할할 수 없게 동질적이고 통일적인 전국
민이라는 전제를 바탕으로 한 것이기 때문에 민주제에서는 사실상 또 본질적으로 어떠한
소수파도, 하물며 확고부동한 소수파들 같은 것은 존재하지 않는다. 다수결 절차를 인정하는
것은 예를 들어 진정한 것, 옳은 것을 찾는 것을 상대주의 내지 불가지론에서 단념—이것은
당면한 문제인 운명적으로 중대한 정치적 결단에 직면해서는 자살적인 단념일 것이며 또 한
스 켈젠이 인정하듯이 '단지 비교적 안정된 시기에만', 따라서 단지 일이 중대하지 않은 경우
에만 가능할 것이다—하기 때문은 아니다. 그게 아니라 같은 국민으로의 같은 귀속에 의해
만인이 똑같이, 본질적으로 같은 것을 원한다는 전제 위에 선 것이다.(LL 31/45-46)[4]

이와 같은 주장은 그 자체로는 『현대의회주의의 정신사적 지위』 2판 서문에서 제
시된 인식과 직접 연결되는 것이며, 'Homogenität'에서 'Gleichartigkeit'로의 눈에 띄지
않지만 무시할 수 없는 이행을 제외하면, 어떤 본질적 수정도 가해지지 않았다. 그렇
지만 이것이 발표된 시점(1932년)과 이듬해인 33년 3월에 히틀러가 정권을 잡은 뒤로
는, 특히 그해 5월에 슈미트가 나치당에 입당한 뒤로는, 이 텍스트의 수행적 의미는
바로 정반대가 된다. 쿠바리취(Helmut Quaritsch)의 설득력이 있는 논의에 따르면,

4_ Carl Schmitt, *Legalität und Legitimität*(1932), 4. Aufl. (Berlin: Duncker & Humblot, 1988); 국역: 『합법성과
정당성』, 김효전 옮김, 교육과학사, 1983. 이하 슈미트의 이 저작에서의 인용은 본문에 LL로 표시한다.
그리고 인용한 쪽수는 앞의 책들과 마찬가지로 독일어 원서 쪽수를 (/) 앞에, 한국어 번역 쪽수는 (/)
뒤에 표시하도록 한다.

1932년 시점에서 슈미트가 의도했던 것은 히틀러의 권력 탈취를 저지하는 것이었으며, 그 시점에서 의회 해산, 재선거를 실시하게 되면 다수파를 차지할 것이 확실했던 나치당의 정권 획득을 배제하기 위해 선거 자체를 비상사태 선언으로 정지시키는 것(그러한 조치의 정당성을 주장하는 것)이었다.[5] 거기서는 나치스의 존재 자체가 국민적 동질성의 부재를 보여주는 것이었으며, 따라서 다수결 원리의 단순한 적용은 무효할 뿐만 아니라 위험하기조차 한 셈이다. 그러나 그것이 텍스트에서 명시적으로 서술되어 있진 않다. 그렇기 때문에 히틀러의 권력 획득에 의한 독일의 나치화 이후에도 이 텍스트는 거의 아무런 수정도 필요로 하지 않았으며 이제는 나치 이데올로기의 동반자가 되어 그 정당화를 지향하게 된다. 관건이 되는 말인 동질성(Gleichartigkeit)은 이듬해인 33년의 『국가, 운동, 국민』에서는 그 방향을 따라 동종성(同種性, Artgleichheit)으로 바뀌면서 결정적으로 인종화된다.

이것을 가지고 1926년의 텍스트에 나온 균질성(Homogenität)이 이미 인종적인 요소를 포함한 것이었다고 생각해야 할까? 그런 추정을 하고 싶은 유혹은 분명히 강한 것이지만, 중요한 것은 오히려 슈미트가 어째서 그토록 '분할할 수 없는 동질성'에 집착하는지 이해하는 일이다. 여기서도 역시 문제는 내전의 현실적 가능성에 있다.

내전을 억지하는 것, 이것이 『대지의 노모스』를 (설령 그것이 부각되어 있지 않은 경우더라도) 관철한 근본적인 주제로 볼 수 있음은 앞서 살펴본 바와 같다. 슈미트는 거기서 정전론을, 전쟁을 도덕이나 윤리와 결부시킴으로써 적을 범죄자화하고 전쟁을 비인간화하며 적대관계를 절대화하는 것으로 강하게 비판했다. 정전론이 그가 받아들이기 힘든 것으로 생각된 까닭은, 그것이 오직 대립관계를 격화시키고 최악의 섬멸전으로 이끌어간다는 의미에서 바로 내전의 이데올로기였기 때문이다. 정전과

5_ ヘルムート・クヴァーリチュ, 『カール・シュミットの立場と概念』, 宮本盛太郎・初宿正典・古賀敬太 譯 (東京: 風行社, 1992); Helmut Quaritsch, *Positionen und Begriffe Carl Schmitts* (Berlin: Duncker & Humblot, 1991), 3장 참조

내전은 슈미트에게는 동의어였다고 해도 된다. 『대지의 노모스』에서 볼 수 있는 내전의 억지라는 주제와 정전론 비판을 전후에 자신의 전쟁범죄가 문제화된 슈미트의 자기변명이라는 관점에서만 보는 것은, 설사 거기에 일면의 진실이 담겨 있다고 하더라도, 역시 너무나 피상적인 견해라고 해야 할 것이다. 슈미트에게 내전이란 오히려 어떤 실존적이라고도 할 수 있는 불안감을 불러일으키는 대상이었던 것 같다. 내전, 즉 형제들 사이의 전쟁.

형제들 사이의 전쟁. 이 표현에는 대립하는 두 가지 이미지가 결합될 수 있다. 하나는 최종적으로는 안심을 주는 이미지로 전쟁을 친밀한 자들 사이의, 생활이나 기원의 기억을 공유하는 이들 사이에서 벌어지는, 항상 화해가능성으로 열린 투쟁으로 보는 견해이다. 또 하나는 이와 완전히 반대되는 처참한 이미지로 바로 많은 것을 공유하기 때문에 생기는 '미세한 차이'를 근거로 한 증오, 즉 근친증오의 무한순환에 의한, 피로 피를 씻는 화해 없는 섬멸전의 이미지다. 슈미트를 사로잡았던 것은, 반복이 되지만, 이 후자의 이미지였다고 할 수 있을 것이다. 바로 그렇기 때문에 후자를 전자로 전화시키는 것이 결정적인 중요성을 지니는 것이다.

슈미트가 『정치적인 것의 개념』(Der Begriff des Politischen)에서 (정치적인 의미에서) 적의 공적인 성격을 강조했던 것과 이러한 내전에 대한 불안감은 틀림없이 결부되어 있다. 그 의미에서 『정치적인 것의 개념』과 『대지의 노모스』(Der Nomos der Erde im Völkerrecht des Jus Publicum Europaeum)나 『빨치산의 이론』(Zwischenbemerkung zum Begriff des Politischen) 사이에서, 바꿔 말해 '공적인 적'과 '올바른 적' 사이에서 연속성을 찾아보려는 최근의 슈미트 이해는 틀린 것이 아니다. 정치적으로 유의미한 적을 공적인 적으로 한정시키는 것은, 적 개념에서 무엇보다 먼저 감응적인 것(증오)을 가능한한 불식하는 것을 의도한다. "정치적인 의미에서 적이란 개인적으로 증오할 필요가 없는 것이다"(Den Feind im politischen Sinne braucht man nicht persönlich zu hassen)라고 그는 쓰고 있다. 즉, 공적인 적은 사적으로는 문제없이 동지일 수도 있는 것이다. 거꾸로 보면 사적으로는 동지더라도 공적으로는 적이 될 수 있다.

그렇지만 적을 공적인 적(그것만이 정치적으로 '올바른 적'이다)으로 제한하는 것은, 『정치적인 것의 개념』에서는 이 적에 대한 관계가 느슨한 것으로, 서로의 존중을 내용으로 하는 것으로 된다는 것을 의미하지 않는다. 슈미트는 적대 개념을 도덕적, 미적, 경제적 영역에서 도출하는 것을 거절함과 동시에 그것을 은유적, 상징적으로, 즉 희석시켜 해석하는 것에도 강하게 항의한다. 적이라는 개념에는 투쟁이 현실 속에서 우발적으로 생길 가능성이 포함되어 있다는 것이다. 즉, 적이라는 개념에는 상대방을 물리적으로 살육할, 존재로서 없애버릴 현실적 가능성이 항상 포함되어 있다는 말이 된다. "동지·적·투쟁이라는 개념들이 현실적인 의미를 가지는 것은, 그것들이 특히 물리적 살육의 현실적 가능성과 관련되며 그 관련을 계속 가짐으로써이다. 전쟁은 적대에서 생긴다. 적대란 타자의 존재 자체에 대한 부정이기 때문이다."(Der Krieg folgt aus der Feindschaft, denn diese ist seinsmäßige Negierung eines anderen Seins.)(BP, 33/40)[6] 존재를 부정하는 이와 같은 현실적 가능성이 인간생활에 주는 강한 '긴장'(Spannung)이야말로 슈미트가 정치의 본질로 간주하는 것이며 그것이 사라질 때 적 개념과 더불어 정치 개념 역시 사라지게 된다.

그럼 적이란 도대체 누구인가. 어째서 그들은 우리 적이 될 수 있는가. 혹은 우리는 누구를 적으로 인정할 수 있는가. 『정치적인 것의 개념』에서 슈미트가 내린 답, 즉 "정치적인 적이 도덕적인 악일 필요는 없고 미적으로 추악할 필요는 없다. 꼭 경제상의 경쟁자로 등장한다고 할 수 없으며 아마도 적과 거래하는 것이 유리하다고 생각되는 일조차도 있을 수 있다. 적이란 다름이 아니라 타자(der andere), 이방인(der

---

6_ Carl Schmitt, *Der Begriff des Politischen*(1932), 6. Aufl. (Berlin: Duncker & Humblot, 1996); 국역: 『정치적인 것의 개념』, 김효전 옮김, 法文社, 1992. 이하 슈미트의 이 책에서의 인용은 본문에 BP로 표시한다. 그리고 인용한 쪽수는 앞의 책들과 마찬가지로 (/)에 의해 앞에 독일어 원서 쪽수를, 뒤에 한국어 번역 쪽수를 표시한다.

Fremde)이며 그 본질은 특히 강한 의미에서 존재적으로 타자·이방인이기만 하면 충분하다"(BP, 27/32)라는 말은 독자를 당혹케 만든다. "존재적으로 타자·이방인이기만 하면 충분하다"의 '충분하다'(genügt)란 과연 무슨 뜻일까? 우리의 타자·이방인은 모두 잠재적으로 우리의 적이라고 하려는 것일까? 그렇다면 그것은 민주주의의 근본적 조건으로 국민의 '분할할 수 없는 동질성'을 주장하는 슈미트의 논리와 표리일체를 이루는 것이라고 할 수 있다.

하지만 이것은 오히려 슈미트에게 하나의 푸닥거리, 하나의 투사가 아닐까? 적대를 타자로, 이방인으로 투사함으로써 그는 가장 위험한 적대를, 즉 동일자들 사이의, 친밀한 이들 사이의, 형제들 사이의 적대 가능성을 봉쇄하려고 한다. 이러한 적대가 타자들과의 적대에 비해 훨씬 위험한 까닭은, 이때 적을 규정할 수 없게 되기 때문이며, 그것으로 인해 자기 또한 규정할 수 없게 되기 때문이다. 그리고 또 그것으로 인해 적대관계가 절대적 적대관계로 상승하는 것을 제어할 수 없게 되기 때문이다. 1947년의 수기에서 슈미트는 다음과 같이 썼다.

프란츠 카프카라면 『적』이라는 장편을 쓸 수 있었을 것이다. 그랬으면 적의 무규정성이야말로 불안감을 불러일으킨다는 것이 분명해졌을 것이다(그 외의 불안이라고 부를 만한 것은 존재하지 않는다. 불안의 본질은 정체 모를 적의 기색이 있다는 데 있다). 이에 대해 이성이 (그리고 이 의미에서 고도한 정치가) 씨름해야 할 것은, 적을 분명히 규정하는 것이다(이것은 항상 동시에 자기규정이다). 이 규정으로 불안(Angst)은 멈추고 기껏해야 두려움(Furcht)이 남을 것이다. 그러나 우리가 이제 공통적 개념을 가지고 있지 않다면 우리는 어떻게 해서 무규정성에서 무언가를 빼앗고 그것을 규정성에 맡겨야 할까? 특히 내전 상황(Bürgerkriegslage)에서는 이제 적끼리 어떤 공통개념도 가지지 않고 모든 개념(Begriff)이 적진영에 대한 간섭(Übergriff)이 된다면?[7]

7_ *Glossarium* (Berlin: Duncker & Humblot, 1991), 36. 이 부분은 Alexander Garcia Düttmann, *Freunde und*

슈미트에게 개념이 지니는 결정적 중요성은 여기에 있다. 무규정성을 규정성으로 옮김으로써 적의 모습을 가시화하고(그것은 동시에 자신의 모습을 가시화하는 것이기도 하다), 근원적인 불안에 종지부를 찍는 것. 따라서 슈미트가 마치 거스를 수 없다는 듯이 향하는 한계개념, 즉 개념의 극한화는 동시에 그 한정(국한화)을 의미한다고 볼 수도 있을 것이다. 주권개념을 예외상태에 대한(예외상태에서의) 결단으로 극한화하는 것, 정치적인 것의 개념을 동지·적의 결단으로 극한화하는 것, 이것은 모두 달리 보면 주권이나 정치적인 것이 스스로의 한계에서 넘쳐나 전체를 덮어버리는 것을 억지하는 것과 연결되어 있지 않을까?

『救援은 獄中에서』(1950)의 '옥창(獄窓)의 지혜'라는 장의 거의 말미에서 슈미트는 다음과 같이 쓰고 있다. "원체 누가 내 적일 수 있는가? 나는 그를 적으로 승인하지만, 그것은 그 역시 나를 적으로 승인하는 것을 승인하는 것이어야 한다. 승인의 이 상호적 승인 속에 개념이라는 것의 위대함이 존재한다. …신학자들은 적을 무화되어야(vernichtet) 하는 것으로 정의하는 경향이 있다. 그러나 나는 법학자(Jurist)이지 신학자(Theologe)가 아니다."(ECS 89/165-66)[8] 마지막 문장은 두 가지 뜻을 지닌다. 적은 무화되어서는 안 된다. 먼저 개념으로서, 그리고 적 개념이 공허한 것이되지 않기 위해서는 그 신체적 존재로서. 그렇다, 적은 무화되어서는 안 된다. 우리시대의 '적에 대한 무수한 유사신학적 신화들'에 맞서서 말이다. 정치학이 세속화된 신학이며 적의 물리적 무화의 현실적 가능성 위에 선 것이라면, 법학의 역할은 그 가능성의 현실화를 억지하는 데 있다. 이것이 정치학자가 아닌 '법학자' 슈미트의 최종적인 선언이라고 보아도 될 것이다. 전후의 슈미트 저작들은 이 선언을 배신하

Feinde: das Absolute (1999); 일역: 『友愛と敵対: 絶対的なものの政治学』, 大竹弘二·清水一浩 譯 (東京: 月曜社, 2002), 41-42에 인용되어 있다.

8_ Carl Schmitt, *Ex Captivitate Salus*(1950), 2. Aufl. (Berlin: Duncker & Humblot, 2002); 국역: 「救援은 獄中에서」, 『유럽法學의 狀態·救援은 獄中에서』, 金孝全 옮김, 教育科學社, 1990. 인용한 쪽수는 (/)의 앞은 독일어 원서 쪽수이고, (/)의 뒤는 한국어 번역 쪽수이다.

지 않았다. 그러나 문제는 이와 같은 억지가, 규범주의가 상정하는 보편적이고 추상적인 규범(체계)으로서는 실현되지 않고 항상 실체적 실질적인 보증을 필요로 하는 데 있다.

_다시 『대지의 노모스』로

앞서 말했듯이 유럽을 중심으로 한 지구적 라움 질서가 19세기 말에 상실됨으로써 유럽 국제법은 그 보증을 잃었으며 전쟁의 한정 역시 그 보증을 잃었다. 거기서 슈미트가 끌어내는 관찰은 두 가지이다. 첫째는 세계가 라움 발전의 새로운 단계에 도달했다는 것으로, 이 단계가 아직 그 최종적인 답, 최종적인 질서를 찾지 못하고 있다는 것이다. 라움 발전의 이러한 단계를 이끌어낸 최대 요인을 슈미트는 미국의 먼로선언에 바탕을 둔 고립정책과 간섭정책의 결합이 낳은 서반구라는 라움 질서의 탄생에서 찾는다. 이 라움 질서의 탄생은 동시에 주권국가의 영토를 넘어선, 새로운 국제법적 단위로서의 광역(Grossraum)의 탄생을 나타내는 것이기도 하다. "먼로주의와 서반구는 서로 관련되어 있다. 이 양자는 미국의 특수권익 영역을 표시한다. 그것으로서 국가영토를 훨씬 넘어선 라움, 즉 국제법적인 의미에서 말하는 광역(Grossraum)이 표현되었다. 전통적인 미국의 국제법 이론은 광역을 법률학적으로 자위지대로 구성했다. 세계의 무대에서는 역시 진정한 라이히(Reich)는 모두 이와 같이 국경을 넘어서는 라움 고권(高權)의 영역을 자신에게 당연한 것으로 요구한 것이다."(NE, 256/346)

여기서 어떤 귀결이 도출될까? 일단 광역 개념(위의 인용에서도 알 수 있듯이 광역 개념과 헤게모니국가 개념은 일체를 이룬다)이 정당성을 얻게 되면, 그 경계의 확대가 어느 지점에서 자연스럽게 멈추기를 기대할 수는 없는 법이다. 슈미트는 한 미국 법률가의 말을 인용함으로써 그것을 표현했다. "미국의 국제법 법률가 제섭(P. S. Jessup)은 1940년 가을에 복스에 대한 추도문에 관한 기사에 다음과 같이 덧붙였다.

'넓이(Dimension)라는 것은 오늘날 급속도로 변한다. 우리가 1860년에 쿠바에 대해 가졌던 관심에는 오늘날 우리가 하와이에 대해 가지는 관심이 상응한다. 아마 미국은 언젠가 양자강, 볼가, 콩고에서 전쟁을 치러야 한다는 것에서 자위의 근거를 찾기에 이를 것이다.'"(NE, 260/351) 이 확대를 제한하는 것이 만약에 있다면, 그것은 또 다른 광역의 존재 외에는 없을 것이다. 따라서 우리의 행성은 아직 해결되지 않은 하나의 명확한 딜레마에 다다른 셈이다. 그것은 철학적인 어법을 따르자면 보편주의와 다원주의의 딜레마로 표현된다. 즉, '이 행성은 유일한 권력에 의한 전지구적 독점을 위한 기회가 무르익었느냐, 또는 다원주의가 자기 스스로 질서를 만들어 공존하는 광역, 간섭범위, 문화권에서 대지의 새로운 국제법을 규정하느냐'는 딜레마 말이다. 슈미트는 이것을 다음과 같이 달리 말하기도 한다. 지구의 이 라움 발전은 "자기와 병존하는 다른 광역들을 승인하는, 한정 가능한 광역들로 이행할 것이냐, 아니면 기존 국제법의 전쟁을 전지구적인 세계적 내전으로 바꿀 것이냐 하는 양자택일의 강제를 포함한다."(NE, 271/366)

더 간결하게 말하면, "국제법적 라움 구조의 핵심 문제", "세계정치의 중대한 안티테제"(NE, 220/298)는 다음과 같이 정식화된다. 통일적으로 지배된 세계의 전지구적인 라움 질서냐, 아니면 다수의 대규모 라움들의 병존이냐? 20세기 전반을 총괄 평가하는 형태로 슈미트가 제출한 이 도식은, 그 뒤, 실제로는 우선 미국과 소련이라는 두 세계제국 사이의 균형으로 실현되고 그 한쪽의 해체를 통해 세계는 결정적인 형태로 일극지배를 향해 나아가려는 듯 보인다. 이러한 일극지배에 대한 대항원리는 정말로 새로운 (복수의) 광역질서 형성에서 찾을 수밖에 없는지, 아니면 그러한 불쾌한 해답조차도 이제 실효성을 지니지 않으며 남겨진 것은 주권국가의 틀 따위는 신경도 쓰지 않는, 지구적 규모로 확대된 내전, 일극지배가 완전히 관철될 때까지 멈추지 않는 세계적 내전의 진행뿐인가?

『대지의 노모스』에서도, 그 뒤에 쓰인 『빨치산의 이론』에서도 이러한 질문에 대한 답을 찾을 수는 없다. 그런 한편 유엔이 제삼자적인 대항원리가 될 수 없음은 적어도 슈미트에게는 분명했다. 1926년에 『국제연맹의 중심 문제』에서 그는 이미 다음과 같이 쓰고 있다. "영국 정부는 모술(Mosūl)지역에 대한 요구를 합법화하기 위해 국제연맹을 이용하고 싶어할 것이다. 그러나 영국이 대국인 한, 영국 함대가 위급한 상황에서 무슨 목적을 위해 싸워야 할지에 대해 국제기관의 지시를 받지는 않을 것이다. 영국은 결정적 순간에는 자국의 일에 관해 스스로가 판사일 것이며 이것이야말로 주권이라는 것이다."[9] 이 예언은 영국을 미국으로, 국제연맹을 국제연합으로 바꾸면 바로 지금 현재 현실화되었다. 이에 대해서는 미국이 바다의 노모스를 가진 해양제국 영국의 문자 그대로의 후계자로서, 육지의 노모스를 기초로 하는 유엔적 질서에서 보면 아예 처음부터 외부에 있는 존재라는 것도 덧붙여야 할 것이다.

둘째 관찰은, 정전 개념의 결정적 부활이다. 이 부활의 첫째 이유는 기술적 발전에 따른 새로운 섬멸 수단의 출현이다. 그 위력과 세련도를 계속 증대시키는 근대 무기의 어마어마한 파괴력은, 그것이 사용가능하기 위해서는, 적을 철저하게 차별화하는 것, 즉 적을 범죄자화하고 괴물화하고 악마화하는 것을 반드시 필요로 한다. 만약 적이 그러한 괴물이 아니었다면 이와 같은 섬멸 수단을 사용하는 자야말로 괴물이 되고 말 것이다. 이러한 차별화는 양자의 전력 사이에 압도적인 차이가 있을 때는 더욱 긴급하고 불가결한 것이 된다. "무기가 뚜렷한 방식으로 대등하지 않게 되면 동일한 면에서 생각되었던 상호적 전쟁 개념은 무너진다. 어떤 기회, 즉 최소한의 승리 가능성이 쌍방이 대등한 전쟁을 위해서는 필요한 것이다. 이것이 없어지면 상대방은 강제조치의 대상에 지나지 않다. …우월한 자는 자기 무기의 우월성을 스스로의 정당원인의 증거로 간주하며 올바른 적 개념이 이제 실현되지 않기 때문에 적이 범죄자라고 선언한다. 적을 범죄자로서 차별화하는 것, 그리고 동시에 정당원인을 끌어들이는

9_ *Die Kernfrage des Völkerbundes* (Berlin: 1926) 11; 일본어판 107쪽에서 재인용.

것은, 섬멸 수단의 상승 및 전쟁터의 장소확정 상실과 병행해서 진행된다. 기술적인 섬멸 수단의 상승은, 마찬가지로 섬멸적, 법적, 도덕적 차별화라는 파멸적 심연을 열어젖히고 마는 것이다."(NE, 298/402)

여기서 무기의 비약적 세련에 의한 전쟁터의 장소확정 상실이야말로 아마도 '라움 질서'라는 슈미트의 발상의 밑바탕에 있다는 것을 확인해두는 것이 필요할 것이다. 잠수함과 비행기는, 바다와 육지의 대립이라는 평면적인 라움 구조에 수직 축을 더함으로써 기존의 세계적인 라움 구조의 기초를 뒤흔들었다. 슈미트가 말하는 라움이란 그런 의미에서 처음부터 끝까지 우선 전쟁터로 이해되어야 한다.

정전 부활의 둘째 이유는 전쟁 자체에 대한 유죄화이다. 전쟁의 불법화를 촉진하려는 움직임은 1924년의 제네바의정서로 시작되어 1928년의 켈로그-브리앙협정(Kellogg-Briand Pact)에서 국가의 정책적 수단으로서의 전쟁을 형식적으로 유죄화하는 것으로 일단의 달성을 보게 되었다. 슈미트가 보기에는 전쟁 자체의 유죄화만큼 끔찍한 것은 없었다. 왜냐하면 그것은 최악의 형태로 정전의 부활을, 즉 전쟁의 독점을 불러일으키지 않을 수 없기 때문이다. 『정치적인 것의 개념』 2판에서는 이미 다음과 같은 지극히 냉소적인 단언을 읽을 수 있다. 즉, 오늘날 가장 유망한 전쟁 시인 방법이란 평화주의에 바탕을 둔 전쟁, 전쟁에 반대하는 전쟁이라고 말이다.

전쟁은 그 경우 그때마다 '인류의 최종전쟁'이라는 형태로 전개된다. 그러한 전쟁은 정치적인 것을 뛰어넘어 적을 도덕적이거나 기타 범주에서도 멸시하고, 단지 격퇴하기만 하는 것이 아니라 분명하게 말살해야 할 비인간적 괴물로 만들지 않을 수 없다. 그렇기 때문에 이제 단순히 자국의 영역으로 쫓아내기만 하면 되는 적이 아니다. 그래서 필연적으로 특히 격렬하고 비인간적인 전쟁인 것이다. 바로 이러한 전쟁의 가능성에서 전쟁이 현실적 가능성으로 오늘날에도 존재하며, 그리고 오로지 이것만이 동지·적 구별을 위해, 또 정치적인 것의 인식을 위해 중요하다는 것이 특히 명료하게 제시되는 것이다.(BP, 37/44)

슈미트의 시대 인식은, 불행하게도 단순한 당시의 상황 인식을 넘어 (덧붙이자면 나치 독일에 대한 면죄와 자신의 참여에 대한 면죄라는 이면의 의도조차도 넘어) 예언으로서 계속 빛난다. 그가 이상으로 삼은 유럽공법시대로 되돌아갈 수 없음은 너무나 명백하다. 반복하지만 그것은 원래 자기 외부에 자유로운 식민지화로 열린 커다란 라움을 가짐으로써 비로소 가능해진 것이었다. 유럽 속의, 유럽만을 위한 전쟁한정 시스템에 지나지 않았기에, 그 외부에 존재하는 이들에게는 원체 되돌아갈 의미 같은 것은 있지도 않다.

그럼 지금 우리에게 희망의 원리는 어디에 있을까? 슈미트는 동지·적 구별의 불가결성에 대해 계속 이야기했다. 하지만 그는 고유한 의미에서의 동지에 대해, 적의 상관물이 아닌 동지에 대해 결코 이야기하지 않았다. 그렇다면 적이 없는 한 동지 또한 없는 것일까? 혹은 그때 존재하는 것은 사적인 동지일 뿐이고 공적인 동지는 이제 아무데도 없는 것일까? 애증과 다른 차원에 존재하고 있을 동지는? 그리고 우리는 세계의 결정적 상호의존성에 대해 이야기하는 것만으로 만족해야 하는 것일까?

질문은 답을 못 찾은 채 그대로 열려 있는 듯하다. 우리는 여기서는 단지 동지가 아니라 적에 대해, 그것도 정치의 근본원칙으로서 적대에 대해 계속 사유한 슈미트의 '마지막 말'을 다시 한 번 인용해두고 싶다. "신학자들은 적을 무화되어야(vernichtet) 하는 것으로 정의하는 경향이 있다. 그러나 나는 법학자(Jurist)이지 신학자(Theologe)가 아니다."

■ 참고문헌

■ Carl Schmitt 저작에서의 인용은 아래 판본에서 하였다.

Der Nomos der Erde im Völkerrecht des Jus Publicum Europaeum(1950), 4. Aufl., Berlin: Duncker & Humblot, 1997(NE로 줄임); 『大地의 노모스』, 최재훈 옮김, 민음사, 1995.

Die geistesgeschichtliche Lage des heutigen Parlamentarismus(1923), 8. Aufl., Berlin: Duncker & Humblot, 1996(LP로 줄임);『現代議會主義의 精神』, 朴楠珪 옮김, 探求堂, 1987.

Legalität und Legitimität(1932), 4. Aufl., Berlin: Duncker & Humblot, 1988(LL로 줄임);『합법성과 정당성』, 김효전 옮김, 교육과학사, 1983.

Der Begriff des Politischen(1932), 6. Aufl., Berlin: Duncker & Humblot, 1996(BP로 줄임);『정치적인 것의 개념』, 김효전 옮김, 法文社, 1992.

Ex Captivitate Salus(1950), 2. Aufl., Berlin: Duncker & Humblot, 2002:「救援은 獄中에서」,『유럽法學의 狀態·救援은 獄中에서』, 金孝全 옮김, 敎育科學社, 1990.

山田廣昭「カール・シュミットと戦争 ― 『大地のノモス』から」

세계의 폐쇄에 대항하여:
새롭게 다가온 '거대한 전환'의 시대에
중요한 점은 무엇인가?

이치다 요시히코 · 얀 물리에르 부탕

영어번역: 유정아

세계화의 개방 물결과 국가경계의 붕괴에 대항하는 목소리가 들려오는 이 시점에서, '폐쇄'에 반대하는 우리의 주장이 언뜻 모순적으로 들릴지 모르겠다. 그러나 우리는 권위주의적인 경직성이라는 관점으로 '세계화'를 바라보고 있고, 이 세계화의 폐쇄성에 대항해 싸워야 한다고 느끼고 있다.

우리가 미국의 국가주의적이고 제국주의적인 군사동원의 수사학을 깊이 생각해 보지 않는다면, 전쟁에 반대하는 격렬한 항의가 전쟁을 옹호하는 목소리보다 더 설득력을 갖추지는 못할 것이다. 군사동원의 수사학은 더 이상 우리 시대에는 어울리지 않는 것으로, 다시 말해 그것은 무언가 실제적 과정의 기초 위에서 생각하고 계획해 보는 것을 어렵게 만든다. 이는 다소 세련되게 사람들을 안심시키는 수사학으로 공허함을 은폐시키는 것으로서, 사람들로 하여금 어리석은 전쟁의 수사학에 휘말려들게끔 만든다. 전쟁에 반대하는 목소리가 본격적으로 시작되기도 전에 이미 군사작전이 종결되어 버릴까봐 다소 염려스럽다.

9.11 사태 이후로 유행어가 된 '단절'이라는 주제를 되풀이해 언급하는 것은 어리석은 일이 될 것이다. 그보다 '연속성'에 관해서 생각해 보아야 한다. 이 연속성은 전

쟁으로 치닫게 만드는 권위주의적 흐름으로서, 다시 말해 새로운 규제들이 생성되고 통제되는 것을 어렵게 만드는 요소이다. 우리는 천안문 사태뿐 아니라, 유럽의 탄압기(1975-85년)라 불릴 만한 시기에 두드러졌던 그 유연하지 못했던 상황들로 다시 거슬러 올라가 보아야 한다.

낡은 스타일의 자본주의 또는 사회주의의 규제가 철폐되면서, 세계 자본주의는 번영해 왔으나, 지금은 갑작스럽게 작동을 멈춘 것 같은 느낌을 받게 된다. 자본주의의 신-자유주의 유토피아에서는 1982년 초에 도저히 일어날 것 같지 않은 일이 벌어지기 시작했는데, 이 시기 레이건 대통령은 S&L's(American Savings Banks)와, 두 거대 채무 국가들(멕시코와 브라질)을 구제하기 위한 계획을 세웠었다. 1989년 이후, 제2세계의 흡수통합은 경제적 악몽이 되었다. 자유주의 꿈속에서 불확실성이 증폭되면서, 세계에서 가장 강한 일곱 국가와 러시아를 포함한 G8 회담이 등장했다. 걸프전이 끝날 무렵, 부시는 자유주의가 명백히 손상되었으며, 이에 새로운 세계질서가 수립되어야 한다고 역설했다. 세계적인 민주화 열풍과 행위들의 확산이 시장의 세계화와 맞서기 시작했기 때문에, 부시는 신중하게 질서의 확립을 요구했던 것이다. 통화를 공유하는 EU와 같은 거대 제국주의적 조직은 소요를 줄이고 질서정연한 지역을 만들고자 하는 시도 중 하나였다고 할 수 있다. 이런 관점에서 9.11은 세계 경제의 중심이 실상은 취약한 곳이었다는 부조리함을 극적으로 보여주었던 사건이었다. 물론 그 취약성에 대한 선례들이 있었다. 가령 인류역사에 있어 가장 거대한 경제적 붕괴(1997년 아시아 경제의 붕괴[IMF]) 그리고 성공적으로 보였던 '헤지 펀드'(hedge funds)의 붕괴(LTCM)가 그것이다. 미국 정부는 통화와 재정의 순환주기에 직접적으로 개입하기 시작하면서, 이 자유주의 이데올로기와 상충되는 명분에도 불구하고 부분적으로는 위기를 모면할 수 있었다.

하지만 이런 '장악력'은 어떻게 이루어진 것인가? 근본적으로 이런 '장악력'은 인터넷이 실현되고 새로운 '거대 전환' 체계가 형성되면서, 포드주의 이후의 시장 식민주의의 실패를 알리는 첫 번째 특징을 드러낸다고 우리는 생각하고 있다.

고전적 모순들에 덧붙여서(즉, 맑스적 의미 안에서 고전적인: 북반구와 남반구 사이에 증가하는 경제적 불평등성), 이 실패는 전쟁으로, 또한 세계 정치의 권위주의적 흐름으로 귀결되었다. 전쟁은 세계화라는 근본적 취지를 표현하는 정권 속에서 위기가 표면으로 가시화된 것이다. 이 위기들을 분명하게 밝히기 위해 이 '거대한 전환들'의 본질적인 특징들을 요약해보자.

_지식생산의 새로운 모델

아담 스미스 이후로, 지식생산을 산업생산과 다소 다르게 보는 것은 보편적인 일이었다. 지식생산은 노동의 분업이라기보다는 협력적 모델에 참여하는 일로 생각되어서, 예술 창조와 과학은 오랫동안 산업생산과는 다른 것으로 간주되어 왔다. 자본의 내적인 '글로벌화'(globalization)와 그 외적인 '세계화'(worldization)를 통해 중첩되어 있는 두 가지 변화가 동시에 발생했다. 한편으로, 예술, 과학, 지식의 영역들은 시장 혹은 시장을 잠식하는 방식(우리는 유사-시장이라 부른다)으로 기울어지고, 다른 한편으로 산업 생산물들은 더욱 무형의 것이 되어가면서, 지식의 결과물들과 유사해졌다. 그런 변화들이 전례가 없었던 것은 아니다. 『정치경제학 비판요강』에서 맑스는 초국가적 기업들에서 구현된 것처럼 산업자본주의에서 과학이 우세권을 점유하는 것에 대해 날카롭게 분석한 바 있다. 더욱이 '연구개발'(Research & Development) 분야는 1920, 30년대 의약품, (농약 같은) 농업상품들이 나왔던 시기까지도 거슬러 올라간다. 기술적인 개발 필요성에 직면한 과학이, 앞으로 나아가기 위해 뒤로 돌아가는 이런 모순적인 모습을 보여주고 있다. 더욱이 프랑크푸르트 학파가 주목했듯이, 고유의 생산으로부터 도출된 문화적 생산에는 의문의 여지가 존재한다. 이러한 경향성이 결국 꽃을 피웠던 것은 '새로운 정보 기술과 통신'(New Technologies of Information and

Communication, NTIC) 혁명과 결합된 '생산의 비물질화'(즉, 서비스산업의 성장)였다. 그 이후, 산업생산의 분업 모델은 지식 결과물(연구나 예술적 창조)의 협력적 모델을 왜곡시켰고, 그 반대도 마찬가지였다. 결과적으로 생산물의 총체적 체계 속에서 거대한 변화가 일어난 것인데, 그 변화는 너무 광범위해서 우리는 산업자본주의(포디즘)가 얼마나 변화했는지에 대해 언급해야 할 것이다. 이 새로운 '거대한 전환'의 모습들을 잠정적으로 묘사해 보자.

1. 정보의 역할이 비약적으로 증대되면서, '가상화'(virtualization)는 오늘날의 경제를 특징짓는 용어가 되었다. 자본을 형성해 나아가면서 비물질경제는 1955년 무렵 물질경제를 추월했다. 이후 서비스산업이 우위를 점하게 된 것은 물가안정정책의 중심이 인지 과정(cognitive processes) 쪽으로 변화했음을 보여주는 가시적 현상이었을 뿐 이미 변화는 이루어져 왔던 셈이다. 물질재들을 통해 물질재를 생산해내는 방식은, 지식을 통해 지식을 생산해내는 방식으로 대체되면서 그 중요성이 점차 감소되었다. 개발도상국들과 신흥국들의 경제전망은 이제 제품을 재조립하는 방식에 놓이게 되었다.

2. 정보의 획득, 다시 말해 디지털 형식의 정보 처리와 저장 과정은 지식생산에 있어 근본적 역할을 맡게 되었다. 또한 인터넷(1995)이나 월드 와이드 웹(1986년 즈음에)과 같은 강력한 네트워크들로 연결된 비집중(decentralized)화된[1] 소형 컴퓨터 망의 산업적 활용을 통해 중요한 생산력을 담당하게 되었다. 이것이 NTIC 혁명이다. 정보전송 수단의 접근가능성과 맞물리면서, 개인 컴퓨터의 빠른 보급은 거대한 영향력을 발휘하고 있다. 비용, 산출물, 전세계 네트워크와의 연결이라는 점에서, PC혁명은 여

1_ 비집중화(decentralize, 非集中化) 컴퓨터 처리 시설을 지점, 영업소, 공장 등에 따로따로 설치하고 각각의 장소에서 데이터 처리를 하는 것. 집중화 또는 중앙 집중화와 대칭되며, 분산화(distribute, 分散化)와는 다르다.-역주

전히 진행 중이다. 이후에는, 보다 더 생명공학적인 미디어가 컴퓨터의 메모리 능력과 비용절감에 활용될 것이다. 또한 새로운 전자 전도체의 활용을 통해 기존에 구축된 네트워크로부터 정보를 가져와 비용절감을 이룰 수도 있을 것이다. (게놈지도와 같은) 생명공학과 생명과학의 혁신은 NTIC를 자극했고, 그 반대의 경우도 이루어졌다. 이는 '산업혁명'이라기보다는 르네상스나 코페르니쿠스의 전환을 떠올리게 하는데, 이런 측면에서 볼 때, 이는 새로운 패러다임, 사회기술적 모델이라고 부를 수 있을 것이다.

3. 혁신은 근본적으로 내부에서 발생하는 경제성장 모델을 상정하고 있다. 이 혁신은 주로 사회 협의체(cooperation) 간의 상호 인지 과정에 그 기반을 두고 있다. 이는 기존에 암묵적이었던 지식이 디지털 정보로 바뀐 이후, 회사와 시장, 공공 부문에서 쉽게 사용할 수 있게 되었기에 가능해진 것이다. 기술적 진보는 더 이상 산업생산과 사회적 상호작용의 외부에서 발생하는 것이 아니다. 이 때문에 NTIC는 '사회-기술적 체계'라는 특징을 지닌 것이다. 지식과 과학은 산업자본의 발달 과정 가운데에서도 산업 자본으로부터 명확히 분리된 채 존재해 왔으나, 이제는 그 지식과 과학 분야가 시스템을 이끄는 위치, 바로 헤게모니가 일어나는 곳이 되었다. 이것이 바로 **'지식 기반 사회'**(knowledge-based economy)라는 용어가 뜻하는 바이다.

4. 아담 스미스는 핀 공장의 모델을 통해 노동분업에 기초한 모델을 제시했고, 이는 테일러리즘에서 완성되었다. 그러나 이 모델은 다음과 같은 세 가지 측면에서 더 이상 그 유효성을 지니지 못한다. 첫째, 특화 작업이라는 측면에서, 생산성의 증가는 복잡한 일을 단순화하는 과정을 통해서는 더 이상 결정되지 않는다. 또한 노동자들에게 특별 교육을 실시할 때 발생되는 업무지체를 줄이기 위해 육체노동과 지식의 내용을 분리하는 것을 통해 생산성 증가가 이루어지는 것도 아니다. 두 번째, 소단위

생산으로 향해가는, 그리고 급변하는 수요량에 민감한 "(R. Boyer의 용어인) 다양성의 경제" 속에서 시장의 물리적 규모는 더 이상 문제가 되지 않는다. 셋째, 복잡한 업무 과정을 위한 협력작업에 있어, 스미스와 테일러주의의 노동분업은 혁신적이지 못하다. 생산이득은 더 이상 수익 감소를 보충해 주도록 고안된 '규모의 경제'로 귀결되지 않는다. 이 세 요소들은 더 이상 '철의 규칙들'이 될 수 없다.

5. 몇몇 최근의 연구들이 새로운 '**인지적 노동분업**'(cognitive division of labour)이라고 부르는 포스트스미스 노동분업에 있어, 숙련의 경제(economy of training)는 시장을 분화하고 상호 자본주의적 경쟁을 결정하는 데 중요한 역할을 담당한다. 수요의 불안정성이 시장의 복잡성을 증가시켰기 때문에, (예기치 못한 상황의 변화에 적절히 대응할 수 있는 능력이라 할만한) 자율성과 지성이 가치의 주요 요소가 되었다. 산업자본주의의 두 번째 단계에서 공업과 산업 제품들이 이 체계를 장악했었고, 순환, 소비, 재분배와 재생산과 같은 문제들이 여기에 예속되었었다. (스미스나 리카르도가 제품의 화폐적 교환이라고 말했던) '상품 형태'(commodity form)는 노동 그 자체의 생산적 소비로 변화해 감에 따라서, 그것은 화폐로서 자본의 물가안정책에 종속되고 있다. 오늘날 가치는 더 이상 스미스의 노동분업에 따르는 공장에서 생산되지 않는다. 그보다는 노동의 인지분업으로 인해 발생되는데, 이 과정에서 사람들이 갖는 자율성과 집단의 형성은 변화하는 환경에 맞추어 활용되면서 곧바로 생산성으로 연결된다.

6. 가치 생산에 관한 이 확장된 개념은 불확실성과 위험성을 다루는 데 있어서 꼭 필요한 '재정 기능들'(financial functions)이라는 형태로 이미 포드주의 내에 존재했었다. 그러한 재정의 기능들이 대개 (소위 재정의 기술이라 불렸던) 선형적이고 확률론적인 과정들에 맞추어 '위험요인'들로 간주했었던 것과 비교해 본다면, 오늘날 일련의 연속적 생산 안에서 발생하는 갑작스러운 변화는, NTIC를 통해 가능해진 디지털

정보와 고속 처리과정의 이용 덕택에, 생산성의 높고 낮음에 영향력을 행사할 수 있는 것이 되었다. 소비는 이제 이 '흐름의 생산' 속에서 공동생산이 되었는데, 그것은 이미 판매된 것을 생산해낼 수 있는 이유 덕택이다. 이때 시장은 생산보다 먼저 존재하고, 생산은 반드시 그 자신을 시장과 더 밀접하게 통합시켜 나가게 된다. 소비는 물질 생산량을 조절할 수 있는 정보를 제공해 주는데, 이는 다시말해 이제 소비가 '실시간으로' 생산에 반응할 수 있게 되었다는 것이다. 이전의 정치경제학이 '산출물'이라고 규정했던 것이 '투입물'이 되었고, 이 투입물은 모종의 위험 부담을 감소시키는 데 중요한 역할을 해준다. 이와 같은 피드백 순환과정의 확장은 '가역성'(유연한 생산)이라는 일반적 조건을 형성하고, 또한 당장은 확연히 구분되지 않는 불안정한 생산과 소비의 결합을 형성하게 된다. 지식생산과 관련해서 이 모델은 특히 적절해 보이는데, 기존에 시간의 연속적인 과정들에 얽매인 물질 생산의 질서에서는 존재할 수 없었던 생산-소비 과정을 이제는 설명해줄 수 있기 때문이다.

7. 직접적으로 생산적인 노동의 개념이 더 이상 무의미해졌기 때문에, (예를 들어 생산성 지수들)처럼 공장의 성과를 내듯이 그 단체 내에서 개인의 성과를 평가하는 것은 더 이상 적절치 못하다. 더욱이 '세계화'라는 조건 아래에서, 각 생산지역으로(그리고 때로는 한 국가의 전체 경제 영역 내에서도) 분산되어버린 업무성과는 그 힘을 잃어가는 반면, 개인의 창조성이나 지적 발명들은 다양한 감정과 정보의 형태를 띠게 되었다. 논의를 정리해보자. 창조와 발명이 여러 다양한 요소들이 응축되는 곳이라면, 이들은 '중층결정'의 지속적 체계 안에서 기능하는 것이다. 오늘날에는 더 이상 경제, 예술, 정치적 행위들이 구분되지 않기 때문에, 아리스토텔레스적 모델(목적인, 형상인, 작용인, 그리고 질료인)로 생산의 원인을 설명해서는 안 된다. 행동가들은 특정 상황 속에서 취할 정치적 행위들을 찾거나 발명하고, 화가는 캔버스에 어떤 붓을 사용할지 결정하며, 노동자는 새로운 제품을 생각한다. 이것은 일종의 랭보의 시 「모

음」("Voyelle")에서 표명되었던 것과 같은 종합적 효과가 아닐까? 그런 시는 (암호를 풀려는 융학파의 분석과도 같은) 성적인 상징을 낳지도 않고 그렇다고 ABC 기초를 다루는 아이들의 책도 아니다. 혹자는 알튀세르가 언급한 '마주침의 유물론'에 대해서 말할지도 모르겠다. 에즈라 파운드(Ezra Pound)의 시집 『칸토스』(Cantos)에 무작위적으로 담긴 중국 한자들처럼. 어떤 수학자들은 빈 종이들이 가득 쌓인 사무실이 아닌 카페에 앉아 있을 때 수학의 정리이론에 대해 더 좋은 아이디어가 나올 수 있다는 사실을 알고 있다. 투입물이 모두 다르다면, 미시적, 거시적인 경제적 성과에 있어 어떤 요소들이 효과적인 것인지 결정하기란 쉽지 않다. 문제는 복잡한 노동을 단순한 노동으로 환원할 수 없다는 것이 아니다. 그보다 중요한 것은 노동과 자본 사이에 놓인 전통적 구분을 무너뜨리고 나아가, 무어라 한 가지로 환원될 수 없는 여러 복수적인 투입물 가운데 하나라는 점이다. 이는 자본과 노동이라는 두 요소의 구별 대신, 넬슨(R. Nelson)과 로메(P. Romer)가 주장했던 하드웨어(물질-기계), 소프트웨어(프로그램), 그리고 인간의 두뇌(두뇌활동) 사이라고 하는 이 세 가지 요소에 놓여있다. 그들이 주장한 이 세 부분의 구별에 더해 우리는 네 번째 차원을 주장하고 싶다. 그것은 그 어떤 곳이나 꼭 필요한 것으로, '네트워크 생산성'에 관한 것이다. 선진 자본주의의 경우, [노동과 자본이라는] 두 가지 주요 투입물 사이에 절대적 구별을 도입하는 것은 아무런 의미도 없다. 심지어 자본이 노동을 포섭한 단계에서조차 '산노동'(living labour)의 행위를 단순노동으로 취급할 수는 없는데, 왜냐하면 단순하게 보이는 근육 에너지조차 또 다른 물리적 힘으로 변화될 수 있기 때문이다. 맑스 이론의 추상노동은 생물학적 불변항이 아니다. 아무리 노동이 복잡하다고 해도, 노동 과정으로서의 일상노동은 세련된 기계[기제]에 대한 작용으로 혹은 객관화된 지식으로 환원될 수 있다고 누군가는 내 의견에 여전히 반대할 것이다. 이에 대한 대답으로 우리는 두 가지가 중첩되어 있는 산노동의 본질에 대해 다음과 같이 주장해야 한다. 한편으로 산노동은 차후의 순환 주기가 갖게 될 새로운 메커니즘 내에서 부분적으로 소비되고, 부분적으로 결정화될 에너지의 비용이면서, 다른 한 편으로는 그 주기를 통해 생산수단으로서 유지된다. 그것은 전적으로 객관화되거나 구체화될 수는 없고, 소비의 중재적 형태로서 남아있다. '산노동'이 에너지원으로 쓰일 때, 그것은 노동으로부터 노동을 생산하는 방법이 된다. 그때 '산노동'은 인적 자본에 불과한 완전한 환원이나 객관화에 대립되는 형태로서의 지식, '능력'(competence)의 형태로 등장한다.

8. 자본주의의 세 번째 단계의 특징을 이해하고자 한다면, 우리는 사회적인 그리고 생산적 협력 모델 안에서 등장하는 제4의 요소들에 대해 중요하게 생각해 보아야 한다. 혹은 시장과 위계구조 사이의 제3 요소로서 중요하게 기능하는 '네트워크 혹은 네트웨어'의 역할을 고려해 보아야 할 것이다. 디지털이 확산되고, 컴퓨터 프로그래밍이 활발해지며, 인터넷이 등장하면서, 네트워크 사회가 가능해졌다. 네트워크 사회는 지식의 생산, 교환, 혁신의 조건들을 전복시킬 수 있고, 그렇기 때문에 기업들로 하여금 가치를 포획할 수 있는 가능성을 변화시킬 수도 있었다. 네트워크 사회는 맑스가 민주적인 본성을 강조하면서 **'일반지성'**(general intellect)이라고 불렀던 것을 (다시) 구체화하고 있다. 네트워크 안에서는 가상적 생산성 덕분에 모든 지점들이 중심이 될 수 있다. 네트워크는 원인/결과, 물질/수단/ 생산 그리고 소비/생산이 서로 변화 가능하도록 만들면서 위계적 구분에 저항한다. 네트워크를 가장 잘 특징짓는 것이 바로 이 모순적인 상황이다.

9. 네 가지 투입요소들, 즉, 하드웨어, 소프트웨어, 인간두뇌, 네트웨어는 지식생산에 절대적으로 필요하다. 이들은 기계화에 의해 죽은 노동으로 완전히 환원되지 않는 살아있는 행위로서의 노동에 중요한 노동[개념]을 포함한다. 이들은 또한 함의를 띠거나 혹은 전후 문맥에 기대는 지식들에 의존한다. 그런 문맥상의 지식은 특정 사회 내에서 생산적 힘들의 발전 단계를 드러내준다. 그러나 그것은 기계화나, 객관적이고

과학적인 지식, 혹은 인적자본으로서의 표준화로 환원되지는 않는다.

10. 정보 상품이 계속해서 물질재를 대체해 나가고 있다. 결과적으로 산업자본주의 아래에서 노동력을 묘사하는 데 쓰였던 패러다임은, 인적 활동에 대한 자본주의적 동원을 묘사하는 데에는 적절하지 못한 것으로 입증되었다. 또한 그것은 자본주의에 꼭 필요한 사람들의 협력을 묘사하는 데 알맞은 것도 아니었다. 에너지와 엔트로피 이론에 의지했던 옛 패러다임은 노동력을 마치 소비되어야 할 에너지 단위처럼 취급했었다. 그러나 정보 상품은 언어나 기호의 산물을 말한다. **활발한** 두뇌의 활동과 **두뇌들의 상호 연계**는 주요한 발전 원동력이 되었고, 노동자들의 '정서적 역량'과 '노동력'을 분리시킨다는 그런 생각은 더 이상 필요치 않다. 이와 유사하게 이제는 노동 행위의 일부가 되어버린 소비행위로부터 교육 훈련을 분리시키는 것도 더 이상 불가능하다.

11. 거시경제학적인 견해로 보면, '국민계정'(national accounting, 國民計定: 국민경제에 있어 상호 거래관계를 기업회계의 계산 형식에 따라서 분명히 하려고 하는 것-역자)의 위기는 인지자본주의(cognitive capitalism) 시대를 특징적으로 보여주는데,[2] 즉 그것은 교조주의적 경제원칙이 지닌 불변 법칙에 의문을 제기하고 있다. 인지자본주의가 지닌 비가시적이고 상호연계적인 특징이 더욱 일반화되면서, 경제 분석은 자

2_ 이에 대한 주목할 만한 논의로는 우선 자율주의의 대표적 이론가인 네그리(Antonio Negri)의 '사회적노동자(Social worker)론'과 후기 자율주의자들의 '인지자본주의(cognitive capitalism)론'을 들 수 있다. 네그리는 사회 전체가 공장이고 모든 사회성원이 노동자(프롤레타리아트)이며 이들은 "하루 종일 도처에서 일반적으로 생산한다"고 말하는데, 여기서의 '생산'이란 주로 지식 및 정보와 관련된다. 네그리의 직·간접적 영향을 받은 인지자본주의론에 따르면 직접적인 노동과정만이 아니라 사회 구성원의 삶 전체를 통해 '코뮌재'로서의 '인식재'가 생산되며, 이를 자본이 특허권·저작권·상품권 등의 지적소유권제도(copy-right)를 통해 전유하여 이윤의 원천으로 삼게 된다. 또한 모든 사회구성원들은 소비 방식을 통해 자본에게 필요생산물의 종류 및 양, 생산에 필요한 지식을 제공하며, 정보화사회라고 이야기되는 현대사회에서 그 기여도는 비약적으로 증가하고 있다 할 수 있다.-역주

본 체계의 주변에서 작동하는 '외부성'을 받아들이게 되었다. 외부성은 긍정적이든 부정적이든 양적 성장과 투자, 소득 분배에 있어 일반적 조건을 형성한다. 모순적인 상황으로 인해 '시장 규칙'은 악화되는데, 다시 말해, 대체가격(transfer price)은 시장가격과 균형이 맞지 않고,[3] 거래비용은 무한히 상승된다는 점이다. 하나의 공정작업으로 인해 발생된 상호작용의 중층성과 복잡함은 긍정적, 부정적 효과들의 물결을 일으키면서 경제적 파장을 낳는다. 이런 물결 효과는 기존 시장체계의 기준들을 거스르는 것으로, 이전의 기준은 비논리적인 노동시간 계산, 한계효용, 희소성, 혹은 고립된 개인의 욕구 등을 전제로 삼았었다. 외부성을 평가하는 것은 실물경제를 이해하는 데 꼭 필요한 요소이다. 그러나 동시에 그것은 시장에 맡겨진 상품과 서비스의 할당량이라는 틀 내에서 더 큰 어려움을 가중시키는데, 왜냐하면 인지적 거래 비용은 무한하기 때문이다. '경제적 미분화'(economic calculus) 양상을 보여주는 지구화의 확산은 무엇보다 공정들이 과도하게 복잡하고, 그리고 시장 메커니즘을 통해 가격을 정하는 것이 매우 비쌌기 때문에 발생한 것이었다. 이런 변화들로 인해, 우리가 기업의 혁신, 새로운 기술력의 적용, 그리고 네트워크 외부의 경제를 이해하고자 한다면, '수확증가 혹은 수확불변'보다는 '수확감소'가 훨씬 더 그럴듯해 보인다.

12. 유용성, 감가상각과 증가, 그리고 배타적 성격을 특징으로 하는 새로운 정보 상품의 특징은 신고전주의적인 정치경제 모델에 대해 두 가지 문제를 제기한다. 첫번째 문제는, 이미 미국의 '신경제'와 관련해 논의된 것으로, 지식-상품의 경우 비용이론에 대한 기존의 법체계가 타당한가 하는 의문이다. 정보 상품은 본성상 공공재에

3_ 가격에서뿐만 아니라 특허권·상표사용료·연구개발비·사원연수비·광고선전비, 대부금의 이자 등에서도 같은 이유로 조작된다. 다국적기업은 세계 각국에서 사업을 영위하고 있는데, 세금의 종류나 세율이 나라마다 다른 점에 착안하여 각국 소재의 관련회사 상호간에 거래되는 상품이나 서비스 가격 등을 조작하거나 또는 세율이 가장 낮은 나라에서 이익을 집중적으로 취득하는 등, 다국적기업 전체로서도 가장 유리한 길을 추구한다.-역주

더 가깝기에, 희소성은 더 이상 근본 요소가 아니다. 예를 들어, 넷 경제(net economy)는 쿠키[사용자가 네트워크나 인터넷을 사용할 때마다 중앙 서버에 보내지는 정보 파일-역자]를 가진 소비자에 관한 정보를 저장할 수 있도록 허용한다. 그리고 그런 지식상품과 정보상품을 재생산하는 데에 어떤 비용도 요구하지 않는다. 이런 모습들은 재균형을 이루려는 시장의 노력과 단일 가격의 원리에 대해 의문을 품게 만든다. 고전경제학에 있어서는, 오직 독점기업들만이 가격의 차별화를 통해 지속적으로 독점을 꾀할 수 있었지만 이제는 더 이상 그렇지 않다.

13. 두 번째 문제는 시장 교환에 진입하는 자산의 본성과 특징에 관한 것이다. 점점 증가하는 지식-상품의 공공재의 속성은, 시장 체계를 통해 그 지식 정보들을 생산할 가능성에 대해 의문을 제기한다. 더욱이 NTIC는 비-물질적 상품의 재생산에 대한 장애물들을 제거하고, 그 지식 상품들의 무한한 저장을 허용해주기 때문에 이에 대해 저작권을 설정하기란 매우 어려운 일이다. 지식-상품은 많은 비용을 들여 제작되지만, 디지털 정보화 작업은 아무런 비용 없이 이용자들이 정보를 재생산할 수 있도록 해주었기에, 이 투자 비용은 매몰원가(sunk cost)로 남게 된다.[4] 단지 특정 프로그램이나 장치를 지원하거나 전송비용만 필요하기 때문에 저작권을 내세우기란 쉽지가 않다. 여기에서 **'새로운 폐쇄'**라는 문제가 발생한다. 예를 들어 인터넷에서 다운로드 되는 음악에 관한 저작권 문제들이 있고, 또한 소프트웨어의 특허권에 관한 문제가 발생하며, 세 번째로 생명공학의 상품화라는 문제도 있다.

4_ 埋沒原價, 특정한 상황을 전제로 하여 의사결정을 행하는 경우에, 백지상태에서 실시하였다면 당연히 필요하다고 인정되는 원가요소라도 그러한 국면에서는 불필요하다. 이와 같이 특정한 의사결정에서 당장에는 관계가 없는 원가를 매몰원가라고 한다. 예를 들면 이용도의 여하를 불문하고 일정한 코스트가 들어가는 설비 등을 사용하고 있을 때, 그것의 여력(餘力)을 전제로 하여 수립한 계획에서 설비 이용에 관한 코스트는 매몰원가가 된다. 즉, 계획을 실시하는 데 필요한 코스트는 새로 추가되는 재료비·노무비뿐이다.-역주

_세계 경제의 지배권이 당면한 위기

요약해보면, 새로운 '거대한 전환'은 잉여자본을 현실적으로 적용시키는 것을 어렵게 만들고 있다. 네트워크와 잉여자본을 분리시키는 기존의 범주는 객관적이고, 예측 가능한 비용 위에서 설정되는 것이기 때문에, 지식을 통해 지식을 생산하고, 정서를 통해 정서를 낳는 이 생산체계 속에서는 더 이상 적용될 수 없다. 저작권이라는 근대적 체계는 증가하는 네트워크 속에서 **'일반 지성'**이라고 하는 뇌의 상호 연결을 작동시키기 힘들다.

나스닥이 하락했던 몇 년 전으로 다시 돌아가보자. 이미 처음부터, 또한 시장관계라는 보호막 아래에서 지적인 협력의 세계가 실현될 수 없었던 그 시기부터 위기는 명백했다. 이 실패는 인터넷과 새로운 테크놀로지의 등장과 관련된 것으로, 이는 시장 관계에 있어 자유로운 공간을 가능하게 하고, 시장의 제약들을 다소 느슨하게 만들었다.

14세기와 15세기에 있었던 초기 상업화와 폐쇄화의 물결은 전통적인 집단 공동체(영국의 마을이나 후기에 맑스가 좋아했던 러시아의 농촌 공동체)를 공격하는 것으로 시작되었다. 그것은 진보 사상, 테크놀로지의 수단, 엄청난 생산력을 앞세운 공격이었다. '사용권(usus), 과실취득권(fructus), 처분권(abusus)'이라는 세 권리 요소가 재통합되면서, 사물의 소유권에 있어 로마법에 기초한 사유재산 개념이 유행했다. 이것은 자연권과 계약관계의 이론에 기본 단위와 주요 지지기반이 되었다. 이런 움직임은 상품과 가치 생산과 같은 방향과 발을 맞추어 함께 이동해온 것이다. 그 둘 사이에는 상당한 시너지 효과와 일관성이 내재해 있다.

오늘날 상황은 많이 달라졌다. 중심에 독보적으로 놓였던 재산권은 NTIC의 등장에 따라, 또한 지식을 통한 지식, 삶의 수단을 통한 삶의 생산영역 쪽으로의 근원적인 가치이동으로 인해 흔들리기 시작했다. 비물질적인 상품의 소유권은 물질 상품의 권리가 지니는 헤게모니를 퇴색시킨다. 비물질 상품은 더 이상 자본, 혹은 상품의 권리로 규정되지 않기 때문에, 이제 접근성이나 관계성이 새로운 지식과 삶의 생산을 가능케 한다. 그 결과 사용권과 과실수취권에 대한 처분권의 권리가 지닌 고전적 재산권은 일종의 걸림돌로 작용하게 되었다. 맑스라면 '무중량경제'(weightless economy)[5]와 '린생산방식'(lean production)[6]을 특징으로 하는 '자본의 유기적 구성'(the organic composition of capital)[7]의 중요성에 대해 말했을 것이다. 소유권에 대한 정의를 내리는 것에 이제는 위기가 존재한다. 소유권은 더 이상 상품 혹은 사물을 정의내릴 수 있는 척도가 될 수 없다. 그보다는 관계에 대한 지배력, 특히 사람들로 하여금 삶의 경험을 담아내고, 재생산하고, 서로 관계 맺을 수 있도록 하는 시스템에 대한 지배력을 말한다. 간단히 말해 그것은 네트워크에 대한, 특히 네트워크의 네트워크에 대한 통제력을 나타낸다. 그의 책 『접속의 시대』(The Age of Access)에서 제레미 레프킨(J. Rifkin)은 이런 소유권 개념의 변화와, 그것을 사용하기 위한 접속과 정보사용의 전략적 중요성에 대해 잘 설명해 주었다. 어떤 상품에 대한 고객이 된다는 것은 그 관계에 동의한다는 것이다. 이 관계는 미리 규정된 상품이 가져다주는 기쁨을 약속하는 것이라기보다는, 단기간 제품들의 상호 협약을 보장해 주는 것으로, 단순히 서비스뿐

5_ 무중량경제(weightless economy, 無重量經濟): 눈에 보이지 않고 무게가 나가지 않는 재화(財貨)를 생산하는 것을 말한다. 디자인이나 아이디어를 비롯 소프트웨어, 오락, 금융상품 등 지적 생산활동이 모두 해당된다. 무중량경제의 특징은 무제한적으로 확장이 가능하다는 것이다. 예를 들어 하나의 컴퓨터 프로그램이 개발되면 이것은 사용하는 사람의 수에 제한을 받지 않는다. 제품을 복사하여 대량 생산하는 데 따르는 추가 비용이 매우 미미하기 때문이다. 현대에는 정보기술의 발달과 더불어 이러한 무중량경제가 국가 경제성장의 원천으로 떠오르고 있다.-역주
6_ 린생산방식: 작업 공정 혁신을 통해 비용은 줄이고 생산성은 높이는 것을 말한다. 즉 숙련된 기술자들의 편성과 자동화 기계의 사용으로 적정량의 제품을 생산하는 방식이다. 이는 일본의 '도요타자동차'가 창안한 생산방식으로서 기존의 수공업적 생산방식에서 나타나는 원가상승 및 대량생산 문제의 대안이다.-역주
7_ '자본의 유기적 구성': 전체 자본에서 불변자본이 차지하는 비율로, 맑스가 정의한 개념이다. 불변자본이란 기계와 같이 잉여가치를 가져오지 않는 자본을 말한다. 반면 가변자본이란 노동과 같이 잉여가치를 가져오는 자본을 말한다. 그리고 산업발달에 따라 노동은 기계에 의하여 대체되므로 가변자본에 대한 불변자본의 비율이 높아져가는 경향이 있는데, 이를 '자본의 유기적 구성의 고도화'라고 한다.-역주

아니라, 삶의 경험, 정서, 일련의 가상 이미지들, 기억-처리 장치 등을 제공해주는 것이다. 요약하자면 사용권과 과실취득권이 처분권보다 더 중요해진 것이다.

그러나 이는 단지 절반에 해당되는 이야기이다. 사용권과 과실취득권이 제 역할을 적절히 할 수 있도록(즉, 사적 재산권을 규정하고 강화하기 위해서), 상품들과 관계망들은 서로 구분되고 독점적이 되며, 특정하게 고유한 특징들이 제품 생산의 제조 비밀이나 상품을 재생산할 권리(특허권, 저작권)와 같은 지위들로 보호받을 수 있도록 만들어진다. 그러나 여기에서 신경제가 지닌 흥미로운 모순이 등장한다. 자본주의가 지식정보들로부터, 산노동으로부터 지식을 생산하는 일에 의존하면 할수록, 교환과 상호작용의 관계들이 시장의 공정과 재산권의 집행과정 내에 기입될 확률은 매우 낮아진다. 여기에는 두 가지 큰 이유가 있다.

첫째, 지식이나 그 활용이 디지털화되면, 지식은 더 이상 단순노동으로 환원되는 것이 아니라, 거의 무료로 복사되는 정보로 환원된다. 결과적으로 네트워크는 몇몇 사람들의 클럽처럼 폐쇄될 수 없는 것이다. 네트워크는 열려있고, 디자인(과 그 형식)과 콘텐츠(디지털정보)에 의해 확장된다. 기초적 지식이나 위험요소(사전경고의 원리)에 접근을 막거나 폐쇄시키는 것은 더 이상 합법적이지 않다. 『라이니쩨 신문』(Reinische Zeitung)에서 맑스는 목재 절도가 소유권 침해라고 단정될 수 없음에도 불구하고, 금지령은 강화될 수 있다는 것을 보여주었다. 소프트웨어나 소프트웨어 프로그램으로부터 생산되는 정보 처리 과정을 제한하기란 쉽지 않다. 때문에 생산의 배치 내에서 이윤을 창출하기 위해서, 다시 말해 정보를 통한 정보의 생산이 가져오는 열매들을 따먹기 위해서 자본은 그 효능성이 의심스러운 무방비 상태의 폭력을 사용한다. 네트워크의 생산성이 개방적이고 확장적인 속성을 기본으로 하고 있기에, 재산권과 법집행 시스템으로부터의 통제가 약화될수록 생산권은 더욱 강화되게 마련이다.

둘째, 임금형태(wage form)는 프롤레타리아주의와 맞물려 있었다. 물질재의 생산을 통해 노동자들에 대한 착취가 증가하고 그만큼의 자본 축적물이 쌓일수록, 지배적인 생산관계형식으로서의 임금노동 계약 체결은 훨씬 더 쉬워졌다. 노동자는 그 스스로 만들지 않은 생산물에 대한 모든 권리를 포기했다. 단지 자본과 노동력의 재결합만이 생산적이다. 스트라파(P. Straffa)와 나폴레오니(C. Napoleoni)가 밝혔듯이, 『정치경제학 비판요강』에서 맑스는 이 부분을 명확히 언급했었다. 맑스는 '임금노동자들은 생산물에 대한 노동권을 요구해야 한다'는 프루동주의자들(Prudhommian)의 입장을 일관되게 거부했다. 임금계약은 이 노동권을 고용주의 배타적인 소유물로 만들었다. 그러나 이 새로운 '거대한 전환' 속에서, 탈-프롤레타리아트화가 발생한다. 공공 연구재단에 의한 것이든, 혹은 레드마운트의 빌 게이츠(Bill Gates)에 의한 것이든, 새로운 소프트웨어를 개발하는 프로그래머는 그가 '무엇인가를 만들었다'는 사실을 알고 있다. 즉 그는 그 자신이 마치 예술가나 된 듯, 저자로서의 그 자신을 느끼고 있는 것이다. 의미심장하게도 미국의 로비 단체들은 최근에 산업 소프트웨어의 특허권을 인정하지 않는 유럽의 법률제정에 반대하고 있다. 그들은 공공부문 펀드를 받은 소프트웨어 개발자들이 '오픈 소스' 혹은 'GPL'(General Public Licence), '카피레프트' 등의 이름으로 무상배포함으로써, 소프트웨어의 소유권을 주장하는 것에 반대한다. 반대로 그들의 주장에 따르면, 소프트웨어 연구를 지원한 공공부문은 마치 개인기업이 그렇게 하는 것처럼 그 결과들을 배타적으로 소유한다는 것이다. 급진적 맑시즘의 고전적 분석에서는 임금 노동자들을 단순하게 구분했었다. 그러나 실제로 이런 동향은, 자본주의 분업체계 내에서 노동자들에게 소유권을 주지 않으려고 했던 악조건 속에서 노동자들을 와해시켜 버렸다.

이제까지 새로운 '거대한 전환'이 진행되어온 방식을 살펴보았다. 전쟁은 바로 이런 '전환'을 갉아먹는 반동적 체제라는 점을 덧붙여두자. 물론 9.11 이후 특이하게도 전시체제가 기이한 평화처럼 보이기도 하는데, 이제 전쟁과 평화는 더 이상 명확히 구분되지 않는 것 같다. 어떤 경우이건 이것은 모순적인 상황이다. 후퇴로부터 벗어나기 위해 우리는 개방성으로 나아가야 하는가 혹은 새로운 폐쇄로 나아가야 하는

가? 많은 이들이 반발하는 가운데 미국은 다른 나라들에 대한 권위적 자세를 견지하고 있다. 사실상 '테러리스트'와 관련해서 미국은 이중적인 태도를 취한다. 불가피하게 전쟁은 국가들을 위계화시키고 이주를 억제한다. 전쟁은 또한 모순 그 자체를 넘어서고자 시도하기도 한다. 미국 신봉자들은 (분명히 옛 제국주의로의 복귀의 징표인) 미국의 '일방적 핵폐기주의'를 유일한 이성적 행위라고 정당화한다. 그들은 양자 물리학이 그 합리성을 유지하려고 노력하는 것에 이것을 비유한다(Alain Joxe의 *L'empire du chaos*를 참조할 것). 오늘날의 '거대한 전환'과 관련해 바라보면, 미국의 '일방적인 정책'은 노스탤지어의 공화국주의나 방어적 주권보다는 현실적으로 더 나은 면이 있을지도 모른다. 사실 조지 부시의 국가 안보 보좌관 콘돌레자 라이스는 분명히 '국제적인 커뮤니티는 존재하지 않는다'라고 말했다. 이는 분명 절대 권력의 국가 체계는 없다는 뜻일 것이다. 장기적 전망이 불가능하다면, 혹은 장기간의 정책적 효과가 불투명하다면, 그때는 실상 단기간의 '일방주의적인' 정책이 국가를 위해서 합리적이라고 생각할 것이다. 그러나 두말할 필요도 없이 이는 과정상의 취약성 때문에 정당화된 합리화에 불과하다. 우리가 물리학을 믿는다면, 두 가지 특성들은 서로 분리할 수 없다는 것을 알 것이다. 취약성에 의존하는 정책이 사전에 도피하는 것 이외에 무엇을 할 수 있겠는가? 그런 정책은 근본적인 변화에 대해 추상적인 면만을 바라보기 때문에, 그리고 그 자신의 취약성으로 인한 실패를 알기 때문에 도피를 택할 수밖에 없는 것이다.

Ichida, Yoshihiko and Yann Moulier Boutang, "*Against the Closure of the World: What is at stake in the New 'Great Transformation'*"

흔 적
TRACES

Part 4

다중과 외국인들

소위/자기-발언적인 민중*

장-뤽 낭시

영어/불어번역: 최진석

    사회계약, 그리고 그것이 생산 혹은 창조하는 주권은, 그 어떤 자기 현전적 가능성의 외부에서도 다중(多衆)이 보존하고 있는 자기-현전(présence-á-soi)이라는 해결 불가능한 문제에 대한 해결책을 제공한다(문제가 해결 불가능하다는 점에서 말 그대로의 해결책을 제공한 것은 아니지만…). 민중은 오직 **소위/자기-발언적인**(soi-disant) **민중**으로서만 **자기**에 관해 말할 수 있다. 언표 행위의 주체는 언표된 것의 주체로서(즉 **선언**의 주체로서, 그 다음에야 비로소 선언은 '인간의 권리' 전체에 적용될 것이기 때문에) 자기에 관해 언표한다. 하지만 그러한 주체의 진정한 현전 여부는 언표된 것의 내용이 실현될 수 있는가에 달려있다. 예컨대 민중을 구성하는(constitute) 것은 헌법이기 때문에, 민중은 헌법(constitution)의 원리가 실효성을 발휘해야만 비로소 가시화된다. 그러나 헌법이 민중을 헌법에 의해 언표된 주체로서 구성하는 경우는 오직

---

*_ 원제는 'Le soi-disant peuple'로서, 'soi-disant'은 영어의 'so called'와 마찬가지로 '소위' '이른바'라는 뜻으로 통용되는 단어다. 하지만 민중의 자기 구성 능력에 초점을 맞춰 해석할 경우 '자기에 관해 말하기' 혹은 '스스로 말하기'라는 식으로도 읽을 수 있다. 이런 관점에서 영역자는 이 단어를 'so-called/self-saying' 이라는 두 가지 의미로 번역했고, 한국어판도 이에 준해서 번역했다. 한국어 번역은 영어본을 우선으로 작업하되, 프랑스어 원본도 참고했다. 본문 중의 강조는 프랑스어본을 따른 것이며, 독해를 위해 한국어 번역자가 삽입한 구문, 단어들은 [ ] 속에 넣었다.-역주

민중을 언표 행위의 주체 자격으로부터 박탈할 때뿐이다. 구성되는 민중은 구성하는 민중을 결여하고 있다.

모든 점에서 자기-구성(auto-institution) 혹은 자기-선언으로서 주권은 이미 그 자체를 초과하거나 혹은 결여하고 있다. 따라서 '주권자 민중'이란 기껏해야 자기과잉, 그리고/또는 자기결여라는 주체 형식의 한 사례에 지나지 않는다. 그러나 이런 결여적 과잉에 관한 지식이야말로 주체로서의 민중을 고유하게 창안해낸다. 이를 통해 민중은 민중 자신이 되는 게 아니라, 법이 되는 것이다(민중은 자신을 법으로 만들거나 혹은 침묵 속에 남겨둔다). 환상적인 **자아**(유일신의 자아)는 자기를 상징적이고 실효적인 법으로 만든다. '우리'는 집합적 혹은 개별적 **에고**와는 별개로 자신이 **동등한 자들**의 집합(population[인구])임을 인식한다. 그렇게, (바타이유의 용어를 쓰자면) 주권[1]을 무(無)로 설정하는 계약,—res publica의 두 의미 가운데 ['공화국'이 아니라] '사람'(personne)이란 뜻을 취해[2]—res publica, 곧 민중의 것(res)으로서 주권을 설립하는 **계약**은 주권과 무 사이의 간극이 마치 존재하지 않는 듯한 접촉(contact)[3]을 표상한다. 동등한 자들이 한 아버지의 아들들이 아니라 형제들인 이유가 바로 여기 있는데, 이는 그리스어에서 **동포**(phrater)가 피를 나눈 **형제**(adelphos)가 아니라 종교적 형제애를 공유한 집단의 구성원을 뜻했던 것과 정확히 같은 의미에서다.

주권자 민중이 실효적이지 않다는 이유로 또는 전체주의의 질곡이라는 이유로 적대하는 사람도 있다. 실제로 주권자 민중은 전부 아니면 전무(全無) 사이에 매달려 있다. 그러나 오늘날 일부 좌파가 그러하듯 주권자 민중에 적대한다는 것은—다중은 권력의 외부에서 유동적이고 단발적인 평의회와 소비에트를 형성하기 때문에—결

1_ 바타이유에게 'souveraineté'는 법·정치적인 차원의 '주권' 이상의 개념을 갖기에 '지고성'(至高性)이라고
   도 번역한다. 본문에서는 대개 '주권'이라고 번역하되, 규범이나 제도적으로 범주화될 수 없는 최고의
   권리라는 뜻으로도 새겨 읽을 필요가 있다.-역주
2_ 일반적으로 '공화국'이라 번역되는 'respublica'의 라틴어 원래 의미는 '공공의 일/과업', '공적인 것'이란
   뜻이다.-역주
3_ 접촉은 매개없는 직접적 관계의 실재성, 곧 실존 자체의 현사실성과 연결된다.-역주

국 주권자 민중을 전부 또는 전무로 즉각 돌려버리는 것과 다름없다. 접촉에 대한 변함없는 책임을 나타내는 계약은 민중을 **어떤 것**으로 만드는 데서 성립한다. 프랑스 혁명 당시 제3 계급이 애초에 요구했던 것도 바로 이것이다. 하지만 그때나 마찬가지로 지금도 역시 이 말을 체념적이거나 조건적인 것으로 받아들일 필요는 없다. 민중은 전무나 전부가 되길 요구하지 않는다. 오히려 민중은 **어떤 것**(quelque chose)이, 달리 말해 그 어떤 개별적 **나**를 형성하지 않고도 모든 **나**에 선행하는 함께-있는 **실재**가, 곧 '우리'라는 실재가 되고자 한다. '우리'는 국민/민족이든 주권자든 여하한의 정체성도 지지하지 않는 공적인 **것**의 공간을 개방하는 것이다. 이렇게 자기를 향하는 민중의 긴장은 유일하고도 실제적인 것으로서 민중 자신을 형성하게 되는데, 물론 이때 민중이란 [전통적 형이상학의 개념적 범주로서] 현전 또는 실체를 통해서는 도무지 밝혀지지 않는 존재이다.

민중 개념(들)의 형용모순은 민중이 얼마나 실재적인지에 관해, 그 구체성을 표상한다(접촉과 계약은 이 구체성의 형식들이다). 민중은 정초되거나 증명될 수 없다. 왜냐하면 민중은 [단적으로] 실존하고 있으며, 계약의 이상성(理想性)이 계약의 진리치를 구성하듯, 접촉의 현사실성을 통해 민중의 실존 역시 증명되기 때문이다. 진리는 접촉의 내부성이나 자연성, 형상성(形象性)을 통해 명확히 밝혀지지 않으며, 또한 그 어떤 정초적인 계약의 기원을 통해서도 밝혀지지 않는다.

이는 '민중'이라는 **이름** 또는 **명사**에서 잘 드러난다. 만약 '민중'이 밝혀질 수 없는 개념이라면, 이는—신정론(神政論)의 모델에 의거해 보건대—이 보통명사가 고유명사 속에서 해소되어야 하는 탓이다. "만약 신들이 민중이라면, 그들은 스스로를 민주적으로 통치할 수 있을 것이다. 하지만 그처럼 완벽한 통치/정부는 인간에게 적절하지 않다"라고 루소가 말했을 때,[4] 그는 다음 두 가지에 관해 동시에 언급한 셈이다.

4_ Jean-Jacques Rousseau, III, 4, 끝부분.

한편으로 자기-통제로서 통치는 인간에게 가능하지 않다(루소가 말하듯 자기-통제는 결코 '통치'가 아니다). 다른 한편으로 신은 민중이 아니다(여기서 루소는 대문자 복수형으로 신(Dieux)이라고 씀으로써 모든 사정을 요약해주고 있다). 진정 '세속화'가 헛된 관념이라고 말하는 진정한 이유가 여기에 있다. 말하자면 전체를 바꾸지 않고서는 신학적 속성을 전위(傳位)시킬 수 없는 것이다. 하나뿐이며 유일한 신이 지시하는 그 무엇도 민중 자신의 질서는 아니며, 차라리 [유일한 존재로서 신에게 속한] 고유명사의 질서라고 할 수 있을 뿐이다. 왜냐하면 "언어의 한계와 혀끝에 올려져"[5] 실존하는 그 이름은 주체가 무한한 채무를 진다(contracte, 계약한다)는 사실, 그리고 데리다가 보여주듯 그 계약이 계약 일반의 가능성 혹은 '계약의 계약 형식'[6]을 표상한다는 사실에 관련되어 있기 때문이다.

('프랑스인', '코르시카인' '코소보인' '퀘벡인' 등에서와 같이) [민중에 특정한 국민/민족적 정체성을 부여하는] 이름에 대한 폭력적 긴장은 계약의 축소(contraction)임이 드러나고, 이는─그 긴장이 축소적/계약적인 것이기 때문에, 또한 발생적인 것이나 토대적인 것이 아니며 정체성/동일성을 부여하는 것도 아닌, 언표적인 것이기 때문에─민중의 이름을 언어의 한계에 남겨둔다. 그것은 민중의 이름에서 고유성을 빼앗고, 결과적으로 민중의 일자성(一者性)을 비(非)-일자적인 것으로 끌어당김으로써, 독특한 것도 아니며 단일한 것도 아닌, 그래서 끝내 번역될 수 없는 것으로 남겨둔다. 하지만 동시에 이름 붙일 수 없는 존재로서 민중을 번역의 무한한 가능성 가운데 열어두는 것이다.

이런 의미에서 민중의 이름은 고유명사가 될 수 없고 단지 매순간마다 보통명사인 '민중'으로 남아야 한다. 이는 마치─여타 다른 언어에서도 그렇지만─독일어 어원

5_ Jacques Derrida, "Des Tours de Babel," in Joseph F. Graham, ed., *Difference in Translation*, trans. Joseph F. Graham (Ithaca, NY: Cornell University Press, 1985), 185. 그레이엄은 이 문장을 "언어의 한계에"라고만 번역했다.

6_ Ibid., 186.

학에서 'Deutsch'(독일인)를 'Volk'(민중)에 연결시키는 고리를 찾으려 할 때 연속성보다는 불연속성에 초점을 맞추는 것과 비슷하다. 신(Dieu)의 이름이 이름의 부재와 현존 이외에 모든 고유성을 상실한 채 보통명사 'dieu'로 쓰일 때도 동일한 진리가 작동한다. 신정론적 이론에서는 '신'(dieu), '군주'(prince), '민중'과 같은 고유명사들이 전유적이고 배타적인 독특한 배치를 구축하는 반면, '정치신학'과는 거리가 먼 민주주의에서는 무-신학(athéologie)으로서 정치가 작동하는 것이다.

민중이 이름 붙여질 수 없는 것임에도 불구하고, 개인 각자는 민중, 특정한 관습과 인구 집단을 이루는 민중으로부터, 동명(同名)의 '국가'를 통해 시민이 된 민중으로부터 이름을 부여받는다. 나의 이름은 민중에게서 부여받은 것이며, 나에 관한 한 언어의 한계에 실존하는 계약을 통해 나를 민중에 결부시킨다. 다시 말해, 접촉의 계약, 민중이 소진시키지 않고 다만 **확증**할 뿐인 이타성(altérité)의 계약을 통해 나는 명명되고 또 민중에 결부되는 것이다.

민중은 이타성을 확증한다(이타성이란 곧 다중, 민중에게, 자기에게, 민중들 사이에 있는 접촉과 이질성[étrangeté]이라는 이중적 법을 말한다). 간단히 말해, 민중은 이타성을 보증하고 보장한다(이는 다중과 이질성을 구성하는 모든 보장 너머에 있는 과잉 역시 보장될 때까지 계속된다). 그와 동시에 형용모순적인 혹은 역설적인 방식으로, 민중은 그것들을 한데 모으고, 또 (개별적인 것들, 그룹들, 네트워크들로) 서로 분리시킨다.

계약(contrat), 교류(commerce), 구체적인 것(concret), 접촉(contact), 확증(confrotation)… [co-가 붙어 공통적으로 묶일 수 있는] 이런 단어들은 민중을 모으고 분할하는 '더불어'(cum) 및 '함께'(avec)의 변이형들이다. 어쩌면 이런 점들로 민중은 '운명공동체'라는 표현을 새롭게 이해할 수도 있을 것이다. 왜냐하면 운명이 민중에 대한 지배나 문명화(지배로서의 문명화)라는 과업을 통해 민중을 초월하는 것으로, 혹은 민중이 통합되고 민중을 통합시키며 민중의 통합적인 유기적 신체를 생산해내는, 민중에게 내재하는 것으로서 표명되자마자(이 두 가지 과업은 서로 완벽히 결합해 작동한다), 운명공동체라는 이 불길한 표현은 함께-있음(être-avec)이라는 논리 및 위상학 내에서 또다른 의미를 부여받게 되기 때문이다. 아마도 이는, 우리가 『존재와 시간』(1927)을 읽을 때 극단적으로 다의적으로 여겨지던 이 두 동일한 표현이 1921년에 쓰여진 마르틴 부버의 책에서도 역시 발견된다는 사실을 설명해줄 것이다. 부버는 민중이 국민/민족(nation) 및 내셔널리즘과는 확연히 구별된다는 점에 관해 논했던 것이다.[7) '운명공동체'의 또다른 의미는 바로 여기 있을 터인데, 민중의 운명은 민중들 자신에 있지 민중의 자기-생산에 내재한다든가 혹은 민중의 문명, 제국적 소명의 초월성 따위에 있는 게 아니기 때문이다. 그것은 민중이라는 존재성 그 자체에 있으며, **그들 자신**과의 접촉과 계약, 교류에 있는 것이며, **따라서** 함께-있음의 실존적이고 **초월적인 현사실성**으로서 다른 민중들과의 접촉과 계약, 교류에 있는 것이다. 이렇게 함께-있음은 전반적으로 존재의 실존적인 현사실성, 즉 **현존재**(Dasein), **공**(共)**존재**(Mitdasein)란 의미에서 거기-있음의 실존적 현사실성을 말한다. '운명공동체'란 단지 함께-있음의 운명일 뿐이며, 이 운명은 탈-존의 모든 의미에서 단지 **탈-존함**의 구체성일 따름이다(**무**(無)**로부터의**[ex nuhilo] 출생에서 죽음의 **허무**[in nihilum]로, 이 두 가지는 [함께-있음의 초월적 현사실성으로서] **함께**[avec]와 [단지 실증적이고 통계적인 사실로서] **인구화**[peuplement]의 극단적 두 양상이다).

운명 혹은 숙명, 우연과 몫, 공통-존재의 공통적 몫과 절대적인 평범함의 상투적 숙명—이는 우리가 태어나거나 죽거나, 사랑하거나 미워하거나, 다시 모이거나 흩어지거나 **우리가** 분열되어 있는 곳에서 **우리를** 한데 모은다. 정의상 일자(一者)의 폐위와 무화로부터 발생한 통일은 **소위/자기-발언적인 민중**의 정의와 권리를 정의한다.

그러나 이 필연적인 우연이 식별되고 실천되게 하기 위해(여기서 양자는 같은 의

7_ Martin Buber, "Nationalism," in Will Herberg, ed., *The Writings of Martin Buber* (New York: Meridian Books, 1956), 277-80.

미다), 그것이 '자기 없는 소위/자기-발언'으로서 식별되고 실천되게 하기 위해, 자기 의식이 아닌 어떤 것을 생성시키기 위해 반드시 자기확신이 있어야 한다. 이때 '자기 없는 소위/자기-발언'이란 자기에 관해 발언하는 것이자 자기가 없음에 관해 발언하는 것, 접촉에 의해 부인되지만 접촉을 수용하는 계약에 관해 발언하는 것, 구성된 민중 내에서 구성하는 민중이 망실되는 것에 관해 발언하는 것을 뜻한다.

확신은 'cum'의 변이에서 최후의 필수 요소가 될 것이다.

언젠가 발레리는 이렇게 기록한 바 있다. "사회는 신탁의 메커니즘이다. 그것은 신뢰와 신용을 요구한다."[8] 하지만 사회의 신뢰(credo)는 사회를 지배하는 권위에 대한 믿음도 아니요, 사회 자체에 대한 가설도 아니며, 사회의 신용(crédit)은 신용의 수여자(créditeur)가 기대하는 이해관계에나 겨우 의존할 수 있을 따름이다. 신용의 수여자는 아무런 확신도 필요로 하지 않으며, 수여된 신용을 복구하는 그의 가장 강한 수단은 자신의 지식과 확실성을 결코 포기하지 않는 것이다(강조하건대, 이는 검증될 필요가 있는 교류의 심오한 역사이자 구조이고, 자본과 **가치** 일반의 역사와 구조이기도 하며, 실제 가치의 재현물로 가정된—혹은 그렇게 **믿어진**—**수탁** 가치의 역사이자 구조라고 할 수 있다. 특히 후자의 경우 사용 혹은 생산노동의 측면에서, 사물 혹은 인간의 측면에서 사유될 수 있는 것인지 면밀히 검증받아야 한다).

환상적인 지식에 대한 집착이 아니라, 모든 지식은 결여되어 있다는 데 대한 견고한 확신으로서의 **신뢰**는 헤겔이 'politische Gesinnung', 즉 '정치적 심정(心情)'이라고 이름 붙였던 (재현이 아니라) **행위**를 말한다. 그것은 "**확신**, 곧 나의 실질적이고 특수한 이해관계가 타자의 이해관계와 목적 속에 포함되고 보존되어 있음을 아는" 것이다.[9] 하지만 확신으로서의 이런 앎은 타자 안에 있는 나/자아의 바로 그 계기들에

8_ Paul Valéry, *Cahiers* (Paris: Gallimard, 1973), vol. 2, 918.
9_ G. W. F. Hegel, *Philosophy of Right*, trans. SW. Dyde (Amherst, NY: Prometheus Books, 1996), 255. 인용한 구절은 '애국주의'를 제외한 부분들이다.(번역은 약간 수정)

대한 의식이기도 하다(헤겔이 내린 사랑의 정의도 그와 다르지 않다. 물론 여기서 다시 문제가 되는 것은 사랑, 우정, 형제애 및 연대에 관한 정의가 될 테지만). 그러한 의식은 무의식의 계기를 포함한다. 다시 말해, 타자의 확실성, 모든 확실성의 바깥에 있는 타자의 확실성 말이다. 만일 프로이트의 어딘가에—대중들 사이에, 권위와 동일시 사이에—민중이 실존하고 있다면, 그들은 단지 '무의식 안에' 있다기보다는, 오히려 모든 확실성의 바깥에 있는 타자의 확실성 같은 곳에 있는 게 아닐까? 그렇다면 우리는 차라리 이렇게 말해야 할 것이다. "무의식은 민중처럼 구조화되어 있다. 인구화(peuplement), 인구(population), 하층민(populace)이라는 단어들에서 드러나는 것처럼."

확신은, 누군가 '감응적'(affective) 조건이라 불렀던 것처럼, 접촉에 속해 있다. 하지만 감응은 감응받을 수 있는 능력, 즉 심정적으로 동요될 수 있고 '접촉될 수 있는' 능력에 다름 아니다. 프로이트가 언명했듯, '접촉 상태'[10]란—(은유적인, 또는 정확히 말해 환유적인) 협의와 광의의 의미에서 동요되어 있는 상태—터부의 '중심적 금지'를 구성한다(프로이트 말대로 시조[始祖]가 갖는 고유명사는 불가촉의 대상들 가운데 하나다). 접촉은 위험한 것이기 때문이다. 접촉은 타자의 범람이나 타자의 죽음 또는 향락(jouissance)으로 인도하는 외피(expeause la peau), 한계점을 노출시키는 까닭이다. 민중에게 주어진 것, 곧 실존적 소여로서 현사실성과 민중이 주고 있는 것, 즉 소여된 민중이 **자신에게** 주고 있는 것은 타자라는 위협이자 타자의 근친성이다.[11] 민중과 타자는 더불어 있고 상호 내속해 있는데, 양자는 동일자(mêmeté)[12]의 두 가지

10_ Sigmund Freud, *Totem and Taboo: Some Points of Agreement between the Mental Lives of Savages and Neurotics*, trans. James Strachey (New York: W.W. Norton, 1950), 18-35.

11_ '주다(donner/give) 동사의 능동형과 수동형은 주체가 비/의지적이고 무/의식적으로 자신의 외부와 맺는 관계의 전체성을 표현한다. 주체에는 이 세계 속에 던져져 있다는 그의 실존적 조건, 즉 현사실성으로 인해 필연적으로 외부와 관계를 주고/받는 존재이다. 이에 따르면 주체는 항상 그의 외부, 타자에 의해 조건지어진 존재이며, 따라서 타율적(hétéronomique)일 수밖에 없다. 주체에 대한 타자의 불가피한 관여, 관여된 존재로서의 주체 상황 등을 통해 데리다는 '선물'과 '환대'의 윤리학을 개진했다. 더 자세히는, 미하일 리클린, 『해체와 파괴』, 최진석 역, 그린비, 2009, 1, 6장을 참조하라.-역주

12_ 이하의 설명에서 구체적으로 드러나듯, 여기서 동일자는 근대 철학이 상정하는 외부없는 유일자, 절대

면모이기 때문이다(이때 동일자가 꼭 '인간'이라는 의미의 민중에만 국한될 필요는 없다. 우리는 민중을 그들과 **함께** 세계를 채우는[peupler] 것들로도 **역시** 구성하는 까닭이다). 동일한 것은 주권자 **무**(無, rien souverain)의 안에 있는 민중의 '자기/자아'이며, 주권자 무는 그것이 필연적인 만큼 또한 위험스럽고, 현존하는 만큼 부재하며, 실제적인 만큼 마찬가지로 허구적인 것이다. (시장, 타자와의 성[性]적인 만남과 대화 등의) 교류는 언제나 그 모든 형식을 통해서, 가령 타자의 비교 불가능함 속에 있는 동일자의 등가성과 같은 양가성을 정박시킨다. **가치** 그 자체, 혹은 절대적인 **가치**는 **무**와 마찬가지로 그 둘 사이에 매달려 있다(가치를 함유한 주권과 주권자의 고유한 가치는 **무**로, **공적인 것/영역**[res communis]으로 끝없이 교환된다).

그러므로 가치에 대한 관계란 사실 확신을 말한다. 데리다가 강조했듯 확신은 본래적으로 타율적(hétéronomique, 상이한 규칙들의)인데, 타자의 것, 타자 내에 있는 것이기 때문이다.[13] 나라면 여기에 "확신은 타자 안에서 타자에게 관계된 것이다"라고 덧붙여보겠다. 다시 말해, 그/녀에 관한 가치에 관계되어 있는 것이다. 이는 그/녀가 가치있는 무엇(어떤 척도로? 어떤 시장에서?)이라는 의미에서가 아니라, 그/녀가 **타자이자 동일자로서** 절대적 가치(를 **갖는다**[avoir]라기보다)**이다**(être)라는 의미에서 그렇다.

그런 의미에서 확신 역시 실존적 현사실성 내에 주어져 있다. 내가 타자-동일자(autre-même)의 절대적 가치를 믿지 않는다면(다시 말하건대, 이때 타자-동일자는 비-인간적인 것일 수도 있으며 어떤 문화권에서는 실제로 그렇다. 그러나 어떤 경우든 가치는 **인간이 아니다**. 가치는 인간의 인간화되지 않는 것이자 동일시될 수도 없는 것, 의미의 실제적인 무한성에 다름 아니다), 나는 타자와 어떤 관계도 맺을 수

화된 자아와는 전혀 다르다. 오히려 동일자는 항상 타자를 동반하며, 타자에 의해 그 존재가 지지되는 것이며, 따라서 타자-동일자 또는 동일자-타자라는 표현으로 규정될 수 있다.-역주

13_ Jacques Derrida, *Politics of Friendship*, trans. George Collins (London: Verso, 1997), 196. 여기에 데리다는 "지고한/주권적(sovereign) 우정의 타율적인 불균형"이라고 덧붙였다.

없을 것이며, 그러므로 동일자에 대해서도 마찬가지라고 말할 수 있다.

이로부터 확신은 신념, 신념이자 충실성이라고 말할 수 있다. 충실성이나 신념 없는 사람은 없을 것이다. 만일 '믿음'이 불확실한 표상에 관한 깨지기 쉬운 지식으로 이해된다면 신념은 그런 믿음이 아니다. 차라리 신념은 우상에 대립하며, 루터가 '신에 대한 고독한 충실성에 관한 확신'[14]이라 불렀던바, 이스라엘 민족이 맺은 신과의 동맹이나 신에게로 향한 이슬람의 회귀에서 엿보이는 유일신에 관한 전적인 사유이다. 이 사유를 해체한다는 것은 믿음의 대상으로서 신의 이름을 중지시키는 것이다. 해체한다는 것은 우리의 신념을 신 없는 신념에 두는 것, 즉 타자로부터, 타자 안에서 강화된 견고함 위에 두는 것이다. 그것이 아랍어 'imen'과 기독교 신념/신앙의 언어를 통해 전승된 히브리어 'amen'으로서, 강화와 보유, 곧 타자 내에 강화된 상태와 보유된 상태를 뜻하는 동사에서 형성된 것이다. 신념은 타자에 대한 의존으로부터 성립하는 게 아니라(보유를 위한 힘을 필요로 할 것이므로), 무가 자기 자신을 전유하는 데 필요한 힘을 제공한다는 사실을 보유하는 데서 성립한다. 신념은 [실체적으로 실증될 수 없다는 점에서] 부정확함에도 불구하고 보유하는 견고함이며, 따라서 그러한 신념 없이는—어떠한 보장된 전유도 벗어나는 것이기에—우리는 생명도 언어도 의미조차도 보유할 수 없을 것이다.

그러므로 확신은 어느 정도까지는 역설적인 자기확신이고, 타자는 내 안에서 그리고 나에 대해서 (가치와 의미에 대한, 주권적인) 보증의 자리를 보유한다. 확신은 타자가 나를 표상하거나 폭로하는 정도까지, 또한 자아의 표상 불가능성이 그것 자체로는 더 이상 확신을 가질 수 없는 정도까지의 타자에 대한 확신이다. 그리하여 확신은, 접촉과 계약을 열고 닫는 소위/자기-발언적인 존재의 확신 자체에 대한 확신인 셈이다.

14_ Martin Luther, "Sermon sur les Rogations," in Œuvres, trans. Matthie Arnold (Paris: Gallimard, 1999), vol. 1, 245.

확신에 대한 확신, 또는 다중 자체가 함축하고 있는 충실성—다중이 되지 못하고 단지 군중이나 무리 또는 떼가 되어버리는 데 대한 두려움으로 인해—, 그것은 다중들 자신 안에 민중의 분배 불가능한 자리를 개방한다. 이 충실성은 의미(또는 가치의)의 의미없는 약속이라고도 할 수 있다. 그것은 어떠한 필요나 요구 혹은 기대도 채워주지 않는다. 그것은 '함께'(avec)를 이해관계가 아니라 그 자체에 근거짓는다. 즉 그것은 타자의 근친성이며, 타자의 과대한 내밀성은 우리로 하여금 죽음과 향락을 함께 나누도록, 절대로 나누어지지 않는 것을 함께 나누도록 만든다. 아마 최후의 분석에 도달했을 때, 이 절대적인 불가분성은 단지 '함께'의 공(共)실존적 현사실성으로서 드러날 것이다.

이렇게 주어진 현사실성에 있어서 민중은 소위/자기-발언적이다. 마치 그들이 꼭 그래야 한다는 듯, 민중은 이 현사실성에 관해, 민중 자신에 관해, 표상이 아닌 목소리로써 발언할 것이다. 민중은 목소리, 혹은 동일자에 상당하는 문학이라는 테제는 (『철학에의 기여』를 쓴) 하이데거와 들뢰즈를 한데 모을 수 있을 것이다.

대상에 합치하는 말하기가 아니라 그것의 흔적 혹은 약속이란 점에서 의미의 흔적인 목소리. 민중은 목소리로써 자기 자신을 부르고 스스로 발언한다(soi-disant). 민중의 목소리, 신의 목소리, 그것은 선언하는 목소리며 공명하고 이름을 되부르는 것, 페메(phémé)[15]이다. 그것은 헤시오도스가 선언했듯 신성(神聖) 그 자체가 된 이래로 결코 사라지지 않으리라고 믿어져 있던 것이다. 그것은 민중의 목소리(vox populi)로서, 적어도 알쿠이누스[16] 시대로부터 우리 시대에 이르기까지 목소리의 변조나 필연성의 권력 및 민중의 구체성에 대한 저항보다는 [민중의 목소리라는] 힘 자체를 드러내 보여주었다.

달리 말해, 하이데거와 들뢰즈를 반향시키는 것만큼이나 블랑쇼와, 특이적인 목소

15_ 그리스 신화에 나오는 명성의 여신.-역주
16_ Flaccus Albinus Alcuinus(735?~804). 중세 초기 잉글랜드의 신학자 · 교육자.-역주

리들, 공간을 격하고 분리되어 있는, 심지어 고독마저도, 말없는 자들이 으르렁거리며 소리낼 수 있는 목소리들의 고독, "지치고 불행한 사람들의 청원"과 "매일의 단어들처럼 세계 아래로"17) 울려퍼지는 그 목소리들을 반향시키는 이 시간은 민중의 해방을 사취(私取)하려 드는 독재자들의 외침에 맞서 분명한 목소리를 찾아내고야 말 것이다.

Jean-Luc Nancy, "The so-called/self-saying people"

17_ Maurice Blanchot, *The Book to Come*, trans. Charlotte Mandell (Stanford: Stanford University Press, 2003).

서양의 두 가지 <인간> 개념:
안트로포스와 후마니타스[*]

니시타니 오사무
일어번역: 이진경

유럽의 언어에는 '인간'을 뜻하는 용어에 2개의 계열이 있다. 하나는 영어라면 'human[휴먼]'이나 'humanity[휴머니티]', 불어로는 'humain[위맹]'이나 'humanité[위마니테]'에 해당하는 계열의 말이고, 다른 하나는 'anthropologie[인류학]'라는 학문의 이름에 사용되고 있는 'anthropos[안트로포스]'이다. 전자는 인간을 의미하는 라틴어 (homo, humanus)로부터 유래했고, 후자는 마찬가지로 인간을 의미하는 그리스어다. 물론 후자는 근대 유럽의 언어에서는 그 자체로는 사용되지 않고 오로지 학술어를 형성하는 형태소(anthropo-)로 사용될 뿐이지만(예를 들면 'anthropoïde', 'anthropomorphisme', 'anthropometrie', 'anthropophage'라고 하는 경우), 그럼에도 불구하고 인간 (혹은 인류)에 관한 포괄적인 지식이라고 할 수 있는 'anthropologie[인류학/인간학]'가 이 말을 포함하고 있다는 것만으로도 현대언어 가운데에서 충분한 중요성을 갖고 있다고 할 수 있다.[1]

---

*_ 이 논문은 「ヨーロッパ的 <人間>と <人類>−アントロポスとフマニタス」, 『二〇世紀の定義・4・越境と難民の世紀』(東京: 岩波書店, 2001), 35-48을 근간으로 하여 2003년 3월 10일, 프랑스 낭트 시의 앙주 게팽 인간과학관(Maison des Sciences de l'Homme-Ange Guepin)에서 행해진 강연을 개고한 것이다.

그런데 인간에 관한 연구는 여러 가지 장면에서 'anthropologie'라고 불리지만,[2] 이른바 '인간' 일반이나 총칭으로서의 '인간'을 말하는 데는 이 용어가 사용되지 않으며, 그 경우에는 어김없이 'human being'이나 'humanité' 계열의 표현이 사용된다. 언어에 따라 이런 타입의 단어의 용법에 다소 차이가 있지만, '인간' 일반이라는 관념이나 '인간의 본질'을 표시하기 위해서 사용되는 것은 이러한 타입의 단어('humanity', 'humanité', 'Humanität'로 정해져 있다. 그런 용법의 바탕을 이루고 있는 것은 르네상스기 지식인 사이에서 사용되었던 라틴어 '후마니타스'(humanitas)이고, 이것이 그 이후 근대세계의 전개 속에서 널리 유포되게 되었다. 한편 'anthropologie[인간학]'는 'théologie[신학]'와 대비되어 르네상스기부터 얼마간 사용된 것 같은데, 19세기에 세속화된 지식의 편성 속에서 완전히 다른 양상으로, '인간'을 대상으로 하는 학문을 가리키는 것이 되었다.

그렇다고 해도 이 두 개의 용어 'anthropos'와 'humanitas'는 학술용어와 일반용어라는 식으로 편의적으로 구별되는 것은 아니다. 사람들(이 경우엔 '유럽적 인간'이지만)은 배우지 않아도 이러한 두 가지를 구별하여 사용하는 법을 알고 있다. 예를 들면 '문명'을 갖는 인간은 'anthropos'가 아니라 'humanitas'이고, '인류의 위기'에 대해 말할 때 존속 여부가 염려되는 것은 'humanitas'지 'anthropos'가 결코 아니다. 그리고 이 두 개의 말은 말하려는 대상이 어떤 국면에 있는가에 따라 나누어 사용되는 것도 아니고 또 인간이라는 종 안에서 단순한 이항대립을 이루고 있는 것도 아니다. 양자 간에는 끊을 수 없는 관계가, 그것도 근본적으로 비대칭적인 관계가 있고, 그 비대칭성은 근대의 '지식'의 체제 그 자체와 결부되어 있는 제도적 위기를 떠맡고 있어서(바로 그렇기에 사람들이 다소 '지적'으로 말하는 단계에 이르면 그 구별은 자동적으로 행해지게 된다), 근대의 인간적 내지 인간주의적 지식의 '이중 잣대'라고도 부를 수 있

1_ 이하에서는 'humanité', 'anthropologie' 등의 서양어 표현을 편의상 프랑스어로 대표하게 한다.
2_ 인간의 형태적 연구, 각각의 인간집단의 습속·생태의 연구, 혹은 신이나 우주관에 대한 연구 등.

는 어떤 것을 구성하고 있다. 즉 'anthropos'는 이른바 인류학적 지식의 대상이라는 지위(status)를 벗어나는 것이 불가능하지만, 'humanitas'는 외부로부터의 어떤 규정에도 개의치 않는, 모든 지식의 주체로서 자기-표명하는 자인 것이다.

그러한 비대칭성이란 어떠한 것인가?

****

'anthropologie'가 의미하는 것은 '인간의 연구'다. 그렇지만 잘 알려져 있듯이 'anthropologie'의 대상영역은 그 정도로 일반적이지 않다. 통상 이 말로 이해되는 것은 우선은 말리노프스키나 레비-스트로스라는 이름으로 대표되는, 어떤 종류의 인간집단의 생활과 풍속, 습관, 총괄하여 사회나 문화의 연구다(물론 일본어로는 형질인류학이라고 번역되는 'anthropologie physique'도 있지만 이에 대해서는 나중에 언급한다). 이런 종류의 학문의 기원과 성립에 관해서는 잘 알려져 있다. 학문으로 성립된 것은 훨씬 뒤의 일이긴 하지만(19세기 말부터 20세기에 걸쳐서), 그 지식의 모티프는 콜럼버스 시기로까지 거슬러 올라간다. 그것은 서양인들이 미지의 세계에 진출하게 되면서 그때까지 알려져 있지 않았던 이종(異種)의 인간들과 조우했던 것으로부터 만들어졌다. 서양인은 '신대륙'을 발견하고 그것을 정복하여 식민지로 삼았고, 결국은 그 땅의 주민들이 더는 위협이 되지 않게 됨에 따라 그들의 이상한 풍습이나 생활에 흥미를 갖기 시작해, 그 '생태'를 관찰하고 기술하게 되었다. 그런 종류의 지적인 작업은 신대륙만이 아니라 아시아 태평양지역이나 아프리카에서도 반복되며 확대되었는데, 그런 종류의 지식의 형태가 일반적으로 'anthropologie'라고 불리어 왔다. 즉 근대에 이르러 서양인의 지견(知見)에 들어가게 되었던, 비서구 '인류'의 다양한 변이(variation)가 'anthropos'로서 연구대상이 되었다는 것이다.

대개의 경우 'anthropologie'가 서양의 인간에 대해 관심을 갖지 않는 것은 이 때문이다. 일반적으로 서양인, 특히 동시대의 유럽인은 'anthropologie'의 대상이 되지 않았다(다만 근자에 이르러 사정이 다소 달라져서 도시의 인류학이라든가 조직의 인류학 같은 시도가 있기는 하다).[3] [서양인이 anthropologie의 연구] 대상이 된 경우도 있는데, 예를 들어 프레이저나 레간(『고대사회』의 저자 모건의 오식인 것 같다.-역자)이 연구했던 '고대사회'가 그것이다. 프레이저의 불후의 업적인 『황금가지』는 고대 로마 신화의 수수께끼 같은 한 에피소드의 의미를 탐구하는 것으로, 고대 농경사회의 존재 방식을 해명하려는 것이었다. 이것이 보여주고 있는 것은 서양사회도 'anthropologie' 의 대상이 될 수 있다는 것이지만, 그것은 '고대' 즉 서양이 서양이 되기 이전의 사회로서, 근대의 지식의 시선에게 그것은 '타자'로 나타난다는 점에 기인한다. 다시 말해 'anthropologie'는 유럽 근대의 '타자'로서의 인간을 다루어왔다고 하는 것이다. 즉 'anthropologie'는, 하나는 유럽이 그 외부에서 발견했던 인류의 다양한 변종을, 또 하나는 근대 유럽인이 고대적 시대에 그러했으리라고 여겨지는, 이미 잃어버린 자기라고도 해야 할 '인류'를 그 대상으로 한다고 하는 것이다.

요컨대 'anthropologie'의 대상으로서의 인류에는 두 가지 카테고리가 있다. 하나는 유럽 이외(extra-europe)의 인류, 또 하나는 유럽 이전(ante-europe)의 인종이 그것이다. 그러면 왜 이 두 가지 카테고리가 동일한 'anthropologie'의 대상이 될 수 있었던 것인가? 어떤 관점으로부터 유럽 이외의 인류와 유럽 이전의 인종이라는 이 두 가지 지위 (status)가 공통의 것으로 간주되었던 것인가?

콜럼버스 이래 서양인은 자신들이 발견한 색다른 '사람 비슷한 것'을, 그들 사회의 코드나 규범을 이해할 능력이 없는 어떤 종류의 '아이'로 간주해 왔다. '미개인'이란 그러한 것이고, 그들은 '문명'을 이해하는 데 이르지 못한, 그리고 가능하면 '문명화' 되어야 할 '미숙인'이라고 하는 것이다. 그리하여 그들과 자기의 차이는 인간적인 '문

3_ 근년에는 프랑스의 마르크 오제(Marc Auger)의 작업(도시인류학 등)처럼 인류학적 방법을 현대 사회나 문명에 적용한 시도도 있다.

명'의 실현단계 상의 '지체'로 다루어졌고, 다르게 받아들일 수도 있었을 그 차이, '조우'라는 지리적 사건 속에서 드러난 그 차이는 역사적 시간의 시야에서 다루어졌고, 시간적인 용어(term)로 번역되었던 것이다.

'아메리카'라고 명명된 대지와[4] 그 주변의 주민들의 존재는 당초 그 무렵 서양인의 준거가 되고 있던 그리스인의 견해에 따라 '야만인'의 코드로 해석되었다. 그 해석은 처음부터 역사적인 것은 아니었지만, 거기에 기독교적 해석이 겹쳐지면서 그 구원사관에 의해 '야만인'이라는 위치를 역사화할 준비를 하게 된다. 그리고 이 해석은 결국 '계몽'의 시대를 열게 될 '문명의 진보'라는 세속적인 역사의 비전으로 치환된다. 거기에서 그들은 유럽인이 체현한 '문명인'에 대비하여 '아직 개화되지 않은 자'로서, 요컨대 '진보'의 계단에서 '뒤처진 자'로서의 위치를 부여받게 되었던 것이다. 그리고 나아가 이 '진보'의 역사적 비전은 다윈의 진화론에 의해 강화되어 '과학적'이라고 간주되는 어떤 종류의 지지대를 얻게 된다.

이 '발견'과 더불어 시작된 '근대'라고 불리는 것은, 단지 역사상의 구분이 아니라 하나의 의식(意識)이기도 하다. 그것은 자신을 '새롭다'고 위치 짓는 동시에 '다른 것'을 역사화하는 의식이며, 공간적 질서 상의 차이를 시간적 질서로 번역하는 기제를 갖는다. 따라서 조우로 인해 드러난 차이는 시간의 척도에 맞추어 누차 '지체'라든가 '진보'로서 해석되고 보편적이라고 간주된 역사의 비전 속으로 통합되었던 것이다. 이러한 지식의 체제 위에서 시간적 질서 속에서 발견된 차이와 공간적 질서 속에서 조우한 차이는 통분가능하게 되고, 이로 인해 두 개의 '타자'—유럽 이외와 유럽 이전—는 동일하게 다루어질 수 있는 'anthropos'로서 'anthropologie'라는 지식의 영역을 구성하게 된 것이다. 이 학문도 그러한 근대적 지식 체제의 구속 속에서 조형되었던 것이다.

4_ 이 이름은 발견된 것이 '대륙'임을 확인했던 이탈리아의 모험가 아메리고 베스푸치의 이름에서 연유하는데, 독일의 지리학자 발트제뮐러(Martin Waldseemüller)가 그 당시의 저서 『세계지 입문』(1507)에서 처음으로 사용했다고 한다. 어찌되었던 유럽의 책상 위에서 붙여진 이름이라는 것은 분명하다.

그런데 'anthropologie'는 모두(冒頭)에서 시사한 바 있듯이, 사회적 내지 문화적인 영역에 멈추지 않는다. 형질인류학(일본어에서는 이렇게 부르는 습관이 있지만, 'anthropologie physique' 즉 신체인류학이다)이라고 불리는 것은 인간의 신체적·형태적 특징을 연구한다. 이는 광의의 민속학(ethnologie)의 한 분지를 이룬다고들 하지만 성격상으로는 오히려 형태학(morphologie)이나 관상학(physionomie), 골상학(phrenologie)이라는 '자연과학'에 더 친근성을 갖고 있고, 대상을 다루는 방법이나 관심의 존재방식은 18세기의 박물학(histoire naturelle)과 통한다고 해도 좋다. 즉 그것은 식물상(植物相)이나 동물상(動物相)을 연구하는 분류학이다. 이런 종류의 'anthropologie'(형질인류학)는 고고학이 발굴한 사람의 뼈의 연대추정에 지표를 제공한다든가, 생물학이 사회적으로 응용되던 시대인 19세기말, 사람의 신체적 특징이나 얼굴 형태를 특정한 성격과 결부시킨다든가(범죄학에 응용되었다), 인간의 법적인 정체성의 확정에 이용한다든가 하는 것이다. 이른바 인체측정학에 속하는 것이다.[5]

하지만 위에서 광의의 민속학에 포함된다고 했던 이 2개의 'anthropologie'는 각각 다른 카테고리 안에서 형성되어 왔다. 하나는 서양인이 자신들과는 전혀 다른 풍속습관을 갖고 살아온 '다른 동종(同種)'에 대해 갖고 있던 관심에서 생겨났던 것이고, 다른 하나는 오히려 서양사회 안에서 개개 인간의 신체적 양상을, 특히 분류학적 관심으로부터 관찰하고 기술하는 것에서 시작했던 것이다. 따라서 이 후자의 지식은 서양의 '안과 밖'의 분절에 대응하여 형성되었던 것이 아니라, 서양의 인간이 떠안고 있는 또 하나의 '자(自)/타(他)'의 분절, 즉 '심/신' 같은 분절에 대응하여, 해부학이나 생리학처럼 인간의 신체를 자연의 물질과 동일하게 관찰하는 것으로부터 생겨난 것

5_ 이 'anthropometrie'(인체측정학)은 컴퓨터에 사용되는 것 이외에는 그다지 발전되었다고 하기 힘든 버전이, 그걸 슬쩍 고친 '바이오메트릭스'란 이름으로 사용된 바 있는데, 이와 더불어 최근 사용된 경우로는 근자에 사담 후세인이라는 인물을 확인하기 위해 활용되었던 방법을 통해 전세계에 소개된 적이 있다. 그러한 '진심의' 활동보다도 'anthropometrie'에 관해서는 화가 이브 클라인에게 주었던 인스피레이션 쪽이 훨씬 더 풍부한 성과를 냈던 것 같다.

이다. 그렇지만 이 2개의 'anthropologique'한 시선은 서로 겹친다. 이 또한 서양인은 [전자의] 'anthropos'를 앞에 두고 바로 박물학자들이 자연을 다루는 것처럼 대했기 때문이다. 현지의 인간의 습속은 인류학자들에게는, 박물학자들의 '동물상, 식물상'과 똑같은 것이었기 때문이다. 게다가 'pysionomie'는 신체적인 면에서 '타자'들의 차이를 표시하는 역할을 한다.

이런 점에서 'anthropologie'의 두 분지(分枝)는 각각이 원래 무엇을 겨냥하고 있었든 간에, '타자'를 인식의 대상으로 틀 지우는 학적 자세를 갖고 있다는 점에서 그다지 어긋남 없이 조화를 이루고 있다. 신체적 측면과 문화적 내지 사회적 측면이 상보적으로 인류학적 지식의 대상영역을 구성하고 있는 것이다.

어떻든 간에 양자는 개인이든 집단이든 인간을 'anthropos'라는 관찰대상으로 설정한다. 그리고 자명한 것을, 너무 자명해서 누구도 주의를 기울이지 않는 것을 지적해 두자면, 이런 인식이란 항상 서양적인 인식이라고 하는 것이다. 세계(혹은 인간)의 기억은 객관적이지도 않고 보편적이지도 않다. 그렇지만 그것은 원리적으로 서양(l'Occident)의 관점에 의해 방향지워져 있기(oriente) 때문이다. 유럽언어에서 방향짓다(orienter)라는 말에는 동쪽(orient)을 의미하는 말이 포개어져 있다. 그리고 '방향짓다'란 '인도하다'이기도 한데, 거기에는 이미 벡터기호처럼 힘의 작용이 포함되어 있다. 그리고 현재 일반화되어 있는 지식은 보편화하는 서양으로부터 다른 곳으로 '방향지어'지고 있는 것이다. 그러나 세계에 관한 지각의 이러한 방향설정, 그것에 의해 [규정되는] 서양의 '중심화' 문제, 오늘날 심각하게 방향을 상실하고 있는 바로 이 문제에 관해서는 여기에선 더 깊이 들어가지 않을 것이다.

****

그러면 누가 'anthropos'를 인식대상으로서 설정하는 것인가? 누가 이 경우 주체의 장을 점하고 있는 것인가? 이 인식의 주체는 어떻게 카테고리화되는가? 그리고 이 인식은 누구에게 속한다고 해야 할 것인가? 그것은 다름 아니라, 단어의 이중의 의미에서 'humanitas'다. 이중의 의미라고 말하는 것은 이 말이 인간 그 자체를 지시함과 동시에 인간이 갖는 지식(知, 이 말은 지식이나 앎을 뜻하는 경우에 모두 쓰이는데, 한자 없이 '지'라고 쓸 경우 한국어에선 의미를 이해하기 힘들기에 지식이라고 번역하고, 필요한 경우 '앎'으로 번역한다−역자)을 의미하고 있기 때문이다.

'Divinitas'(신)에 대비해서 '인간의 본성'을 의미하는 이 단어는 14세기 이래 르네상스의 추동력이 되었던 고전학, 즉 그리스 로마의 문물을 연구하는 학문을 지시하는 단어로서 사용되게 되었다. 그런데 이 학문은 왜 'humanitas'라고 불리게 되었던 것인가? 그것은 이 연구가 이미 신과 종교(기독교)에 의존하지 않는, 인간에 의한 인간의 지식의 탐구였기 때문이다.

고대 그리스가 모범으로 되었던 것은, 그리스인이 세계의 신화적인 해석에 의지하는 것 없이 인간의 지적 이해력에 의해, 인간과 그것이 만들어내는 세계를 합리적으로 해석하려고 했기 때문이다. 사람들이 말하듯이 그들은 인간을 만물의 척도로 삼고자 했다. 그러나 그 후 일관된 해석의 원리는 천지를 창조했다고 하는 유일신의 의지에 병합되어 기독교가 천년 이상 다양한 사람들의 공통의 세계해석의 틀을 독점하게 되었다. 성서의 서술을 전거로 하여 신학을 중심으로 구성된 그러한 지적 제도의 구속에 대항하여 르네상스의 인간은 자유로운 지식의 모범을 고대에서 발견했던 것이다. 따라서 고전학에는 인간을 중심으로 하는 지식을 향한 의지가 포함되어 있다. 그리고 인간의 이성을 인도하는 지식의 탐구는 동시에 인간의 가능성에 대한 탐구이기도 하고 인간의 본질 그 자체의 추구라는 의미와도 결부되어 있다. 말하자면 그것은 인간이 무엇이고 무엇일 수 있는가를 탐구하는 모험이고, 지식을 통해서 인간의 본질을 그려내려는 의지의 표현이기도 한데, 그 모두가 'humanitas'라는 말 속에 응축되어 있었던 것이다. 이리하여 'humanitas'는 종교적 구속으로부터 벗어난 인간의 자립적 지식의 작업인 동시에 그 작업을 통해서 실현된 인간의 본질의 표현이기도 하다고 하는 이중의 의미를 갖게 되었던 것이다.

'humanitas'(인문학)는 따라서 'humanitas'(인간)을 연구한다. 이는 'humanitas'는 지식의 대상이기도 하다는 것이다. 그렇지만 이 경우의 대상은 자연적 내지 신체적 인간이 아니라, 생각하고 인식하는 주체 그 자체다. 즉 'humanitas'란 지식의 주체에 관한 지식이고, 주체로서의 그런 자기 자신에 관한 반조(자기성찰)에 기초한 지식이라는 것이다. 여기에서는 인식하는 자와 인식되는 것이 모두 주체이고, 이 주체로서의 인간이 자기 자신을, 자신이 무엇인가를, 어떻게 존재하는가를 관찰하여 자신을 자신에게, 자신에 의해 자신에게 표현하도록 하는 것이다. 요컨대 'humanitas'란 주체로서의 인간의 자기파악이다. 그리고 이 지식의 자기준거적인 형식은 신의 권위와 신을 원인으로 삼는 설명논리로부터 해방되어 'humanitas'라는 인간의 인식의 성격을, 즉 그 자립성과 자기충족성을 단적으로 표현하고 있다.

'humanitas'는 이처럼 인간이라는 것의 보편적 본질을 탐구하는 지적 영위라는 의미와 결부되어 있지만, 그것은 '인간이란 무엇인가'라는 단 하나의 질문에 대한 대답이고, 그런 대답을 만들어내는 그런 작업 자체이지만, 인간의 본질을 산출하는 것으로서 수행되는 것이다. 확실히 인간이 지적인 존재라고 한다면 'humanitas'란 'humanitas'에 의한 'humanitas' 그 자체의 탐구고, 그것이 지식으로 표현된 것이다. 지식을 산출하는 주체와 그 지식의 대상, 그리고 산출된 지식 간의 이러한 합치, 신을 떠났음에도 불구하고 '삼위일체'라는 표현을 환기시키지 않을 수 없는 이 합치는 계몽사상의 시대를 거쳐, 이윽고 헤겔 철학에서 완성된 표현을 발견하게 된다.

헤겔 철학, 특히 거기서 절대지의 관념은 '자각(자기의식)'으로서 구성되어 있다. 인식과 존재간의 통일, 주체와 객체간의 통일에 부심했던 헤겔은 이 일체성을, 산출되고 정립되는 실정적 지식 속에서 주체의 전면적 실현이라는 변증법적 논리를 통해서 이론화했다. 이를 위해 그는 지식의 주체적 생성이라는 측면을 강조한다. 지식에는 주관적 측면과 객관적 양태가 있다. 즉 지식이란 아는 행위임과 동시에 그 행위에 의해 야기된 것, 실체로서의 지식이기도 하다. 그리고 여기서 후자는 단지 움직이지 않는 지식을 뜻하는 것일 뿐 아니라, 언설로 구체화된, 개념적으로 파악된 현실(실재)이기도 하다. 현실은 그처럼 개념적으로 파악되지 않는 한 의미를 갖지 않으며, 유일하게 고려할 만한 현실이란 지식으로서 정립된 것이다. 그것이 '현실적인 것은 이성적이고, 이성적인 것은 현실적'이라는 정식이 의미하는 것이다.

헤겔은 이러한 지식을 정신의 자기생성 내지 자기실현으로 고찰했다. 그는 우선 의식을 그 '부정성'에 의해 특징짓는다. 자연의 어슴푸레한 어둠 속에 등장한 의식은 다름 아닌 무로서의 세계와 당면하고, 당면한 것에서 그것을 부정하여 대상이 되며, 대상으로서 인식 속에 동화되고, 그것을 지식으로 산출해갈 뿐만 아니라 동시에 그 지식 속에, 즉 주체적이면서 객관적이기도 한 그 지식 속에 인식하는 자로서의 자신을 실현해간다는 것이다. 이러한 과정을 통해서 '부정적'인 데 지나지 않았던 인간의 본질은 실정적[긍정적] 지식 속에 현실화되는 것이 된다. 그리고 몇 겹으로 겹쳐진 이 운동의 끝에서 부정성은 충분히 실현된 정신의 모습을 드러내게 되지만, 그것은 다름 아니라 인간의 의식의 노동에 의해 끝내 실현되고 현행화된 세계 그 자체의 정신인 것이다. 거듭 말하자면 이처럼 정신으로 자기를 표명하고 있는 것은 인간에 의해 파악되고 그 가능성 속에 포착되어 전체적으로 인간적인 것이 된 세계 그 자체인 것이다. 이로써 주체, 객체, 그리고 자각으로서의 정신이라는 지식의 삼위일체가 원환을 닫는다.

이렇게 하여 하나의 내재적인 전체를 만들어낸 이 철학은 이미 초월적인 심급을, 피안을 필요로 하지 않는다. 바로 그렇기에 이 철학의 성격에 관하여 무신론인가 아닌가가 자주 논란이 되었고, 제자인 포이어바흐의 철학의 경우 결국은 [더 이상] 신을 근거로서 필요로 하지 않게 된 인간정신의 표현이란 의미에서 인간학, 즉 'anthropologie'

라는 말을 할 수 있을 정도가 되었다. 여기에서 다시 'anthropologie'가 등장한다. 하지만 철학적 콘텍스트에서 이것은 항상 'theologie'(신학)와 대비되고 있고, 포이어바흐가 [별] 생각 없이 그렇게 명명했던 것이었지만, 인간에 의한 인간 자신의 본질의 실현으로서의 정신(지식)이란 실은 여기에서 말하는 'humanitas'의 본질적 특징에 다름 아니다.

****

이상이 서양적인 지식에서 구별되어 사용되는 인간에 관한 두 개념의 존재방식이다. 'humanitas'와 'anthropos'의 차이는 단지 카테고리의 차이가 아니라 앎/지식이라는 작용 속에서의 관계의 차이에 대응하고 있다. 요약해서 말하면, 지식과 주체적으로 관계된 한에서 인간은 'humanitas'이고, 그 대상의 위치에 머무는 것이 'anthropos'라는 것이다. 'humanitas'는 지식을 생산하고 그것을 소유하는 것에 의해 자신을 풍부하게 만들어간다. 'anthropos'란 이렇게 하여 만들어진, 'humanitas'의 지식의 영역에 편입된 대상이고, 그런 점에서 존재의 위계를 포함한다.

단, 이러한 관계는 지식의 작용 속에서 기능하는 것만은 아니다. 그보다는 지식[앎]이란 인식의 레벨에만 머무는 작용은 아니다. '안다'는 것은, 헤겔이 그것을 '지배'라는 용어로 확실하게 보여주었듯이, 주체와 객체간의 관계를 설정하는 것이고, 대상으로서 규정하고 파악하는 것이다. 이러한 파악은 문자 그대로 포착으로서, 조작할 가능성을 손에 넣는 것이고, 이미 권력의 행사인 것이다. 이 관계 속에서 주체는 능동적으로 행위하고 객체는 그 행위를 수동적으로만 받아들이는 것이 된다. 그리고 객체의 지위를 부여하는 것은 주체의 인식의 세계 속에 편입시켜 그것에 존재의 자격을 부여하는 것이기도 하다. 사물은 방치되어도 존재하지만, 그것이 현실의 실재로서 인지되기 위해서는 주체의 인식의 시야 속에서 객체로서의 지위를 가져야만 한다. 그렇지 않으면 'humanitas'가 설정하는 '인간적 세계' 속에서 유의미한 것으로서 존재하는 것조차 불가능하다. 'anthropos'란 바로 그러한 'humanitas'의 앎(지식—역자)의 영역에서, 혹은 단지 'humanitas' 속에서 객체로서만 인지되는 존재다.

서양적인 지식에게, 다시 말해 'humanitas'에게 그것이 조우하는 '사람 비슷한 것'은 불가피하게 'anthropos'로 나타난다. 그 관계는 유럽인이 그들이 발견한 신대륙의 주민과 처음 만났던 때부터 변함이 없다. 유럽인은 그 땅을 어떤 모험가의 '공적'을 기념하여 '아메리카'라고 부르게 되었는데, 그 땅이 이전의 주민들에 의해 무엇이라고 불리고 있었던가에 대해 그들은 어떤 의미도 부여하지 않았다.[6] 그들은 그것을 무시하여 거기를 '아메리카'라고 명명했고, 그러한 명명에 의해 광대한 육지와 그 주변을 '수중에 넣었으며', 그들만의 방식으로 이 세계를 서술하고 운영하고자 했다. 즉 '신세계'가 설정되고 그것에 대해 말하는 언설이 설정되었던 것이고, 그 이전의 세계의 존재는 이러한 설정에 의해 소위 '비존재'의 영역으로 배제되어 버렸던 것이다. 그리고 그 이후 세계는 '아메리카'라는 용어에 의해서가 아니고선 이 세계에 대해 말하는 것이 불가능하게 되었던 것이다. 이럼으로써 미지의 세계, 이질적 세계는 'humanitas'의 영역으로 편입되었지만, 이처럼 '아메리카'라는 명명에 의해 행해졌다는 것이야말로 실은 확대해가는 'humanitas'의 자기설정방식의 원형이었다고 말할 수 있을지도 모른다.

바로 그것이 'humanitas'의 설정[방식]이었다는 것을 16세기 중반에 스페인의 발랴돌리드(Real Valladolid)에서 도미니크수도회의 수도사 라스 카사스와 당시 가장 유명한 아리스토텔레스학자 세풀베다(Sepulveda) 간에 벌어졌던 논쟁이 보여주고 있다. 그때 서양인은 지식의 주체로서, 자신들이 조우했던 '빨간 피부'의 생물들에 대해 '인간성'을 인정할 수 있을 것인지, 즉 그들이 'humaitas'라고 할 수 있을지를 두고 진지하게 토론했다. 로마교황의 권위 아래 실제로 토론되었던 것은 그들이 기독교도가 될 수

6_ 이 이름짓기라는 '근원적 말소'에 주의를 기울여, '정복 이전'의 이름을 부활시켰던 것은 유럽인에 의해
또한 그 땅으로 수송된 흑인들이 만든 공화국 아이티였음을 새삼 상기시키고 싶다.

있을지, 복음을 이해할 수 있을지 하는 것이었는데, 당시로선 인간에 관한 생물학적 · 인종적 개념이 없었기 때문에 결국 그것은 동일한 것에 귀착되었다. 그리고 흔히들 알고 있듯이, 라스 카사스는 후일 도덕적인 의미에서의 'humanism'의 선구자가 되었고,[7] 세풀베다는 당시 일급의 고전학자, 다시 말해 'humanist'이기도 했다. 어찌 되었든 거기에서는 'humanitas'들이 그 자신에 관한 지식의 소유자이자 심판자로서, 그 경계획정을 둘러싸고 싸웠던 것이고, 거기에서 '빨간 피부'의 사람들은 자신들을 지칭하는 말도 갖지 못한 '바르바로이(barbaroi─그리스인들이 타민족을 지칭하던 명사 바르바로스의 복수형으로 야만인[barbarian]의 어원─역자)' 이하의 존재로 되어 있었다.

그것이 '미개인'으로서의 지위를 강요한다. 그 이래 지식을 소유하고 결정하는 인간과 그 결정을 받으면서 지식의 지배 속에 갇혀버린 인간 간의 관계는 [그런 식으로] 정식화되어 'humanitas'와 'anthropos' 간의 비대칭적 관계는 그때마다 재생산되게 된다. 전자는 지식의 소유자로서, 후자는 소유된 지식의 대상으로서, 그리고 지식의 영역 속에 통합된 조작의 대상으로서. 물론 'anthropos' 또한 자신에 대한 기술(記述)을, 혹은 자기 자신에 대한 '지식'을 남기지 않았을 리는 없다. 예를 들면 정복된 마야나 아즈텍의 살아남은 사람들은 그들의 생존의 소박한 흔적을, 신화나 전설, 관습을, 몇 개의 쓰여진 텍스트로 남겨두었다. 그렇지만 그들은 그것을 자신들의 말로 남겨둔 것은 아니다. 텍스트는 스페인의 선교사들이 기독교와 함께 그들에게 가르쳤던 스페인어로 쓰여져 있다. 요컨대 그들의 생존의 흔적은 'humanitas'의 언어로 전해지고 있는 것이다. 'anthropos'가 그들 자신의 '지식'을 남길 수 있었던 것은 그들이 'humanitas'의 언어를 배웠기 때문이었다. 즉 그들은 지식의 영역에 자취를 남기기 위해서 다소간 'humanitas'가 되어야 했던 것이다. 그리고 그런 식으로 산출된 지식은 그 또한

7_ 오늘날 휴머니즘으로 알려진 관념이 반드시 르네상스의 'humanitas'나 'humanismo'로부터 직접 유래한 것은 아니지만 서양적 전통 속에서 'humanitas'에 부여된 인간중심적 가치와 결부되어 있음은 물론이다.

'humanitas'의 저장고를 채워주는 것으로서 보존되었던 것이다.

이러한 구조는 지금까지도 기본적으로 변하지 않았다. 일반적으로 말해 비서구적인 지역들에서 지식(과학적, 학문적 지식)을 획득한다 함은 무엇보다, 그리고 원리상 서구적인 지식을 획득함이고, 그 방법을 배운다 함이다. 물론 어디에든 '지식'은 있으며 그 '지식'은 지역적인 어떤 것으로만 말할 수 있다. 다시 말해 그것은 '보편적'이라고 할 수 없다. (그럼에도 불구하고 지식이 서구의 그것을 뜻하게 된 것은 - 역자) 지금 세계에 통용되고 있는 지식의 형태가 기본적으로 서양으로부터 보급된 것이기 때문이다. 근대의 교육체계 그 자체가, 거기에서 가르쳐지는 내용과 더불어 본래는 서양으로부터 수입된 것이다. 그리고 대학을 구성하는 학과들 대부분이 19세기 서양에서 형태지워진 틀을 기초로 만들어진 것이다. 따라서 보편적이라고 하는 지식을 익혀 그것을 자신의 것으로 삼는 것, 혹은 그 지식에 동화되는 것은 이른바 'anthropos'가 'humanitas'에게 다가가서 그것에 동화되는 것을 의미한다. 그것은 단순한 지식의 향유자의 입장으로부터 보편적 지식의 소유자가 되고, 나아가 그 생산자가 됨을 뜻하기 때문이다.

근대의 지식은 이런 식으로 축적되어 왔다. 물론 비서양인도 포함하여 우리들은 이러한 지식을 원칙적으로는 향유할 수 있다. 그렇지만 어떻게? 예를 들면 예전에 식민지였던 나라들에서는 이런저런 형태로 기회를 부여받은 자들이 종주국에서 서양의 언어로 배워 지식의 주체로서 자기를 형성한다. 그것은 'anthropos'의 처지로부터 벗어나서 지식을 소유하고 생산하는 주체가, 요컨대 'humanitas'가 되는 것이다. 그 프로세스를 '인간화'(humanisation)라고 불러도 좋을 것이다. 그렇지만 그렇게 하여 'humanitas'가 된 'anthropos'는 이미 'anthropos'로서 행동하지 않는다. 식민지 지배의 시대 이런 식으로 'humanitas'화된 사람들은 대개 종주국의 가장 충실하고 유능한 관리로서 식민지 체제에 봉사했다고들 한다. 그것이 예컨대 프란츠 파농이나 에메 세제르가 말하고 있는 것이다.

어떻든 간에 'humanitas'는 폐쇄적이지도, 배타적이지도 않으며, 오히려 관대하게 열려 있고 모든 것을 포섭한다. 따라서 모든 인간은 'humanitas' 비슷한 것의 지식에 접근하는 것이 가능하다. 바로 그렇기에 그것은 서양이 세계화에 수반하는 '보편적' 지식으로서 세계적 지식의 '스탠다드'가 되었던 것이다. 그리고 지금은 모든 학적 지식은 기본적으로 'humanitas'를 체현하는 지식이다. 그것이 인간과 그 세계에 관한 일반적 지식으로서, 모든 영역의 표준으로서 통용되고 있다.

그렇지만 그 지식이 '보편적'이라 함은 'anthropos'가 그것을 받아들여 스스로 'humanitas'가 되는 것에 의해서만 보증되고 있다. 그리하여 이른바 'semi-humanitas'는 확장되고, 그 지식은 모든 인간이 담지할 수 있는, 그리고 모든 인간에 적용될 수 있는 지식이 되었던 것이다. 그렇지만 모든 'anthropos'가 'humanitas'가 되는 것이 '문명'의 당연한 추세이고, 그것이 아직 'anthropos'를 그 대상이라는 수동적 위치로부터 해방시켜 보편적 지식의 담지자가 되는 것으로 간주된다면 'humanitas'가 'anthropos'에 대해서 미치는 작용은 항상 일방적인 '독선'을 포함하고 있게 된다. '인간화'가 문명의 '자연'스런 결과라고 간주되는 한, 그것은 그렇다. 거기에서 억압된 사람들, 지배적인 지식의 욕망에 의해 말을 빼앗긴 사람들의 문제가 발생한다. 그것이 근년, 역사연구나 인류학에서 테마화되고 있는 '서발턴의 말할 가능성'[8]의 문제이기도 할 것이다.

서양에 의한 세계화 운동이 일단 완료된 오늘날 세계에서 예전에는 'anthropos'에 지나지 않았던 사람들은 좋든 싫든 이제는 다소간 'humanitas'가 되는(그것은 '인간화하는'이라고 바꿔 말할 수 있다) 것 없이는 인간이나 세계에 관해서 말할 수 없다. 그렇지만 '인간화'된 이전의 'anthropos'는, 스스로를 그러한 것으로서 자기설정하는 자기동일적인 'humanitas'가 아니다. 그 때문에 의도하든 말든 'humanitas'의 세계에 비-동일성을 끌고 들어가게 된다. 그러나 그것은 'humanitas'의 결함을 보여주는 것이 아니라

8_ ガヤトリ・C・スピバック, 『サバルタンは語ることができるか』 (みすず書房, 1998) 등 참조

'humanitas'의 세계화가 불가피하게 야기한 'humanitas' 자체의 변형이고, 그로 인해 지금은 세계화한 '인간의 지식'이 오히려 보편적으로 그러한 비-동일성을 싸안게 된 것이다. 그저 자기동일적인 'humanitas'일 뿐이지만 그것을 인정하려 하지 않는다. 왜냐하면 'humanitas'의 자기동일성은 형성된 것이고 그 형성 그 자체는 유지되어야 하며, 이 동일성은 차이를 집어삼키며 자기를 전체화하여 가는 운동을 멈출 수 없기 때문이다.

금일의 지식에 필요한 것은 누가 'humanitas'로 완전히 변모한다거나, 'humanitas'를 자명한 '보편적 지식'의 지평으로서 인식을 넓혀가는 것이 아니라, 오히려 그러한 '보편'의 자기주장을 특징으로 하는 'humanitas'를 수많은 'anthropos'의 한 버전으로서, 'anthropologique'한[인류학적인] 검토의 대상으로 삼는 것일 게다. 그리고 그것이 어떠한 기제와 구속을 우리의 '지식'에 부과하고 있는가를 해명하지 않는 한 인간에 관한 지식을 그 일방적이고 억압적인 구조로부터 해방하는 것은 불가능할 것이다.

****

'humanitas'와 'anthropos'의 일방적인 관계는 지식의 일반적인 체제를 규정할 뿐만 아니라, 좀 더 심층에서는 어떤 의심의 여지도 없이 자신을 'humanitas'에 동일화하고 있는 어떤 유형의 서양인이 세계를 보는 방식을 규정하고 있다. 오늘날 미국의 정치 지도자들이 주장하고 있는 이른바 '자유화' 내지 '민주화'의 언설은 그 극단적인 사례라고 할 것이다. 확실히 '자유'도 '민주주의'도 'humanitas'의 언설 속에서 [인간] 자신의 가장 중요한 가치를 표현하는 것으로서 형성되어온 개념이다. 그렇다고 해도 그것에 접근하기 위해선 사람들은 우선 'humanitas'의 영역에 들어가야 하는 게 아닐까? 'humanitas'가 '보편'의 지식의 체제라고 한다면, 그리고 'humanitas'가 미리 모든 인간을 포섭하는 것이라고 한다면, 사람들에게 힘을 써서 '자유'를 주고 '민주화'한다는 식의 언설은 생겨나지 않을 것이다. 그러나 '발랴돌리드 논쟁'이 극적으로 보여주는 것처럼, 'humanitas'는 'humanitas'와 그것 아닌 것을 구별하고, 그것 아닌 것을 무화하여 그 '무'(無) 위에 'humanitas'의 체제(regime)를 설정하는 것이다. 다시 말해 'humanitas'는 그 자체로 이념임과 동시에 그것을 체현하는 주체이자 행위이기도 한 체제로서 그 힘을 발휘한다. 즉 [그것은] 끊임없는 'humanisation'[인간화]로서 작용하는 것이다. 그리고 'humanitas'가 야기한 것만이 진정한 '자유'이고 '민주화'라는 것이다.

그렇지만 그 '자유'는 거기에서 'humanitas'화된 사람들에게는, 그것에 의해 말을 빼앗긴 자신을 억압하고 말소함으로써만 '자유'일 수 있는 것이다. 마치 아즈텍의 생존자들이 스페인어에 의해서만 기록을 남길 수 있었던 것처럼. 하지만 'humanitas'에게는 그 말소되어야 할 부분이야말로 그들의 '불행'을 야기하고 있는 바로 그것이고, [그들이] 자신들과 동일하게 되기 위해 버려지고 극복되어야 할 'anthropos'라는, 마이너스 요소인 것이다. 따라서 그들에게는 힘을 써서라도 그들을 '해방하는' 것이 'humanitas'의 당연한 '권리'이고 '의무'이기도 하다고 주장한다.

아프가니스탄이나 이라크를 둘러싸고 매일 벌어지고 있는 일을 여기에서 장황하게 늘어놓지는 않겠지만, 그것이 식민주의자들의 권리의 문제와 결부되어 있다는 것까지 포함하여, '아메리카적 세계'의 창설과 운영의 원칙을 둘러싸고 전개되었던 '발랴돌리드 논쟁'은 오늘날에도 여전히 반복되고 있는 것이다. 'humanitas'의 원래 담당자들, 즉 '오래된 유럽'의 '인류'들은 길고 광범위한 식민지 지배의 귀결(즉 반식민지 투쟁과 그 귀결, 그리고 국내적으로는 식민 없는 재편)을 받아들인다고 하는 그 나름의 곤란한 경험을 통해서 'humanitas'와 'anthropos' 간의 관계에 관해서, 그것이 단지 편무적인 관계가 될 수는 없다는 것을 몸으로 배웠다. 그 경험이 유럽의 소위 '오래된'이란 말의 내실이다. 하지만 '처녀지'에 이식한 '새로운' 'humanitas'는, '아메리카'라는 이름으로 창설한 자신의 체제를 긍정하는 한, 'anthropos'의 무화와 '인간화'를, 'humanitas'로서 당연한 것으로 추진한다. '아메리카'란 'humanitas'에 의해 '신대륙'에 주어진 이름이지만, 그것을 갖고 이 '새로운' 'humanitas'는 바로 '아메리카'야말로 갱신되어야 할 '새로운 세계' 그 자체의 이름이라고 믿어 의심치 않았던 것처럼 행동하여, 그 이름으로 세계를 덮어씌웠던 것이다.

자기들이 '보편적 인간'으로서의 'humanitas'임을 의심치 않았던 자들은 스스로를 문명, 정의, 보편적 가치의 담지자로 간주하여, 자신들의 '정의'나 '자의'를 세계로 넓혀갈 권리가 있다고 굳게 믿고 있다. 좀 더 엄밀히 말하자면, '굳게 믿고 있는' 것이 아니라 '힘'을 써서 '권리'를 만들려 하고 있다는 점에서, 이미 어떤 사상 내지 굳게-믿음의 문제가 아니라 단적으로 '힘'의 문제고, 그 '힘'을 행사하고 있다고 할 것이다. 그리고 그 '힘'에 복종하지 않는 자들에겐 '불량배'나 '악마'의 각인을 새겨, 그 '악'의 위협을 구실로 더욱더 '힘'을 강화하여 그것을 과시하려고 하고 있다. 따라서 핵무기조차 사용된다. 그것은 이미 사용할 수 없는 무기가 아니라 사용할 수 있음을 보여주어야 할 무기인 것이다. 왜냐하면 그것은 'humanitas'에게는 문명의 정수이지만, 'anthropos'의 손에 들어가면 문명을 위협하는 '악마의 파괴무기'가 되어버리고 말기 때문이다. 하지만 만약 그것이 예전에 한 번 사용되었을 때처럼 'anthropos'를 '해방'하고 '민주화'하기 위해 사용된다면, 그것은 바로 '문명의 이기'로서 내실을 보여주는 것이 된다. 테크놀로지를 집약한 효과적 폭격은 인간을 살상하는 것이 아니라 'anthropos'의 우리(檻)를 파괴하여 그들에게 'humanitas'의 공덕을 주는 것이다. 이럼으로써 '힘'에 가득 찬 'humanitas'의 지배가, 유무(有無)를 말하지 않는 지배가 성립한다. 그렇지만 그 '힘'의 지배, 좀 더 확실히 말하자면 '테러(공포)'의 지배는 예전에 식민지 지배 하에서 'humanitas'에 동화된 'anthropos'에게는 오히려 살기 쉬운 환경이었던 것처럼, 'humanitas'를 만드는 법에 동화되었다면 바로 '자유'로운 환경인지도 모른다.

이 '공포의 지배' 혹은 '자유의 테러'는 지금은 황당무계한 악몽이 아니다. 우리가 'humanitas'라는 지식과 존재의 자기충족을 정면에서 반성하지 않는다면 이미 내일의 현실이 될 것이라고 해야 한다. 그리고 그 자기충족을 파괴하는 데 도움이 되는 것은,

'humanitas'에서도 무언가 'divinitas' 같은 것이 아니라 이미 서술한 것처럼 'humanitas' 를 'anthropos'의 한 버전으로 상세하게 관찰하는 '인류학적인'(anthropologique) 시선일 것이다. 'anthropos'란 'humanitas'로 승격되어야 할 후보자가 아니라, 시선의 상호성, 혹은 관계의 상호성 속에 놓인 인간을 뜻하는 것이다. 그리고 지금 'humanitas' 그 자체에 'anthropos'로서의 지위를, 다시 말해 자신의 '거울'을 되돌려줄 필요가 있다. 'humanitas' 는 실은 'anthropos'를 '거울'로 하여 성립했음에도 불구하고 지금 그 대표자들은 그것을 잊어버리고 '거울' 없는 세계를 이상으로 삼아, 모든 '거울'을 말소하려고 하고 있다. 그것이 이미 광기 어린 행동이라는 것을 누가 느끼지 않을 수 있을 것인가?

西谷　修　「西洋的〈人間〉の二概念——アントロポスとフマニタス」

생태중심적 영화: 새천년으로의 전환기 영화 속에 나타난 양성애적 · 이탈리아적 문화횡단

세레나 안데르리니-도노프리오

영어번역: 이재원

생태 담론에서 흔히 토착문화는 지속가능한 지식의 원천으로 여겨진다. 가령 자연과의 교감은 그 땅과의 유대관계에 반영되어 있다는 식이다.[1] 생각해보면, 이민자와 문화횡단적 인물은 해당 영토에 대해 잘 알지도 못한 채 그 영토에 매달려 있는 일반적인 '오염물,' '이방인' 같은 일종의 얼룩으로 여겨져 왔다. 이제부터 나는 이주자와 문화횡단적 인물의 의식에도 특정한 지속가능성이 있다고 주장할 것이다. 내 주장은 지역적인 것보다 전지구적인 것을 특권화하는 이 의식이 토착적인 의식만큼이나 중요하다는 것이다. 이탈리아 태생의 양성애자라는 나의 특별한 위치 덕택에, 무엇보다 내게는 이 의식이 양성애자 · 이탈리아인이라는 정체성과 연계되어 생산된 두 가지

1_ 흔히 생태 담론은 장소성, 그리고 특정한 문화와 그 물리적 공간 사이의 유대관계를 강조한다. 스타호크(Starhawk)는 『권력의 망』(Webs of Power), 특히 「자연 속의 우리 장소」(160-68)라는 장에서 전지구적 운동이 창출하고 싶어 하는 대안적 형태의 세계화와 새로운 사회질서의 모델로 토착문화를 제시한다. 스타호크는 "장소와의 유대관계를 발전"시키는 것(163-66)이 기업 주도의 세계화 과정을 역전시키는 데 필수적이라고 주장한다. 스타호크의 설명에 따르면, "우리가 '세계화'라고 부르는 체계 전체는 장소와의 이 유대관계를 파괴하는 데 근거하고 있다"(165). 이런 주장이 의도적으로 문화횡단적 인물을 토착민보다 생태적 의식이 덜한 사람으로 만드는 것은 아니겠지만, 그 수사학은 문화횡단적 주체를 생태 담론에서 주변화하는 경향이 있다.

문화횡단적 양태를 통해 보인다.2) 하나의 기표로서, 동성애/이성애라는 이항대립을 불안정하게 만드는 양성성은 인간과 자연의 구분을 모호하게 만드는 '다형적인 도착적' 원시주의('polymorphously perverse' primitivism)를 암시한다. 한편, 이탈리아는 서양/동양, 북/남, 식민자/피식민자 같은 이항대립의 탈안정화를 의미한다. 왜냐하면 고대에서 근대로 넘어오는 과정에서 이탈리아는 냉전 시기와 탈냉전 시기에 오직 예전의 지위를 재획득하기 위해서 이 모두에 대해 계속 입장을 바꿔왔기 때문이다. 문화적 이항대립을 탈안정화하는 장치로서 '이탈리아'와 '양성성'은 둘 다 앞서 언급한 것 같은 모든 문화적 구성물의 가변성(mutability)을 보여준다. '이탈리아'와 '양성성'이 생산하는 문화횡단(transculturation)의 공간은 서로 유사하다. '이탈리아'든 '양성성'이든, 이것들은 각각 사회적 · 성애적 에너지가 과잉발전된 사회질서와 난개발(maldevelopment) 된 사회질서 사이를, 이성애의 세계와 동성애의 세계 사이를 넘나들게 만든다. 따라서 나는 특정한 관점의 변화를 옹호하는 쪽으로 움직일 것이다. 즉, 정체성에서 인식론적 정치로 이론적 관점을 이동시키고, 전체성에 대한 감각을 고양하는 건전하고 학습 가능한 기술로서 에로티시즘을 재해석하고, '타인'을 단순한 자원인 양 대하는 잘못(식물, 동물, 혹은 인간이 그 존재 자체로 존중받지 못할 때면 오늘날에도 언제든 되풀이될 수 있는 잘못)에 다름 아닌 것이었다고 노예제도를 재평가하는 그런 변화를 말이다.

동시대의 영화 세 편, 즉 <순결의 상실>(1999), <포위>(1998), <샘의 여름> (1999)에 대해 내가 곧 제시할 분석에서 나는 내 주장을 좀 더 전개해볼 것이다. 이 세 편의

2_ 나는 양성애자 · 이탈리아인이라는 정체성과의 연계가 특정한 문화횡단적 양태를 가능케 만드는 사회적 공간이라고 보기를 제안한다. 이런 공간은 메어리 루이스 프래트가 '접촉구역'(contact zones)이라고 불렀던 것, 즉 근대의 식민화과정 당시 서로에게 잘 알려져 있지 않은 문화에서 온 여러 집단들이 만나고 상호작용했던 영역의 포스트모던한 형태이다(Pratt, 1992: 1-15; Kraniauskas, 2001: 97). 이런 사회적 공간에서 이탈리아와 양성성은 그 자체로 기표로도, 기의로도 존재하지 않는다. 오히려 그보다는 일종의 라캉적 질서, 기표/기의의 단위를 새로운 상징적 수준으로 이전시키는 기호작용이 계속 진행되는 단계(들)의 상징으로 존재한다.

영화에서 '양성성'과 '이탈리아'는 특정한 생태학적 관점을 묘사하는 문화횡단적 양태로 사용된다. <순결의 상실>과 <포위>에서 '양성성'과 '이탈리아'는 전지구적 수준의 생태적 인식을 생산하기 위해 서로 교차된다. 그리고 <샘의 여름>에서는 자아/타자의 이항대립이 사라지는 전근대적 인식방식에 다가설 수 있게 해주는 성애 표출의 공생적·탐닉적 형태를 환기시켜준다. 이 세 편의 영화에 나오는 양성애자와 이탈리아인 등장인물들은 각자의 자기이해에 중요한 환경, 각각 북아프리카, 이탈리아 중부, 뉴욕시 브롱크스에 있는 이탈리아인 구역에 맞선다.

_양성성과 이탈리아: 문화횡단의 두 가지 양태/공간

지리적으로 볼 때 이탈리아는 북유럽과 아프리카 사이의 문화횡단적 공간을 차지하고 있다. 그리고 역사적으로는 고대와 근대 사이, 동양과 서양 사이, 식민자와 피식민자 사이에 놓여 있다.[3] 제2차 세계대전 이후의 블록화 과정에서 이탈리아가 철의 장막 서쪽으로 편입된 결과, 1980년대 말에는 이탈리아로 들어오는 이주민들이 외국으로 이민가는 이탈리아인들보다 더 많아졌다.(Carrara, Antonio, et. al., 1994: 143-45; Pankiewics, 1999) 이들 중 대다수는 유럽연합과 연계를 맺고 있지도 않고, 근대 이탈리아의 보잘것없는 식민주의적 유산의 일부도 아닌 나라 출신이었다.[4] 내가 자란 제2차 세계대전 직후의 이탈리아에서와는 달리, 오늘날의 이탈리아에서는 가사일을 돕

3_ 고대에 이탈리아는 당시의 고전 문화에 가장 잘 알려져 있는 지역들을 관통하는 로마제국의 중심이 됐다. 그러나 근대에 들어와 이탈리아는 스페인, 오스트리아, 그리고 그보다는 덜하지만 프랑스 같은 유럽 식민열강의 제물이 됐다. 스페인은 이탈리아 남부를 수세기 동안(1559-1713년, 혹은 그 이상) 지배했다(Garzanti, 1985: 1323). 스페인 식민자들이 쓰던 어법에 따라, 이 지역은 '라스 인디아스 파라 아카'(las Indias para aca), 즉 '이쪽의 서인도 제도'로 알려지게 됐다. 그러니까 스페인의 동쪽, 서인도 제도의 반대편에 있는 곳이라는 말이다.
4_ 근대 말(1896년) 이탈리아는 소말리아와 에리트레아에서, 그리고 더 나중에는 무솔리니가 알바니아에서 일종의 식민지배를 확립했다(Garzanti, 1985: 734).

는 필리핀 출신의 수리공, 매춘사업에 관계하는 나이지리아 출신의 여성, 병원의 간호사로 고용된 멕시코 출신의 수녀 등을 쉽게 볼 수 있다. 옛 동구권에 속한 나라들에서도 수많은 이주민이 들어왔다. 이주민들이 이탈리아를 거쳐서 더 북쪽의 독일과 프랑스 같은 유럽의 전통적인 이민 목적국으로 가는 동안 일종의 과도기적 현상으로 이런 유입이 시작됐는지는 몰라도, 많은 이들이 이탈리아에 의도적으로 머무른다는 것은 곧 분명해졌다. 흔히 대중매체가 주장하는 것처럼 1989년 이래로 이탈리아는 탈출의 나라(paese di fuga)에서 이민 목적국(paese ospite)으로 변모해왔다. 이탈리아에서나 외국에서나 이런 변모는 영화 속에서 이 새로운 상황이 이탈리아의 담론적 · 생태적 공간에 어떤 영향을 끼치고 있는지 성찰토록 해준다.

이탈리아의 문화적 상상력은 자연의 행위능력에 대한 의식이 확산됐던 시기를 환기시켜 준다. 로마제국 이전의 고대에서든 근대 초기에서든 이 지역은 각각 토스카나 · 라치오 · 캄파니아 · 칼라브리아 · 시칠리아, 그리고 피렌체 · 베네치아 · 제노바 · 로마 · 아말피 같은 독립된 도시국가에 근거를 둔 문화 발전의 중심지 역할을 했다. 고대 로마에서 제국이 생겨나기 이전에는 고전 문화가, 근대의 합리주의가 등장하기 이전에는 근대 초기의 문화가 저마다 지속가능한 방식으로 조직됐다. 조화와 중용이 존중됐고, 예술을 향한 사랑이 음미됐고, 에로티시즘의 성스런 측면이 인정됐다.[5] 고전 시기의 다신교와 르네상스 시기의 전체론은 자연을 의인화했고, 다양한 형태의 행위능력을 자연에 부여했다. 인간은 자신이 자연에, 자신의 모방대상인 숭배받는 전지구적 힘에 속해 있음을 잘 알고 있었다.[6] 인간들은 전체적으로, 자연적이고 벌거벗은 상태 그대로 인간의 형상을 재현했다.[7] 오늘날 이탈리아의 풍경은 이런 통

5_ 고대에 라틴 시인 호라티우스는 에로티시즘이 인간이 배울 수 있는 예술적 표현형태라고 여겼던 주요 대변자였다. 근대에는 이탈리아의 회고록 작가이자 모험가였던 자코모 카사노바가 이와 유사한 관점을 대변했다(Horatius Flaccus, 1961; Casanova, 1997).
6_ 아리스토텔레스의 『시학』에서 나온 모방(mimesis) 개념은 근대 초기 이탈리아의 미학적 사유에 널리 퍼져 있었다. 이탈리아의 교육체계는 여전히 배움의 양식 중 하나로 모방에 가치를 부여하고 있다. 예를 들어 작문 수업에서는 오늘날에도 문체와 우아함의 본보기를 모방하는 것이 널리 행해지고 있다.

시적인 유산으로 가득 차 있다. 생각해보면 고전 시기의 유적지에 있는 다공질(多孔質)의 암벽은 길 잃은 고양이들과 헝클어진 관목숲의 집 역할을 한다. [그러나 다른 한편] 역사적으로 중요한 송수로, 분수, 하수구는 오늘날까지 사용되고 있기도 하다. 화산 작용으로 만들어진 호수가의 등성이에 귀족적인 별장이 세워져 있는가 하면, 르네상스 시기의 조각과 회화에 전형적으로 등장하는 남녀가 대리석 색깔로 칠한 자신의 몸을 버젓이 전시하기도 한다. 바로크 건축의 곡선미 있는 디자인, 인간과 자연의 유산이 뒤엉켜 있는 또 다른 장소들에서 구경꾼들은 이보다 더 지속가능한 자연과의 관계가 무엇일 수 있을까 궁금해 하고, 오늘날까지 자신에 대한 기억을 관리하는 자연의 능력을 깨우치게 된다. 이런 문화횡단적 공간에서 자연은 우리가 지배하기보다는 공감해야 하는 힘으로, 아마도 그 의도가 모호하지만 확실히 행위능력이 없는 단순한 물질은 아닌 것으로 이해된다. 이와 같은 이탈리아의 문화횡단처럼 양성애자도 지식의 특정한 양태를 생산해낸다.

1990년대에 양성성은 정체성의 정치에 초점을 맞춤으로써 다소 협소해진 게이·레즈비언해방운동에서 양성애자들이 차지하게 된 불편한 지위로부터 나온 또 하나의 운동이었다. 양성성의 근거지는 남성 동성애자들이 두드러지게 존재하고 있던 대도시 지역이었다. 에이즈에 대한 공포는 남성 양성애자들의 입장을 더욱 곤란하게 만들었을 뿐이다. 왜냐하면 그들은 종종 난잡한 사람들이고, 그렇기 때문에 감염을 확산시킨다고 비난받았기 때문이다. 양성애자들은 동성애해방에 이득을 얻고 싶어 하지만 그 투쟁에 참여할 준비는 되어 있지 않은 '회색분자'이자 '책임회피자'였다. 여성 양성애자들은 이와 똑같은 낙인으로 고통받지 않았다. 당시에 대부분의 여성 양성애자 활동가들은 스스로 페미니스트운동을 조직했다. 그들은 탁월한 협력자이자 전

7_ 르네상스 시기의 이탈리아 회화를 보면 구도는 결코 인간의 육체를 부분으로 쪼개지 않는다. 생식기 부분을 약간 감추는 것이 권장되긴 했지만, 전면 누드가 뭔가 외설적인 것이라고 여겨지지도 않았다. 오히려 인간의 형상을 잘라내면 인간의 완전함을 경멸하는 것으로, 따라서 (그리스어 어원 '창녀'[pornē] 라는 뜻에서) 외설적인 것으로 여겨졌다(Garzanti, 1987: 1448; Librairie Larousse, 1985: 791).

달자였고 조직가였다. 페미니스트로 이들의 지도자들은 부정적인 스테레오타입화에 대응하는 입장을 천명했다. 그들의 공동체의식과 평등의식은 양성성에 솔직담백하고 포용적인 성격을 부여했다. 여성들은 양성성의 이데올로기적 주창자로서, 이 어려운 시기 동안 섹스에 긍정적인 관점을 가질 수 있도록 해준 '더 안전한 섹스'라는 교육캠페인에서 전면에 나서기도 했다.[8]

대체적으로 양성애자들은 개인적·집단적 선택뿐만 아니라 유전적·환경적 요소를 고려한 부드럽고 잡종적인 의미의 정체성, 유동적인 성적 지향 개념을 퀴어문화 담론에 부여했다. 풍요로운 고도의 산업사회에서는 그때까지 성적 지향에 대한 이항 대립적 해석이 만연되어 있었다. 게이·레즈비언 문화조차 동성애적 에로티시즘과 이성애적 에로티시즘이 양립할 수 없다고 간주하는 이 이항대립을 너무 쉽게 받아들이곤 했다. 때로는 더 큰 사회집단이 기대했던 것처럼 말이다. 1990년대에 이런 이항 대립적 해석이 근거하던 기반을 뒤흔든 것이 바로 양성애자들이었다. 이들은 양성애의 경험과 실천이 동성애자 공동체 내부와 외부 모두에 엄연히 현실로 존재함을 보여줬고, 이런 현실을 반영해줄 사유가 개발되어야 할 필요성을 보여줬다.[9]

양성애적 인식론은 양쪽의 담론 공간 각각에 속한 내부자의 경험이 보다 지속가능한 신념체계에 좋은 지식의 양태를 이끌어낼 수 있는 방법을 보여준다. 양성애 이론가인 메를 스토어에 따르면, 지속가능한 선진국들에서 '동성애/이성애 구분'은 무용

8_ 양성애운동, 그리고 양성애운동에 대한 여성들의 참여에 대해 더 알고 싶은 분들은 다음의 책들을 참조하라. Serena Anderlini-D'Onofrio, ed., *Women and Bisexuality: A Global Perspective* (New York: Haworth Press, 2003); Lani Kaahumanu and Loraine Hutchins, eds., *Bi Any Other Name: Bisexual People Speak Out* (Boston: Alyson, 1991); Merl Storr, ed., *Bisexuality: A Critical Reader* (London: Routledge, 1999).
9_ 1990년대에는 이런 양성애운동을 반영해 양성성을 다룬 수많은 책들이 나왔다. Maria Pramaggiore and Donald E. Hall, eds., *Representing Bisexualities: Subjects and Cultures of Fluid Desire* (New York: New York University Press, 1996); Naomi Tucker, ed., *Bisexual Politics: Theories, Queries, and Visions* (New York: Haworth Press, 1995); Bi Academic Intervention, ed., *The Bisexual Imaginary: Representations, Identity, and Desire* (London: Cassell, 1997); Marjorie Garber, *Vice Versa: Bisexuality and the Eroticism of Everyday Life* (New York: Simon and Schuster, 1995).

한 것으로 입증될지 모른다. 스토어가 보기에 이처럼 문화적으로 구성된 이항대립은 "과잉산업화된 세계에서 섹슈얼리티에 대한 이해를 조직"(Storr, 1999: 8)하지만, 성 행위자들이 지닌 최상의 이해관계에 봉사하지는 않는다. 인도에서 활동 중인 생태페미니스트 반다나 시바는 성애적인 것에 대한 양성애적 해석이 지속가능하고 생태중심적인 미래에 훨씬 더 좋고 알맞을 수 있다고 주장하면서, 전근대적인 문화적 지역이 과잉산업화된 지역으로부터 발전 모델을 수입할 경우 흔히 '난개발'이 뒤따른다고 경고하고 있다.

1960년의 경제기적에도 불구하고 최근에 산업화된 탓에 가까스로 유럽연합에 들어간 이탈리아에서는 '과잉산업화된' 공간과 '난개발된' 공간이 거의 동시에 등장했다(이탈리아는 1992년 진보성향의 행정부가 국가재정을 엄격하게 책임진 덕택에 마스트리히트 조약이 세운 경제력의 한도를 맞췄다). 지중해의 중심에 위치한 이 나라는 아프리카와 북유럽을 잇는 다리와 같다. 아프리카는 근대화에 큰 비용을 치러왔는데 오랫동안 그곳의 땅·물·식물·동물·사람 등은 단순한 자원으로만 취급되곤 했으며, 냉전 시기가 끝난 이후로 그곳의 생태위기는 날로 악화됐을 뿐이다. 북유럽은 근대의 과학적 합리주의를 일종의 철학으로 형식화했는데 그에 수반되는 개념으로 섹슈얼리티, 식민주의, 국민국가 등을 낳았다. 바티칸이 끈질기게 벌여온 반(反)산아제한 캠페인에도 불구하고 이탈리아는 출산율이 가장 낮은 나라 중의 하나로서, 이주민들이 들어올 수 있는 여지가 생기는 것도 물론 이 때문이다.(Carrara, et. als., 1994: 129) 가톨릭의 식민주의적 유산을 지닌 전세계 곳곳의 문화에 영향을 끼칠 수 있는 바티칸은 바티칸이 부여해주는 합법성, 교육, 위엄을 위해서라면 자신의 성적 권리까지 기꺼이 흥정하려는 사람들에게 봉사하고 있다. 평신도이든 성직자이든, 유럽연합에 속하지 않는 나라에서 건너온 모든 이주민에게는 공동체 외부인(extracomunitari, 비유럽연합 시민)이라는 꼬리표가 붙는다. 대부분의 이탈리아인들은 이들 이주민이 자국의 경제에 필수불가결한 존재임을 아는데도 불구하고 이들 때문에 범죄율이 증가한다고 생각한다.(Bellu, 2000: 12; Bianconi, 2000: 3; Galluzzo, 2000: 3; Rumiz, 2000: 13) 이탈리아인들 중 상당수는 공식적인 귀화체계가 전혀 없는데도 이주민에게 시민권을 주는 데 찬성하는데, 일단 자진해서 귀화 여부를 신고할 수 있는 문호가 개방되면 불법 체류기간까지도 거주기간으로 셈하게 될 것이다.(Bellu, 2000: 12; Parrenas, 2001: 367) 이런 귀화 체계는 근대의 기능주의와 전근대의 전체론이 뒤섞인 잡종을 낳을 것이다. 이 체계는 잘해야 문화적 다양성이라는 쟁점을 해결할 수 없는 모호한 동화정책으로 귀결될 것이고, 최악의 경우에는 실비오 베를루스코니 정권을 가능하게 만든 파시스트적 외국인 혐오증의 손아귀에서 놀아날 것이다.

이와 마찬가지로 양성애자들은 난개발된 사회에서 훌륭하게 위장하는데, 그런 곳에서는 자신의 성 정체성을 밝히는 게 현실적인 선택이 아니기 때문이다. 예를 들어 멕시코에서는 남성 연인·여성 연인을 모두 가진 남성의 경우 자신이 (특정한 한쪽, 즉 남성을-역자) '선택'하지 않는 한 스스로를 이성애자라고 간주한다.(Carrier, 1985) 남아프리카공화국에서는 기혼 남성의 남성 연인을 '소년 아내'(boy wives)라고 부른다. (Stobie, 2003) 그리고 오스트레일리아의 경우 공공연한 남성 양성애자와 결혼한 여성은 지역 퀴어 공동체의 핵심 성원이다.(Pallotta-Chiarolli, 2003) 최근에 등장한 GLBT (Gay, Lesbian, Bisexual, and Transgender)라는 약어가 우리를 퀴어 공동체의 정당한 일원으로 만들어주고 있기는 하지만, 우리 양성애자들은 관습적인 게이·레즈비언 수사법에서 여전히 저 유명한 '회색분자'로 다뤄진다. 따라서 양성애자와 이탈리아인 공동체는 근대성의 승리자와 실패자 사이에서 '형세를 관망하는' 입장에 놓여 있다. 보다 공정하고 지속가능한 발전 양식이 필요하니 이제 문제는 이런 것이라고 할 수 있다. 이탈리아인과 양성애자의 문화횡단은 문제의 일부인가, 그게 아니라면 해결책의 일부인가?

_<순결의 상실>, <포위>, <샘의 여름>의 내용 개괄

<순결의 상실>(*The Loss of Sexual Innocence*)과 <포위>(*Besieged*)가 이탈리아인과 양성애자의 문화횡단이라는 문제를 논의한다면, <샘의 여름>(*Summer of Sam*)은 이에 대한 구체적인 이미지를 제시해준다. 마이크 피기스가 만든 <순결의 상실>과 베르나르도 베르톨루치가 만든 <포위>는 유럽에서 공동으로 제작되어 1999년 여름에 개봉된 작품들이다. <샘의 여름>은 아프리카계 미국인인 스파이크 리가 터치스톤에서 만든 작품이다. 이 영화들은 아프리카 출신들과 북유럽 출신들의 갈등과 관련해 이항대립 사이의 문화횡단적 공간을 일종의 매개지역으로 제시하고 있다. 이 영화들은 이탈리아인이나 이탈리아에 **대한** 영화가 아니지만, 모두 이탈리아인과 이탈리아를 전지구적인 포스트모던 풍경의 핵심 요소로 제시한다. 피기스의 영화에는 로마에서 찍은 긴 시퀀스가 있는데, 이탈리아인임을 암시하는 두 명의 등장인물이 영화의 마지막 부분을 이끌어간다. <포위>는 로마의 역사적 중심지를 인종간 로맨스를 그리는 데 좋은 장식으로 사용한다. <샘의 여름>은 이탈리아계 미국인들이 거주하는 지역 공동체에 생산적인 위기를 불러오는 배경으로 브롱크스를 사용한다.

이런 디제시스[허구적 시공간]는 환경의 행위능력을 강조하며, 인간의 행위능력을 경시한다. 이 영화들에는 주인공이 따로 없다. 각각의 등장인물들은 유동하는 공동체의 일부이다. 이들은 강력한 주변경관과 도시경관 안에서 고립된 개인, 더 높은 전체에 통합되고 싶어하는 집단의 구성원을 재현한다. 관객들은 클로즈업 장면과 와이드-프레임으로 찍은 장면의 대조 속에서 이들을 시각적으로 알게 된다. <포위>에서는 이 영화의 생태중심적 디자인에 부합해 수많은 핵심 장면들에 대사가 없다면, <순결의 상실>에서는 몇몇 핵심 등장인물들에게 이름이 없다.

<순결의 상실>은 감독 자신의 "자전적인 서사시"로 적절히 묘사되곤 했다.(Ritter, 1999) 줄리언 샌즈가 연기한 핵심 등장인물은 케냐에서 자란 영국 젊은이로서, 아방

가르드 연극과 음악을 하다가 영화로 옮겨온 인물이다. 이 영화는 1950년대의 케냐, 1960년대의 영국 도시 뉴캐슬, 그리고 그때쯤의 이탈리아의 로마와 그 근방뿐만 아니라 오늘날의 튀니지 등을 배경으로 삼고 있다. 세프론 버로우스는 출생 시에 헤어지게 된 수수께끼의 쌍둥이 자매 역할을 맡아 1인2역을 한다. 이 쌍둥이 자매 중 한 명은 영국의 여성으로 자라나고 또 한 명은 이탈리아에서 온 여성 양성애자가 되는데, 후자가 이 영화의 디제시스에서 인식론적 질문을 제시하는 역할을 맡는다. 게다가 이 영화에는 콩고인지 나이지리아인지 현실을 초월한 듯한 열대지방이 나오기도 하는데, 이곳은 이 영화의 디제시스에서 타락 이전의 에덴동산을 재현한다. 나이지리아의 젊은 흑인 배우가 아담 역할을 하고, 스칸디나비아인처럼 보이는 젊은 여성이 이브 역할을 한다. 이 둘은 열대우림과 그곳의 호수에서 나체로 연기하는데, 점점 서로에게서 성적 잠재력을 발견하게 된다.

이탈리아 영화계의 원숙한 거장이 만든 <포위>는 영국의 피아니스트인 킨스키 씨와 그의 집안청소부로 일하는 케냐 출신의 산두라이가 펼치는 인종간 로맨스를 선보인다. 이 영화의 무대는 케냐의 나이로비 근방, 로마의 역사적 중심지인 스페인광장 혹은 그곳의 계단 부근이다. 다소 밝은 피부의 아프리카계 영국인 여배우 탠디 뉴튼과 영국 태생의 알짜배기 백인 배우인 데이비드 듈리스가 이 영화의 주연을 맡았다. 이탈리아의 배우 클라우디오 산타마리아는 아프리카에서 온 이 망명자 산두라이와 친구가 되는 동성애자 남학생 역할을 맡았다.

<샘의 여름>을 만든 아프리카계 미국인 감독은 이미 <정글 피버>(1991)와 <크룩클린>(1994)에서 이탈리아계 미국인들을 논쟁적으로 묘사해 유명세를 떨친 바 있다. 1999년에 만든 이 패스티시 작품은 기괴하고, 극적이고, 희극적이고, 미스터리한 요소를 결합해 브롱크스에 거주하는 이탈리아계 미국인들의 삶과 성생활을 성공적으로 묘사하고 있다. 이 영화는 더위가 한창 기승을 부리던 1977년 뉴욕을 배경으로 하고 있는데, '샘의 아들'로 알려지기도 한 연쇄살인범 데이비드 버코위츠가 활개 치

던 때이다. 이 영화의 디제시스에서 핵심적인 커플인 비니와 디오나를 각각 존 라귀자모와 미라 소르비노가 맡았다.

전형적이지 않은 이 영화들은 이탈리아 영화가 걸어온 퀴어적 경로에 딱 들어맞는 작품들로서 전혀 이성애적 영화가 아니다. 이 영화들은 각자의 디제시스에서 양성애적 에로스를 주된 인지적 동력으로 제시한다. <순결의 상실>에 등장하는 쌍둥이 자매 중 이탈리아인으로 나오는 여성은 똑똑할 뿐만 아니라 육감적이기도 하다. 처음 등장하는 장면에서 이 여성은 침대 위에 있는데 한쪽 손에 핸드폰을 든 채 남자친구와 통화를 하면서, 다른 한쪽 손으로는 자기 옆에 누워 있는 여자애인의 머리카락을 어루만진다. 자신의 양성성을 잘 알고 있을 뿐만 아니라 자신의 성적 표현까지 통제할 줄 아는 이 이탈리아 여성은 나중에 이탈리아의 어느 작은 마을에서 개 한 마리를 끌고 가던 눈먼 노파가 광장을 가로질러 가도록 돕는다. 광장을 가득 메운 집 잃은 개들과 이 노파의 개 사이에서 싸움이 났을 때였다. 이 여성은 모두가 무관심할 때 노파에게 연민을 드러낸다. 자신의 잃어버린 영국 쌍둥이를 만나게 되는 공항 장면에서, 이 여성은 자신의 따뜻함으로 쌀쌀맞은 데다 무표정하기까지 한 누이를 감싸 안는다.

이 영화의 디제시스를 이끄는 것은 "토착민들은 '문명'의 일부인가, 아니면 '문명화된' 사람들이 자기 마음대로 처분할 수 있다고 믿는 천연자원의 일부인가?"라는 인식론적 질문이다. 이 영화에서 여성 양성애자인 이탈리아인 쌍둥이는 응당 그들이 받아야 할 존중심으로 원주민들을 대하며, 심지어는 자기 생명을 바치기도 한다. 그녀가 이런 의식을 지닌 것은 상호 배제적인 인식론적 입장에 문화횡단적으로 접근하기 때문이라고 할 수 있다. <포위>에서는 식민주의, 원시주의, 새도매저키즘의 유령이 독립적이고 부유한 영국인 남성과 케냐로부터 온 여성 망명자 사이에 놓인 성적 에너지의 영역에서 노닌다. 이 두 이방인이 서로 관계를 맺을 수 있는 연결기반을 제공해 주는 것은 남성 동성애자인 이탈리아인이다. 이 남성은 자신이 아프리카에서 온 남성

이주민과 함께 춤을 추는 게이바로 산두라이를 데리고 가는데, 동성애자로서의 자기 삶을 포기하게 만든 유일한 여성이 바로 산두라이라고 고백한다. <샘의 여름>에서는 일부일처제에 관한 이중 잣대가 이탈리아계 미국인들의 공동체를 조직하고 있다. 남성들은 여성들 몰래 바람을 피며, 이에 죄책감을 느낀다. 한편 여성들은 자신이 남성들의 관심을 충분히 잡아둘 수 있을 만큼 섹시한지 걱정한다. 비니는 디오나 몰래 바람을 피우고, 디오나는 비니를 유혹하기 위해 자신의 쾌락을 무시한다. 그러나 연쇄살인범이 갈색머리의 백인 여성만을 목표로 삼는다는 사실이 알려진 직후 이탈리아인 여성들은 스스로를 보호하기 위해 금색 가발을 쓰게 된다. 디오나의 흰색 가발은 비니를 들뜨게 만들고, 디오나는 비니를 따라 그룹섹스 이벤트에 참석했다가 다른 남녀 파트너들의 눈길을 즐기기 시작한다. 비니와 디오나의 관계 속에 등장한 이 전환점은 이 두 사람이 미처 어떻게 대할지 준비하지 않았던 새로운 가능성을 열어준다.

_생태비평과 생태페미니즘

생태비평과 생태페미니즘은 이 영화들을 논의하는 데 유용한 서로 상보적인 분석 방법이다. 생태비평이 배경과 풍경을 내러티브상의 디제시스에 가담하는 능동적인 참여자로 본다면, 생태페미니즘은 '인간/남성'과 '자연'을 분리된/분리될 수 있는 실체로 구성하는(여기서는 전자가 후자를 통제한다) 인식론적 체계에서 여성과 여성적인 것(the feminine, 여성성)이 차지하는 매개적 지위에 초점을 맞춘다. 생태비평가인 로렌스 뷰엘은 새로운 인식론적 관점의 필요성을 지적하고 있다. "우리가 오늘날의 환경 문제를 언급할 수 있기 전에 서구의 형이상학과 윤리학이 먼저 수정되어야 할 필요가 있다." 왜냐하면 "환경위기는 상상력의 위기와 결부되어 있는데, 이 상상력을 향상시키려면 자연, 그리고 인간이 자연과 맺는 관계를 상상할 수 있는 더 나은 방법을 찾아야만 하기” 때문이다.(Buell, 1995: 2) 캐롤린 머천트, 발 플럼우드, 그레타 가아르, 샤마라 샨투 라일리 같은 생태페미니스트들은 이런 시각을 정교화하고 있다.

『생태학』에서 “환경과 자연세계의 비판이론”이라며 생태학에 찬사를 보낸 머천트는 근대성을 부정적으로 바라본 막스 호르크하이머와 테오도르 아도르노의 관점을 동시대 생태학적 관심의 연원으로 꼽는다.(Merchant, 1994: 5) 저 유명한 가이아 가설의 철학적 함의에 근거해 플럼우드는 인간과 자연의 관계를 위한 새로운 패러다임을 제시한다. (『페미니즘과 자연의 지배』에서 설명하기를) 만약 지구가 지각을 갖춘 살아 있는 유기체라면 ‘비-인간적인’ 자연은 근대과학과 발전이 착취하고 통제할 수 있는 단순한 물질적 자원이 아니다. 뷰엘이 예시한 인식론적 변화에 다름 아닌 플럼우드의 제안은 매우 분명하다. “일단 자연이 행위능력과 의도를 가질 수 있다고 재인식한다면…데카르트적 사유가 의식과 마음이 있는 인간의 영역과 의식 없이 시계처럼 움직이는 자연의 영역 사이에 확립해놓은 크나큰 심연은 사라질 것이다.”(Plumwood, 1993: 5) 플럼우드에게 자아와 타자는 상생해야만 한다. 요컨대 이런 이원론을 극복한다는 것은 “타자를 자아에 낯설고 자아와 이어지지도 않은 존재, 혹은 자아에 동화되지도 않고 자아의 연장도 아닌 존재로 받아들이지 않는다는 의미이다.”(Plumwood, 1993: 6) 결국 플럼우드의 결론은 이렇다. “타인과 관계를 맺는 방식은 특히 여성과 관련되어 있다. …여성은 인간이 기존과 다른 방식으로 이 땅과 관계 맺도록 해주며…인간이 이 땅 위에서, 이 땅과 더불어 살도록 해주는 씨앗이다.”(Plumwood, 1993: 7)

아프리카계 미국인으로서 퀴어적 관점을 지닌 라일리와 가아르는 생태페미니즘의 담론에 깊이를 부여했다. 라일리는 인간이 단순한 자원으로 환원되고, 그들의 의지와 상관없이 매매되고 사육될 수 있는 가축처럼 취급되도록 만드는 조건이 바로 노예제도라고 지적한다. 굴욕적이기 그지없지만, 이런 경험은 행위능력과 의도를 가진 존재가 그 자신 그대로 인정받지 못할 때 무슨 일이 벌어지는지 잘 보여준다. 노예의 후손인 라일리는 더 이상 어떤 존재가 “단순한 자원”으로 존재하지 않는 관계로 “모든 이가 자연과 관계를" 맺을 수 있도록 바꿔나갈 생태여성적 계획을 주장하고 있다.(Shantu Riley, 1993: 194)

「퀴어적 생태페미니즘을 향하여」에서 가아르는 정서적, 성애적, 성적으로 타자와 관계를 맺는 새로운 방식을 더 자세히 설명한다. 역사적으로 볼 때 자연 안에는 카니발적, 트랜스젠더적, 향락적, 동성애적, 양성애적 형태 등 일체의 성애적 표현이 존재해왔다. 이런 유산의 '차이'는 거의 강조된 바 없지만 그렇다고 완전히 억눌린 것도 아니다. 가아르가 내린 결론에 따르면 이단, 원시주의, 마법, 그리고 기타 비규범적인 성애적 표현의 형태들은 자연을 인간의 정신이 쉽게 통제할 수 있는 물질로 환원하는 착각에 빠진 인식론적 관점에서만 '비자연적'으로 보일 뿐이다.(Gaard, 1996: 119)

나는 생태페미니즘에 깊이를 제공해준 라일리의 생태여성적 관점과 가아르의 퀴어적 관점에 특별히 주목하면서, 뷰엘과 플럼우드의 중간 입장을 취한다. 나는 아프리카와 북유럽 사이에 존재하는 문화횡단의 공간으로서의 이탈리아, 양쪽에 모두 속해 있지만 대부분 이탈리아 외부에 존재하면서 플럼우드가 주창하는 생존전략의 본보기일 지구뿐만 아니라 동료 인간들과도 모두 관계하는 이탈리아인에 초점을 맞추고 있다. 이런 문화횡단의 공간이야말로 인식론적으로 양성애적이라는 것이 내 주장이다.

_<순결의 상실>, <포위>, <샘의 여름>의 더 많은 내용

<순결의 상실>과 <포위>에서 재현되는 등장인물 상호간의 역동성에는 이성애로도 동성애로도 쉽게 범주화할 수 없는 성애적 에너지가 가로지르고 있다. 이 영화들은 광범위한 생태계(ecological system)를 자신만의 행위능력을 지닌 실체로 제시하고 있기도 한데, 이로써 각자의 내러티브를 가이아 이론(지구가 그 자체의 지성과 자유의지를 갖고 있는 존재라는 믿음)의 더 넓은 맥락 속에 위치시킨다. 각각의 영화에

서 양성애적 에로스를 즐길 줄 아는 여성 등장인물은 인간의 숙주인 생태계의 행위 능력에 인간의 행위능력을 통합할 수 있는 방법을 내다보기도 한다.

뷰엘의 생태비평적 관점은 여기서 논의되고 있는 세 영화 모두에서 이탈리아가 일종의 생태영역(bioregon[bioregion의 오타이거나 다른 표현인 듯. 생물학에서 생태권[ecozone]보다는 작고, 생태계[ecosystem]보다는 큰 지역을 지칭함-역자)으로 존재하고 있음을 시사해준다. <순결의 상실>과 <포위>에서 이탈리아는 일종의 움직이는 생태영역이다. <포위>에서 로마의 역사적 중심에 있는 스페인광장의 계단 지역은 그 테라코타 자재, 대리석 장식, 바로크적 디자인으로 르네상스 시기의 전체론을 환기시켜준다. 그곳의 곡선미 있는 배경은 계단의 더 넓은 나선형으로 완성되는데, 이 계단은 킨스키가 소유한 역사적 건물 안에서 저 아프리카 이주민 여성과 그녀의 영국인 고용주인 킨스키 사이에 일어나는 상호작용을 마련해준다. 연철, 금색 실과 자주색 실로 짜인 바로크식 태피스트리, 추상화, 다리가 긴 피아노, 먼지가 잔뜩 낀 대리석 나체상 등이 놓인 시대에 뒤진 듯한 실내는 이런 인상이 반복되게 만든다. 이런 장식은 너무나 관능적이어서 거의 노골적으로 산두라이와 킨스키의 정신적·성애적 결합을 중개해주는데, 음악이 그 기본적인 표현이다. '로마여, 오늘밤은 어리석으면 안돼요'(Roma nun fà la stupida stasera)라는 유행가에서처럼 가수는 "오늘밤 현명하게 행동"하라고 이 영원의 도시를 의인화하며 자신의 목가시를 장식한다. 따라서 <포위>에서 로마는 불가능한 것을 상상할 수 있게 해주는 제3의 등장인물이나 마찬가지이다. <순결의 상실>에서도 로마 시퀀스는 쌍둥이 중 이탈리아인 여성이 자신보다 덜 관능적인 영국인 자매와 대조적으로 시각화되는 부분인데, 그곳에서 샌즈가 연기한 등장인물은 그녀를 만나서 그녀의 에로틱한 아우라가 자아내는 매력적인 진실성에 휘감긴다.

세 번째 영화인 <샘의 여름>에서는 이탈리아의 부재가 이탈리아계 미국인 공동체의 정체성에 형태를 부여한다. 여기서 이탈리아에 대한 기억은 문화횡단이 일어나는 상징적 공간이다. 브롱크스의 이탈리아인 구역은 이탈리아인 이주민들이 정착해 공동체를 세운 수많은 '작은 이탈리아' 중 하나이다. 이곳의 이탈리아인들은 1990년대 당시 이탈리아에 새롭게 이주해온 공동체 외부인들의 값싼 노동력으로 이익을 챙긴 사람들이 아니다. 이탈리아계 미국인들은 불균등하게 발전했던 유럽에서 거부당한 사람들의 후손이다. 요컨대 지난 세기의 전환기 당시 산업혁명의 신화에 매혹되어 황량한 이탈리아 남부 지역에서 도망쳐 나온 농업노동자들의 후손인 것이다. 그러나 이 신화는 그들이 그토록 들어가고 싶어 했던 북아메리카의 풍요로운 사회에서 그들을 값싼 노동력으로 만들어버릴 것이었다.

이탈리아계 미국인들의 2세대와 3세대는 그 사회와 어울리기 위해 아직도 싸우고 있다. 그들은 먼 훗날 산두라이의 손주들이 이탈리아에서 그렇게 될지도 모르듯이 기괴하고, 주변화됐고, '다르다.' 가아르가 주장한 바 있듯이, 억압당하는 사람들의 경우 정체성은 장소, 사람, 동물, 지구와의 관계를 통해 형성된다. 추방된 인물은 자신이 "땅에서 분리됐다"고 느끼는데,(Gaard, 1996: 163) 흔히 이런 분리는 "언어의 상실"과도 관련이 있다. 1970년대의 브롱크스에서 살던 남부 이탈리아인들에게 문화횡단은 자신들이 구전되던 선조들의 방언도 할 수 없고, 표준적인 이탈리아어에도 접근할 수 없다는 것을 뜻한다. 그렇지만 그들이 사용하는 영어의 함축, 억양, 리듬은 이탈리아에 기원을 둔다고 할 수 있다. 음식의 냄새와 맛, 얼굴에 분명히 드러나는 특성과 올리브색 피부, 약호화된 몸짓과 관용어법, 문화횡단을 겪은 이 사람들의 이름 등은 그들 자신이 잃어버린 생태영역으로 그들을 거슬러 올려 보낸다. 그들 자신과 그들이 자신들을 보호하기 위해 만든 제도(즉, 마피아와 자경단)도 마찬가지이다. 그들의 뿌리 뽑힘은 노예무역으로 팔려온 아프리카인들이 겪은 것처럼 근본적이거나 완전하지 않을지도 모른다. 그러나 아프리카인들의 뿌리 뽑힘과 완전히 다르지도 않다. 산업혁명, 그들이 잡으려고 애썼던 꿈의 일부가 오히려 그들을 붙잡아 그 자리를 꽉 움켜쥘 수도, 한숨 돌릴 새도 없는 생산체계의 단순한 부속물로 만들어버렸던 것이다.

생태페미니즘 담론에서 아프리카계 미국인들이 차지하고 있는 장소를 분석한 라일리는 노예제도가 존재했던 동안에 아프리카 출신의 남녀는 "인간들이 소를 놓고 그렇게 하듯이 노예주들이 노예들의 생산력 있는 신체부위를 묘사했던 경매대" 위에 전시됐다고 주장한다.(Shantu Riley, 1993: 193) 이와 비슷하게 리의 영화에서 이탈리아계 미국인 여성들은 그녀들에게 강박감을 지닌 연쇄살인범에 의해 신체가 토막 나고 살점이 떨어져 나간다. 이런 경험은 그녀들을 원숭이 같은 피조물로, 즉 그녀들이 움켜잡으려고 애썼던 바로 그 체계에 의해 행위능력과 의도를 무시당한 '자연'의 일부로 만들어버린다. 이탈리아계 미국인 문화에 대해 리의 작업이 지닌 진정성을 특징짓는 것은 그 문화 내부인들과 그들의 분노를 생각하면 미안하지만 이런 사실을 기괴한 이미지를 통해 시각적으로 포착해내는 그의 능력이다. 인간이 존재함으로써 부여된 장소성에도 불구하고, 이들이 이웃한 다른 인종에게 보이는 생태적 비하는 리가 그토록 맹렬하게 비판한 저 유명한 편협함과 편견으로 이어진다.[10] 이런 상황은 오늘날 뉴욕시와 그 근방에 거주하는 이탈리아계 미국인들과 아프리카계 미국인들의 조건이 공유하고 있는 바를 잘 보여준다. 그렇지만 자연에게는 행위능력이 전혀 없다고 믿는 사람들이 그토록 오랫동안 잊어왔던 의식의 원천을 이탈리아계 미국인 여성들에게 제공해주는 것은 바로 이 원시적이고, 거의 인간 이하적인 속성이다.

이 세 가지 사례에서 이탈리아나 이탈리아인들은 모두 난개발과 과잉개발 사이에 놓인 문화횡단적 공간 안에 위치해 있는데, 아프리카와 북유럽이 그야말로 은유적으로 각각 이곳들을 의미한다. 이 공간에는 젠더를 불문한 행위자들, 즉 양성애자들에게 투여되는 성애적 에너지의 흐름이 관통하고 있다. 이 사실을 알고 있는 사람들에게 이곳의 양성애적 에너지는 공생의 관점에서 타자를 이해하고, 이를 뒤따라 생태중

10_ 이런 편협함과 고루함에 대한 내부자의 비판으로는 다음을 참조하라. Marianna De Marco Torgovnick, *Crossing Ocean Parkway: Readings by an Italian American Daughter* (Chicago, IL: The University of Chicago Press, 1994), 6-7ff.

심주의와 지속가능성을 인식하는 데 중요한 지식으로 향하는 길을 열어준다. 그러므로 여기서 내 논문의 핵심 질문은 (이탈리아적이고 양성애적이라고 암시된) 이런 문화횡단적 공간이 기존의 만들어진 이항대립을 강화하느냐 분해하느냐의 여부이다. 내 느낌으로는 이런 문화횡단적 공간 안에 위치한 주체야말로 보다 지속가능한 미래로의 접근을 가로막는 이항대립을 없앨 수 있을 것인데, 그렇지만 이런 잠재성을 현실화하기 위해서는 문화횡단주의에 대한 긍정적인 이해가 필수불가결하다.

아프리카, 이탈리아, 북유럽이라는 세 생태영역은 생겨난 시기가 같다. <순결의 상실>과 <포위>의 구세계적 관점에서 보면, 이탈리아는 지중해 지역에 위치한 문화횡단의 공간을 가리키는 기표이다. <샘의 여름>의 신세계적 관점에서 보면 이탈리아는 산업혁명에 의해 거부당한 자들이 도망쳐 나온 황폐화된 생태영역에 대한 기억을 의미한다. 생태비평적 관점에서 나는 이탈리아가 기술이 발달하고 생태적으로 올바른 북유럽과 (복구가 불가능할 정도로 믿을 수 없을 만큼 유린되고) 약탈된 아프리카의 생태계를 이어주는 다리로서, 이 두 세계를 매우 유사하게 만들어주고 '문명화된' 북유럽이 조심스레 인정하는 것보다 훨씬 더 내적으로 연계시켜 준다고 주장하련다. 그리고 생태페미니즘적 관점에서 나는 이곳의 문화횡단적 기능이 그 자체의 역사에 의거해 생태적 균형을 재정립해 준다고 주장하련다. 이탈리아의 경우 생태적 보수주의는 '야성'(wild nature)만 보호하는 것이 아니라 자연에 대한 강탈이 덜 철저하고 덜 효율적으로 행해진 이전 시대의 유적과 자취까지 보호하고 있다. 어떤 면에서 이탈리아의 역사적 유산은 생태적으로 지속가능한 미래에 대한 상상력을 받아들일 채비를 갖추게 해준 일종의 원시주의이다.

<포위>와 <순결의 상실>에서 아프리카는 황폐화, 폭력, 공포의 공간이다. 영화 제목이 등장하기 전에 나오는 <포위>의 오프닝 시퀀스에는 세 장면에서 따온 컷들이 병행된다. 하나는 케냐의 어느 마을 시가지 장면인데, 군인들이 최근 쿠데타에 성공한 독재자의 포스터로 건물 벽을 도배하다시피 한다. 또 다른 하나는 산두라이가

일하는 장애아들을 위한 호스피스 장면으로서, 여기서는 버려진 아이들과 절망의 비탄이 슬프게 그려진다. 마지막 하나는 부족 소리꾼의 안식처인 거대한 참나무를 담은 장면이다. 이 오프닝 시퀀스는 초등학교에서 아이들을 가르치던 산두라이의 남편이 군인들에게 끌려가는 것으로 끝나는데, 산두라이는 이 광경을 보고 두려움에 눈물을 흘릴 뿐이다. 이때 점프컷이 이뤄지면서 산두라이가 로마에서 잠을 깨는 장면으로 이어지는데, 이렇게 그때 당시의 힘든 기억은 일종의 악몽처럼 프레임화된다. 부족 소리꾼의 목소리는 이제는 잃어버린 식민지 이전 시기의 (부족[민들]의-역자) 응집성을 상징한다. 이 소리꾼과 그의 노래는 산두라이가 사실상 전혀 존재하지 않는 범아프리카적인 순수성의 기억에 가 닿으려고 애쓰는 매순간 재등장하며, 그녀 자신이 더 이상 이해하지 못하는 듯한 부족의 언어로 불려진다. <순결의 상실>의 오프닝 시퀀스는 식민지의 성적 착취에 관한 또 하나의 복잡한 이미지를 제시한다. 열대우림과 1950년대의 커피 재배농장 사이의 가장자리에 학교 역할을 하는 오두막이 있는데, 그곳에서 백인 노인이 어느 혼혈 소녀에게 읽는 법을 가르치고 있다. 안락의자에 등을 기대고 앉은 노인의 눈길은 사춘기 소녀의 몸을 감싸고 있기에는 어울리지 않는 가터밴드와 브래지어에 고정되어 있다. 책에 얼굴을 묻은 채로 소녀는 노인에게 자신을 보여주기 위해 일어서 있다. 당시 어린 소녀이던 주인공은 방을 환기시켜주는 틈으로 이 장면을 몰래 엿본다. 이 식민지 농장주는 '원주민들'이 글을 배울 수 있음을 인정하지만 그 대가로 원주민들은 스스로를 성적 상품으로 변모시켜야 한다. 이 어린 혼혈 소녀에게는 자기 자신만의 욕망이 없다. 그녀의 섹슈얼리티는 서구인의 시선, 소년과 노인의 시선에 팔려버린 셈이다. <순결의 상실>의 마지막 시퀀스에서는 동성애(자) 차별주의자인 백인 남성 두 명(한 명은 이탈리아인, 또 한 명은 영국인)의 경쟁의식 때문에 아프리카인 소년 하나가 살해당하는 사건이 일어난다. 이들은 영화를 찍을 최적의 장소를 찾기 위해 지프차로 사막을 건너는 중이었다. 이들 무리는 서구화된 아프리카인 남성, 쌍둥이 자매 중 이탈리아인인 여성 양성애자, 그녀의 이탈리아인 약혼자, 그리고 샌즈가 연기한 등장인물로 이뤄져 있었다. 샌즈가 연기한 등장인물은 이탈리아인 쌍둥이 여성을 욕망하고, 그녀 역시 이 사실을 알고 있지만 둘은 결코 관계를 맺어오지 않았다. 이 사실을 감지한 그녀의 이탈리아인 약혼자는 운전 중이던 샌즈에게 시비를 거는데, 그 바람에 길가 쪽에서 걸어가던 베르베르족 소년을 사고로 친 것이다. 소년을 걱정하는 이탈리아인 쌍둥이 여성 때문에 다른 사람들은 약간 주저하면서도 사고 현장에 멈춰 선다. 자신들이 정말로 미안해해야 하는지 아니면 그냥 유감스러워해야 할지 궁금해 하는 사람도 있고, 자신들이 죽인 이 피조물의 특징도 행위능력과 의도라는 사실을 자신들의 인식론적 관점이 숨기라고 함을 깨닫는 사람도 있다. 사건 직후 이탈리아인 쌍둥이 여성은 베르베르족 사람들에게 자기 동료들이 도움을 요청하러 간 동안에 자신이 인질로 남겠다고 제안한다. 그녀는 여성인 자신이 베르베르족 사람들에게 덜 위협이 될 것이라고 믿은 것이다. 그러나 그녀의 믿음은 보장받지 못하는데, 베르베르족 사람들이 그녀를 칼과 창으로 찌르기 시작했던 것이다. 샌즈가 연기한 등장인물은 겨우 그녀의 시신을 수습할 수 있을 뿐이었다. 그녀의 희생이 아프리카와 북유럽의 문화횡단을 매개한 셈이다.

서구인의 시선은 타자를 자기 마음대로 사용할 수 있는 자원으로 환원시키는 인식론적 전유를 보여준다. 그러나 이탈리아와 몇몇 이탈리아인들은 서로 상반되는 것들이 마주치고 대화가 가능해질 수 있는 매개의 공간으로 제시된다. <포위>에서 이탈리아는 고등교육도 받을 수 있게 해주고, 관대한 대부르주아지 출신의 괴짜도 만나게 해주는 등 산두라이에게 호의적이다. 그녀가 일하고 거주하는 집은 (다소 퇴폐적인 분위기가 감돌긴 하지만) 그 자체의 역사를 말해주는 쇠퇴한 미술관처럼 보인다. 그녀는 사람들로 북적거리는 빈민가에서 살지 않게 된 자신이 얼마나 운이 좋은 건지 모른다고 생각한다. 다른 공동체 외부인들이 살고 있는 빈민가에는 수도시설과 배수관이 없는 곳이 부지기수이다. 아마도 피부색이 비교적 연하고, 젊은데다가, 단정하면서도 이국적인 아름다움까지 갖췄으며, 성실하고, 똑똑하고, 매사에 열심이어서 그녀가 부분적으로나마 이탈리아에 통합될 수 있었다고 추측할 수도 있겠다. 요컨대 그녀는 이탈리아가 자신의 다문화화된 사회와 생산체제를 위해 수혈 받을 필요가 있는 '새로운 피'인 셈이다. 의학을 공부하는 학생이 되는 데 성공한 기쁨을 조용히 억누르는 그녀의 모습을 보노라면 앞으로 그녀가 신분상승을 이루는 것도 가능해 보일 정도이다. 영국인 고용주가 자신에게 구혼하며 접근해오자 그녀는 자신의 아프리카인 남편을 석방시켜 달라고 요구한다. 킨스키는 자신의 재산을 모조리 팔아서 그곳 지역의 아프리카인 사제들에게 뇌물로 주고는 결국 그녀의 남편을 석방시킨다. 이 영화의 마지막 시퀀스는 산두라이가 킨스키의 침대 위에 앉아 있고, 그녀 남편의 검은 손가락이 킨스키 네 건물의 초인종을 누르는 장면을 번갈아 보여준다. 이제 산두라이는 두 남자 중에서 선택해야 하지만, 어느 한 남자와 같이 있지 못하는 걸 선택하기에는 자유롭지 못하다.

기술이 발달하고 생태적으로 지속가능한 북유럽과 유린된 아프리카의 생태계를 이어주는 다리로서, 이탈리아는 북유럽이 지닌 고도의 지속가능성이 아프리카의 식민착취와 그로 인한 그곳의 환경재난에 근거하고 있음을 보여준다. 그런데 이탈리아가 이 이항대립 속에서 맡는 역할은 무엇일까? 이런 이항대립을 뒷받침해주는가, 아니면 약화시키는가? 이 다리는 접근가능할 뿐만 아니라 관대하게도 그 이용자들을 도와주기까지 한다. 그러나 이곳의 생태적 균형은 깨지기 쉬우며, 수용인원이 너무 많은 때는 붕괴할지도 모른다. 이탈리아처럼 산두라이와 저 쌍둥이 여성 양성애자는 난개발과 과잉개발 사이에 붕 떠있다. <포위>에서 로마는 영국인과 케냐인을 매개해준다. <순결의 상실>에서 쌍둥이 이탈리아인의 죽음은 이 다리의 취약성을 보여주는 알레고리이다. 이들의 여성적 신체는 두 생태영역 사이의, 이성애자 공동체와 동성애자 공동체 사이의 문화횡단적 공간을 점유하고 있다. 아프리카인 여성 이주민에게 이 공간은 내적 갈등과 모호한 태도의 원천이다. 그녀는 자신의 아프리카인 남편과 영국인 연인 중 어느 하나를 선택하고 싶어하지 않지만, 이주민이기에 선택하지 않을 형편도 아니다. 이탈리아 출신의 쌍둥이 양성애자에게 문화횡단주의는 더 의식적이며 자유롭게 선택할 수 있는 것이다. 그녀는 능동적인 양성애자이며, 아프리카에서 작업 중인 영화 속 영화팀의 유일한 여성이다. 그녀의 희생은 자신을 앞서 자신을 감싸고 있던 문화횡단주의의 부정적 구성물이 치르는 대가를 상징한다. 이 둘 모두에게 양성성과 이탈리아는 지속가능한 개발 형태가 공정하게 배분된 보다 공생적인 체계를 상상할 수 있게 해주는 인식론적 양태이다.

_<샘의 여름>

<샘의 여름>은 이런 공생적 체계의 상을 제공해준다. 탐닉적인 것을 찾아 떠나는 비니와 디오나의 여정은 지그문트 프로이트가 유치한 것이 아니라면 원시적인 것이라고 비난한 다형적 도착성으로의 회귀를 재현하고 있다. 이런 도착성은 남녀 모두가 문화적 금지를 잊고, 인간이 경험할 수 있는 다양한 형태의 쾌락을 다시 배우는 성애적 표현의 공간을 되찾아준다. 자연/본성을 벗어나고, 행위능력과 의도가 모든 피조물에게 부여한 신성불가침에 가 닿을 수 있는 수단으로 성애적인 것을 사용하는 새로운 관계양식이 세워지는 곳은 바로 이런 공간이다.

영화 속에서 최근 뉴욕시에 등장한 연쇄살인범 버코위츠는 두드러진 얼굴 특성과 올리브색 피부 색조를 지닌 갈색머리의 백인 여성에 집착한다. 이 연쇄살인범은 그런 여성들이 자기 애인의 자동차 안에서 성관계를 맺고 있으면 그동안에 그녀들을 살해한다. 이 사건은 이탈리아계 미국인 공동체의 취약한 균형을 일거에 뒤흔든다. 그러나 얄궂지만 이런 연쇄살인범의 위협에도 불구하고 주차장에서의 성관계는 날로 훨씬 더 퍼져가고 빈번해진다. 부모들은 모른 척하고는 있지만 자녀들이 어디서 성관계를 맺는지 잘 알고 있다. 그래서 버코위츠가 속아 넘어가기를 기도하며 딸들에게 금색 가발을 쓰라고 권한다.

이 영화 속에서 제시되는 문화횡단적인 '작은 이탈리아'는 서구의 인식론적 체계에 의해 포획되고 그에 종속된 일종의 작은 생태영역으로서, 바로 그 때문에 스스로를 파괴하고 있는 중이다. 이탈리아인들은 자기들 속에서 연쇄살인범을 찾고 있는 중인데, 그 연쇄살인범을 찾게 되자 흠씬 두들겨 팬다. 자신들이 비난한 그 남자가 무고한 희생자일 뿐이라는 게 밝혀졌는데도 말이다. 평소처럼 '소년들'은 비상이다. 이 소년들의 무리는 일상적으로 소규모 마약거래·포커도박·성행위 등이 이뤄지는 장소, 즉 '막다른 길'(Dead end)이라는 간판이 세워진 길가 모퉁이에서 만난다. 그들은 서로 가까이 붙어 있는데도 늘 소리를 지르고, 손짓하고, 건들거리고, 히죽거린다. 마치 말만으로는 충분히 뜻이 전달되지 않는다는 듯이 말이다. 이들의 공동체에 만연한 편협성과 방어성은 이들의 동물적 특성을 강조해준다.

이탈리아계 미국인들을 다룬 전작을 보면 리가 자기보다 피부색이 연한 이 이웃들을 가혹하게 다루리라는 것을 사전에 미리 알 수 있다. <샘의 여름>에서는 <정글피버>와 <크루클린>의 '이탈리아 촌놈들'(Dagos)과 '이탈리아 깜둥이들'(Guineas)이 환경의 위생과 질병에 대해 말하는 수단이 된다. 피부색이 더 창백한 북유럽의 자매들처럼 흰색 가발을 쓴 디오나는 남편인 비니를 위해 섹시한 금발여성 노릇을 한다. 이런 행동으로 말미암아 디오나 자신도 비니처럼 흥분하게 된다. 이 둘은 식민자의 시선에 끌려들어가 있다. <순결의 상실>에서 오로지 주인을 기쁘게 하는 것만을 욕망하는 책 읽는 어린 흑인 혼혈 소녀처럼 말이다. 그렇지만 비니와 디오나로 하여금 관습적인 성애적 표현의 경계를 위반해, 뉴에이지 사상의 원형과도 같은 나이트클럽 '플라톤의 은신처'에서 그룹섹스 파티에 참여하도록 힘을 북돋워주는 것은 바로 이 흰색 가발이다.

이 장면은 욕탕과 거품 욕조의 물에 젖어 촉촉해진 벌거벗은 신체들을 쭉 훑으면서 시작된다. 그들 곁에 앉아 있다가 성행위를 시작하는 디오나와 비니를 카메라가 쭉 훑다가, 여자 둘이 키스하는 장면으로 넘어가는 부분이다. 이 새로운 배경에서 우리는 이 커플이 영화 속 그 어디에서보다 훨씬 더 아름답게 서로를 즐기는 모습을 간단히 보게 된다. 그들의 충동은 더 이상 가톨릭이라는 일신교가 부과하는 죄책감에 의해 통제받지 않는다. 리가 재현한 이 이 난교 파티에서는 비인간적인 자연, 여성, 그리고 이른바 '열등한 자' 등을 착취하라는 인식론적 명령을 타파한 성애적 표현 형태가 번득인다. 여기서 이 난교 파티는 스토어가 과잉발달된 사회질서에서 성애적 표현을 조직한다고 본 '동성/이성 분할'을 이어준다. 양성애적 에너지가 관통하고 있는 이 문화횡단적 공간에서 이성애적·동성애적 성애의 양태는 서로 융합된다. 디오나와 비니의 난교 체험은 그들을 다신교적인 것과 원시적인 것에 다시 연결해준다. 노예제도 이전으로의 이 상징적 회귀 속에서는 '인간'과 '자연'이 구분되지 않으며, 성애적 황홀경이 모든 살아 있는 피조물의 신성한 에너지를 표현한다. 디오나에게 이 경험은 새롭고도 친숙한 것이다. 결국 그녀는 자신만의 **향락**을 발견하기 시작하고, 비니를 기쁘게 하는 데만 정신을 팔지 않게 된다.[11] 그렇지만 남성 성행위자가 금방 이 게임에 들어온다. 영화는 디오나가 이 상황을 즐기고 있지만, 예상대로 이런 돌파구에 준비가 되어 있지 않은 모습을 미디엄 숏으로 보여준다. 바로 옆의 다른 남자와 함께 디오나를 희롱하는 비니의 모습을 클로즈업한 장면은 비니가 이 공생적 에로티시즘 안에서 경쟁은 물론이거니와 자기 아내의 쾌락조차 참을 수 없다는 사실을 보여준다. 이 장면은 곧 거리에서 디오나와 비니 두 사람이 싸우는 장면으로 끝난다. 결국 둘은 갈라서게 되는데, 비니에게 정부가 있다는 사실을 알게 된 디오나가 자존심에 상처를 받았기 때문이다.

11_ 나는 여기서 향락(jouissance)이라는 단어를 라캉의 이론과 관련해 쓰고 있지만, 완전히 똑같은 의미로 쓰고 있지는 않다. 한편으로, 라캉은 여성적 향락을 신비주의에 근거한 성애적 황홀경으로 이론화한다. 다른 한편으로 라캉은 클리토리스를 페니스와 똑같은 것으로 여겨 팔루스를 지칭하는 기의로 만든다 ('팔루스의 의미작용'과 '향락'[주이상스]에 관해 라캉이 『에크리』에 쓴 글들을 참조하라). 그러나 페니스와 달리 클리토리스는 재생산 기능을 갖추지 않은 순수한 쾌락의 기관이다. 내가 말하는 향락은 육체적인 동시에 정신적인 것이며, 뤼스 이리가레가 『하나이지 않은 성』에서 이론화한 하나(일자) 이상이 '되는' 여성의 능력, 그리고 엘렌 식수의 「나-너머의 도약」("L'essort de plusje"[1973])에서처럼 전(前)-오이디푸스적인 것을 타자를 향한 양막적 몰입(an amniotic immersion, 태아를 생산하고 보호하는 양막[羊膜]처럼 타자와 융합되는 것-역자)으로 상상할 수 있는 능력과 관련 있다.

_결론

새천년으로의 전환기 영화 속에서 문화횡단적 담론 형태로 동원된 양성성과 이탈리아는 지속가능성에 관한 담론 내부에 존재하는 특정한 생태적 관점을 그려주고 있다. <순결의 상실>과 <포위> 같은 영화에서 양성성은 성애적 에너지가 성애적 표현의 동성애적 형태와 이성애적 형태 사이를 오가도록 만들어주고, 이탈리아는 사회적 에너지가 과잉개발된 사회질서와 난개발된 사회질서 사이를 오가도록 만들어준다.

이 영화들은 젠더를 우회하는 성애적 에너지의 순환을 제시하며, 문화횡단적인 양성애적 에로스를 보여준다. 이탈리아는 북아메리카의 주류 생태 담론을 지배하고 있는 자연과 '야성'의 합체[동일시]를 뒤틀어놓는다. 이탈리아는 아프리카와도 통하고 북유럽과도 통하지만 그 어디에도 속해 있지 않다. 지중해를 가로지르는 이탈리아라는 이 다리는 단순한 자원 같은 것은 존재하지 않는다는 사실을 이해하는 여성 양성애자들을 받아들이기도 하고 생산하기도 한다. 산두라이, 그리고 이탈리아인 여성 동성애자는 이항대립의 공생이 가능할 뿐만 아니라 성애적 에너지가 그 안에서 순환할 수도 있는 이 문화횡단적 공간을 점유하고 있다. 양성애적인 이들의 인식론적 입장은 동성애적·이성애적 성애 형태에 모두 기여하지만, 그 어느 쪽으로도 담아낼 수 없다. 이들의 입장은 성행위자들의 경계가 사라지고, 여성의 전-오이디푸스적 향락이 가능하고, 젠더가 연인들간의 정신적·성애적 교감을 가로막지 않는 탐닉적인 것과 원시적인 것의 서곡이다.

<샘의 여름>에서 이탈리아는 아프리카와 북유럽을 잇는 다리가 만들어낸 의미화 과정의 기표이다. 이 영화는 서구의 인식론을 앞서 나가며, 장대한 성애적 양성성의 감각에 다가설 수 있도록 도와준다. 색정광 버코위츠가 판치던 시기에 이탈리아적인 브롱크스는 이항대립이 일시적으로 사라지고, 자연과 인간을 동등하게 여기는 인식

론적 형태에 도달하는 성애적 실험에 적합한 곳이었다. 디오나와 비니가 경험한 난교 파티는 그들 자신의 싸움을 해결해주지 못했다. 그렇지만 '과잉발전된' 세계에서 섹슈얼리티를 조직하는 분할을 새롭게 볼 수 있도록 해줬다. 일부일처제를 믿었던 디오나가 통음난무의 공생적 에로스를 즐기기 시작한다면, 불륜을 저지른 비니는 이에 반대하게 된다. 디오나의 공생은 프로이트가 유치하고 원시적이라며 일축한 '다형적 도착성'에 새로운 빛을 던져준다. 이 난교 파티 장면은 개개인의 성적 에너지가 동료 남녀의 에너지 속으로 녹아들어가는 합의된 성애적 퍼포먼스이다. 이와 같은 성애적 표현 형태는 플럼우드의 생태페미니즘적 기획이 예견한 것과 똑같이 타인을 "자아에 낯설거나 자아와 불연속적인 것인 아닌 존재, 자아에 동화된다거나 자아의 확장인 것도 아닌 존재"(Plumwood. Val, 1993: 6)로 받아들인다. 이 세 영화 속의 양성애적·이탈리아적 문화횡단은 흔히 전-오이디푸스적·원시적인 것으로 묵살되어온 탐닉적인 것을 전지구적 생태의식에 적합한 공생성을 띤 성애적 표현의 생태페미니즘적 형태로 재구성한다.

■ 참고문헌

Anderlini-D'Onofrio, Serena, ed.(2003). "Women and Bisexuality: A Global Perspective," *The Journal of Bisexuality*, vol. 3, no. 1 (June).

Barolini, Helen(1989). *Umbertina*, Salem, New Hampshire: Ayer.

Bellu, Giovanni(2000). "Tre italiani su quattro con l'incubo degli immigrati," *La Repubblica* (July 21): 12.

Bertolucci, Bernardo(1998). *Besieged*, Screenplay by Bernardo Bertolucci and Clare Peploe, Produced by Massimo Cortesi. Fiction & Navert Films with Mediaset.

Bi Academic Intervention(1997). *The Bisexual Imaginary: Representations, Identity, and Desire*, London: Cassell.

Bianconi, Giovanni(2000). "Nelle grandi città oltre la metà dei furti commessi dagli stranieri," *Corriere della Sera* (July 21): 3.

Buell, Lawrence(1995). *The Environmental Imagination*, Cambridge, MA: Harvard University Press.

Carrara, Antonio, Nancy Levy-Konesky, and Karen Dagett(1994). *Rivista*, Fort Worth, Texas: Holt, Reinhart and Winston.

Carrier, J. M.(1985). "Mexican Male Bisexuality," In Merl Storr, ed., *Bisexuality: A Critical Reader*, London: Routledge, 1999.

Casanova, Giacomo(1997). *The History of My Life*, vols.1-12, Baltimore, MD: Johns Hopkins University Press.

Cixous, Hélène(1977). "Aller à la mer," *Le Monde* (April 28): 1029: 19.

_____(1973). "L'Essort de plusje," *L'Arc*, 54: 4652. (Issue on Derrida).

De Marco Torgovnick, Marianna(1994). *Crossing Ocean Parkway: Readings by an Italian American Daughter*, Chicago, IL: The University of Chicago Press.

Dodd, Elizabeth(1999). "Forum on Literatures and the Environment," PMLA, 114: 5 (October): 1094-95.

Figgis, Mike(1999). *The Loss of Sexual Innocence*, Screenplay by Mike Figgis, Produced by Patrick Wachsberg and Barney Reisz, Red Mullet, Summit Entertainment, and Newmarket Capital Club.

Gaard, Greta(1996). "Hiking Without a Map: Reflections on Teaching Ecofeminist Literary Criticism," ISLE: 3: 1 (Summer): 155-82.

_____(1997). "Toward a Queer Ecofeminism," *Hypatia*, 12: 1 (Winter): 114-37.

Galluzzo, Marco(2000). "'Troppi immigrati, reati in aumento': Sodaggio Censis sulle paure degli italiani: ma gli extracomunitari servono all'economia," *Corriere della Sera* (July 21): 3.

Garber, Marjorie(1995). *Vice Versa: Bisexuality and the Eroticism of Everyday Life*, New York: Simon and Schuster.

Garzanti(1987). *Il grande dizionario della lingua italiana*, Milan: Garzanti.

_____(1985). *La nuova enciclopedia universale*, Milan: Garzanti.

Horatius Flaccus(1961). *The Collected Works of Horace*, Lanham, MD: Biblio Distribution

Center.

Irigaray, Luce(1985). *This Sex which is Not One*, trans. Catherine Porter, Ithaca, NY: Cornell University Press; 국역: 『하나이지 않은 성』, 이은민 옮김, 동문선, 2000.

Kaahumanu, Lani and Lorain Hutchis, eds.(1991). *Bi Any Other Name: Bisexual People Speak Out*, Boston: Alyson.

Kraniauskas, John(2001). "Translation and the Work of Transculturation," *Traces*, 1: 95-109; 국역: 「번역과 문화횡단 작업」, 김소영/강내희 옮김, 『흔적』 창간호, 문화과학사, 2001: 315-32.

Lacan, Jacques(1982). *Ecrits*, trans. Alan Sheridan, New York: W. W. Norton.

Lee, Spike(1999). *Summer of Sam*, Screenplay by Spike Lee, Victor Colicchio, and Michael Imperioli, Touchstone.

Librairie Larousse(1985). *Petit Larousse Illustré*, Paris: Librairie Larousse.

Lovelock, James(1979). *Gaia: A New Look at Life on Earth*, Oxford: Oxford University Press; 국역: 『가이아: 살아 있는 생명체로서의 지구』, 홍욱희 옮김, 갈라파고스, 2004.

Merchant, Carolyn, ed.(1994). *Ecology*, Atlantic Highlands, N.J.: Humanities Press.

Pallotta-Chiarolli, Maria and Sara Lubowitz(2003). "'Outside Belonging': Multi-Sexual Relationships as Border Existence," *The Journal of Bisexuality*, vol. 3, no. 1 (June).

Pankiewics, Flavia(1999). "The Problem of Immigration in Italy," *Differentia: Review of Italian Thought*, no. 8-9 (Spring/Autumn): 47-56.

Parrenas, Rhacel Salazar(2001). "Mothering from a Distance: Emotions, Gender, and Inter-Generation Relations in Filipino Transnational Families," *Feminist Studies*, vol. 27, no. 2 (Summer): 361-90.

Plumwood. Val(1993). *Feminism and the Mastery of Nature*, London: Routledge.

Pramaggiore, Maria and Donald E. Hull, eds.(1996). *Representing Bisexualities: Subjects and Cultures of Fluid Desire*, New York: New York University Press.

Pratt, Mary Louise(1992). *Imperial Eyes: Travel Writing and Transculturation*, London and New York: Routledge.

Ritter, Peter(1999). "Pride Goeth Before the Fall," *Minneapolis City Pages* (July 7), 20: 970.

Rumiz, Paolo(2000). "E nel Veneto ultra cattolico oggi il diavolo è l'uomo nero," *La*

Repubblica (July 21): 13.

Shantu Riley, Shamara(1993). "The Politics of Emergent Afrocenric Ecowomanism," In Carol Adams, ed., *Ecofeminism and the Sacred*, New York: Continuum.

Shiva, Vandana(1989). *Staying Alive: Women, Ecology and Development*, London: Zed Books; 국역: 『살아남기: 여성, 생태학, 개발』, 강수영 옮김, 솔, 1998.

Starhawk(2002). *Webs of Power: Notes from the Global Uprising*, Gabriola Island, Canada: New Society Publishers.

Stobie, Cheryl(2003). "Reading Bisexualities From A South African Perspective," *The Journal of Bisexuality*, vol. 3, no. 1 (June).

Storr, Merl(1999). *Bisexuality: A Critical Reader*, London: Routledge.

"The Treaty of Maastricht." http://www.uni-mannheim.de/users/ddz/edz/doku/vertrag/engl/ m_engl.html

Tucker, Naomi(1995). *Bisexual Politics: Theories, Queries, and Visions*, New York: Haworth Press.

Serena Anderlini-D'Onofrio, "Ecocentric Movies: Bisexual and Italian Transculturations in

Turn-of-the-Millennium Cinema"

신체들과 혀들
—프랑스어권 아프리카 문학에 나타난 번역의 대안적 형태

토비아스 워너

영어번역: 강내희

그대가 야만이라고 부르는 것은 쇠똥들과 발명들, 지배와 화해, 치명적 침묵과 억압할 수 없는 폭발들을 나르는, 끝없이 번뜩이는 언어들의 움직임이다.

–에두아르 글리상

번역은 많은 독자들에게는 문화적 대화를 위한 약속 장소일 수 있는 세계문학의 주요 구성요소로 간주되곤 한다. 그러나 번역은 언어의 경계들을 가로지르는 소통의 방식인 것일까, 아니면 하나의 언어가 시작되고 다른 언어가 끝나는 곳을 규정하는 것이 번역 행위 자체인 것일까? 번역은 분명 강력한 도구이지만 번역의 본질과 잠재력을 이해하려면 오늘의 지리문화적 세계를 조형해낸 제국들과 그 뒤를 따라나온 국민국가들의 이데올로기들과 관련하여 그것이 행하는 역할을 이해할 필요가 있다. 이 논문에서 나는 유럽의 번역이론들의 계보학을 살펴보고 그것들이 제국주의적 이데올로기들과 어떤 공모 관계를 맺는지 드러내보려고 한다. 이런 타락한 유산과는 대조적으로 나는 두 명의 프랑스어권 아프리카 작가들이 언어들과 문학들의 경계들을 생존과 저항의 지점으로 활용함으로써 어떻게 대안적인 번역 형태들을 개발해냈는지 살펴볼 것이다.

나의 현재 연구를 뒷받침하는 것은 번역은 언어들 간의 가교를 놓기보다는 오히려 언어들을 분할한다는 나오키 사카이의 주장이다. 사카이가 지적하는 반전 현상은 우리는 번역을 할 때에만 두 개의 변별적 언어들을 다룬다고 실제로 주장할 수 있다는 추론에서 유래한다. 그렇다면 우리가 통상 "번역"이라고 간주하는 것은 언어들 간의 차이를 규정하고 관리하는 전략인 셈이다. 번역에 대한 이 가장 흔한 표상은 지배와 종속의 다양한 전략들과 공범관계에 있다. 언어 공동체를 영토화하기 때문에 번역은 그것에 선행하는 근본적 불연속성을 삭제하고 언어들의 특이성과 통약불가능성으로부터 처리 가능한 종차를 만들어낸다. 자신의 『번역과 주체성』(*Translation and Subjectivity*)에서 사카이는 일단의 18세기 학자들이 중국어 텍스트를 그들의 작업을 통해 존재하게 된 비-변별적 언어인 일본어로 번역했을 때 비로소 국가로서의 "일본"이 어떻게 생각 가능하게 바뀌었는지 보여주고 있다. 번역을 이런 식으로 사유하는 것의 함의는 개념적인 것 이상의 의미가 있다. 각각의 영토화된 일원적 언어는 다른 통약 가능한 단위에 맞서 짝을 이룬다─이는 다시 "민족"이나 "서구"와 같은 더 큰 단위들에 대한 표상을 가능케 하는 수단이 된다.

번역의 담론적 권력은 유럽 국민국가들의 새로 나타난 문화적 지방 단위들의 경계를 통해 언어적 문학적 흐름을 규제했다. 제국주의 시대에 이르러 번역은 타자성을 가공하는 기계 속에 포섭되어 유럽의 식민화를 수반하고 정당화한 지식 기획을 추진시켰다.

그러나 이것은 번역의 한 형태일 뿐이다. 이 연구에서 나는 탈식민지 아프리카 작가들이 대안적인 번역 형태를 개발했다고 주장하려고 한다. 대안적 번역 형태는 전통적 번역이 무시하는 바벨탑을 부활시키는 언어적 진술과 작문 형태다. 1968년에 얌보 우올로구엠(Yambo Ouologuem)과 아마두 쿠루마(Ahmadou Kourouma)라는 두 명의 프랑스어권 아프리카 작가들이 자신들의 첫 소설─『폭력의 구속』(*Le devoir de violence*)과 『독립의 태양들』(*Les soleils des indépendances*)─을 각기 출간했다. 이들 작품에서 대안적 번역 형태는 독립 이후 아프리카의 억압적인 언어적 문화적 정치 내부에서 하나의 저항 수단이 된다. 두 작가는 프랑스어로 이루어진 강력한 두 개 담론—유럽적인 지식 기획들(이국주의적, 기행, 민족지적 전통들을 포함한)과 토착 지식인들의 저항운동—의 결과로 프랑스어로 작품을 썼다. 이들 담론은 수단과 목적은 서로 크게 달랐지만 틀을 이루는 하나의 도식을 공유하고 있었다. 즉 유럽과 아프리카가 서로 맞서있는 신체들로서 나타난다는 것이다. 강제력을 지닌 이들 형상들과 맞붙기 위해 우올로구엠과 쿠루마는 언어들 안팎에서 동요하는 문장 형태들을 사용했다. 대안적 번역에서는 언어들의 결합이 두 개의 분리된 언어 공동체간에 있다고 하는 상호 소통으로서가 아니라 다중적 특이성들과 담론적 장들의 관계로서 일어난다. 전자의 경우 번역은 어떤 근원적 창조에 대한 언급일 수밖에 없다. 이 연구에서 다루는 번역 형태는 그와 같은 관계를 전복시킨다. 대안적 번역의 지점은 전유와 변형의 공간이다. 이런 실천은 언어들과 문학 정전들을 상호 생성으로 이끈다.

얌보 우올로구엠의 소설은 많은 표절이 있다는 이유 때문에 아직도 물의를 일으키고 있다. 이른바 부적절하다는 행위가 우올로구엠은 문화적 신체의 온전함을 오염시키기 위해 번역으로서의 표절을 사용했다는 내 논지의 핵심을 이룬다. 소설을 악명 높게 만든 수많은 차용은 언어의 "귀속성"—화자의 언어 소유와 모든 이는 하나의 언어 "안"에 귀속함—에 문제를 제기하고 대신 유럽의 아프리카 개입을 흉내 내는 훔친 담론과 언어들의 집합을 만들어내는 것이다.

아마두 쿠루마의 『독립의 태양들』은 혼종적 말로 말함으로써 번역을 저항과 생존의 현장으로 만드는 다언어적 글이다. 『태양들』의 스타일 대부분은 작가의 제1 언어인 말린케어에서 따와서 문학적 프랑스어에 접목한 것이다. 이 텍스트는 너무나 많은 말린케어 특징들로 가득차서 사람들은 더 이상 그것을 프랑스어라고 말할 수가 없다. 교훈적 이야기와 은유를 통해 "출구"를 찾곤 하던 아프리카식 허구의 결을 거슬러 쿠루마는 언어의 변형 자체를 선택한 것이다.

_1. 제국의 번역들

번역은 그 제국적 형태로 보면 국가의 자기-표상과 문화적 제국들의 경계 통제를 위한 메커니즘으로 작용한다. 이 특정한 담론 전략은 광범위한 계보학을 가지고 있다. 번역의 용도는 적어도 마르쿠스 키케로로까지 추적이 가능한데, 키케로는 번역을 그 근대적 형태로—통역자의 실용주의적 시도에만 그치는 것이 아니라 두 공동체 간 문화적 소통의 수단으로서—설명한 최초의 저자로 기록되고 있다. 이 로마 웅변가는 그리스 연설을 라틴어로 번역하고 그렇게 연습하는 것이 자기의 수사학에 도움이 된다고 자랑했다. 그는 『웅변론』(De oratore)에서 "내가 읽은 텍스트에 라틴어 형식을 부여함으로써 나는 우리가 통상 사용하는 것 가운데 최선의 표현들을 활용할 수 있을 뿐 아니라 그리스어로 사용된 것과 유사한 새로운 표현들을 만들어낼 수 있었으며, 이런 표현은 적합해 보이기만 하면 로마 사람들에게도 잘 수용되는 편이었다"라고 쓰고 있다.[1] 키케로에게 번역은 하나의 언어 공동체 안에 이 공동체에 이득을 주며 외래 요소를 수입하는 일이었다. 그리스 연설을 번역하는 일은 라틴어 웅변술, 그리고 나아가서 로마인들 자신을 풍요롭게 한 일이었다는 것이다.

유럽의 번역 계보학은 유럽 민족주의의 전개와 긴밀하게 연결되어 있다. 약간 성급하게 앞으로 나아가더라도 도식은 변하지 않는다. 19세기 유럽에서도 번역의 혜택은 여전히 (이제는 민족적인) 수용 문화가 받는 혜택이었다. 이 시기 사람들은 고대 그리스나 로마 문헌을 민족어로 번역하거나 다른 유럽 언어를 자국어로 번역하게 된다. 번역은 이때 서구 문명의 중단되지 않는 혈통 안에서 한 민족의 연계와 위치를 나타내고 재확인함과 동시에 다른 민족문화들과의 경계를 관리하는 일이다. 그것은 기원들을 재수집하고 차이를 매개하는 방식이라고 할 수 있다. 이리하여 번역은 민족

1_ Cicero, from *De oratore*, 55 BCE; André Lefevere, ed., *Translation/History/Culture: A Sourcebook* (London: Routledge, 1992), 46-47에서 재인용.

주의자가 휴머니즘과 민족주의 간의 근본적 불연속성을 이해해야만 하는 중요한 국면에서 민족문화에 개입하게 된다.

독일의 언어학자이자 민족주의자 빌헬름 폰 훔볼트는 "자국 언어의 중요성과 표현력을 키워준다"는 이유로 번역을 찬양했다. 훔볼트에게 언어의 능력은 보편적이지만 이 능력이 나타나는 형식은 민족적이다. 그는 자신이 한 아이스킬로스 번역에 대한 서문에서 "언어는 모두 통상적인 삶의 영역에 영향을 미치지만 그 이후에는 그것을 가꾸는 민족의 정신에 의해 더 고귀하고 더 복잡한 어떤 것으로 무한정 개선될 수 있다는 놀라운 특징을 갖고 있다"고 썼다.2) 유럽 민족은 고대 그리스 원전의 번역과 모방을 통해서 그 자신과 자기 언어를 계속 향상시키고 있었다는 것이다. 훔볼트가 볼 때 요한 보스의 그리스 및 라틴 고전 번역보다 독일민족의 성격 순화를 더 크게 진전시킨 사례는 찾을 수가 없었다.

다른 유럽 문학들의 번역도 민족문화에 도움을 준 것은 마찬가지다. 이 역학은 경제적 교환의 선을 따라 나타나는 경우가 많았다. 훔볼트의 동시대인인 요한 볼프강 폰 괴테는 번역가를 세계의 "보편적 정신 교역", 이기적 민족주의 문학들로 이루어진 자유시장의 상인에 비견했다.3) 그러나 문학적 차이의 매개자(또는 강요자)로서 번역가는 잠재적 배반자이기도 했다. 번역은 일정한 양의 타자의 흔적을 통해 민족문학에 혜택을 줄 수 있지만 민족은 또한 감염의 위험을 감수해야 했다. 빅토르 위고는 "하나의 번역을 하나의 민족에게 제공할 때 그 민족은 거의 언제나 그 번역을 자신에 대한 폭력 행위로 바라볼 것이다"고 했다.4) 이것은 부르주아적 히스테리에 속하며 "다른 민족의 알맹이를 자기 생명의 피 안에 주입시키는 것"에 대한 한 민족의 공포다. 위고는 극단적으로 반–부르주아적이었던지라 민족의 건강을 위해 강제적으로라도 지역적 취향에

2_ Humboldt, "Preface" to *Agamemnon*, 1816; Lefevere, 136-37에서 재인용.
3_ Goethe, *Schriften zur Literatur*, 1824; Lefevere 24-25에서 재인용.
4_ 아들의 셰익스피어 번역에 대한 그의 서문(1865)에서. Lefevere 18에서 재인용.

다 코스모폴리탄적인 것을 약간 도입하는 것이 필요하다고 믿었다. 그러나 그는 아이러니와 풍자를 보여주면서도 민족문화의 기본적 가능성과 특수성을 의문시하지는 않는다. 훔볼트의 저술에서도 나오듯이 외래성의 흔적이 개선시켜주는 것은 민족문화인 것이다. 폭력적이라 해도 번역은 민족문학에 보탬을 줄 때에는 유익한 셈이다.

한 문명의 정신을 다른 문명으로 이전시키는 것이라는 번역의 표상은 신성로마제국에서 19세기 및 20세기 유럽 제국주의에 이르기까지 제국의 이데올로기에 더 중요한 역할을 수행했다. 신세계에서의 유럽-아메리카 제국주의에 대한 자신의 독창적 연구를 통해 에릭 세이피츠는 학식과 제국의 번역(*translatio studii et imperii*)이라는 제국주의 시학의 핵심적 성분을 알아냈다. 여기서 번역 즉 "트란스라티오"는 학식과 제국이 하나의 신체에서 다른 신체로 넘어가는 문화적 윤회의 한 형태다.[5] 트란스라티오의 기원은 중세 역사가들이 로마의 멸망과 이어진 기독교 전파를 이해하기 위해 사용한 전도서 10:8—"부당한 거래, 침해, 그리고 속임수로 가진 재물 때문에 왕국은 한 백성에서 다른 백성으로 바뀌느니라"—였다.[6] 로마 제국이 멸망하면 새 제국이 일어나서 옛 제국과 그 학식을 자기 것으로 번역함으로써 정당성을 갖게 된다는 것이다. 제국은 새로워지기 위해 재-번역되어야 했다. 이 생각이 중세보다 더 오래갔다. 이 트란스라티오 이데올로기의 한 변종이 위에서 인용한 19세기 담론 속에도 작용한다. 그리스 고전은 문화적 기획을 개선시키고 정당화하기 위해 다시 번역되어야 했다. 그리고 유럽 국민-국가들이 강대국으로 확대되자 트란스라티오는 그 방향을 외부로 향했다. 고대인들만 민족문화로 번역된 것이 아니었다. 민족문화가 이제 자기 바깥으로 나와서 미개 백성들에게로 번역되어야 했다. 『제국의 시학』에서 세이피츠는 제국의 용어가 번역 용어였음을 보여주고 있다. 적합하고 문자적인 것과 야만적이

5_ Eric Cheyfitz, *The Poetics of Imperialism: Translation and Colonization from The Tempest to Tarzan* (Philadelphia: Univ. of Pennsylvania Press, 1991) 참조.

6_ Ernst Robert Curtius, *European Literature and the Latin Middle Ages* (Princeton: Princeton University Press, 1953), 29.

고 비유적인 것 간의 대비가 만들어졌다. 이런 도식을 통해서만 원주민은 야만인이 될 수 있었고, 그에 따라 인간성을 빼앗기고 재산을 빼앗겼다. 제국주의적 트란스라티오를 통해 원주민에 속한 것은 제국의 용어(엄밀한 것)로 번역되었다. 야만인 또는 원시인(비유적인 것)으로서 제국의 용어로부터 배제되기 위해서만 말이다.[7]

유럽의 번역 과정은…아메리카 원주민을 적합한 것의 영역으로, **소유권**과 **정체성**의 관계가 불가침인 장소로 이전했거나 이전하려고 시도했지만, 이는 이들 원주민들이 적합한 것을 소유할 수 있게 하기 위함이 아니라 그 적합한 것으로 번역되었으나 그것(즉 그들이 한 번도 갖지 못했던 것)을 박탈당하여 비유적인 것의 영역으로 격하될 수 있도록 하기 위함이었다.[8]

똑같은 트란스라티오 공식이 다수의 유럽 식민화 기획에서도 작용하고 있다고 전제하는 것은 환원적이거나 적어도 성급하다고 할 수 있다. 따라서 아프리카가 유럽의 제국주의 강대국들 간에 분할되었던 1884-85년 베를린 서아프리카 회담 제1 의정서와 관련한 오토 반 비스마르크의 말을 잠깐 살펴보고자 한다.

그 회담을 소집할 때 제국 정부는 초대받은 모든 정부가 아프리카 대륙 내부를 교역에 개방함으로써, 그 주민들에게 스스로 가르칠 수단을 제공함으로써, 유용한 지식을 보급하기 위한 전도와 다른 활동을 촉진함으로써, 그리고 노예제 억제를 위한 방안을 마련함으로써 아프리카 원주민을 문명의 울타리 안으로 데려오려는 희망을 공유하고 있다는 확신을 통해 일을 처리했다.[9]

7_ 이리하여 번역은 천국의 왕국의 이동성을 허용한다. 번역에 대한 최초의 정의 하나는 물론 "천국으로 데려가다"이다. 트란스라티오에서는 천국 자체가 옮겨진다. 계몽주의 시대에 종교가 휴머니즘에 의해 대체되었듯이 사람의 왕국(그 인문주의적 가치들과 위계들)은 트란스라티오의 마법에 의해 실체가 바뀐다. 반면에 대안적 번역 형태들은 어느 한 언어보다는 전유되고 (혜쳐)모은 혀들을 통해 말하는 포스트-휴먼적이다.
8_ Cheyfitz, op. cit., 59.

트란스라티오는 제국의 학식을 원주민들에게 갖다 주지만 이들의 재산을 박탈한다. 베를린회담의 법적 위력과 수행 능력은 사실상 초국적이었다. 문명세계의 한계를 확장하였기 때문에 원주민들은 더 이상 그 바깥에 존재하지 않았다. 그들이 한 번도 소유하지 않았던 것이 재산이 되었지만 그들은 원시인들이었기 때문에 그 재산에 대해 아무런 권리도 없었다.[10]

문명의 변질은 언제나 찌꺼기를 남긴다. 유럽 식민주의와 자본주의 확장이 다른 형태의 지배로 진행된 과정도 다르지 않았다. 독립 이후 10년간 유령 하나가 이전 서아프리카 식민지들을 배회하고 있었다. 트란스라티오가 번역 형상을 통해 일어났던 연유로 이 유령의 출몰 형식은 언어적이었다. 프랑스 제국으로부터의 탈식민화는 '프랑스어권'이라 불리는 무정형의 구조물을 그 결과로 남겼다. '프랑스어권'이라는 개념은 공유 언어라는 생각에 기반을 둔 프랑스어를 말하는 탈식민지 공간에 대한 이론이다. 이전의 식민지들이 프랑스어에 대한 접근을 통해 프랑스 문명의 보편적

9_ Otto Van Bismarck, Protocol No. 1; R. J. Gavin and J. A. Betley, eds., *The Scramble for Africa* (Ibadan: Ibadan University Press, 1973), 129에서 재인용. 물론 강대국들은 노예무역을 폐지한다는 빈말을 했지만 실제로는 그것을 종식시키기 위한 아무런 일도 하지 않았다.

10_ 마이클 하트와 안토니오 네그리가 『제국』에서 설명한 주권의 쇠퇴는 (아프리카와 관련해서는) 이 베를린회담의 테이블에서 시작한다. 언뜻 생각하는 것과는 달리 대륙 자체를 분배한 협정들 속에서가 아니라 그들 자신의 이해관계 갈등을 조정하기 위해 강대국들이 사용한 전략들에서 말이다. 유럽의 제국들은 식민화에 대한 기본 법칙들에 합의함으로써, 그리고 문제가 된 콩고의 운명을 결정함으로써 30년간 그들 간의 첫 내전을 유예시킬 수 있었다. 그러나 베를린조약의 가장 새롭고, 예언적이고 불길한 측면은 국제콩고협회에 의해 관리되는 콩고자유무역지대를 만든 것이었다. 이 협회는 벨기에의 레오폴드 2세의 발명품이자 외교적 대응물이었다. 가장 중요한 것은 협회가 국가가 아니라 기업이었다는 것이다. 협회가 유럽의 전체 강대국들을 위해 이 지역을 관리한다는 의도 하에 콩코분지는 협회 통제 하에 들어갔다. 이는 국제법상의 체조 기술을 요구했다. 즉 프랑스와 독일, 그리고 연루된 모든 나라들이 협회의 주권을 인정하게 된 것이다. 이리하여 하나의 기업이 19세기 가장 중요한 제국 회담에서 대등한 자격을 가지고 앉게 되었다. 이런 순간의 반향은 오늘날에도 아프리카에서 들리고 있다. 레오폴드 통제 하의 콩고는 아프리카 식민주의 가운데 최악의 인권 재난의 한 모습을 보여준다. 이후 다이아몬드 광산 업자들이 그들의 산출물을 탐내는 외국 기업들의 지원을 받으며 줄곧 콩고를 괴롭혀왔다. 향후 유럽이 아프리카와 관계를 맺을 때 사용한 모델은 소멸해가는 제국적 국민국가들이 아니라 협회였다.

휴머니즘적 열매를 공유할 수 있다는 것이다. 프랑스어권은 제국 자체보다 더 오래 살아남은 트란스라티오 이데올로기의 한 형태라고 할 수 있다. 프랑스는 보편적 휴머니즘적 가치의 장소로서 프랑스어권 중심부에 있으면서 동시에 끊임없이 자신을 수출한다. 그것은 이론적으로 프랑스어를 말하는 사람들의 입을 통해 일어나는 변화에 열려 있고, 사실 프랑스어와 지역 언어의 결합 형태가 서아프리카 도시지역 전반에 걸쳐 퍼져 있는 방언들이 되었다. 그러나 크리스토퍼 밀러가 지적한 것처럼 프랑스어권의 공간은 문학작품에서 나타나는 프랑스어에 대해서는 그런 변화를 허용하지 않는다. 새로 독립한 서아프리카의 문화생활에서 프랑스어의 지배력은 일부 다른 언어적 가능성들을 봉쇄했다. 프랑스어권 지역 작가들은 제국의 학식을 완전히 거부할 수가 없었다. 부분적으로는 이것이 프랑스어권 저자들이 좀 더 쉽게 제국의 언어들을 버린 영어권 작가들과는 달리 프랑스어로 작품 활동을 계속하면서 대안적 번역 형태를 개발한 이유다.11)

여기서 다루는 두 소설가는 이런 언어적 제약과 함께 프랑스어 담론에서의 아프리카의 위치라는 문제를 다뤄야만 했다. 1960년대 프랑스어권 아프리카 문학은 아프리카니즘 담론과 원주민주의 담론이라 불리는 두 흐름—크리스토퍼 밀러와 안소니 아피아가 각기 철저하게 파헤친 바 있는—가운데 끼여 있었다. 프랑스 문학에서 아프리카니즘 전통은 아프리카를 역사가 없지만 유럽인들에게 야만 또는 기원의 희미한 형상—순전히 원시적인 원료—을 제공하는 텅 빈 석판으로 그려냈다.12) 원주민주

11_ 예컨대 1977년에 영어를 사용하는 창조적 글쓰기를 중단하고 자기의 제1언어인 기쿠유어를 선택한 케냐의 은구기와 시옹오를 생각해보라. 은구기의 영어 거부는 그의 독자층으로 하여금 번역을 통해 그를 따르도록 했다. 그러나 "영어 국가 공동체"라는 것이 없기 때문에 영어 헤게모니의 전략이나 이데올로기는 이론화가 덜 되었고, 궁극적으로 더욱 간사한 셈이다. 은구기는 최선의 의도에도 불구하고 공동체 보호를 위해 절대적 차이(와 대형상화)에 호소하며 번역에 대한 민족주의적 용법을 반복할 수 있을 뿐이다.

12_ Christohper Miller, *Blank Darkness: Afrikanist Discourse in French* (Chicago: University of Chicago Press, 1985) 참조

의 운동, 특히 네그리튀드 운동은 유럽의 담론에 나오는 "아프리카"가 결여하고 있는 것(문화, 역사, 철학, 문학)에 가치를 부여하고 그것을 현전화하려고 했다. 대체로 이것은 이상화된 식민지 이전의 과거 또는 넓게 봐서 본질주의적인 범-아프리카 시각으로의 퇴각을 의미했다.[13] 원주민주의 반응은 단일체적 차이에 대한 인정이자 찬양이었다. 레오폴드 생고르가 보여준 본질주의적 네그리튀드 기획이 이런 반대 담론 전략의 전형을 이루었고 독립 당시 아프리카 지식인들에게 널리 영향력을 미쳤다. 네그리튀드는 아프리카 문화를 되살려 이를 아프리카의 사라진 제국들의 영광과 재연결하는 시도를 통해 그 나름의 '학식과 제국의 번역'을 활용했다. 예술가들은 아프리카-다움의 본질을 프랑스어로 번역함으로써 아프리카 문화를 "부활시킬" 수 있었던 것이다.

에드워드 사이드는 "오리엔탈리즘은 오리엔트를 지배하고, 재구조화하고 또 그에 대해 권위를 행사하기 위한 서양의 스타일"이라고 쓰고 있다.[14] 아프리카니즘 담론도 비슷한 노선을 따라서 움직였지만 "아프리카"의 위상은 상당히 달랐다. "오리엔트"와는 대조적으로 아프리카는 서구의 담론에서 하나의 공백으로, 역사와 합리성의 부재로 제시된다. 이런 의미에서 그것은 크리스토퍼 밀러가 논증하듯이 중층결정된 오리엔트의 반대다. "아프리카는 타자의 타자, 오리엔트의 오리엔트다."[15] "아프리카"는 오리엔트를 구성하는 유럽의 지식담론의 실패를 표상한다. 아프리카니즘 담론은 언제나 자신이 아프리카에 대해 제시한 지식에 대해 경계를 늦추지 않았다. 아프리카 대륙은 거대한 흑점, 알 수 없는 암흑이었기 때문이다. "암흑은 빛을 비춤으로써만 알려질 수 있다. 즉 그것은 그 자체로 '알려질' 수가 없다"고 밀러는 말한다.[16] 이리하여 "아프리카"는 오리엔트와 서양 양자에게 이해가능성을 제공하는 문화적 위계

13_ Kwame Anthony Appiah, *In My Father's House: Africa in the Philosophy of Culture* (New York: Oxford University Press, 1992) 참조

14_ Edward Said, *Orientalism* (New York: Vintage Books, 1979), 3.

15_ Miller, op. cit., 16.

16_ Ibid., 19.

안에서 하나의 부정, 부재하는 제3의 실체가 된다. 트란스라티오가 "아프리카"를 구성하는 데 기여한 것은 하나의 부재란 그 외부 자체로부터만 문화를 받아들일 수 있기 때문이다.[17] 그러나 아프리카니즘 담론은 위험한 지식 기획이었다. "아프리카"를 통해 트란스라티오는 그 자신의 정초적 부정―문화 자체의 완벽한 부재―을 만나게 된다. 이것이 만들어내는 히스테리가 바로 얌보 우올로구엠의 『폭력의 구속』이 번역의 지배를 엄습하는 지점이다.

_2. 얌보 우올로구엠의 신체들

> 하지만 자기들이 알려내려고 하는 작가들을 배반하며 그들로부터 영광을 빼앗고, 동시에 흰색이 아닌 검은 색을 보여주며 무지한 독자들을 꾀어내기 때문에 번역자라기보다는 배반 자라 불러야 정말 마땅한 그들에 대해 나는 무슨 말을 할 것인가?
>
> ―조아심 뒤 벨레

말리 출신인 얌보 우올로구엠은 일종의 신동으로 프랑스 문학계에 등장했다. 에콜 노르말쉬페리외르 졸업생인 그의 첫 번째 소설『폭력의 구속』은 쇠이으 출판사에서 출간되었고, 아프리카인으로서 르노도(Renaudot) 상을 받은 첫 번째 소설이었다. 그러나 1972년에 우올로구엠의 성공담은 구겨진 모습이 되어 그는 표절 혐의를 받게 된다. 평론가들은 그레이엄 그린, 앙드레 쉬바르츠-바르트, 셰익스피어, 아프리카 서사시, 초기 인류학자의 저작 등 다양한 출처에서 엄청나게 많은 다양한 차용들을 찾아내기 시작했다. 이 스캔들은『더 타임스 리터러리 서플리먼트』가 우올로구엠의 소설 한 구절과 그레이엄 그린의『전장』(It's a Battlefield)의 한 구절을 나란히 게재함으로써 절

17_ "블랙 아프리카는 외부로부터만 생명을 부여받는 비문명으로 전락한다." ibid., 18.

정에 이르렀다. 두 구절은 거의 같았다. 그린이 우올로구엠의 출판업자에게 자기 의사를 밝혔던 모양인데, 프랑스 문학 출판계에서 짧은 논쟁이 있은 뒤 『폭력의 구속』은 유통이 취소되었다. 그 이후 우올로구엠은 프랑스어로 글 쓰는 일은 포기한 상태다.[18]

　문제의 책은 지배 엘리트에 의한 대중의 착취와 노예화에 대한 우올로구엠의 묘사로 인해 차용 사실이 드러나기 전에 이미 논란거리가 된 터였다. 소설의 서사는 장면에서 장면으로 이어지는 엄청나게 사디즘적인 폭력에 빠져있다. 텍스트는 아프리카니즘과 원주민주의 담론에 대한 개입이긴 하지만 외부에서 개입하는 것은 아니다. 우올로구엠은 아프리카니스트의 "미개인 대륙" 비유를 재생하며 정당성 확보를 위한 원주민주의 기획들의 고대 아프리카 제국 의존을 냉정하게 풍자하고 있다. 현기증 나는 상호텍스트성과 통렬한 전방위 비평을 통해 우올로구엠은 이들 담론을 서로 삽입시키고 자신을 그 속에 삽입시켜 모든 것을 분리 불가능한—상호 파괴적이고 **동시에** 구성적인—것으로 만든다. 이런 움직임은 양의적이고 철저하게 절충적인 입장에서 두 담론 전략을 뒤흔들어 버린다. 우올로구엠은 어떻게든지 아프리카 독자들에게는 민족주의와 그 신화 조작에 대한 풍자를 제공하는 한편 포르노그래피, 사디즘, 선정주의를 활용하여 유럽 독자들을 유혹해내는 데 성공하고 있다. 그리고 그는 이 모든 것을 차용한 언어—혹은 **차용될 수 있는** 언어—로 해낸다. 이런 개작 흔적들의 존재가 텍스트 전체가 진짜인지 여부를 의문시하게 만드는 것이다. 『폭력의 구속』이 펼치는 엄청난 난교를 겪고 나면 무엇이 누구에게 속하는지 확인하는 것은 더 이상 불가능하다. 이는 우올로구엠의 등장인물에게나 마찬가지로 그가 차용한 것에 대해서도 적용되지만 문화와 언어들의 총체성들과 관련하여 특히 강력하게 적용된다. 아프리카니즘을 원주민주의와 연결하는 반전을 행함으로써 우올로구엠은 "유럽"이 어디서 끝나고 "아프리카"가 어디서 시작하는지 말하는 것을 불가능하게 만든다.

18_ 『폭력의 구속』은 30년의 검열을 끝내고 2003년 4월에 Le Serpent à plumes 출판사에서 재출간되었다. 우올로구엠 자신도 몇 차례 요란하게 공개석상에서 모습을 드러내며 재부상했다.

우올로구엠의 이 작품에 대해 최근에 일어난 비평 상의 복권은 대부분이 그의 유럽 원전 차용에 초점을 맞추고 그를 일종의 탈구조주의적 아프리카인 파괴분자로 만들어낸다. 이런 접근법은 이 소설에 대한 참으로 훌륭한 해석들을 많이 만들어냈지만,[19] 그 안에 깃들은 풍부한 아프리카 원전들—구두로 된 것이든 문자로 된 것이든—은 못 보고 지나쳐버렸다. 전도유망한 한 연구를 통해 토마스 헤일은 타리크 에스-수단(Tarîk es-Soudan)과 타리크 엘-페타시(Tarîk el-Fettâch, 송가이 제국을 확장하고 이슬람화한 16세기 정복자 아스키아 모하마드의 연대기들)가 우올로구엠 시학의 출처이고 그가 펼치는 논쟁 표적임을 밝혀내고 있다.[20] 헤일은 우올로구엠이 연대기들을 어떻게 개작하여 소설 속에 나오는 나켐이라는 허구적 왕국을 지배하는 사이프들에 대한 자신의 묘사에 적용하는지 보여준다. 사이프들은 잔인하고 타락한 지배자들로 묘사되어 있는데, 연대기에도 이에 대한 근거가 있기는 하지만 우올로구엠은 그것을 크게 과장한다는 것이다. 헤일은 그가 유럽 독자들에 대한 미끼로 유럽의 중세 서사시에서 외설적이고 잔혹한 장면들을 뒤져내어 가져와서 과장하고 있다고도 말한다. 우올로구엠의 화자는 연대기들의 신뢰성에 의문을 던지기도 하며 그것들을 자신의 이야기와 떼어내어 그것들의 역할은 사회질서의 영속화가 아니냐는 의혹을 제기하기도 한다.

우올로구엠의 소설은 선정주의로 유럽 독자들을 꾀어내기 위해 송가이 지배자들을 재해석하고 송가이의 과거가 오늘날까지 사헬 지대의 사회적 위계를 특징짓고 있는 방식을 비판한다. 헤일은 소설이 공감하는 방향은 억압받는 민중 쪽이라고 읽어낸다. 우올로구엠 자신이 16세기에 송가이 점령자들에 의한 이슬람화에 저항한 전통적 정령숭배자 종족 도곤족이기 때문이다. 19세기에 이번에는 엘 하지 우마르 탈이라는

19_ Miller와 Appiah 참조.
20_ Thomas Hale, *Scribe, Griot, and Novelist: Narrative Interpreters of the Songhay Empire* (Gainesville: University of Florida Press, 1990), 140-60.

또 다른 이슬람에 의한 정복의 결과로 작은 수의 도곤이 개종을 했는데, 이 무슬림 엘리트가 오늘도 계속 정치적으로 지배적이다. 헤일에게는 그래서 무슬림 지배자들에 대한 저주가 선명하게 다가온다. "그의 독자들 가운데 도곤족의 관점에서 사헬의 역사를 보는 사람들에게 강력한 송가이 지배자들에 대한 탈신비화 묘사는 이해할 수 있겠다는 웃음을 띠게 할 것임에 틀림없다."[21]

이런 설명의 유일한 문제는 우올로구엠 자신의 중층적 정체성이다. 그는 도곤이면서 엘리트 무슬림 가족 출신이다. 그의 가족은 엘 하지 우마르 탈의 지하드 기간에 티자니야 이슬람으로 개종한 도곤족에 속할 가능성이 높다. 탈 가문은 우올로구엠의 출생지인 반디아가라에서 아직도 권세가 높으며 개종한 도곤은 특권층인 티자니야 무슬림 엘리트에 속했다. 우올로구엠의 반디아가라 배경에 대한 조사에 기반을 두고 크리스토퍼 와이즈는 탈 가문이 사이프가 될 가능성 있는 후보라고 말한다.[22] 그는 탈가에 대한 도곤의 감정은 상반된 감정의 병존에서 원한에까지 이른다고 설명한다. 따라서 『폭력의 구속』을 자기-비판 즉 (사이프들의) 지배계급들과 네그라이이(négraille) (여기에 그는 도곤들[Dogons]의 철자를 바꾼 "은도고들"[N'Dogos]을 포함시킨다) 양자로 갈라지는 우올로구엠의 배경에 대한 비판으로 읽어내는 것도 가능하다. 사실 우올로구엠 자신의 횡단적 정체성이 『폭력의 구속』을 특징짓는 방식은 유로아메리칸 비평가들의 주목을 받지 못했다.

이런 시각은 수상쩍은 작가 비평에 너무 가까이 다가가는 것 같아도 우올로구엠의 상호텍스트성에 대한 새로운 접근법을 열어준다. 스캔들과 심지어 최근의 복권 전반에 걸쳐 비평가들은 우올로구엠이 고전적인 서구의 독창성 개념에 대해 반응을 보이고 있었다는 것을 당연시했다. 우올로구엠이 분명 서구의 독창성 물신주의를 못 참아

21_ Ibid., 148.
22_ Christopher Wise, "Qur'anic Hermeneutics, Sufism, and *Le devoir de violence*: Yambo Ouologuem as Marabout Novelist," in Wise, ed., *Yambo Ouologuem: Postcolonial Writer, Islamic Militant* (Boulder: Lynne Reiner, 1999), 222.

하고 자신의 차용이 어떻게 받아들여질지 분명 알고 있었던 것 같기는 하지만, 그의 시학에는 또 다른 잠재적 근원이 있다. 내가 지적한 대로 우올로구엠은 티자니야 무슬림이다. 티자니야 종단은 서아프리카 이슬람을 지배하는 주요 수피 무슬림 단체의 하나다. 우올로구엠의 출생지인 반디아가라는 티자니야에게 특별한 의미를 갖는다. 사헬 지대에 걸쳐 단체의 영향력을 퍼뜨린 19세기 정복자 엘 하지 우마르 탈은 이곳의 인근 동굴에서 죽었다. 반디아가라도 몇몇 핵심 교조 관련 소요의 중심에 있었다. 우올로구엠 시학에 특별한 중요성을 갖는 티자니야 종단의 특징은 서적 연구 및 아랍 학문에 대한 열정이다. 서아프리카에서 나는 티자니야가 "서적협회"(la confrèrie du livre)로 불리는 것을 자주 들었다. 그들은 성향상 분명 아랍애호가다. 티자니야 가문에서 자란 우올로구엠은 에콜노르말쉬페리외르에서 서구문화를 즐겼던 것처럼 거의 분명히 종교적 문화적 몰입을 통해 아랍의 학식을 즐겼을 것이다. 그리고 우리는 아랍의 문학비평을 통해 표절에 대한 색다른 관점을 볼 수가 있다.[23] 아랍 고전시의 관례는 시인이 무엇에 대해 쓰고 어떻게 써야 하는지에 대해 철저하게 제한을 두고 있었다. 아마 유럽의 작가라면 글을 쓰는 내용과 방식에 제한이 주어지면 숨이 막혔을 터이지만 구스타프 폰 그루네바움이 지적하듯이 아랍문학에서는 그렇지 않았다.

아랍시의 관례에 의해 문학적 표현법에 허용된 비교적 작은 수의 모티프는 개별 시인으로 하여금 일반적으로 용인되는 주제로 인해 엄밀하게 한정된 범위 안에서만 개인적 기여를 하게끔 강제했다. 시인의 자유에 대한 그와 같은 제한은…부득불 반복성과 일정한 창의성 부족을 허용한다. 오늘날 독자에게는 정말 숨 막히는 이런 관례의 규칙이 독창성의 가능성까지도 제거하는 듯 보일 것이다.[24]

23_ 이 내용에 관해 지적해준 쇼카트 투라와(Shawkat Toorawa)에게 깊이 감사드린다.
24_ Gustav von Grunebaum, "The Concept of Plagiarism in Arabic Theory," *Journal of Near Eastern Studies*, vol. 13, no. 3 (July 1955): 234.

해답은 이런 제한 속에서 가능한 임기응변과 암시 기교의 개발이었다. 시인과 독자 모두 "전통적 표현법의 수정과 윤색"에 대한 취향을 개발한 것이다.[25] 개별 시의 가치는 영감에 따르는 "천재성"이 아니라 전통적 표현법의 재가공과 전통에 대한 언급이 지닌 미학적 강도에서 나왔다. 그루네바움은 "아랍의 독창성 개념과 그에 따른 표절의 개념은 지난 3, 4세기 동안 서구에서 통하던 것들과 일치하지 않는다"고 말한다.[26]

그와 같은 차용을 일컫는 용어는 사리카트(sariqat)였다. 볼프하르트 하인리히스는 아랍 학자들이 수집한 사리카트 모음집을 살펴보면서 그루네바움의 연구를 더욱 확장시킨다. 하인리히스는 몇몇 상이한 차용 형태를 확인한다. 사리카트에 대한 일반적 관념은 개인 시인은 자신이 행한 개선을 통해 자기의 차용에 대한 권리를 확보한다는 것이다. "'좋은' 사리카트의 공통 요소는 그것이 그 시인의 시에다 전문가가 보면 그것이 차용하는 단어가 단순히 말하는 것을 넘어서서 그것을 풍부하게 하는 상호텍스트성의 성격을 부여한다는 것이다" 하고 하인리히스는 말한다.[27] 가장 직설적인 차원에서도 우올로구엠의 많은 차용들은 언제나 그에 대한 출처를 찾아보는 독자에게 한두 개의 추가된 의미를 제공한다.

이런 점은 그가 저질렀다는 유명한 "표절들"에 특히 잘 적용되는바, 이 표절들 속에서 우리는 대안적 번역이 작용하는 것을 볼 수 있다. 특히 두 개의 차용이 그를 파멸시킨 스캔들을 일으켰다. 사건이 터진 것은 1972년에 일어난 별개의 두 폭로 때문이었다. 에릭 셀린이 『아프리카 문학 연구』(*Research in African Literatures*) 지에 실은 한 논문에서 일부 구절이 슈바르츠-바르트의 『최후의 의인』(*Le dernier des justes*)와 유사하다는 것을 지적했다.[28] 그러나 법적으로 격렬한 문제를 일으킨 것은 슈바르츠-바

25_ Ibid.
26_ Ibid.
27_ Wolfhart Heinrichs, "An Evaluation of Sariqa," *Quaderni de Studi Arabi*, vol. 5-6 (1987-88): 360.
28_ 나는 지난 수년간 셀린이 퍼부은 모든 독설적 비난과 마찬가지로 그가 한 애초의 내부 고발은 정의감보다는 상처받은 자존심과 더 많이 관련되어 있을 것으로 추측한다. 셀린은 우올로구엠의 소설이 처음 나왔을 때 자신이 그 소설에 바친 과도한 칭송을 취소하기 위해 끊임없이 노력해왔다.

르트로부터의 차용이 아니었다. 가장 불명예스러운 차용은 그레이엄 그린의 『전장』으로부터 온 것이었다. 소문에 따르면 오스트레일리아의 한 연구자가 차용된 부분들을 발견하고 그린에게 연락을 했다고 한다. 1972년 5월 5일자 『런던 타임스』는 일고 있는 스캔들에 관한 두 개의 기사를 실었다. 여러 시장으로부터 그 소설의 회수를 다루는 제1면 뉴스 보도 하나와 『폭력의 구속』과 『전장』에서 인용한 구절들을 나란히 놓고 그 아래에 짧은 논평을 붙여놓은 『리터러리 서플리먼트』의 선정적 기사 하나가 그것이었다. 다음은 두 소설의 구절들을 내 나름으로 재생한 것이다.29)

이들 구절과 관련하여 호기심을 불러일으키는 점은 그 구절들이 얼마나 비-선정적이냐는 것이다. 두 구절에는 모두 짐짓 겸손한 체하며 자기 집안을 여자 친구에서 보여주는 한 남자가 나온다. 우올로구엠은 왜 우정 이런 이야기에 신경을 쓴 것일까? 그리고 왜 이 이야기가 검열을 불러일으킨 것일까? 다른 차용들에 훨씬 더 자극적인 내용이 있는데 말이다.30) 우올로구엠은 자신의 책 서장을 이루는 웅장한 서사를 위해 『최후의 의인』에 나오는 휘몰아치는 거대 서사적 구절들을 사용한다. 그는 특히 생생한 고통 묘사를 위해서는 종족지학과 역사연구서들을 훑는다. 독일 병사의 시신을 묘사하는 모파상의 『비계 덩어리』로부터 발췌한 내용이 제1차 세계대전을 다루는 부분에 완전하게 통합되어 있다—전쟁의 폐허에 사람들이 휩싸이게 되는 것에 대한 재치 있는 간접 논평으로 말이다. 이미 언급한 대로 아스키아 모하메드 연대기의 개작들은 아프리카의 신화적 과거를 환기하고 풍자한다. 그렇다면 어떻게 해서 부동산 관광처럼 읽히는 일견 눈에 띄지 않는 구절이 스캔들의 초점이 된 것일까? 물론 그린 작품의 다른 부분 발췌도 있었고, 그린이 우올로구엠의 소설 발매를 금지해 달라고 요구한 것이 이 특정 구절에 대해 그린이 특별한 의미를 부여했다는 말은

29_ *Times Literary Supplement*, 5 May 1972, 525. 『폭력의 구속』으로부터의 인용은 68-69쪽, 『전장』으로부터의 인용은 56-58쪽에서 따온 것이다.
30_ 『폭력의 구속』과 그것과 관계를 맺고 있는 다양한 텍스트의 광범위한 구절 대 구절 비교를 참조하려면 Christiane Chaulet-Auchour, "Writing as Exploratory Surgery," in Wise, *Yambo Ouologuem*을 볼 것.

"나는 여기서 혼자서만 살아요." 그는 슬프고 약간 어색하게 말했다. "아내는 죽었어요." (그가 성냥을 켜고 석유램프에 불을 붙이자 흰 벽이 그들 주위로 일어섰다.) "다른 램프를 켜는 동안 오렌지를 좀 드세요."

그는 네 개의 다른 장치(=램프) 옆에 꿇어앉았고 부드러운 불길이 그의 성냥 끝에서 휘파람 소리를 내며 타올랐다.

"집에 이렇게 책이 많으니 나쁘지 않겠네요," 아와는 염치없게 속삭였다.

"모두 내가 썼지요," 주인(administrateur)은 거짓말을 했다.

"글을 쓰는 건 멋질 거예요."

"뭔가 말해보려는 거지요. 음… 집을 둘러보고 싶으신가요? 집이 빼어난 취향을 보여준다고 생각지 않으세요? 물론 여성의 손길은 없습니다만," 슈발리에는 목소리를 낮추며 덧붙였다.

그런 다음 방에서 방으로 미끄러지며 주인은 램프를 켰다. 그리고 그가 들어가는 곳마다 하얀 벽판, 유리그림, 크림색 벽, 옅은 비취색 천정이 차렷 자세의 보초들이 되어 튀어나왔다.

…

남자는 마치 이 여자를 자기 보물의 초라한 파수꾼으로 만들기를 원했던 듯이 아와에게는 그 어떤 주의도 환기시키지 않고 종종걸음으로 갈 곳을 향해 걸어갔다. 그처럼 아름다운 정부를 갖고자 하는 욕망과 자기의 취미를 완벽하게 만들어준 자긍심을 속삭이기라도 하듯 그는 머리를 숙였다.

"제 침실이에요." 장밋빛 문에 들어서서 램프 하나를 들고 비추며 그가 말했다.

아와는 장밋빛 벽지, 반원형 침대, 장미 꽃잎을 흩뿌려놓은 것 같은 비단 침대보를 보고 기분

"나는 여기서 혼자서만 살아요." 미스터 서로게이트는 약간 딱딱하고 슬프게 말했다. "아내는 죽었어요." 그가 불을 켜자 흰 벽이 그를 에워싸고 일어섰다. "불을 피우는 동안 너트 좀 드세요." 그는 무릎을 꿇었고 부드럽고 쉿쉿 하는 소리를 내는 불길이 그의 성냥 끝에서 일어났다.

"여긴 멋진 곳이군요," 케이 림머가 말했다. "책도 많으시네요"

"다 내 겁니다," 미스터 서로게이트가 말했다.

"글을 쓰면 멋질 거예요."

"누구나 영향력을 펼치려 하지요. 아파트를 보시겠어요? 작지만 신경 쓴 곳입니다. 내 생각에는요. 물론 여성의 손길은 없습니다. 남자 소굴이죠." 미스터 서로게이트는 목소리를 낮춘 정중한 톤으로 덧붙였다. 그러나 소굴이라는 말은 놀라운 오칭이었다. 미스터 서로게이트는 불을 켜며 방에서 방으로 걸어갔고 그가 가는 곳마다 하얀 벽판, 크림색 벽, 옅은 비취색 벽이 차렷 자세의 보초처럼 튀어나왔다.

…

미스터 서로게이트는 불을 켜며 앞으로 걸어 나갔다. 그는 어떤 것도 지목하지 않았다. 부드러운 금발의 머리가 애원조로 수그러진 모습으로 보면 그는 보물을 지키는 비천한 관리인으로 보였을는지 모른다. 자기의 완벽한 취미에 대한 인식에서 고개를 숙이는, 꼭꼭 숨겨놓은 그 지독한 자존심은 누구도 짐작하지 못했을 것이다.

"제 침실이에요." 그는 핑크색 문을 열고 불을 몇 개 켜면서 약간 메마르게 말했다. 케이 림머는 장밋빛 족자들, 반원형 침대, 떨어진 꽃잎들이 흐트러진 것 같은 비단 침대보를 보고 즐거운 신음소리를 냈다.

"아." 부드러운 말씨의 남자보다 그녀를 더욱

이 좋아져서 숨이 막혔다.

"아." 부드럽게 말하는 그 어떤 남자보다 그녀의 비위를 더 잘 맞추며 깊숙하게 비치는 거울을 보고 그녀가 말했다. "오호호," 벽에 홀로 걸린 그림을 보고 그녀가 낄낄거렸다. "너무 예쁘네요, 누구시죠?"

"제 아내요." 슈발리에는 그녀를 쳐다보지 않고 대답했다.

초상화는 침대 바로 위에 있었다. 그것은 깨어나면 그와 마주치는 첫 얼굴이었다. 그 얼굴은 아침마다 아름다움, 적의, 고결함을 베풀며 그를 맞았다.

"얼마나 저 분을 사랑했겠어요!" 아와는 그 얼굴에 매료되어 대답하게 말했다. 그리고 일순 슈발리에는 그녀에게 진실 즉 자기 부인이 거기 있는 것이 그가 그녀를 사랑해서가 아니라 그 그림이 자신을 꿰뚫어본 유일한 인물임을 그에게 환기시켜주기 때문에 그 그림을 다른 곳에 둘 수 없어서였다는 점을 말하고픈 충동을 느꼈다.

"자, 부엌을 보여드리지요." 그가 모면하려는 듯 급히 말했다.

부엌은 하얀 창, 하얀 서랍장, 하얀 식탁, 에나멜 칠한 석탄오븐, 파스텔블루 벽과 천정 때문에 꿈인가 싶은 풍경을 자아냈다.

커튼의 틈 사이로 아와는 옆집에서 거울 앞에서 벗은 채로 머리를 빗고 있는 눈부신 흑인여자를 봤다. 큰 더블베드가 손님을 기다리고 있었다. 당번병이 다음날 아침식사를 위해 식탁을 차리고 있었다. 다른 데서 방담 대위는 차렷 자세를 하고 있는 사병 앞에서 편지를 쓰고 있었다.

"다들 조금씩 다른 일을 하고 있군요." 그녀는 중얼거렸지만 그녀의 시선은 큰 침대로 향했고, 생각은 슈발리에의 방 안에 있는 핑크색 침대보, 그리고 사이프로 향했다.

기쁘게 하는 영상이 깊이 만들어지는 커다란 거울을 보고 그녀가 말했다. "아," 그녀는 벽에 홀로 걸린 그림을 보고 말했다. "너무 아름다우시군요, 누구세요?"

미스터 서로게이트는 보지도 않고 대답했다. "제 아내요." 그림은 침대를 향해 있었다. 그것은 그가 아침이면 맨 먼저 보는 얼굴이었다. 그 얼굴은 데이비스보다 먼저 그 아름다움, 적의, 고결함으로 그를 맞았다.

"저분을 얼마나 사랑하셨겠어요." 케이 림머는 그 얼굴의 마법에 걸린 듯 나직이 말했고, 그리고 한 순간 미스터 서로게이트는 그 그림은 절대 놓치지 않고 자신을 꿰뚫어본 단 하나의 여자를 환기시켜주기 때문에 자신의 혐오에 대한 보상, 자신의 겸손함에 대한 만족감으로 거기 걸려 있는 것이라는 사실을 말하고 싶었다. "부엌을 보여드리지요," 그가 재빨리 말했다.

부엌은 하얀 창, 하얀 서랍장, 하얀 식탁과 에나멜 칠한 가스스토브, 그리고 심청색 벽과 천정 때문에 눈더미 같았다.

…

맨 위 층 커튼의 틈새를 통해 그녀는 머리를 빗고 있는 한 여자를 봤다. 커다란 더블베드가 주인들을 기다리고 있었다. 한 하녀는 아침식사를 하고 있었다. 한 남자는 편지를 쓰고 있었다. 운전사는 차고 위의 작은 플랫 창문에서 몸을 내밀고 자기의 마지막 파이프를 피웠다.

…

"다들 다른 일들을 하고 있군요." 눈길은 더블베드로 향하고 생각은 다른 방의 핑크색 침대보로 간 채, 그리고 줄스와 빵 반 덩이가 빵이 없는 것과 사랑스럽지만 죽어서 별 볼 일 없는 벽 위의 여자보다는 나을 거라 생각하며 그녀가 말했다.

아니다. 그런데도 이 차용은 말하자면 증거가 되었다.

우올로구엠은 자신이 전유한 구절에 전복적 수정을 가했다. 미스터 서로게이트와 슈발리에는 둘 다 자신들의 집 내부에 있는 물질문화를 전시하고 있는 유럽인이다. 이들이 유혹하려고 하는 여자들은 유럽인들이 수집한 책들에 특별한 관심을 표한다. 우올로구엠의 판본에서 슈발리에는 거짓말을 하며 그의 책이 모두 자기가 쓴 것이라고 말한다. 자신의 장서에 대해 그린의 미스터 서로게이트는 "누구나 영향력을 펼치려 하지요" 하고 말한다. 슈발리에는 "뭔가 말해보려는 거지요" 하고 겸손한 척 말한다. 우올로구엠은 장서실을 하나의 허구로, 거짓말로 바꾼다. 각각의 집에는 교양이 많지 않은 두 여자가 거울과 거의 혼동하면서 알아보는 죽은 아내의 초상화도 있다. 죽은 아내는 부유한 가정을 조직하는 논리다. 그녀의 부재를 통해서만 유럽인의 문화적 풍요는 이해 가능해진다. 우리는 유럽의 타자화하는 위계들에 내재하는 부재와 비-문화의 유희를 읽어낼 수 있다. 그린과 우올로구엠의 작품 모두에서 남자는 여자를 유혹하지만 그 효과는 크게 다르다. 『폭력의 구속』에서 아와는 사악한 지배자 사이프가 보낸 스파이다. 슈발리에가 아와를 심한 혼란에 빠뜨리긴 하지만 그녀는 그래도 "그의 혀를 푸는 데"(*lui delier la langue*) 성공한다.[31] 문화적 풍요의 전시는 그것을 훔칠 수 있는 기회, 유럽인의 "말을 동요시키는" 기회가 된다.

이런 변형들이 교활할지는 몰라도 우올로구엠이 자신의 속박 안에서 내용을 가지고 노는 방식을 보여줄 뿐이다. 이런 특유한 절도의 빛나는 점은 다른 데 있다. 진짜 범인은 우올로구엠이 행한 대안적 형태의 번역, 이 경우에는 번역-으로서의-표절의 사용이었다. 이것이 검열 반응이 봉쇄하려 한 가능성의 범죄였다.

타임스 리터러리 서플리먼트[TLS]가 문제의 구절들을 제시한 도식이 눈여겨볼 만하다. 「아프리카에서 온 **새로운** 어떤 것?」이라는 표제 하에 두 텍스트는 나란히 서로

31_ Yambo Ouologuem, *Le devoir de violence* (Paris: Seuil, 1968), 71.

다른 칸에 들어 있다. 우리는 즉각 등가-차이의 도식에 직면하게 된다. 두 텍스트는 번역을 보여줄 때와 똑같은 방식으로 서로 기대고 있는 신체들처럼 구획되어 있다. 양자의 경계는 문자 그대로 양자를 둘러싼 가장자리들에 의해 새겨져 있다. 그러나 이런 몸짓 자체는 TLS가 그들의 관계를 표절의 관계로 설명하면서 무너진다. 한 텍스트가 다른 텍스트의 복제품 또는 "산만하면서 멋을 부린 판본[다른 데서는 번역이라는 표현을 씀]"이라면,[32] 그렇다면 의문에 붙여지는 것은 바로 그들의 차이다. TLS의 지면을 보면 우리는 이들이 상이한 텍스트라고 결론 내려야 할 것 같지만, 두 텍스트와 TLS의 논평을 읽어보면 둘이 거의 동일하다고 이해해야만 할 것 같아진다. 하나는 한갓 복제일 뿐이지만 말이다. 이와 같은 정체성의 유희가 번역-으로서의-표절이 도입하는 부가적 복잡성이다. 이 행위는 텍스트를 하나의 언어에서 다른 언어로 옮김으로써 전통적인 번역 도식을 환기시킨다. 텍스트가 언어들 사이로 움직이도록 하기 위해서는 언어들 자신이 구분되어야 한다. 그래서 처음에는 번역-으로서의-표절은 작가들, 문학들, 언어들 간의 구분을 구체화하는 것 같다. 그러나 이 관행은 또한 정전 문학들을 구성하고 분리하는 말해지지 않은 힘과 절도의 관계들을 보여준다.

이것이 어떻게 가능한지 알아보기 위해 번역-으로서의-표절의 구성 부분들을 살펴보자. 표절은 한 텍스트의 소유권에 문제를 제기하는 텍스트성의 한 형태(훔친 텍스트)다. 번역은 언어들을 연결한다고 하면서 분리시키는 텍스트성의 한 형태(언어적으로 전달된 텍스트)다. 이런 현상에 대한 "상식적" 관점은 차이, 독창성, 가치 간의 상호의존적 관계를 자명한 것으로 취급한다. 당연히 표절과 번역은 둘 다 원본과 다르(고 원본보다 열등하)다. 우올로구엠의 시학은 텍스트성의 이런 형태들을 종합할 수 있는 근본적 잠재력을 구현한다. 번역-으로서의-표절은 표절의 전복적 의도를 가지고 번역의 반복가능성을 원본의 특권적 위상에 대한 공격으로 전환시킨다. 그것은

32_ Tim Devlin, "Echoes of Graham Greene halt prizewinning book," *The Times* (London), 5 May 1972.

두 방향으로 위계를 파괴한다. (하나가 다른 하나 위에 있도록 분리되어 있던) 언어들의 신체들이 서로에게 개방되고, (서구의 소중한 신화, 시대를 걸쳐 일어난 유럽적 천재의 트란스라티오에 해당하는) 저자의 특권적 권리가 무너지는 것이다.

『폭력의 구속』에서 서구의 문학적 감수성으로 하여금 견디지 못하게 만든 것은 그 작품의 복합적 공격이었다. 그레이엄 그린 구절은 번역-으로서의-표적 사례였기 때문에 논쟁과 검열에 불을 붙였던 것이다. 프랑스 작가들을 표절했을 뿐인 소설이라면 결코 그런 정도의 스캔들을 불러일으키지는 않았을 것이다. 이런 점은 런던 타임스 기사에서 가장 분명하게 드러난다. 이 기사는 두 개 대신 세 텍스트—『전장』, 『폭력의 구속』, 『폭력에 얽매여』(*Bound to Violence*, 랠프 만하임의 영어번역)—로부터의 발췌 부분들을 비교하고 있다.

> 그린(『전장』): "나는 여기서 혼자서만 살아요." 미스터 서로게이트는 약간 딱딱하고 슬프게 말했다. "아내는 죽었어요"
>
> 우올로구엠(『폭력의 구속』): "나는 여기서 혼자서만 살아요." 그는 슬프고 약간 어색하게 말했다. "아내는 죽었어요"
>
> 만하임(『폭력에 얽매여』): "나는 여기서 혼자서만 살아요," 그는 슬프고 약간은 딱딱하게 말했다. "아내는 죽었어요"[33]

이 비교는 『타임스』지가 생각하는 것과는 달리 원본의 우월함을 재확인해주는 것 같지는 않다. "저자들"의 정체성을 감안하여 이들 텍스트에서 목소리가 어떻게 나는지 살펴보라. 만일 이 구절이 정말 표절된 것이라면 우올로구엠과 그의 역자는 둘 다 그린이 된다. 만일 이 구절이 번역이라면 우올로구엠은 그린을 "회전시킨" 것이고,

---

33_ Devlin, 2.

만하임은 우리가 번역을 정체성의 일차적 형태로 보느냐 표절을 그렇게 보느냐에 따라서 우올로구엠이 되거나 그린이 된다. 우올로구엠의 범죄가 표절이라고 말하는 것은 그를 실추시킨 구절이 번역의 번역이라는 핵심을 놓치는 셈이다. 번역-으로서의-표절은 우리로 하여금 번역의 번역은 있을 수 없다는 발터 벤야민의 견해를 무시하게 해준다.[34] 표절된 텍스트를 어떤 번역체계에 넣는 일은 그런 사실을 알지 못하는 번역자로 하여금 원래 표절자의 범죄를 반복하게 만들고 충격파를 언어와 언어를 통해 전달하는 셈이다. 검열은 텍스트를 그 탈주선상에서 멈추게 하려는 마지막 시도였다. 그린의 소설로부터 차용한 것이 히스테리의 주된 원인이 된 것은 그런 짓이 번역-으로서의-표절이 도둑맞은 번역을 번역하도록, "나의 언어"와 "나의 텍스트"가 그 의미를 잃을 때까지 그 번역행위를 반복하도록 한다는 것을 보여준 때문이다. 번역-으로서의-표절의 급진적 제안은 한 번 도둑맞은 것은 다시 도둑맞을 수 있다는 것이다. 유럽 문화의 모든 부, 고대 아스키아 제국의 모든 재화, 오늘날 아프리카 독재자 무리의 모든 노획품들, 이 모든 것은 도둑맞은 것이고 고통 위에 세워진 것이다. 우올로구엠의 시학은 이런 폭력과 절도의 관계를 문자 그대로 보여주고 동시에 나갈 길을 제시하고 있다. 그런 행위가 수없이 반복될 수만 있다면 말이다.

_3. 분명히-끝내기: 랑그와 변형

밤중에 황야에서 길을 잃은 사람을 상상해보라. 그는 어떤 희생을 치르더라도 자기 부족에게 돌아가는 길을 찾아야만 한다…그래서 그는 무얼 할 수 있겠는가?…그는 아무리 이상하더라도 실제로 사용되고 있는 절차를 따른다. 그는 짖기 시작하는 것이다…걸어가면서 이 여행자는 두서없이 짖는 소리를 낸다. 주변에 어떤 개라도 있으면 이 개들이 되짖을

34_ "의미는 그것들에 너무 느슨하게 붙어있기 때문에." "The Task of the Translator" in *Illuminations*, trans. Harry Zohn (New York: Schocken Books, 1968), 81.

것이고, 사람이 사는 부락의 위치를 알려줄 것이다…집으로 가는 길을 찾기 위해 여행자는 짖어야만 한다. (다시) 인간이 되기 위해 그는 먼저 자신을 개로 변형시켜야 하는 것이다.

-압델파타 킬리토

고전 아랍 문화에 대한 에세이 모음인 『저자와 그의 닮은꼴들』(The Author and His Doubles)에서 압델타파 킬리토는 아랍 저자들이 정체성을 다루는 여러 방식들을 살피고 있다. 그가 다루는 토픽은 "출처가 없거나" "출처가 있는" 시적 착상과 사리카트 차용에서 시작하여 비평가들로부터 스스로 보호하기 위해 자신들의 저작들을 일부러 다른 사람의 것으로 만드는 유명한 저자들에 이르기까지 다양하다. 엄밀히 말해 킬리토는 이전 형태의 번역에 속하지만 우올로구엠과 관계되는 많은 것들과 마찬가지로 그 역시 제 자리에서 벗어난 사람이다. 그의 책 마지막 장에서 킬리토는 내가 위에서 인용한 제사로 가져온 개가 되는 사람의 우화를 이야기하고 있다.[35] 킬리토의 일화는 아마두 쿠루마의 『독립의 태양들』에 나오는 언어들의 조건으로 펼쳐진다. 우화는 밤에 집으로 가는 길을 찾기 위해 고대 아랍인들이 사용한 실제 전략과 관련되어 있다. 길을 잃은 여행자는 진짜 개들이 되짖어서 자기를 집으로 안내해줄 것을 기대하며 개처럼 짖곤 했다. 킬리토는 일단 짖기 시작하면 해피엔딩 이외에 아주 많은 가능성들이 있다는 것을 보여준다. 사람은 자기의 언어를 잊어버리고 오직 짖기만 할 수도 있다. 혹은 자기가 짖는다고 생각하는 개들이 똑같은 어려움에 처한 다른 사람들처럼 진짜 개가 아닐 수도 있다. 사실 그의 부족 전체가 그를 찾느라고 짖는 것일 수도 있다. 그들도 어떻게 말하는지 잊어버렸을 수도 있고 아니면 그를 찾으러 다니느라 헤매게 된 것일 수도 있다. 이런 일이 일어난다면 그 여행자는 자기 부족 대신 다른 낯선 부족을 만날 수도 있고, 이들 속에 섞이면 그는 그들의 언어를 모르

35_ Benjamin, 76.

기 때문에 동물, 원숭이와 다를 바가 없게 된다. 개들의 언어를 말할 때 위협은 사람이 개가 될 것이고, 자신의 언어는 다시는 찾지 못하리라는 것이다. 동물들의 언어를 말하면 사람은 동물이 된다.[36]

우리가 타자를 찾아서 언어를 내보내면, 언어가 가는 곳, 그것을 되돌려주는 사람, 그리고 심지어 언어가 되돌아올 때 우리가 어떤 사람이 되는가는 모두 변신의 힘에 따른다. 발터 벤야민에게 번역은 어둠 속의 그런 외침이다.

문학작품과는 달리 번역은 언어 숲 중심부가 아니라 나무가 있는 등성이를 마주한 바깥에 있다. 번역은 메아리가 다른 언어로 된 작품의 반향을 자신만의 언어로 제시할 수 있는 단 하나의 지점에 들어가거나 겨냥하는 법 없이 그 반향을 불러들인다.[37]

아마두 쿠루마가 보여주는 대안적 형태의 번역은 언어적 변형의 형태다. 들뢰즈와 가타리는 다음과 같이 쓰고 있다. "변형은 은유의 반대다. 말의 영역에는 원래의 의미도 비유적 의미도 없고 상태의 배분이 있을 뿐이다. 사물과 다른 사물들은 탈주선을 따라 탈영토화된 소리와 낱말들이 가로지르는 강도(强度)들(intensities)일 뿐이다."[38]

은유와 변형 간의 이런 긴장은 앞에서 살펴본 유럽의 번역 계보학에 핵심적이다. 사실 번역에 대한 통상적 표상은 은유적으로 작용한다. 한 언어는 우리로 하여금 동일함과 차이를 동시에 지각하도록 해주면서 다른 언어를 참조하는 것인데, 이것이 바로 은유의 기능이다. '학식과 제국의 번역'(translatio studii et imperii)에서 '트란스라티오'는 제국의 지식 기획을 참조함으로써 제국의 정신으로 하여금 새로운 신체를 통해 생존해나가도록 한다는 점에서 은유와 똑같은 방식에 뿌리를 박고 있다. 변형은 들뢰

36_ 이 개념은 프로이트의 유명한 '늑대인간' 사례에 대한 들뢰즈와 가타리의 대항독해인 『천의 고원』의 한 장을 이루는 '1914년─늑대는 한 마리인가 여러 마리인가?'에서 나온 것이다.
37_ Benjamin, 76.
38_ Gilles Deleuze and Félix Guattari, *Kafka: pour une littérature mineure* (Paris: Editions de Minuit, 1975), 40.

즈의 '생성'(devenir) 개념과 긴밀하게 연결되어 있다. 쿠루마의 변형적 번역 형태에서 언어들은 같은 상태에 있으면서 상호 참조하는 것이 아니다. 언어들은 그와는 달리 자신들에 대해 타자가 된다. 언어들은 끊임없는 생성과정으로 투입되는 것이다.

나의 독해는 말린케어와 프랑스어가 상호 연결되는 지점에서 『독립의 태양들』을 이해하기를 꿈꾼다. 이런 환상적 독해를 위해 나의 독해는 다른 사람들의 독해들에 의존한다. 말린케어에 대해서는 단어 몇 개를 아는 정도밖에 되지 않기 때문에 나는 이에 따라 다른 곳을 바라볼 수밖에, 말하자면 번역자들에 의존할 수밖에 없다. 세부적인 검토를 할 때 나는 마킬리 가사마의 『아마두 쿠루마의 언어』(*La langue d'Ahmadou Kourouma*)를 참조한다.[39] 가사마는 말린케어 표현들을 닮은 쿠루마의 많은 언어 유형들을 검토하여 언어적 창안, 전이, 그리고 교체 사례들을 목록화했다.

『독립의 태양들』을 읽을 때 우리가 맞닥뜨리는 첫 번째 갈등은 텍스트와의 관계에서 언어에 대해 무슨 말을 할 것이냐는 것이다. 가사마가 지적하듯이 『태양들』은 랑그를 파롤이 아니라 랑가주와 대립시킨다(파롤은 침묵을 지킨다. 파롤은 쿠루마의 재작업에 들어있는 말해지지 않은 구술 차원이다).[40] 단 하나 말린케 용어인 쿠마냐 (*kumaña*)—"자신을 표현하는 수단"—는 프랑스어의 랑그/랑가주와 상충한다.[41] 서구 독자들은 랑그/파롤 대립을 훨씬 더 친근하게 여긴다. 여기서 랑그와 랑가주—이미 애매한 구분이지만—는 쿠마냐를 통해 서로에게 이끌린다.

이 대립에 유념하면서 나는 조심스럽게 이들 용어에 대한 영어 "번역들"에 접근하려고 한다. "랑가주"는 "언어"(language)라고 번역할 것이다. "랑그"는 더 애매한 용어다. 나는 이 용어는 그것을 수정한 말이 흥미로운 논지를 만들어낼 때를 제외하면

39_ Jean-Pierre Makouta-M'Boukou, *Introduction à l'étude du roman négro-africain de langue française* (Dakar: Nouvelles Editions africaines, 1984)의 쿠루마 부분 참조. 마쿠타는 쿠루마의 스타일을 주어진 발화의 말린케어로부터의 거리에 바탕을 두고 세 차원으로 구분한다.

40_ Makhily Gassama, *La langue d'Ahmadou Kourouma, ou le français sous le soleil d'Afrique* (Paris: ACCT-Karthala, 1995), 22.

41_ Ibid., 23.

번역하지 않고 사용하려고 한다. 이는 부분적으로 영어권 독자의 편의를 고려해서 혼동을 피하기 위함이다. 나는 또한 프랑스어로 된 용어가 지닌 불투명한 점 몇 가지, 특히 『태양들』에 의해 그들 용어 사이에 생겨난 혼란을 보존하고자 한다. 하지만 "랑그"와 "랑가주"는 서로 교환 가능한 경우가 많으며, 거의 언제나 영어에서는 "언어"(language)로 옮긴다. 그렇다면 왜 "랑그"를 선호하는 것인가? 로베르 사전에 따르면 "랑가주"는 "발성(말) 또는 물질적 기호 표시(글)를 통해 이루어지는 사유의 표현과 사람들 간의 소통 기능"을 의미한다. 그것은 또한 "자기표현의 방식"이다. 반면에 "랑그"는 첫째 말 그대로의 혀이고, 그 다음으로는 "한 사회 집단(언어적 공동체)에 공통되는 사유와 소통 표현의 체계"이며, 또한 "랑가주"와 같이 한 개인의 자기표현이지만 이는 스타일상으로 더욱 그러하다.[42]

"랑그"는 표현의 체계에 더 많이 해당하고 "랑가주"는 표현의 기능에 더 해당하지만 둘 사이에는 대립이 크게 작용하는 것 같지는 않다. 그렇다면 왜 하나를, 특히 체계에 해당하는 "랑그"를 내세우는가? 가사마도 쿠루마가 **말린케 랑가주를 되돌려주기 위해 모든 언어적 경계를 제거함으로써 자신이 말린케어로 해석한 프랑스어 랑그를 굴복시켰다**"고 말한다.[43]

나는 여기서 랑그가 체계-기능으로서 그것이 랑가주에 대해 지닌 (비)대립보다는 부수적인 의미를 살펴보고 있다. 랑그를 번역하지 않는 것은 그 용어에다 단일한 의미를 부과하지 않으려는 것이다. 랑그는 표현의 개인적 스타일을 나타내고 랑가주는 공동체와 동연적이며 말 자체의 기관이기도 하다.

랑그를 번역하지 않으려는 것은 특정한 것, 개인적인 것, 그리고 소수자적인 것과의 연계를 향해가는 것이며 동시에 이 말을 한 부족—이 경우에는 말린케족—의 랑그와 연계시키는 것이다. 랑그의 모든 의미들(언어, 스타일, 혀) 가운데 내가 마지막

42_ Ibid.
43_ Ibid., 43.

가능성을 선택하는 이유에 대해 해명할 필요가 가장 많을 것이다. 내가 랑그를 사용하는 것은 부분적으로는 쿠루마의 번역 형태가 지닌 일부 곤란을 미리 말해주는 불안정한 신체적 차원을 상기시키기 위함이다. 랑그라는 용어를 사용하면 언어에 대한 생각이 신체 속으로 (재)각인된다. 분명 이것은 즉각적인 재영토화, 신체적 영토화를 수반한다. 언어는 혀가 되는 것이다. 그러나 어쩌면 이는 단지 언어의 우발적인 재-영토화, 덧없는 신체화인지도 모른다. 들뢰즈와 가타리는 언어-랑그의 두 영토를 구분하고 있다.

> 풍요롭든 빈곤하든 언어라면 그것은 언제나 입술, 혀, 그리고 이빨의 탈영토화를 수반한다. 입술, 혀, 이빨은 자신의 원초적 영토성을 음식에서 찾는다. 소리의 분절에 전념함으로써 입술, 혀, 그리고 이빨은 탈영토화된다…사실 언어는 통상적으로 의미에 있어서의 재영토화를 통해 자신의 탈영토화에 대한 보상을 받는다. 한 감각기관이 되기를 멈춤으로써 언어는 의미(Sens)의 도구가 된다.44)

신체적 차원을 선호함으로써 나는 랑그를 신체의 재영토화에 넘겨버리는 것은 아닐까? 왜 이런 원시적 영토성으로 돌아가려 하는가? 바로 언어들을 그 자신들에게로 향하는 신체들로 여기는 일부 표상의 재영토화(또한 언어에 친자관계, 부성, 모성이 침투해 들어오는 것)를 피하기 위함이다. 랑그는 화자, 집단을 소유하고 있다는 주장들과 그 자체 사이에 떠있다. 하나의 랑그는 누구에게 속하는가? 랑그로서의 표현은 총체화된 "언어들"의 한 구성적 일부로서 소유되는 것을 벗어난다. 하나의 랑그는 그 사용자에 의해 암묵적으로 소유되지 않는다. 소유의 주장은 데리다가 말한 단일언어적 딜레마에 직면할 것이다.45) 그 대신 랑그는 화자, 저자의 과정이고 과정-속-주체

44_ Deleuze and Guattari, *Kafka*, 35.
45_ "어떤 언어 속에서 '나'라고 말해지는지, 내가 '나를' 하고 말하는지 알 필요가 있다. 문법적, 논리적, 철학적이지만은 않은 모든 관점에서 보면, 우리는 이른바 자서전적인 회상의 '나', '나는 기억한다'의 '나는 언어들에 따라서 다르게 만들어지고 말해진다는 것을 잘 알고 있다. 그것은 절대로 언어들에

로서의 번역자다.

지금까지 나는 가사마의 쿠루마 독해에 맹목적으로 의존해왔다. 그러나 가사마는 통상적인 의미에서 "번역한다"고 주장하는 모든 사람들처럼 특정한 대형상화(cofiguration) 도식을 유지해온 편이다. 더 나아가기 위해 나는 이 도식을 살펴봐야만 한다. 나의 독해는 번역에 대한 가사마의 설명은 선뜻 받아들이지 않음과 동시에 그의 번역으로 사용할 수 있게 된 연관관계들(이들 모두가 명백하지는 않지만)을 이끌어내려고 한다. 물론 이것은 불가능한 일이다. 그러나 에두아르 글리상의 "관계의 시학" 정신에 따라 나는 불가능한 총체성을 향해 나아감으로써만 우리는 그와 같은 불안정한 문장의 잠재적 가능성들을 들춰낼 수 있다고 소박하게 말하고 싶다.

가사마의 책은 계속되는 본질주의로 분석상의 흠결이 있기는 해도 말린케 독자의 입장에서 말린케어—프랑스어의 상호작용을 다룬 점 때문에 매우 소중하다. 쿠루마의 기법들 가운데 가사마가 좋아하는 것은 쿠루마가 프랑스어 단어가 다른 뜻을 갖게 하는 부분이다. 가사마는 세 단계 과정을 보여준다. "작가는 단어를 그 실체, 그 전통적 의미에서 비워냄으로써 탈의미화한다…작가는 단어에 새로운 의미를 채운다…작가는 독자를 그의 통상적 언어 세계로 되돌려 보낸다. 그리고 독자는 그 단어가 지닌 새로운 의미를 알게 된다."[46]

한 단어가 의미가 비워지고 새로운(말린케) 의미를 부여받고, 그리고 그 원래 맥락으로 되돌려진다. 가사마는 포장과 요리법 은유를 광범위하게 활용한다. 전통적인 의미작용을 잃게 되면 단어는 "잃어버린 포장이 되고 아마두 쿠루마가 그것을 회수해

선행하지 않고 따라서 랑그 일반과 독립해 있지 않다." Jacques Derrida, *Le monologuisme de l'autre* (Paris: Galilée, 1996), 54. "나"는 언어 외부에서 나를 말할 수 없다. "나"가 한 결과로서 나타나는 언어의 내부가 아니면 내가 언어를 소유할 수 있는 곳은 어디에도 없다. 언어는 언제나 타자를 의도하고 향해 있으며 따라서 주체는 자신의 말조차도 소유한다고 할 수가 없다. 주체의 언어의 상실은 그래서 절대적이다. (프란츠 파농의 다음 말도 참조: "말한다는 것, 그것이 절대적으로 타자를 위해 존재하는 것임은 물론이다.")

46_ Gassama, 25-26.

서 속을 채워 넣는다."[47] 프랑스 도자기 접시에다 말린케어를 담아 올리는 것에 대한 이야기도 있다.[48] 나중에 쿠루마는 "말린케 행상들이 그렇게 하는 것처럼 프랑스어권이 소비할 수 있도록 새로운 상품을 채워 넣기 위해 프랑스어 단어들에서 그 전통적인 갈리아 내용을 비워냈다"고 한다.[49] 이 이미지는 교역과 소비의 혼합이다. 저자는 한 단어에서 (프랑스어의) 의미작용을 제거하고 그것을 말린케(음식)로 채우고 프랑스어권 시장에서 판다. 가사마의 설명 도식들 안에서 프랑스어권은 쿠루마의 랑그가 절대로 탈영토화 도구가 될 수 없도록 보장한다. 프랑스어권은 필연적으로 텍스트가 그 속에서 기대를 자아낼 수도 있지만 결국은 소비용 제품을 제공할 수밖에 없는 언어와 통화로 이루어진 일정한 질서들의 지속을 의미한다.

단어들로 돌아가면 'vidé', 'jugé', 'viandée'는 공통의 영역을 갖고 있다. 쿠루마의 신조어 대부분은 가사마가 지적하듯이 이렇든 저렇든 간에 비난조다.[50] 쿠루마는 그가 창조한 인물들이 독립의 태양들 아래에서 갖게 된 배반, 공허, 좌절의 느낌을 수용하기 위해 단어들을 잡아늘인다. 그러나 가사마는 쿠루마의 시학은 프랑스어 자체의 배반이라고 확대해석하는 데 열심이다.

하나의 단어가 어떤 비워진 공허가 되면 어떤 일이 일어나는가? 가사마는 단어의 변경은 '그것'(the it)을 그 자체와 다른 것으로 만든다고 암시하고, 더 나아가서 쿠루마가 프랑스어에 폭력을 가한다고 추론한다. 가사마는 쿠루마가 "프랑스어를 짓밟고 배반한다"고 쓰고 있다.[51] 쿠루마가 프랑스어를 배반했던가? 아니면 프랑스어 단어를? 아니면 그저 한 단어를? 이 언어적 폭력의 대상(목적)은 무엇인가? 프랑스어 자체에 공허가 작용한다고 생각하는 것이 타당한가? 프랑스어 'vider'가 그 자체와 다른

47_ Ibid., 44.
48_ Ibid., 27.
49_ Ibid., 118.
50_ Ibid., 51.
51_ Ibid., 25.

것이 되었다고 하는 가사마의 주장으로부터 쿠루마의 랑그가 프랑스어를 그 자체와 다른 것으로 만든다는 결론이 나오지는 않는다. 여기서 문제가 되는 것은 번역 과정에 대한 은근히 환유적인 표상이다. 단어 대 단어의 관계는 언어 대 언어의 관계가 된다. 언어에 대한 논의에서, 번역에서 단어가 말을 할 때 이 단어는 결코 그 자체를 위해서 그렇게 하지 않는다. 그것은 언어 통일체 전체를 놓고 말한다. 단어는 총체성을 말하고 표상하게 되어 있다.

언어-단어는 많은 점에서 랑그-파롤과 유사하다. 한 단어는 한 언어의 특정한 심급이고, 그것이 번역될 때 우리는 프랑스어에서 영어로, 말린케어에서 프랑스어로 번역한다고 말한다. 이리하여 번역-행위는 단어의 특정한 심급을 기각하고 아울러 자신은 총체성들 간의 교환을 이룬다고 주장하기 위해 그 단어에 의존한다.

"만일 쿠루마의 소설이 말린케어로 또는 **다른 모든 아프리카언어**들로 번역되었더라면 그의 부족은 하마탄 바람의 먼지 속에서 길을 찾듯이 그 속에서 길을 찾았을 것이다" 하고 가사마는 말한다.[52] 가사마가 아프리카 언어들에서 찾아내는 등가성, 교환 가능성은 놀랍다. 그가 하마탄을 언급한 것은 말 그대로 문화적 본질을 물리적 풍경 안에 "접지시키는" 친근한 제스처다. 장-피에르 마쿠타-음부쿠도 쿠루마에 대해 언급하며 비슷한 등식을 확인한다. "그는 서구와 소외된 자들에 의해 전형적인 규범으로 간주되는 질서로부터 '주변적인' 인간의 질서, **말린케 질서**로 미끄러지지만 이 말린케 질서는 이미 니그로-아프리카 질서 일반이기도 하다."[53] 마쿠타 또한 만데족(the Mandé)을 아프리카와의 환유적 관계를 통해 파악한다. 마쿠타와 가사마는 말린케 영향을 받은 사례들을 "거명함"으로써 쿠루마의 스타일을 더 광범위하게 "니그로-아프리카" 스타일 및 표현과 연결시킨다.

자신의 가장 정밀한 독해에서 가사마는 프랑스어와 말린케어에서 동사 "끝나다"에

52_ Ibid., 118. 강조는 필자.
53_ Makouta, 303.

나올 수 있는 시제들을 비교한다. 이 단어[finir]는 소설 첫 문장에 나온다. "말린케족인 코네 이브라히마, 그가 수도 코네에서 죽은 지 일주일이 지났다. 또는 말린케어로 하면, 그는 작은 감기 하나도 견디지 못했다…"[54] "Avoir fini"는 여기서 "죽었다"라는 의미를 전달하려는 의도로 쓰인 것이다. 그러나 프랑스어에서는 'Être fini'가 더 알기 쉬운 선택이었을 것이다. 가사마는 왜 'avoir'를 사용했는지 설명하고 있다.

우리는 말린케어가 교착어라고 했다. 여기서 단어는 그 의미나 기능을 변형시키는 다양한 변동을 겪는다. 이를 위해서는 단어에 접사적 요소들을 추가하는 것으로 충분하다. 말린케 단어 'abãna'(그는 끝났다, 그는 죽었다)에서 접두사 'a'는 사실 대명사 주어를 이루고 이것은 성이 아니라 수, 인칭 동사 시제에 의해 변한다. 이 'a'는 그래서 그(il)나 그녀(elle)를 의미한다. 그러면 'bãna'는? 이것은 시제 개념을 전혀 도입하지 않는다…어떤 보조 동사도 요구하지 않고 어떤 시간 개념도 갖지 않으므로 말린케의 'abãna' 단어는 '끝나다'(finir)라는 어근, 부정사와 다를 바 없다. 단어의 맥락적 의미만이 청자를 이끌 뿐이다. 따라서 형태소 'abãna'는 글자 그대로는 '그-끝나다'로 번역될 수 있으며, 우리는 각 요소가 형태상 어떤 변형도 없이 문장 안에서 완전한 자율성을 보존하고 있다는 것에 유념해야 한다.[55]

'그-끝나다'(il-finir)를 프랑스어로 표현하는 것은 'avoir fini'와 'être fini' 간의 선택을 강요한다. 가사마는 이 설명에서도 쿠루마가 프랑스어 조동사의 부적합함을 지적하려 한다고 말하는 것 이외에는 'avoir fini'를 선택한 이유를 찾아내지 못한다. 좀 더 결정적인 답을 찾기 위해 가사마는 쿠루마가 'avoir fini'를 가지고 정확하게 'abãna'의 어떤 형태에 다가가려고 하는지 알아본다. 그는 문법적으로 'bãna'의 여섯 가지 주요 시간 형태를 분석한다. 이 단어는 어근 'bãna'(때로는 bã만 쓴다)에 인칭과 시간을 가리키

54_ Ahmadou Kourouma, *Les soleils des indépendances* (Paris: Seuil, 1968), 1.
55_ Gassama, 28-29.

는 불변화사들을 부가(교착)함으로써 "활용된다." 예컨대 'Adibã'는 어근(bã)에 불변화사 'di'(시제)와 'a'(인칭)를 더해서 구성된 미래형(그는 끝날 것이다)이다.56) 현재형 'ayebãkã'는 'avoir fini'의 가장 그럴듯한 출처로 보이지만 이 현재시제는 상당히 복잡하다.

'Ayebãkã'는 글자 그대로는—그리고 이 이미지를 간직할 필요가 있다—'그-죽다-위'를 의미한다. 말린케어, 만딩고어, 자한케어, 밤바라어 등 모두 병렬어인 만데 언어들에서 접미사 'kã'는 '위'(sur)를 의미한다. 사실 'kã'는 "높은 위치" 또는 "바깥"을 나타내는 전치사의 값도 갖고 있어서 시간과 공간에서의 거리, 떨어져 있음의 뜻도 끌어들인다. 'Être sur'(위에 있다)는 있었던 곳에 더 이상 있지 않다, 우리를 "실어나르는" 구체적이거나 추상적인 대상과 동시에 "나아가다"라는 뜻이다. 이 단어에는 공시성, 즉 동시에 일어나는 운동들이라는 개념이 있는 것이다. 말린케어에서 접미사 'kã'는 단어 속의 이런 연결들 덕분에 어떤 시간 개념도 드러나게 하지 않는 프랑스어 전치사 'sur'의 의미가(意味價)를 훨씬 능가하는 의미가를 가지고 있는 셈이다.57)

쿠루마는 'avoir fini'(죽고 말았다)를 가지고 'il-mourir-sur'(그-죽다-분명)의 불가피성—그는 분명 죽을 것이었다, 그는 결국 죽었다—을 전하려고 한다.58) 분명 'être fini'(죽었다)는 불충분하다. 'Avoir'는 과정의 함축을 좀 더 많이 가지고 있다. "Ibrahima Koné a fini"(이브라히마 코네는 끝나고 말았다, 죽고 말았다)가59) 그 자체로 'ayebãkã'의 근사치인 'il-mourir-sur'의 명확성을 과거시제로 드러내는 데 가장 근접하고 있다. 'Avoir fini'와 관련한 추적은 답변보다는 더 많은 질문을 제출한다. 가사마의 'abãna'

56_ Gassama, 38.
57_ Gassama, 39.
58_ 지금까지의 논지를 보면 'il-mourir-sur'는 "그-죽다-분명"으로 이해되는데, 필자는 여기서 괄호 안에서 "he-die-for sure"라는 영어 번역을 제시하고 있다. "For sure"의 뜻이 되려면 프랑스어는 "sûr"가 되어야 할 것이다. 원문에서 논지상의 혼동이 일어나고 있는 것 같지만 영어 원고대로 번역한다.-역주
59_ Kourouma, 1.

논의의 중요성은 쿠루마의 시학이 어디서 유래하는지 밝힌 데 있는 것이 아니라 그 동사 자체를 심문한 데 있다. 'Finir'와 'abãna' 사이에는 어떤 틈이 있는가? 프랑스어와 말린케어에서 우리는 어떻게 "끝나고" 이들 언어가 "끝나는" 곳은 어디인가?

말린케어 표현 방식으로 프랑스어를 시제화하려는 시도는 현재형에서 어떤 차이를 이끌어낸다. 'Abãna'의 현재형 'ayebãkã'는 우리가 본 것처럼 간단한 현재가 아니다. 불변화사 'kã'는 진행해가는 불가피한 행위의 느낌만이 아니라 (전치사적인 함축들—위에, 바깥에—을 지니고 있기 때문에) 시간과 공간에서의 거리 감각을 주고 있다. 이로 인해 현재 한 가운데서의 소원함, 우리가 있었던 곳에 더 이상 있지 않다는 생각이 만들어진다. 가사마는 현재에 대해 다음과 같이 쓰고 있다.

> 절대적 견지에서 본 시간의 자의적 분할이다… 우리는 말린케어 'ayebãkã'에서 이 분할의 표현은 프랑스어 'il finit'(그는 끝난다)로는 옮겨지지 않고, 'il finit' 형태는 단순한 관습에 불과하기 때문에 개념적으로 더 정확하다고 할 수 있는 'il est en train de finir'(그는 끝나고 있다)로 에둘러 옮겨질 수 있다는 것을 확인했다.[60]

말린케어에서 현재는 프랑스어의 현재와 다르다고 가사마는 말한다. 그것은 어미에서 다르다. 프랑스어 현재 시제는 의도를 통해서만 존재하는 관습이기는 하지만 좀 더 딱딱하다. 현재의 "모호한 윤곽"은 교착어에서 훨씬 더 풍요롭게 채색된다. 현재는 언제나 끝나고 있지만 프랑스어와 말린케어에서 현재의 어미들[종결들]은 서로 통약되지 않는다.[61]

그렇다면 쿠루마가 프랑스어 단어를 변형시켜서 말린케어 현재 시제의 자질들을 수용하는 랑그로 글을 쓸 때 이들 언어의 "어미들[종결들]"에 어떤 일이 일어나는가?

60_ Gassama, 40
61_ Ibid., 41.

내 생각에 이들 언어가 "어미들[종결들]"을 통해 다르게 되는 것이 아니라 차연하고 (defer) 있다. 가사마가 두 언어들 간의 "어미[종결]" 차이로 제시하는 것은 사실 언어 내 어미의 자질이다. 한 언어에서 "끝나다"는 무슨 의미인가? 한 언어는 어떻게 다른 언어와 다르게 종결하는가? 한 언어에서 "그것은–분명–끝난다"고 말하는 것은 어떤 의미를 갖는가? 이것을 언어에 대해 말하는 것은? 언어에 대해 'ayebākā', 'il-finir-sur', 'its-ends-for-sure'라고 말하는 것은? 한 언어의 현재는 'ayebākā: its-ends-for-sure'(그것의–끝난다–분명)처럼 약속된다. 언어는 스스로 약속하고 스스로 위협하며, 이것이 그것의 현재다. 언어는 결코 끝나지 않고(끝이 없고), 언어는 분명–끝난다. 이것이 그 존재의 조건이기 때문이다. 그것은 자신의 종결을 약속해야 한다.

『태양들』을 통해 쿠루마는 서아프리카의 사회적 불행에 대한 해결책을 세속적이고 이기적인 국가에서도 시들어버린 서사시적 과거에서도 찾지 않는다. 쓸모없는 부정성만 잔뜩 보여준다는 비난이 『태양들』에 계속 퍼부어지고 있으며, 사실 (『구속』처럼) 이 작품은 신랄하고 독설적인 책이다. 그러나 두 소설은 출구를 제시하고 있다. 잘못은 명시적인 사회 비판에서 해결책을 찾는 것이다. 서술된 내용은 잊고 언어의 생성을 지켜보는 것이 최선이다. 쿠루마는 새로운 혀, 변형적 랑그로 글을 썼다. 그의 랑그가 그의 답변이다. 번역 체제가 아니라 "프랑스어"와의 변형적 교전을 통해서 말린케 종족에게 목소리를 제공하는 집단적 아쌍블라주가 그것이다.

우올로구엠의 작품을 다시 고찰하면 우리는 마찬가지로 그가 온갖 방향을 상대로 진행한 들끓는 논쟁은 논외로 하고, 쿠루마에 대해서 한 것처럼 그의 언어 사용을 눈여겨봐야 한다. 우올로구엠의 공격은 문학들의 신체적 완벽함을 파괴하고 문화적 관계들의 상호 파괴적이고 구성적인 성격을 구현하는 것을 겨냥하고 있었다.

그러나 어떤 목적으로? 대답을 하자면 우올로구엠이 출간했으나 거의 외면당한 다른 두 책을 살펴보는 것이 도움이 되겠다. 첫 번째 책은 냉소적 에세이들로 구성된 『니그로 프랑스에 보내는 편지』(*Lettre à la france nègre*)다. 그는 또한 우토 루돌프라는 익명으로 발표한(서문은 자기 본이름을 써서 빛냈지만) 포르노 이야기 모음집 『섹스의 천일 성경』(Les milles et une bibles du sexe)도 썼다. 『편지』에 있는 한 지독한 에세이를 통해 우올로구엠은 탐정소설을 대량생산할 계획을 세우는데, 많은 평론가들이 이 소설을 『권력』의 청사진으로 여겼다. 『성경』은 참가자들이 상대방을 노예로 만들기 위해 자신들이 행한 성적 모험들에 관한 이야기로 내기를 하는 한 난교/실내게임을 다룬다. 우올로구엠이 서구문화의 가장 상투적인 장르 가운데 포르노그래피와 탐정소설 둘을 고른 것은 우연이 아니다. 이들 장르의 효력과 지속적 소비는 그것들이 지닌 끝없는 반복 능력에 기초한다. 우올로구엠은 이것이 이들 장르가 공식과 알기 쉬운 코드에 의존하기 때문임을 간파하고 있다. 그 안에 우올로구엠 시학의 유일한 "건설적" 요소가 있다. 그는 아프리카인이 코드에 대한 통제력을 일단 획득하여 그 코드들을 무한정 조작할 수 있는—그래서 문화의 중재자들이 절대로 따라잡지 못할— 가능성에 희망을 담는다. 그러나 결국 그들은 그를 잡아버리고 만다. 그가 가장 성스러운 픽션 즉 작가의 신화를 모독했기 때문이다.

우올로구엠이 문학적 신체들을 해체했다면, 쿠루마는 변형하는 혀를 사용했다. 그들이 사용한 대안적 번역 형태는 식민주의의 결과로 자신들의 주변화되고 혼종화된 주체 위치를 옹호하고 확장하기 위해 가능했고 필요했다. 두 텍스트는 언어, 문학, 문화는 그 자체로 허구라는 사실을 이용한다. 그 텍스트들의 존재는 부분적으로 우리가 번역이라 부르는 과정을 통해서 이들 언어, 문학, 문화 간의 차이를 상정한 뒤에만 생각할 수 있다. 내 작업의 희망은 달리 번역하는 방식들, 수 세기의 접촉 끝에 공동체들이 역사적으로나 문화적으로 얽혀 있고 서로 분리할 수 없다는 점을 보여주는 언어적 관계들을 작동시키는 방식을 활성화하는 것이다. 대안적 번역 형태들은 언어들, 문화들의 총체성에 문제를 제기하고 지배 대신 관계에 바탕을 둔 다른 형태의 공동체에 대해 우리가 꿈을 꿀 수 있게 해준다.

Tobias Warner, "Bodies and Tongues: Alternative Modes of Translation in Francophone African Literature"

제국 안에 균열?
전쟁에 직면한 다중

브라이언 홈스
영어번역: 만세

2월 15일에 일어난 전쟁 반대 데모는 자유로운 특이성들(singularities)의 자발적 조직이 지구적 규모로 가능하다는 점을 증명했다. 그 이후에 뒤따라 일어난 모든 일에도 불구하고, 그것은 하나의 사건이었다. 이 데모가 일어난 직후 쓰게 된 선언문에서, 나는 다중이 제국 안에 균열을 만들 수 있다는 점을 말하기 위해 네그리와 하트의 언어를 사용했다. 귀족정(거대 초국적 기업들)이 일련의 금융위기에 의해 약해지고 있는 국면에서, 군주정(지구적으로 작동하는 정치 군사적 명령)이 심각한 불화에 의해 파열되는 국면에서, 나는 평민 대중(plebs)들의 민주적 행동을 고무시키고 싶었다. 미국, 영국, 스페인, 이탈리아 지도자들의 비웃음에 맞서서 말이다. 데모가 일어나는 순간은 이 세계의 정치적 장을 전통적인 대의제의 메커니즘을 넘어서 증식시키는 순간이었다.

이런 다중의 범람은 여타의 진정한 사건들이 가지고 있는 놀라운 특성을 포함하고 있었다. 하지만 그것은 어느 정도 예상된 일이었다. 네트워크로 이루어진 저항들이 신자유주의 세계화에 반하는 운동들을 통해 드러나기 시작했다. 우리는 단지 그 저항들의 구성에서 또 하나의 문턱을 넘었을 뿐이다. 그리고 이제 모든 사람들은 다른 문턱이 얼마나 많이 남아 있는지 볼 수 있게 되었다. 이라크 전쟁 이후에도, 나는 다중이 제국 안에서 균열을 만들 수 있다고 여전히 생각한다. 하지만 그 균열은 **생산**되어야만 한다. 유럽에서 그리고 전세계에서 말이다. 전쟁 중에 스스로 드러난 거부의 기회를 어떻게 붙잡을 것인가? 어떻게 더 멀리 나아갈 것인가? 여기서 나는 **다중, 균열, 제국** 같은 단어의 의미를 살펴보려 한다. 그리고 이런 단어를 곱씹어보는 작업이 전쟁에 반하는 운동을 지속하는 데 도움이 되었으면 한다.

다중(이라는 단어 혹은 개념—역자)은 정치 철학에서 등장하는 하나의 형상이다. 하지만 그것은 다중의 실제적 경로와, 즉 생산적 활동을 통해 존재를 획득하는 특이성들의 집합으로서의 다중의 실제적 경로와 분리될 수 없다. 여기서 새로운 것은 사유와 생산의 교차이다. 노동—생존하기 위한 단순한 활동—은 더 이상 정치의 대상이 아니다. 대신 그것은 정치의 출발점이며, 언어이고, 원리이다.[1]

오늘날의 노동은 언어적 창조성, 감응(affects)의 표현, 자발적인 협력을 포함한다고들 말한다. 이것들은 혁신의 원천이며, 인지자본주의(cognitive capitalism)에 필수불가결한 것들이다. 하지만 어떤 감독자도 창조성이나 표현이나 협력을 명령할 수는 없다. 이러한 것들은 어떤 규율적 체제에도 종속될 수 없다. 다름 아닌 생산성이라는 관점에서, 오히려 어떤 종류의 불복종은 활발하게 장려되어야 한다. 그리고 협력의 가능성이 확장되어야 한다. 모든 이들이 현대의 작업집단(work group) 참여자들을 분리시키는 지리적, 문화적, 경제적 거리를 가로지를 수 있도록 말이다. 근대적 경영 기법은 생산적인 관계들을 만들어내는 데 적합한 유연한 틀(framework)을 만들어내기

1_ 자율주의에서 노동을 단순히 돈을 벌기 위한 활동, 자본에 종속된 활동이 아니라, 다중의 자율적 역량이 분출되는 계기로 여기는 이론적 태도와 관련되어 있다. 필자는 이후 노동이 자율적으로 전화되는 국면에서는 labor 대신 work라는 단어를 쓴다. 기본적으로 work, labor 둘 모두 노동이라고 번역하되, 두 가지 의미의 구분이 필요할 경우 work를 가능한 한 문맥에 적합한 단어로 번역하고 원어를 병기하겠다(예를 들어, 작업, 일하다 등).-역주

위해 존재한다. 분명히, 오늘날 노동의 특징을 가장 잘 보여주는 틀은 인터넷이다. 오늘날의 관리자들에게, 이런 연계된 시스템의 이점은 그들이 연결하는 개개인들을 고립시킬 수 있다는 점이다. 하지만 광섬유(인터넷 연결하는 광케이블 지칭-역자)의 끈은, 그것이 촉발하는 협력처럼 진짜다.[2] 그리고 이런 생산적인 구조의 성립은 네트워커(Networker)[3]들을 깜짝 놀라게 한다. 그것이 엄청난 자유를 가능하게 하기 때문이다. 이제 우리는 이런 자유가 첨단 감시 기술을 통해 고용인들을 아주 개인적인 수준에까지 통제하는 일과 항상 긴밀히 결합되어 있음을 보게 된다. 뿐만 아니다. 생산적 구조 안에서 일어나는 모든 것 또한 감시될 것이며, 비즈니스에 악영향을 끼치는 아이디어, 표현, 그리고 집합적 행동은 억제될 것이다.

불복종과 감시, 창조성과 통제 사이에서, 새로운 생산체제의 내적 모순을 발견할 수 있다. 사고를 일하게(work) 한다는 사실은, 이런 모순을 급료를 지급받는 활동의 경계 너머로 확장시킨다. 앙드레 고르(André Gorz)가 최근에 나온 그의 책 『비물질』(L'immatériel)에서 쓰고 있듯이, "노동이 재능, 탁월한 기예(virtuosity), 자신의 생산을 점점 더 많이 요구하게 될수록…이런 능력들은 어떤 한정된 업무에만 적용되는 것을 점점 더 넘어서게 된다." 그러므로 이런 노동자는 "자신의 존엄성을 노동의 맥락 바깥에서 자신의 능력을 자유롭게 발휘하는 데에서 찾게 된다. 저널리스트는 책을 쓰고, 광고 디자이너들은 예술작품을 만들고, 컴퓨터 프로그래머는 해커로 활동하거나 공개 소프트웨어를 개발함으로써 탁월한 기예를 드러내는 등." 누군가는 "예술작품을 만드는 광고 디자이너"라는 이미지에 웃을지도 모르겠다. 아무리 줄여 말해도 결과는 섞여 있다. 우리는 집단적 나르시시즘의 분출을, 상호작용성과 표현성의 손쉬운 이상화를 이제껏 보아왔다. 특히 1990년대 내내 존재한 이 잡지-갤러리-박물관 세상에서, "예술작품하는 디자이너"가 전성기를 구가하던 세상에서 말이다. 하지만 그때

2_ 사람들 사이의 연계가 쉽게 사라지는 것이 아니라 생명력을 가지고 있다는 뜻.-역주
3_ 이런 네트워크 안에서 실제로 활동하는 사람들.-역주

부터 무언가가 바뀐 것처럼 보인다.

직장에서 생각하고, 말하고, 창조하는 비물질적 노동자는 결국에는 어떤 형태의 창조적 표현을 실행하기 위해 직업을 뒷전으로 재껴두게 된다. 그리고는 곧 자신의 자리가 박탈될 수 있음을 느낀다. 그녀(비물질적 노동자—역자)가 하고 싶게 된 일을 상황을 무릅쓰고 계속하는 동안에는, 그녀의 생존이 위험에 처하게 된다. 자신이 처한 곤경을 돌아보면서, 그녀는 각양각색의 사람들을 만날 수 있다. 똑같은 모순의 효과에 의해 주변화된 비슷한 개인들, 그리고 생산적 체계에 완전히 통합되지 않은 여러 다른 사람들. 자신의 처지와 다른 이들의 처지를 비교해봄으로써, 사람들은 전지구에 걸쳐 확장된 포함과 배제의 위계를 파악하고, 이를 통해 현재 작동하는 사회적 관계에 대한 보다 폭넓은 이해를 얻게 된다. 주변화와 불안정한 노동에 대한 개인적 경험은 모든 종류의 연대를 고무시킬 수 있다. 가까이 있는 이들과의 연대건 멀리 있는 이들과의 연대건 말이다. 이런 정치화의 순간은 자본주의적 경영이 부과한 생산적 구조로부터 적어도 부분적으로나마 탈출하는 것을 의미한다. 이때 재미있어지는 것은 계속 사고를 작동(work)하게 한다는 점이다. 이런 차이를 통해, 그 작업(work)은 좀 더 자율적이 된다. 그 작업(work)은 연대를 형성하고 이견을 표현하는 관점에서 대안적인 네트워크를 엮어낸다.

다중이라는 개념이 다중들에게 이중으로 유용해지는 지점이 바로 여기다: 존재론적 개념으로서, 그리고 계급의 개념으로서 유용하다는 말이다. 존재론적 개념으로서 다중은, 인간 특이성들이 사라지기 쉬운(fragile)[4] 그들의 잠재성 (즉, 다른 이들과의 협력을 통해 그 자신의 개성을 발전시키는 가능성)을 발견하는 내재성의 장을 가리킨다. 하지만 계급적 개념으로서, 다중은 이런 발전 중간에 존재하는 모든 것을 가리킨다. 방해물은 제국이다. 즉, 기업과 국가에 의해 주조된 통제기술의 총체 말이다. 이

4_ 다중의 잠재성이 분명 존재하지만, 쉽게 현실화할 수 없고 사라지기 쉽다는 의미를 담기 위해 'fragile'이라는 단어를 쓰고 있다.—역주

런 통제기술들은 생명권력으로서 우리의 살(flesh)에 깃든다. 협력하는 특이성들의 창조적 힘을 기생적으로 착취하고, 홈파고, 관리하는 능력. 오늘날, 생명권력은 점점 더 명백하게 감시와 경찰이라는 억압적 형태를 취하고 있다. 노동자가 직장에서 감시당할 뿐만 아니라, 전체 인구가 감시당한다. 수송과 교환과 소통의 개방된 체계를 통해 움직이면서 말이다. 그리고 감시에는 필연적으로 경찰이 뒤따른다. 자본주의 세계화에 반대하는 운동을 하고 있는 다중에게, 제국적 권력은 완전히 표준화된 "로보캅"의 얼굴을 하고 있다. 시애틀, 니스, 고텐부르크, 제노아 등에서 진압을 담당했던 로보캅 말이다. 하지만 로보캅의 모습을 통해 우리가 보는 것은(그들의 눈에 더해서[5]) 그런 제국적 국가를 발생시키는 조직적 변형이다.

나는 여기서 밥 제숍(Bob Jessop)의 책, 『자본주의 국가의 미래』(*The Future of the Capitalist State*)를 인용하겠다. 제숍은 케인즈주의적 국민적 복지국가(Keynesian national welfare state)에서 슘페터주의적 탈국민적 워크페어[6] 국가(Postnational Schumpeterian workfare state)로의 패러다임 전환을 분석한다. 이런 단어들은 무엇을 의미하는가? 오늘날의 국가는 더 이상 노동자의 "유효 수요"를 신경쓰지 않고, 어떤 종류의 케인즈주의적 사회보험도 다루지 않는다. 국가의 가장 큰 관심사는 기업가적 혁신을 촉발하는 것이다.(슘페터에게 이는 잉여 가치의 가장 중요한 원천이다.) 하지만 경쟁에 필수적인 이런 종류의 혁신은 인구의 아주 작은 부분에 의해서만 이루어진다. 그리고 이 사람들은 출구(체제의 바깥-역)를 향해 움직이는 강한 경향을 보인다. 그들은 생산적 체계의 억압을 벗어나는 경향을 갖고 있다. 사람들이 노동을 그만두자마자, 국가의

5_ 경찰이 로보캅처럼 헬멧 등 각종 방어기구로 몸을 감싸고 눈만 내놓고 있기 때문에 이를 재미있게 표현.-역주

6_ 통상 workfare는 '노동복지' 혹은 '생산적 복지'로 번역된다. 70년대 신자유주의에서의 복지정책을 가리키는 말로, 복지의 수혜자들이 노동의욕을 잃어버리지 않도록 복지를 제공하면서 직업훈련을 병행하거나, 노동의욕이 있다고 확인된 수혜자에게만 복지를 제공하는 시스템이다. 여기서는 복지국가와의 대비를 선명히 드러내기 위해 그대로 '워크페어'라고 음역하겠다.-역주

문제는 더 이상 그들의 복지가 아니게 된다. 반대로, 사람들은 가장 노예적이고 착취받는 위치로 되돌려져야 한다. 토니 블레어가 워크페어라고 부른 억압적 프로그램들을 통해서 말이다. 이 국가는 유연한 노동력을 집합적으로 관리하는 역할을 맡는다. 네트워크된 경쟁의 초국가적인 체제(regime) 하에서 명령적인 역할을 하는 것이다. 그러므로 국가는 확장된 자본주의적 생산성의 구조에 적응하면서 탈국민적(post national)이 된다. 하지만 그것이 지탱하려는 경제가 그러한 것처럼, 국가의 제국적 형태는 안정적이지 않으며, 심지어 적절하지도 않다. 그것은 기괴한 모순을 가진 시도이며, 그 시도를 통해 새로운 자본주의적 경쟁의 주요 동력인 기술적 조직적 혁신은 무제한적 전쟁의 정치적 정당화로 이어진다.

내 생각에, 여기에 현 시기의 가장 거대한 아이러니들이 존재한다. 네그리가 끊임없이 설명하듯이, 다중은 통약불가능하다(incommensurable).[7] 그들의 비물질적 표현과 협력을 통한 혁신은 노동시간이라는 척도로 환원될 수 없고, 그렇기에 시간으로 계산되는 임노동으로 환원불가능하다. 다중의 이런 불균형은 몇 가지 다양한 시각으로 이해될 수 있다. 한편으로, 그것은 과학적 지식의 거대한 창조적 잠재성을 전환한다. 특히 그것이 기술의 형태로 집적될 때 그러하다. 어떻게 우리가 기계를 작동시키는 손가락의 "생산성"을 평가할 수 있겠는가? 다른 한편, 그것은 미적 경험의 미결정성을 사회적 관계의 중심에서 작동시킨다. 어떻게 우리는 이 다양한 표현들의 "가치"를 판단할 것인가? 그러므로 노동은 임금과 분리되어 자율적이 되는 경향을 보인다. 하지만 1990년대 동안, 이런 분리(노동과 임금)와 적당한 척도의 부재는, 첨단기술이 인간의 표현 수단이 되는 특정한 영역에 대한 엄청나게 과장된 가치평가를 이끌어냈고, 이는 금융투기에 우호적으로 작동했다. 여기에 아이러니한 면이 있다. 2000년 봄에 일어난 신경제의 파산은 전세계적인 경기침체로 이어졌고, 이는

7_ 동일한 기반이나 근거로 환원될 수 없는, 거꾸로 차이를 통해 정의되는 이들이라는 뜻-역주

"약동하는 90년대"에 종언을 고했다. 그 이후 얼마 안 가, 필연적인 불황과 선거에 대한 강한 비판[8])에 직면하여, 부시는 9.11 테러와 그것이 정당화해주는 예외상태를 얻게 된다. 이런 예외상태는 그의 흔들리는 대통령직을 유지시킬 수 있는 가장 이상적인 수단이었으며, 좀 더 넓게는 미국 신보수주의자들의 규율적 비전을 실현시키는 훌륭한 도구였다. 왜냐하면, 자율적인 노동력이 모순적 생산체제의 지킬 수 없는 약속에 의해 기만되고 동원된 이후, 국가가 자율적인 노동에 규율을 부과할 수 있도록 해주는 것은 바로 전쟁이기에, 의심할 여지없이 오직 전쟁만이 이를 가능하게 하기 때문이다.

그래서 우리는 그 질문으로 돌아온다: 무엇을 할 것인가? 미국이 이라크인들과 그들의 석유를 향해 출정했을 때, 다중들은 이에 반발했다. 정치적 합의가 일어나는 모든 경계를 넘쳐흐르고, 모든 네트워크에 스며들면서 말이다. 특히 유럽에서 사람들의 움직임은 강력했다. 왜냐하면 사람들이 1930년대를 기억하고 있었기 때문이다. 예외 상태를, 새로운 규율을 부과하려는 시도를 알아챘기 때문이다. 영국에서는 국가 역사상 가장 큰 데모가 일어났다. 이탈리아와 스페인은 반복되는 직접 행동과 사람들의 움직임으로 흔들렸다. 그리고 프랑스와 독일, 벨기에는 공중의 의견을 UN, NATO 그리고 유럽연합 안에서의 정치적 반대로 전환해냈다. 정치적 군사적 명령의 심장부에서 이런 저항이 나타나는 것은 새로운 일이었다. 이는 첫 시도를, 드물지만 잡을 수 있는 기회를 보여준다. 하지만 이를 진정 제국의 균열이라 말할 수 있는가?

첫째로, 현실을 보라: 1990년대 초반 이후, 유럽연합은 점점 미국의 일그러진 판박이가 되어가고 있다. 즉 지역별 자유무역 블록이 제국적 경쟁의 규칙에 따라 구축되고 있다. 이런 신자유주의적 전환은 사회적 헌장에 가려졌을지도 모르지만, 이 시점

8_ 2000년 미국 대통령 선거에서 있었던 여러 부정선거 의혹과 그에 대한 항의를 가리키는 것으로 보인다.
  -역주

에서 그것들은 하잘 것 없다. 그리고 일련의 유럽중심주의(european chauvinism)와 함께 위험한 일이 생겨난다. 유럽중심주의가 평화주의적이든 혹은 반미국적 함축을 가지든, 그 구실 뒤에서 프랑스나 독일이나 벨기에 같은 나라들이 보호산업(특히 군수산업)을 둘러싸고 가짜 사회민주주의 센터를 형성하게 될 것이다. 실제로는 내적으로 외적으로 주변부의 착취로 연명하면서 말이다. 이때 위험한 점은, 정치계급들이 이미 존재하는 포함/배제의 위계를 대륙적인 규모로 재정착시키는 데 있어서 익숙한 헤게모니적 도식을 사용할 거라는 사실이다. 오래된 포드주의적 모델에 따라 만들어진 이 위계들은 총을 통해 보호되고 있다. 그리고 프랑스, 독일, 벨기에, 룩셈부르크는 2003년 4월 29일, 공통의 군사력을 설립한다는 것을 발표하기 위해 회의를 열었다. 같은 날 신문 『르몽드』에서는 '유럽 방어: 행동을 취할 때'라는 제하의 기사가 등장했다. 필자는 유럽 방위 압력단체에서 나온 네 명의 CEO였다.—우리에게 익숙한 대표들이다.

다른 형태의 삶도 있다. 다중의 정치는 통제기술에 저항하고 거기서 탈출하는 데에 존재한다. 이런 탈출은 그 자체로 언어적이고 협력적이며 감응적인 형태로 일어난다. 이 네트워크로 연결된 데모들에서 재미있는 것은 정확히 앙드레 고르가 각자의 창조적 능력의 "자유로운 행사"라고 불렀던 것이다. 하지만 이런 자기-조직은 더 강한 저항의 전조일 뿐이다. 제국 안에 진짜 균열을 일으키는 것은 국가에 의해 작동되는 억압과 재분배의 특정한 형식의 변형을, 그리고 생산적인 존재를 위한 보다 적절한 틀의 고안을 필요로 한다. 우리는 반드시 슘페터적인 탈-민족적 워크페어 국가를 해체해야 한다. 그 국가가 무제한적 경쟁과 전쟁을 지탱하고 있다. 이것은 대의정치의 측정된 지형 위에서, 다중의 힘이 모든 경계를 넘치고 있다는 것을 잊지 않은 채 정치적 투쟁을 수행하는 것을 의미한다. 유럽과 기타 여러 곳에서 21세기의 과제는, 포획과 관리 기술 밖에서 통약불가능한 것을 유지할 수 있는 사회적 하위구조를 건설하는 것이다.

■ 참고문헌

Gorz, André(2003). *L'immatériel: connaisssance, valeur et capital*(비물질: 인식, 가치, 그리고 자본), Paris: Galilée.

Jessop Bob(2002). *The Future of the Capitalist State*(자본주의 국가의 미래), Cambridge: Polity Press.

Negri, Toni(2002). "Pour une définition ontologique de la multitude,"(다중의 존재론적 정의를 위하여), *Multitudes* 9.

Virno, Paolo(2002). *Grammaire des multitudes*(다중의 문법), Paris: l'Eclat; 국역: 『다중』, 김상운 역, 갈무리, 2004.

"We Plebians"(2003). posted to *nettime* and *multitudes-infos*, February 19, 2003.

Brian Holmes, "A Rift in Empire? The Multitudes in the Face of War"

부록: 『흔적』 4호를 기획하며

주권경찰, 전지구적 공모: 이방인 다중에게 말걸기

나오키 사카이 · 존 솔로몬

영어번역: 오선민

이번 호 『흔적』 공동편집자들은 오늘날 지구적으로 통합된 국가 공간 안에서 나타나고 있으며 구성된 권력과의 공모 관계를 드러내는 새로운 정치적 문화적 형식들을 다루는 기고문들을 찾는다. "주권경찰, 지구적 공모"는 구조와 체계, 계급과 중심-주변에 대한 모델을 쇄신하고, 지구적 제국의 시대의 인간됨을 국가에 속함과 점차 동일시하는 것을 거부하는 다중들(국민국가 정체성과는 무관한 정의상 이방인들)의 사회적 실천에 적합한 새로운 메타구조적 형식들을 드러내고자 한다.

우리는 특히 그러나 배타적이지는 않게 자신의 모국어, 나아가서 영어를 사용하지 않지만 중심 및 주변부 언어로의 번역 문제와 관련하여 글을 쓰고자 하는 필자들의 기고문을 요청한다. 물론 현재 『흔적』을 펴내는 네 언어로 된 기고문도 수용된다.

이번 호 주제들은 국가적 국제적 차원의 경계들을 뛰어넘는 새로운 유형의 조직이 지닌 정치적 함의에 초점을 맞추거나 아니면 상이한 나라들의 내셔널리즘이 서로 지원하고 사주하는 방식을 꼼꼼히 살펴볼 것이다. 이번 호에 꼭 들어갔으면 하는 주제들은 국가 간 경찰 협력, 국제 범법/불법 이민 조직, 상법 관련 초국적 법정, 법 해석

및 사법 주권 상의 갈등, UN 조직들의 역할과 그것들의 개별 국가와의 관계, 미국 내셔널리즘과 세계 안보의 관계, 그리고 마지막으로 노골적인 미국 내셔널리즘이 세계 전역에서 다른 형태의 내셔널리즘과 공모하며 작동하는 방식 등이다.

우리가 문제를 다음과 같이 설정하고 있다는 것을 알면 필자들에게 도움이 될 것 같다. 영토 전용을 놓고 경쟁하는 국민국가들 내부의 계급투쟁을 관리하던 국제질서로부터 중앙을 가진 공화국 신체, 그리고 시장의 일방적 논리에 저항하는 계급적 민족 이해관계가 드러내던 적대성을 갖지 않는 새로운 종류의 초"국가성"으로 주권 권력이 이동함에 따라서, 우리는 국가적이지도 국제적이지도 않은 제도들, 예컨대 국제 상법을 다루는 제도들을 갈수록 더 많이 보게 된다. 초국적, 사적, 상업적 해석(사회적 신체를 언급해야만 하는 법과는 반대되는)에 의해 작동되는 이 초국적 국가성은 국가 없는 법의 통치가 이루어진다고 하는 세계 시민사회를 만들어내는 듯이 군다. 그러나 개인 간 계약을 가능케 하는 중앙과 절합시키는 장치가 없기 때문에 현실은 정반대로 즉 법 없는 국가로 나타난다. 이 세계적인 법-없는-국가에서 주권이 다중 운동과의 관계에서 보여주는 본성은 경찰 논리를 따르는 것이다. 이리하여 중심과 주변 사이에 일어나는 체계상의 투쟁 자체는 어떤 초-국가의 출현 또는 아주 간단히 말해 인류(인간됨) 일반의 국가성(국가임)과의 동일시와 동조 또는 공모하게 된다. 사실 지금 인류의 이름으로 전개되는 오늘날의 전쟁은 인류의 의미 자체가 점차 국가성과 일치되기 시작한 시대의 도래를 가리킬 뿐이다.

걸프전이 주권 경찰 질서와의 세계적 공모에 대한 선례를 만들었고, 이 질서는 지금 근대의 중심적 질서의 두 형상 즉 제국주의와 국가주의가 수렴되는 아프가니스탄 전쟁을 통해 공고해지고 있다. 과거 주권국가 권력만이 가지고 있던 궁극적 권리인 전쟁 및 합법적 폭력의 권리가 자기에게 있노라 사칭했지만, UN은 전쟁 수행을 사적인 세력, 즉 자신의 관할 구역을 넘어서며 경찰 권력을 전용하는 미국 및 그 동맹 세력에게 넘김으로써 즉각 그런 권력을 포기해버렸다.

경찰 작전의 목표가 적이 아닌 범법자라는 것은 말할 필요가 없다. 주권 경찰과 이방인 범법자, 이들이 오늘날 정치 관계의 근본 형상이다. 그런데 이 관계에 대한 우리의 지식은 곧바로 이해는 덜 되고 있어도 중요하기는 마찬가지인 제3의 형상 즉 지적인 신체들을 환기시킨다.

인간과학의 지식이 근대에 들어와 국가 주권 및 언어와 깊숙이 엮여진 것은 널리 알려진 바다. 따라서 (반미주의를 자신들의 목적 달성 수단으로 써먹으면서도 강요된 동의를 미국의 주권 경찰에게 넘겨주는 엘리트 계급들 간의 그것과 같은) 구조적 공모와 (국민 국가들과 제국 조직들 간의) 체계적 공모들에 대해 언급하는 것만으로는 충분하지 않고, 번역이라는 주체의 테크놀로지를 통해 발견되는 공모라는 것에 대해서도 말하는 것이 필요하다.

시장과 주권의 모순적 원리들을 중심으로 하여 공식 조직된 세계에서 구조적인 것과 체계적인 것을 봉합하는 지점이 바로 번역이다. 계급투쟁에 대한 혁명적 대응이 평등-더하기-자유라는 제안이었다면, 국가 간 경쟁이라는 체계상의 투쟁에 대한 유사한 대응은 인간 다중들이라는 생각, 이방인 다중인 내가 되어야 한다.

하지만 다중들 가운데서 우리는 이방인 다중인 나에게 적합한 말걸기 실천을 보지 못한다. 그런 수단이 없을 경우 모든 담론은 모든 발화를 발화의 목적지라고 여겨지는 것에 기반을 두고 이해 가능한 것으로 만들고자 하는 국가 중심 번역의 체계 논리에 빠져드는 경향을 드러낸다.

우리 공동편집자들은 이번 호『흔적』이 인간과학의 다양한 분과들과 세계의 다양한 소통 매체들이 제도화한 것들과는 다른 대안적 유형의 말걸기를 다중들이 실천할 수 있는 사회 공간으로 만들어보고 싶다. 지적 신체들의 공모에 대한 우리의 강조가 내 나라 청중을 위한 내 나라 말로 쓰이지 않은 원고에 대한 청탁 형식을 취하는 것은 그 때문이다.

이 특집 기획 제안을 통해 우리가 바라는 것은 공모 문제에 대한 최종 정산이나 해결책이 아니다. 이런 식의 접근은 늘 우리를 기술과 윤리 문제가 서로 얽혀 풀리지 않는 아포리아로 빠져들게 한다. 그보다 오히려 우리는 주권의 본질이 드러나고 비-주권적 견지의 민주적 사유 가능성이 다시는 돌아갈 수 없게 열려버린 국면을 맞아, 주권의 효과라는 측면에서 공모의 문제를 제기하고 싶다. 배제된 것들(적이 아니라)을 정치적인 것의 매트릭스가 되도록 하는 주권의 효과로 이해될 경우, 공모는 하나의 사건이라고, 발생하는 어떤 것이라고, 즉 시간과 무관한 윤리 문제나 경제 관리에 대한 도전만이 아니라 지상 공간의 인간적 전유와 관련된 위기라고 이해될 수 있다.

Naoki Sakai and Jon Solomon, "Sovereign Police, Global Complicity: Addressing the Multitude of Foreigners"

나오키 사카이_ 코넬대학 아시아학과와 비교문학과의 교수로서 비교문학, 비교지성사, 번역연구, 인종주의 및 민족주의 연구, 그리고 말, 글, 신체표현, 서예체제, 표의문자 전통 등 기호학적 문학적 주제와 관련한 분야에서 많은 글을 발표했다. 그의 출판물은 『번역과 주체성』(영어, 일본어, 한국어), 『과거의 목소리들』(영어, 일본어), 『일본어의 사산』(일본어, 한국어), 『세계사의 파멸』(니시타니 오사무와 공저, 일본어 및 한국어), 『민족성의 탈구축』(브렛 드 베리, 토시오 이오타니와 공저) 등이 있다. 그는 한국어, 중국어, 영어, 일본어로 나오는 다언어 학술총서 『흔적/Traces』 기획을 주도하여 그 창립 수석편집인(1996-2003)으로 활동한 바 있다.

존 솔로몬_ 코넬대학에서 중국, 일본, 프랑스 사상을 배우고 일본, 타이완, 미국에서 박사후 연구원으로 지낸 뒤 지금은 타이완 담강대학의 미래학 대학원과 프랑스학과에서 조교수로 지낸다. 그의 중국어, 일본어, 영어, 프랑스어 원전 번역 가운데 주목할 것은 장-뤽 낭시의 이정표 저작 『무위의 공동체』(*La communauté désoeuvrée*)의 중국어 번역이다. 그는 식민지 수탈 및 폭력의 맥락에서 인간과학의 분과적 형성을 번역과 주체성의 생정치와 연결하는 연구를 진행하고 있다. 그의 출판물은 영어로 된 「주권 경찰과 지적 신체들─류 시아보의 망명 비판」("The Sovereign Police and Knowledgeable Bodies: Liu Xiabo's Exilic Critique," *Positions: East Asia Cultures Critique*, Vol. 10, No. 2, Fall 2002)과 「편입된 대만: 주권경찰의 태평양 작전지역 생체정체에 관한 개관」("Taiwan Incorporated: A Survey of Biopolitics in the Sovereign Police's East Asian Theater of Operations," Thomas Lamarre and Kang Nae-hui, eds., *Traces* Vol. 3) 등을 포함하여 4개 언어로 쓰여 있다.

모리나카 타카아키_ 시인이자 일본 와세다 대학 교수다. 그의 시들은 『시스터 안티고네의 달력 없는 무덤』(シスター・アンティゴネーの暦のない墓, 思潮社, 2001), 『모리나카 타카아키 시선』(思潮社, 1999) 등의 시모음집에 실려 있다. 시학과 문학이론에 대한 그의 출판물에는 『존재와 재─첼란, 그리고 데리다 이후』(存在と灰──ツェラン、そしてデリダ以

後, 人文書院, 2004), 『탈구축』(脫構築, 岩波書店, 1999), 『반＝시의 문법』(反＝詩的文法, 思潮社, 1995) 등이 있다. 그는 자크 데리다의 『코라』(Khôra), 『타자의 모노언어』(Le monolinguisme de l'autre) 등 프랑스어와 독일어로 된 책들을 일본어로 많이 번역하기도 했다.

프랑수아 라뤼엘_ 1937년생으로 '비-철학'의 창시자다. 그는 파리 10대학(낭테르)에서 교수생활을 했고, 현재 여기서 현대철학교수로 있다. 파리에 있는 국제철학학교의 전임 프로그램 감독이었으며, 수많은 단행본과 학술지를 편집했다. 그의 저작은 세 시기로 나눠지며, 마지막 시기 저작들은 전례 없이 고도로 창의적인 비-철학 프로젝트에 대한 자세한 설명으로 이루어져 있다. 그의 최근 출판물은 『이방인 이론—인간, 민주주의, 그리고 비-정신분석의 과학』(Théorie de l'étranger: science des hommes, démocratie, et non-psychanalyse, Paris: Kimé, 1995), 『이방인의 윤리학—반인류 범죄에 대하여』(L'Ethique de l'étranger: du crime contre l'humanité, Paris: Kimé, 2000), 『비-맑스주의 입문』(Introduction au non-marxisme, Paris: Actuel Marx, 2000), 『미래의 그리스도—이단의 교훈』(Le Christ futur: une leçon d'hérésie, Paris: Exils, 2002) 등이 있다. 그의 비-철학에 영감을 받아 만들어진 네트워크(Organisation Non-Philosophique Internationale, www.onphi.org)가 있다.

사티야 라오_ 파리 10대학(낭테르)에서 철학으로 박사학위를 받았고 프랑수아 라뤼엘 아래서 공부했다. 그는 현재 캐나다 콩코디아 대학 프랑스학과의 파트타임 교수, 몬트리올 대학 언어학 및 번역 학과의 박사 후 연구원, 몬트리올 퀘벡 대학의 '르 수아 에 로트르'(자아와 타자) 연구센터 객원연구원이다. 몬트리올 대학에 있는 포엑실(Poexil) 연구진의 공동 조정자이고 많은 논문의 저자이며 탈식민주의, 번역, 아프리카 철학 등의 주제를 다루는 다수 학술대회의 조직자다.

프레데릭 네이라_ 파리의 국제철학학교 프로그램 감독으로 이 학교에서 '자본의 이미지'라는 제하의 세미나를 진행한다. 이것은 세계, 영토, 이미지, 생정치, 위험, 생태 등의 개념들을 살펴보는 세미나다. 그는 장-뤽 낭시의 지도로 학위 논문을 썼고, 『절대 공동체의 환상』(Fantasme de la communauté absolue, Paris: L'Harmattan, 2002) 외에 최근에는 『이미지 바깥의 이미지』(*L'image hors l'image*, Paris: Leo Scheer, 2003)와 『과잉노출』 (*Surexposé*, Leo Scheer, 2005)을 출간했다.

디디에 비고_ 1988년 이래 프랑스 파리정치대학(시앙스포)의 국제관계학 교수로 있고, 동대학 국제관계연구소의 수석연구원이기도 하다. 그는 갈등연구센터의 소장이고 계간지 *Cultures & Conflicts* (Paris: L'Harmattan)의 편집인이며, *Alternatives: Global, Local, Political* (Boulder: Lynne Rienner)지를 매년 1호씩 편집하기도 한다. 그의 저서와 논문은 동원과 갈등의 사회학, 유럽 차원의 치안과 군대 사회학, 그리고 국제관계 이론 특히 비판적 안보연구 분야에 걸쳐 있다. 그는 안보와 자유의 관계, 자유주의 제도의 자유 제한 관행을 다루는 유럽연합 집행위원회 ELISE(European Liberty and Secutiry)의 FR5 프로그램과 6PCRD(Challenge)의 과학부문 조정위원이다. ELISE는 http://www.libertysecurity.org 로 접속이 가능하다.

브렛 닐슨_ 웨스턴시드니 대학의 인문대 강의교수(lecturer)이며, 그곳 문화연구센터(Centre for Cultural Research)의 멤버이기도 하다. 지은 책으로는 *Free Trade in the Bermuda Triangle…and Other Tales of Counterglobalization* (University of Minnesota Press, 2003)이 있다.

자크 비데_ 파리 10대학(낭테르)의 명예교수로서 정치철학 연구의 책임자다. 그는 『악튀엘 맑스』 이름으로 나오는 학술지 및 총서의 수석편집인이고 2004년에 4회 대회를 연 바 있는 국제맑스대회 회장이기도 하다. 그의 많은 저서들 가운데 주목할 것으로는 자본주의 근대성 이론을 다룬 3부작 『일반이론—법, 경제, 그리고 정치의 이론』 (*Théorie générale, théorie du droit, de l'économie et de la politique*, Paris: PUF, 1999), 『'자본론'으로 무엇을 할 것인가』(*Que faire du Dapital?* Paris: PUF, 2001), 『'자본'의 해석과 재구축』 (*Explication et reconstruction du Capital*, Paris: PUF, 2004)이 있다. 『악튀엘 맑스』는 http://netx.u-paris10.fr/actuelmarx/에서 접속이 가능하다.

야마다 히로아키_ 일본 도쿄대학 총합문화연구대학원 언어정보과학 학과 소속으로 언어형태 및 커뮤니케이션 연구 전공이다. 그는 교토대학에서 프랑스문학을 공부하고 거기서 석사논문을 마친 뒤 프랑스로 가서 파리 8대학에서 「의미와 무의식—폴 발레리

와 정신분석」이라는 제목으로 박사학위 논문을 썼다. 저서로는 『현대언어론』(現代言語論, 공저, 新曜社, 1990), 『삼점 확보』(三点確保—ロマン主義とナショナリズム, 新曜社, 2001) 등이 있다.

이치다 요시히코_ 일본 코베대학교의 사회사상 부교수다. 그는 루이 알튀세르에 대한 주석과 번역으로 일본에서 널리 알려져 있다. 이치다는 알튀세르의 철학정치저작집 두 권 (*Écrits philosophiques et politiques* I & II)을 일본어(藤原書店, 1999)로 번역했다. 자신의 출판물로는 『투쟁의 사고』(鬪爭の思考, 平凡社, 1993)와 『전쟁—사상, 역사, 상상력』(공저, 新曜社, 1989)이 있다. 저널 *Multitudes*(Paris: Exils)의 편집위원이며 정치철학에 대해 많은 논문을 썼다.

얀 물리에르 부탕_ 파리의 콩피에뉴 대학과 정치연구소(IEP)의 경제과학 교수이면서 경제학자, 연구자, 에세이스트, 정치활동가다. 그는 국립과학연구센터(CNRS)를 통해서는 노동운동, 노예제도, 임금노동, 국제 이주, 인지자본주의, 새 테크놀로지가 새로운 생산 모델 및 사회 구성에 미치는 영향 등을 연구한다. 이태리 노동자주의 운동의 저작들(마리오 트론티와 안토니오 네그리의 저작 등)을 프랑스에 처음 소개한 한 사람으로서 현재 *Multitudes*(Paris: Exils)의 편집주간이다. 정치경제학, 이주, 국제법에 대한 수많은 공동저작들 외에 그는 『노예제도에서 임금노동까지—임금소득자의 경제사』(*De l'esclavage au salariat, Economique historique du salariat bridé*, Paris: PUF, 1998)로 유명하다. *Multitudes*는 http://multitudes.samizdat.net/에서 접속이 가능하다.

장-뤽 낭시_ 1940년 생으로 프랑스 스트라스부르 마르크 블로크 대학의 철학교수이고, 베를린, 미국 캘리포니아대학 산디아고 분교, 어바인 분교, 버클리 분교의 방문교수다. 그는 수많은 책을 출판했으며 이들 가운데 많은 것들이 영어, 일본어, 중국어를 포함한 많은 언어로 번역되었다. 철학, 예술, 정치철학, 종교에 대한 그의 저술은 지구 전역 한 세대 지식인들에게 커다란 영향력을 미쳤다. 그를 가장 널리 알린 것은 아마도 세계화의 철학적 함의와 더불어 주권, 공동체, 공통성에 관한 저술일 것이다. "공통적인 것"의 문제에 대한 그의 에세이 모음집이 곧 중국에서 출간될 예정이다.

니시타니 오사무_ 1950년 일본 아이치에서 태어났다. 도쿄대학에서 법학, 수도대학동경에서 프랑스 문학과 철학을 공부한 뒤 파리 8대학에서 박사과정으로 2년을 더 수학했다. 메이지학원대학에서 문학과 철학을 가르치다가 2000년부터는 동경외국어대학 대학원에서 횡단문화연구 교수로 있다. 그는 조르쥬 바타이유, 모리스 블랑쇼, 에마누엘 레비나스, 장-뤽 낭시, 피에르 르장드르 등 많은 프랑스 저자들의 저서를 번역했다. 역사 및 정치 철학에 대한 그의 많은 책들 가운데 주목할 것들로는 『불멸의 원더랜드』(不死のワンダーランド, 靑土社, 1990, 2000년 개정판), 『전쟁론』(岩波書店, 1992), 『밤의 고동에 접하다―전쟁론강의』(夜の鼓動にふれる―戦争論講義, 東京大学出版会, 1995), 『세계사의 임계』(岩波書店, 2000), 『'테러와의 전쟁'이란 무엇인가―9.11 이후의 세계』(テロとの戦争」とは何か―9.11以後の世界, 以文社, 2002) 등이 있다.

세레나 안데르리니-도노프리오_ 마야구에즈 소재 푸에르토리코 대학 교수다. 그녀의 저서 『'연약한' 주체―근대성, 에로스, 그리고 여성의 극본쓰기』(The "Weak" Subject: On Modernity, Eros, and Women's Playwriting, 1998)는 근대극의 여성 저자에 대한 비교연구다. 이 책의 이태리어 번역본이 Due in una(2004)라는 제목으로 마니페스토 리브리 출판사에서 나왔다. 그녀는 최근 The Journal of Bisexuality: Women and Bisexuality: A Global Perspective (June, 2003)와 Plural Loves: Designs for Bi and Poly Living (February, 2005)의 두 호를 객원 편집한 바 있고, 두 권 모두 하워스(Haworth) 출판사에서 단행본으로 나왔다. 2005년에는 같은 출판사에서 그녀의 회고록 『에로스―양성애와 횡단문화주의의 회고』가 나올 예정이고, 루이기 안데르리니의 시집 『마음의 호수』(A Lake for the Heart)에 대한 그녀의 영어 번역은 그라디바 퍼블리케이션스에서 나온다. 또한 사랑의 정치와 지구의 미래에 대한 그녀의 응용 문화이론 저서가 현재 한 학술출판사에서 출간 준비 중이다. 그녀의 다른 논문들은 Diacritics, DisClosure, Literature, Consciousness, and the Arts, Nebula, VIA: Voices in Italian Americana, Theater, Women and Language, Women's Studies International Forum 등을 통해 발표된 바 있다. 그녀는 1995년 폴리티 출판사에서 펴낸 이태리 철학자 아드리아나 카바레로의 여성주의 이론서 『플라톤에도 불구하고―고대

철학 여성주의로 다시쓰기』(*In Spite of Plato: A Feminist Rewriting of Ancient Philosophy*)의
공동역자이기도 하다.

토비아스 워너_ 코넬대학의 최근 졸업생으로 이번 호『흔적』에 실린 그의 논문은 자신의
우등졸업논문을 고친 것이다. 그는 치크 소우(Cheikh Sow)의 단편「어린 소녀들에겐
기회가 많다」("Opportunities Abound for Young Girls")를 세네갈 프랑스어에서 영어로
번역하여 *Two Lines: A Journal of Translation*, 2004년 호에 실은 바 있다. 그는 지금 뉴욕
의 브루클린에서 살고 있으며 월간 이메일 단행본 리뷰『볼드타이프』(*Boldtype*)의 편집
인으로 있고, 주간 이메일 잡지『플레이버필』(*Flavorpill*)의 편집에도 기여하고 있다.
2005년부터 대학원 공부를 시작할 계획이다.

브라이언 홈스_ 파리에 기반을 두고 있는 에세이스트, 미술평론가, 활동가로서 프랑스어
저널 *Multitudes*와 공동작업을 하고 있다. 그는 미국 캘리포니아대학 버클리 분교에서
로망스어와 문학 분야 박사학위를 취득했고, 에세이집『미래의 상형문자—네트워크
시대 예술과 정치(*Hieroglyphs of the Future: Art and Politics in Networked Era*, Zagerb:
WHW/Arkzin, 2002)의 저자다. 그의 작업 대부분은 www.u-tangente.org에서 접속이 가
능하다.

■ 번역자_ 번역 게재 순

강내희_ 중앙대 영문학과 및 대학원 문화연구학과에서 가르치고 있고, 『흔적』 한국어판 편집인, 문화이론전문지 『문화/과학』 발행인, 문화연대 공동대표이기도 하다. 공간의 문화정치, 지식생산, 문화경제 등에 관심을 갖고 있는 그의 최근 책은 『신자유주의 시대 한국문화와 코뮌주의』(2008)이다.

윤여일_ 수유너머R 연구원이며, 동아시아 사상사를 공부하고 있다. 『다케우치 요시미 선집』 1, 2권 등을 번역했다.

오세권_ 서울대 서양사학과를 졸업하고 역사교육, 환경사, 도시사를 중심으로 공부하고 있다.

소하영_ 영어교육을 전공했으며 전문 번역가가 되기 위해 공부하고 있다.

김효심_ 서울대에서 서양화전공으로 졸업했고 Pratt Institute(미국 뉴욕)에서 디자인 공부를 했다. 현재 학생들에게 미술지도를 하면서 인문학 공부를 하고 있다.

변성찬_ 수유너머N 연구원이며, 영화평론가로 활동 중이다. 『How to Read 데리다』 등을 번역했다.

고병권_ 수유너머R 연구원, 웹진 <위클리 수유너머(suyunomo.net)>의 편집자. 『화폐, 마법의 사중주』, 『추방과 탈주』, 『민주주의란 무엇인가』 등을 썼으며, 현재 민주주의 개념을 재구성하는 작업, 그리고 맑스의 사상에 대한 연구 작업을 진행하고 있다.

박소영_ 배화여대 강사, 한국의 중앙대에서 영문학을 전공하였다. '서사체와 이데올로기'의 관계, 특히 서술기법과 서사적 요소의 배치를 통해 서사체 속에서 이데올로기가 작동하게 하는 방식에 깊은 관심을 가지고 있다. 현재 '영국의 모더니즘 소설에 드러난 서술기법의 실험성과 서술효과'를 주제로 학위논문을 준비하고 있다.

후지이 다케시_ 한국 현대사를 공부하고 있으며 성균관대 사학과에서 박사학위를 받았다. 옮긴 책으로 사카이 나오키 『번역과 주체』, 정영혜 『다미가요 제창』 등이 있다.

유정아_ 수유너머N 연구원, 현대 미술사학 및 미술비평 전공. 『1900년대 이후의 미술사』(공역)를 번역했고, 현재 중국의 시각문화연구를 주제로 박사학위 논문을 준비중이다.

최진석_ 수유너머N 연구원, 문화학 박사. 충북대 연구교수. 『불온한 인문학』(공저), 『러시아 문화사 강의』(공역), 『해체와 파괴』(역서) 등을 쓰고 옮겼다.

이진경_ 수유너머N 연구원, 사회학 박사. 서울과학기술대 기초교육학부 교수.『불온한 것들의
존재론』,『코뮨주의』,『외부, 사유의 정치학』,『역사의 공간』,『노마디즘』,『미-래의 맑
스주의』 등의 저서가 있다.

이재원_ 중앙대 문화연구학과 박사과정. 급진적 문화정치 이론의 구성에 관심이 있으며 최근 테
리 이글턴의 『이론 이후』를 우리말로 옮겼다.

만세_ 수유너머N 연구원, 사회학 박사과정.

오선민_ 이화여대 국문과에서 박사학위를 받았다. 남산 강학원(www.kungfus.net)에서 인문 고전
서적을 탐독하고 있다. 함께 지은 책으로『국민국가의 정치적 상상력』,『고전톡톡』 등이
있다.

■ 각 언어판 연락처

Traces Editorial Office:
350 Rockefeller Hall, Cornell University
Ithaca, NY 14853-2502   USA
traces@cornell.edu
Fax: +1-607-255-1345

한국어판: 문화과학사
서울특별시 서대문구 연희동 421-43
transics@chol.com
Tel: 82-2-335-0461
Fax: 82-2-334-0461

중국어판: Jiangsu Education Publishing House
31, Ma Jia Jie
Nanjing 210009,   P.R.CHINA
traces@1088.com.cn
Tel: +86-25-3303497
Fax: +86-25-3303457

일본어판: 岩波書店
東京都千代田區 一ツ橋 2-5-5 岩波書店編輯部
Tel: 81-3-5210-4000
Fax: 81-3-5210-4039

영어판: Hong Kong University Press
14/F Hing Wai Centre, 7 Tin Wan Praya Road,
Aberdeen, Tin Wan, Hong Kong   China
hkupress@hkucc.hku.hk
http://www.hkup.org
Tel: +852-2550-2703
Fax: +852-2875-0734